로스쿨

가족법

권대우 · 문홍안 · 이은정 · 이화숙
전경근 · 최금숙 · 최행식 · 홍춘의

세창출판사

국립중앙도서관 출판사도서목록(CIP)

(로스쿨) 가족법 / 권대우, 문홍안, 이은정, 이화숙, 전경근, 최금숙, 최행식, 홍춘의.
-- 서울 : 세창출판사, 2010
p. ; cm

색인수록
ISBN 978-89-8411-299-5 93360 : ₩30000

가족법[家族法]

365.5-KDC5
346.015-DDC21 CIP2010000647

머 리 말

지금까지의 가족법 교과서는 민법 제4편인 약혼 · 혼인 · 이혼 · 사실혼 · 친자관계 · 친권 · 부양 등에 관한 친족편과 상속, 유언과 유류분으로 구성된 민법 제5편 상속법에 대해 주제별로 나누어 법규정을 소개한 후, 각 조문이나 제도의 해석론에 해당하는 학설과 법규정의 적용이자 해석의 일종이기도 한 판례를 소개하는 방식이었다. 조문의 이해와 학설을 친절하게 설명해준다는 의미에서 주입식이라 할 수 있고, 이론을 통해 실제를 파악할 수 있게 구성되었다는 의미에서 연역적이라 할 수 있다. 학생들은 교과서를 읽으며 이해하면 되었으나, 법조문이나 학설과 판례 모두가 난해하고 방대하기까지 하여 '왜?'라는 질문을 던지며 스스로 공부할 여유는 없었던 셈이다.

이번에 출간되는 로스쿨 가족법 교재는 대표적인 대법원 판결을 중심으로 하여 학생들 스스로 관련된 제도와 법규정을 함께 이해하고 깊이 있는 연구를 할 수 있도록 구성하였다. 이를 위하여 대표적인 대법원 판결을 선정하여 그 판결의 사실관계를 비교적 이해하기 쉽게 소개하고 원심판결 및 대법원판결 요지를 제시한 후, 학생들 스스로가 판결의 이해와 쟁점을 파악하는 한편, 이론 및 심화학습을 연구함과 동시에 판결에 대한 평가를 할 수 있도록 하였다. 여기에 소개된 대법원 판결들은 전원합의체 판결, 특별한 의의를 지니거나 비판의 소지가 있다고 보여지는 판결, 또는 관련된 가족법 제도를 동시에 이해할 수 있는 등의 대표성을 지니는 판결들이다.

이 책은 필자가 학생들의 이해를 돕기 위해 친절하게 설명하고 의문까지 제시해 주는 내용을 수동적으로 따라가며 이해하는 방법이 아니라, 학생들 스스로가 주체가 되어 '왜'라는 질문과 이에 대한 해답이나 해법을 찾기 위해 관련자료를 찾아 공부하는 동안에 그 판결에 적용된 제도나 법규정에 대한 폭넓은 이해와 깊이 있는 연구, 나아가 비판능력까지 터득할 수 있도록 안내한다는 점에서 능동적이며 귀납적이라 할 수 있다.

학생들 스스로 이 책에 제시된 수많은 질문에 답하기 위해서는 법전과 기존의 교과서는 물론 관련된 논문과 판례 등을 참고하여야 할 것이다. 그것은 성문법 국가인 우리나라에는 민법전이 있으며, 민법은 행위규범과 재판규범으로서의 기능을 담당하고 있다는 사실에 기인한다. 성문법인 민법은 그 사회에서 발생하는 민사에 관한 분쟁의 대부분을 포용하기 위해 어느 정도는 추상적이며 일반적인 언어로 표현할 수밖에 없는 한계를 지니기 때문에 해석론이 발달하게 되는데, 해석론은 교과서나 논문에 자세히 소개되어 있기 때문이다. 그러므로 이 책은 자동차에 부착된 내비게이션이 아니라, 학생들에게 좋은 질문을 던지는 데 그치는 일종의 방향표지판에 해당한다. 그러나 내비게이션이 없으면 다녀온 길이라도 혼자서는 찾아가지 못하게 되는 '친절한 안내서'가 아니라, 비록 '불친절한 안내서'지만 스스로 길을 찾아가다 보면 어떤 어려운 문제에도 대응할 수 있는 능력을 갖추게 하는, '전문가 양성 사관학교 교재'라고 할 수 있을 것 같다.

지난해(2009년) 여름방학과 2학기 내내 그리고 2010년 겨울방학을 반납하면서 좋은 질문을 던져주신 집필 교수님들에게 감사드린다. 그리고 좋은 책이 탄생하기까지 기다려주시고 꼼꼼히 읽고 지적해주신 세창출판사의 임길남 상무님과 편집실의 여러분들에게 이 지면을 통해 머리 숙여 깊이 감사드린다.

2010년 2월

연세대 법학전문대학원 교수

이 화 숙

차 례

제 1 장 | 혼 인

제2장 | 이 혼

제 3 장 | 부모와 자

제 4 장 | 보 론(補論)

제 5 장 | 상 속

제6장 | 유 언

제 7 장 | 유류분

제 1 장

혼 인

제1장 혼 인

제1절 약 혼

Ⅰ. 학력과 경력을 속인 것이 약혼해제사유에 해당한다고 본 사례

1. 사실관계

(1) 서울시 산하 세종문화회관 소속 기능직 8급 공무원으로 재직 중인 원고(남자)와 간호보조원 자격을 취득한 후 한국방송통신대학 법학과에 재학 중인 피고(여자)는 1991.11.11.경 맞선을 본 후 같은 달 21.경 원·피고 및 양가 부모 등이 참석한 가운데 같은 해 12.22. 결혼식을 올리기로 약속한 바 있고 각자 위 혼인을 준비하여 왔다.

(2) 원고는 위 1991.11.11.경 피고와 맞선을 볼 당시 피고에게 자신이 전주고등학교 부설 방송통신고등학교를 나왔음에도 불구하고 1978.경 전주고등학교를 졸업하였다고 속였으며, 당시 서울시 산하 세종문화회관 소속 기능직 8급 공무원이었음에도 불구하고 서울시 일반행정직 7급 공무원으로 세종문화회관에 파견 근무하고 있는 것처럼 거짓말을 하였는데 위의 사실을 알게 된 피고는 1991.12.11.경 이를 이유로 원고에게 위 약혼해제의 의사표시를 하였다.

(3) 이에 대해 원고는 피고의 약혼해제가 부당하다는 이유로 그로 인한 손해배상 및 위자료의 지급을 구하는 소송을 제기하였고, 피고는 반소로서 원고에게 위자료를 지급할 것을 청구하였다.

(4) 원심은 피고의 약혼해제가 부당하다는 이유로 그로 인한 손해배상 및 위자료의 지급을 구하는 원고의 본소청구를 기각하는 한편, "위와 같이 약혼관계가 해소됨으로 인하여 피고가 상당한 정신적 고통을 받았을 것임은 경험칙상 명백하므로 원고는 피고에게 금 3,000,000원의 위자료를 지급할 의무가 있다" 고 하여 피고의 반소청구를 일부 인용한 바 있다. 대법원은 원고의 상고를 기각하였다(원심: 전주지방법원 1994.10.20. 선고 93르44, 51 판결).

| 대상판결 |

대법원 1995.12.8. 선고 94므1676 · 1683 판결

2. 판결요지

(1) 약혼은 혼인할 것을 목적으로 하는 혼인의 예약이므로 당사자 일방은 자신의 학력, 경력 및 직업과 같은 혼인의사를 결정하는 데 있어 중대한 영향을 미치는 사항에 관하여 이를 상대방에게 사실대로 고지할 신의성실의 원칙상의 의무가 있다.

(2) 종전에 서로 알지 못하던 갑과 을이 중매를 통하여 불과 10일간의 교제를 거쳐 약혼을 하게 되는 경우에는 서로 상대방의 인품이나 능력에 대하여 충분히 알 수 없기 때문에 학력이나 경력, 직업 등이 상대방에 대한 평가의 중요한 자료가 된다고 할 것인데 갑이 학력과 직장에서의 직종 · 직급 등을 속인 것이 약혼 후에 밝혀진 경우에는 갑의 말을 신뢰하고 이에 기초하여 혼인의 의사를 결정하였던 을의 입장에서 보면 갑의 이러한 신의성실의 원칙에 위반한 행위로 인하여 갑에 대한 믿음이 깨어져 갑과의 사이에 애정

과 신뢰에 바탕을 둔 인격적 결합을 기대할 수 없어 갑과의 약혼을 유지하여 혼인을 하는 것이 사회생활관계상 합리적이라고 할 수 없으므로 민법 제804조 제8호 소정의 '기타 중대한 사유가 있는 때'에 해당하여 갑에 대한 약혼의 해제는 적법하다고 본 사례.

(3) '(2)'항의 경우 약혼관계가 해소됨으로 인하여 을이 상당한 정신적 고통을 받았을 것임은 경험칙상 명백하므로 갑은 을에게 위자료를 지급할 의무가 있다.

(4) '(2)'항의 경우 을로서도 갑의 학력이나 직급 등을 시간을 갖고 정확히 확인하여 보지 아니한 채 경솔히 약혼을 한 잘못은 있다고 할 것이지만, 이를 가리켜 을에게 중대한 과실이 있다고 할 수 없고 약혼의 해제에 대한 귀책사유가 갑에게 있는 이상 이러한 을의 잘못은 갑의 을에 대한 위자료 액수를 산정함에 있어 참작할 사정에 불과하다.

[관련조문] 민법 제804조(약혼해제의 사유)

3. 판례의 이해와 쟁점

(1) 약혼시 학력과 경력을 고지할 신의성실의 의무를 위반한 상대방에 대한 약혼해제는 적법한가?

(2) 약혼시 학력 등을 속인 상대방에게 손해배상을 청구할 수 있는가?

(3) 약혼시 학력 등을 속인 자신에게 약혼해제를 한 상대방에게 약혼해제의 부당성을 이유로 손해배상을 청구할 수 있는가?

(4) 상대방의 학력과 경력을 알아보지 않고 약혼한 것은 중대한 과실이다고 할 수 있는가?

(5) 만일 남녀가 약혼식을 거행하지 않았다면, 학력과 경력을 속인 것을 이유로

손해배상청구를 할 수 있을 것인가?

(6) 약혼해제사유를 규정한 민법 제804조의 이유와 목적 그리고 제804조 각호의 공통점은 무엇인가?

(7) 학력과 경력을 속인 것은 "기타 중대한 사유가 있는 때"에 해당하는가, 그 근거는 무엇인가?

(8) 약혼해제사유에 해당하는 경우에는 언제나 민법 제806조의 손해배상청구를 할 수 있는가?

(9) 대상판결의 의의는 무엇인가?

4. 이론탐구

(1) 약혼 성립에 대한 민법 규정이 의미하는 바는 무엇인가?

(2) 약혼과 혼인의 본질은 무엇인가?

(3) 약혼성립과 약혼해제로 인한 손해배상청구의 관계는 무엇인가?

(4) 어떤 경우에 약혼이 성립되었다고 할 수 있는가?

(5) 약혼해제사유에는 해당하지만 손해배상청구를 할 수 없는 것은 어떤 경우인가?

5. 심화학습

(1) 약혼식을 거행하지도 않고 약혼을 인정할 만한 외형이나 증인이 없어 약혼의 성립을 인정하지 않은 사례: 서울가법 1998.2.26. 선고 97드7305 판결

(2) 위 (1)과 같은 사정에도 불구하고 약혼의 성립을 인정한 사례: 서울가법

1996.7.13. 선고 94드37503 판결

(3) 민법 제806조 제3항의 의미와 이유는 무엇인가, 예외의 경우는 없는가? 있다면 어떤 경우이며 예외가 인정되지 않는 경우는 어떤 경우인가?

(4) 청구인이 약혼해제로 인한 위자료를 청구한 후 사망한 경우, 위자료청구권은 상속인들에게 상속된다고 할 수 있는가?

참고문헌

• 이화숙, "학력과 경력을 속인 것이 약혼해제사유에 해당한다고 본 사례," 가족법판례해설, 세창출판사, 2009.

II. 약혼예물 수수의 법적 성질 및 혼인해소의 경우 그 소유권의 귀속관계

1. 사실관계

(1) 국내에서 직장에 다니고 있던 원고(여자)는 1990.12.25. 독일에서 공부하고 있는 피고들(원고의 시부모)의 아들인 소외인(원고의 전남편)과 약혼식을 하고 1991.6.19. 결혼식을 올린 후 1991.7.8. 혼인신고를 하였다. 원고는 1992.1.경부터 소외인과 독일에서 살림을 함께 하며 혼인 생활을 하였다. 원고는 독일로 떠나기에 앞서 소외인으로부터 받은 이건 혼인예물들을 소외인의 부모인 피고들에게 맡겨두었다.

(2) 소외인의 공부문제로 인하여 원고는 1992.8.경부터 독일에서 소외인과 떨어져 거주하게 되면서 어학원에서 만난 프랑스인 남자친구와 깊은 관계를 맺게 되었다. 그런데 소외인은 1992.9.10.경 원고가 프랑스인 남자와 사귀고 있으며 관계가 심상치 않음을 알게 되었고 이에 따라 자주 부부싸움을 하게 되었다.

(3) 원고는 1993.2.25.경 일방적으로 귀국하면서 소외인과 별거하게 되었고, 소외인은 원고의 부정을 원인으로 재판상 이혼청구를 하여 1995.1.19. 이혼판결이 선고되고 확정되었다.

(4) 원고는 소외인의 부모들인 피고에게 혼인예물을 반환하라는 청구취지로 소송을 제기하였다.

(5) 원심은 "혼인이 성립한 이상 이 사건 예물들은 원고의 소유이므로 피고들은 이를 반환할 의무가 있다"고 함으로써 원고승소판결을 내린 바 있다. 이에 대하여 피고는 "혼인예물의 교환은 혼인서약의 성립을 전제로 하여 이루어지는 것으로서 예물교환 행위는 해제조건부 증여이므로 혼인 파탄에 원인을 제공한 당사자는 반환을 구할 수 없다고 할 것이므로 원심판결에는 법리오해의 위법이 있다"는 이유로 상고를 제기하였으나 대법원은 피고의 상고를 기각하였다(원심: 서울지방법원 1995.12.12. 선고 95나37000 판결).

| 대상판결 |

대법원 1996.5.14. 선고 96다5506 판결

2. 판결요지

약혼예물의 수수는 약혼의 성립을 증명하고 혼인이 성립한 경우 당사자 내지 양가의 정리를 두텁게 할 목적으로 수수되는 것으로 혼인의 불성립을 해제조건으로 하는 증여와 유사한 성질을 가지므로, 예물의 수령자측이 혼인 당초부터 성실히 혼인을 계속할 의사가 없고 그로 인하여 혼인의 파국을 초래하였다고 인정되는 등 특별한 사정이 있는 경우에는 신의칙 내지 형평의 원칙에 비추어 혼인 불성립의 경우에 준하여 예물반환 의무를 인정함이 상당하나 그러한 특별한 사정이 없는 한 일단 부부관계가 성립하고 그 혼인이 상당한 기간 지속된 이상 후일 혼인이 해소되어도 그 반환을 구할 수는 없는 것이므로 비록 혼인 파탄의 원인이 며느리에게 있더라도 혼인이 상당기간 계속된 이상 약혼예물의 소유권은 며느리에게 있다.

[관련조문] 민법 147조(조건성취의 효과)/제554조(증여의 의의)/제800조(약혼의 자유)

3. 판례의 이해와 쟁점

(1) 대법원이 청구인의 전남편의 부모에게 한 예물반환청구를 인용한 가장 큰 이유는 무엇인가?

(2) 만일 혼인이 성립되기 전에 위와 같은 일이 발생하였다면 청구인의 약혼예물 반환청구는 인용되었을 것인가?

(3) 만일 청구인과 소외인인 전남편과의 혼인이 성립된 지 6개월 내지 1년 미만이

었다면 청구인의 예물반환청구는 인용되었을 것인가?

(4) 약혼예물의 의의는 무엇인가?

(5) 약혼예물과 예단 및 결혼예물과 혼수의 공통점과 다른 점은 무엇인가? 혼수의 경우 결혼예물 등과 달리 소유권이나 증여의 관점에서 어떠한 본질적인 차이가 있는가?

(6) 약혼예물의 법적 성질에 대한 대법원 판례와 학설의 입장은 무엇인가?

(7) 약혼예물의 반환청구가 발생하는 사유로는 어떤 경우가 있는가? 각각의 경우 반환청구가 인정되는 경우와 되어서는 안 될 경우가 있는가?

(8) 유책배우자인 청구인의 예물반환청구가 인용된 것은 타당한가?

(9) 대상판결의 의의는 무엇인가?

4. 이론탐구

(1) 증여계약의 의의와 해제사유는 무엇인가?

(2) 대상판결에서 약혼예물의 법적성질에 대하여 '혼인의 불성립을 해제조건으로 하는 증여'에 유사한 성질을 갖는 것이라는 의미는 무엇인가?

(3) 대상판결에서 "혼인 파탄의 원인이 며느리에게 있더라도 혼인이 상당기간 계속된 이상 약혼예물의 소유권은 며느리에게 있다"는 구체적인 의미는 무엇인가?

5. 심화학습

(1) 대판 1994.12.27. 선고 94므895와 대상판결은 어떤 점에서 같거나 다른지 검토하시오.

(2) 대판 1976.12.28. 선고 76므41, 42를 검토하시오.

(3) 약혼이 해제된 경우의 예물반환청구와 약혼 당사자 일방이 사망한 경우의 예물반환청구는 구별하는 게 타당한지를 그 이유와 함께 검토하고 외국의 입법례를 참고하시오.

(4) 약혼예물의 반환청구권을 민법에 규정할 필요성이 있는지를 검토하고 토론하시오.

(5) 약혼예물반환청구권을 민법에 신설할 경우 소멸시효기간을 규정할 필요가 있는지 검토하시오.

참고문헌

- 김성숙, "약혼법과 이혼법의 정비를 위한 검토," 가족법연구 15권 1호, 2001.6.
- 박동진, "약혼예물의 교부와 그 반환청구권의 법리," 가족법연구 제19권 2호, 2005년.
- 박영규, "약혼예물반환청구권," 민사판례연구 XX, 민사판례연구회 편.
- 오종근, "약혼예물의 반환에 관한 일고찰," 판례월보 통권 232호, 1990.1.
- 이화숙, "약혼예물 수수의 법적 성질 및 혼인해소의 경우 그 소유권의 귀속관계," 가족법판례해설, 2009.

|제2절| 혼인의 성립

Ⅰ. 혼인성립의 요건

1. 사실관계

(1) 갑(원고)과 을(피고)은 1980.6.24. 협의이혼 신고를 마친 후에도 당시 살고 있던 A아파트에서 동거생활을 하다가 갑이 1982.4.경 A아파트를 처분하고 B아파트로 이사를 가게 되자 완전히 결별하였다.

(2) 을은 잠시 미국으로 갔다가 같은 해 11.말경 귀국하여 B아파트로 들어가 갑과 동거생활을 하여 오다가 1983.3.19. 혼인신고를 마치고서 그 무렵 이를 갑에게 알렸다.

(3) 갑은 을과 B아파트에서 같이 살면서 을이 운영하는 유아원 행사에도 참석하고 을과 함께 친척들과 어울려 놀러 다니는 등 을과 부부로서 생활을 하던 중 점점 외박이 심하여지더니 1985년 초경부터 부천에서 병과 동거하였다.

(4) 갑은 1987.2.경 병과의 동거생활을 청산하고 다시 B아파트로 들어와 살면서 을의 이모인 정의 추천으로 을과 함께 교회에 나가는 한편 같은 해 4.경부터는 을의 친정에서 운영하는 병원의 경영이 어려워지자 그 병원의 원장직을 맡아 운영하다가 1990.11.경 위 병원의 간호사이던 무와 사귀게 되어 함께 강릉시로 가서 그 곳에 있는 동인병원 의사로 취업하여 그 병원의 의사 사택에서 현재까지 동거 생활을 하고 있고, 1994.2.경에는 그들 사이에 자식까지 출산하였다.

(5) 한편 을은 1982.11.경 B아파트로 들어간 이후 갑과 동거하면서 1984.5.경 갑이 정형외과를 개업하게 되자 갑의 여동생과 함께 병원의 개업준비를 하는가 하면 1987.1.29. 갑의 부가 사망하자 맏며느리로서 B아파트에서 장례를 치르는 등 아내와 며느리로서 역할을 해왔다.

(6) 원심은 을이 갑과 협의이혼한 후 갑의 승낙 없이 갑의 인장을 도용하여 일

방적으로 혼인신고를 한 것이라는 갑의 주장에 대하여, 이 사건 혼인신고 당시 갑에게도 을과 혼인할 의사가 있었다고 할 것이고, 가사 그렇지 않다고 하더라도 갑이 위 혼인신고 사실을 알고서도 위와 같이 을과 혼인생활을 계속함으로써 무효인 혼인을 추인하였다고 판단하였다. 이에 불복하여 원고가 상고하였다(원심: 서울가정법원 1995.6.14. 선고 95르17 판결).

| 대상판결 |

대법원 1995.11.21. 선고 95므731 판결

2. 판결요지

협의이혼한 후 배우자 일방이 일방적으로 혼인신고를 하였더라도 그 사실을 알고 혼인생활을 계속한 경우, 상대방에게 혼인할 의사가 있었거나 무효인 혼인을 추인하였다고 볼 수 있다.

[관련조문] 민법 제815조(혼인의 무효) 제1호

3. 판례의 이해와 쟁점

(1) 갑이 을의 일방적인 혼인신고 사실을 알고 동거한 것이 혼인의 의사가 있다는 사실을 추단할 수 있는 근거가 될 수 있는가?

(2) 혼인신고를 할 때 혼인의사가 있는지 확인하는 공무원의 행위는 어떤 의미를 가지는가?

(3) 혼인의 성립을 위한 의사표시의 존재 여부는 어떻게 판단하여야 하는가?

4. 이론탐구

(1) 혼인이 유효하게 성립하기 위한 요건에는 어떤 것이 있는가?

(2) 혼인의 합의가 있었다는 것은 어떠한 상태를 말하는가?

(3) 혼인의 성립요건을 위반하였을 경우, 혼인의 효력에 어떤 영향을 미치는가?

(4) 가족관계등록법상 혼인신고는 어떤 절차에 따라 진행되는가?

5. 심화학습

(1) 관례에 따라 결혼식을 하고 부부로서 상당기간 동거하며 그 사이에 자녀까지 가졌지만 혼인신고가 되어 있지 않은 상태에서 당사자 일방의 부재중에 이루어진 혼인신고는 그 효력을 인정할 수 있는가? (대법원 1980.4.22. 선고 79므77 판결; 대법원 1984.10.10. 선고 84므71 판결)

(2) 별거중인 상태에서 일방에 의하여 혼인신고가 된 경우는 어떠한가? (대법원 1994.5.10. 선고 93므935 판결)

(3) 일방적인 혼인신고 후 혼인의 실체 없이 몇 차례의 육체관계로 자를 출산한 경우 무효인 혼인을 추인하였다고 할 수 있는가? (대법원 1993.9.14. 선고 93므430 판결)

(4) 상대방과 합의 없이 그의 인장을 위조하여 혼인신고를 한 경우 그 혼인신고는 무효라고 하는데, 혼인신고 후 상대방과 육체관계를 가졌다면 무효인 혼인을 추인하였다고 볼 수 있는가? (대법원 1983.9.27. 선고 83므22판결)

»» 참고문헌

- 권순한, "혼인의사와 혼인신고," 가족법연구 13호, 한국가족법학회, 1999.
- 이화숙, "가족법상의 법률행위에 있어 의사와 신고," 민사법학 36호(특별호), 2007.
- 조미경, "혼인의사와 신고," 가족법연구 10호, 한국가족법학회, 1996.

II. 혼인의사의 추정

1. 사실관계

(1) 갑(원고)의 아버지인 병과 을(피고)은 1984.2.경 사업관계로 알게 되어 교제를 하다가 같은 해 5.19. 혼례식을 거행한 다음 그 무렵부터 병의 집에서 부부로서 동거하여 왔다.

(2) 그런데 병은 1987.11.30. 뇌졸증(뇌실질내출혈)으로 의식을 잃고 혼수상태에 빠져 1989.11.14. 사망하기까지 이른바 식물인간이나 다름없는 상태에 있었다.

(3) 을은 병이 사망하기 전인 1989.10.10. 임의로 서울 구로구청장에게 병과 을 사이의 혼인신고를 마쳤다.

(4) 원심은 이 사건 혼인이 무효라고 판단하였으며, 피고가 상고하였다(원심: 서울고법 1994.7.5. 선고 93르2414 판결).

| 대상판결 |

대법원 1996.6.28. 선고 94므1089 판결

2. 판결요지

(1) 혼인이 유효하기 위하여는 당사자 사이에 혼인의 합의가 있어야 하고, 이러한 혼인의 합의는 혼인신고를 할 당시에도 존재하여야 한다.

(2) 혼례식을 거행하고 사실혼관계에 있었으나 일방이 뇌졸중으로 혼수상태에 빠져 있는 사이에 혼인신고가 이루어졌다면 특별한 사정이 없는 한 위 신고에 의한 혼인은 무효라고 본 사례.

[관련조문] 민법 제815조(혼인의 무효)

3. 판례의 이해와 쟁점

(1) 이 사안의 경우 당사자 사이에 혼인관계를 유지하고자 하는 의사를 추정할 수 있는가?

(2) 혼인관계를 유지하고자 하는 의사로부터 혼인의 합의를 추정할 수 있는가?

(3) 당사자 사이의 혼인의사가 분명하지 않은 경우, 다른 사정에 의하여 혼인의사를 추정할 수 있는가?

4. 이론탐구

(1) 혼인의 합의는 무엇을 의미하는가?

(2) 종전에는 혼인의 합의가 있었지만 혼인신고 당시에 의사능력을 상실한 경우에도 혼인의 합의는 그 효력을 유지하는가?

5. 심화학습

(1) 부첩관계에 있던 당사자가 동거에 대한 합의 없이 별거하면서 왕래하려는 의사로 혼인신고를 승낙한 경우 혼인의 합의가 있다고 할 수 있는가? (대법원 1990.12.26. 선고 90므293 판결)

(2) 혼인신고가 당사자 일방의 부재 중 상대방에 의하여 일방적으로 이루어진 것인 경우 혼인의 합의를 추정할 수 있는가? (대법원 1984.10.10. 선고 84므71 판결)

(3) 사실혼 관계에 있는 당사자 사이의 혼인의사가 분명하지 않은 경우, 혼인

의사의 존재를 추정할 수 있는가? (대법원 2000.4.11. 선고 99므1329 판결)

참고문헌

- 윤진수, "혼인성립에 관한 민법의 개정방향," 가족법연구 15권 1호, 한국가족법학회, 2001.
- 이화숙, 가족법판례해설, 세창출판사, 2009.

Ⅲ. 가장혼인

1. 사실관계

(1) 을(피고인)은 A, B 등과 공모하여 1995.10. 중순 중국 흑룡강성 목단강시 서안구에서 A의 소개로 만난 중국 조선족 여자인 B로 하여금 국내에 취업할 수 있도록 입국시켜 줄 목적으로 B와 위장결혼하기로 약속하여 그 무렵 결혼사진을 촬영하고 목단강시청에 가서 사진을 첨부하여 혼인신고를 하고 결혼증을 발급받아 목단강시 공증처에서 혼인공증을 받은 다음, 같은 해 11.4. 귀국하여 같은 달 25. 을의 본적지인 전남 신안군 압해면 사무소에서 C(면사무소 호적담당 공무원)에게 마치 B와 결혼한 것처럼 허위내용의 혼인신고서를 제출하여 C로 하여금 공정증서원본인 호적부에 부실의 사실을 기재하게 하고, 그 무렵 사무소에 이를 비치하게 하여 행사하였다.

(2) 병은 을, B와 공모하여 같은 해 8.말경 목단강시 서안구에서 을의 소개로 만난 중국 조선족 여자인 D와 위와 같은 목적으로 위장결혼하기로 약속하여 그 무렵 같은 곳에서 같은 방법으로 혼인신고를 하고 결혼증을 발급받아 혼인공증을 받은 다음, 같은 해 9.2. 귀국하여 같은 달 15. 병의 본적지인 서울 강동구청 시민봉사실 호적계에서 E(구청 호적담당 공무원)에게 마치 D와 결혼한 것처럼 허위내용의 혼인신고서를 제출하여 E로 하여금 공정증서원본인 호적부에 부실의 사실을 기재하게 하고, 그 무렵 위 사무소에 이를 비치하게 하여 이를 행사하였다.

(3) 원심은 이 사건에 대하여 다음과 같이 판결하였다.

혼인의 방식은 혼인거행지법에 의하도록 규정한 섭외사법 제15조 제1항 단서에 의하여 피고인들의 각 본적지에 한 혼인신고는 창설적 신고가 아니라 이미 중국에서 성립한 혼인에 관한 보고적 신고로서(호적법 제40조, 제130조에 의하여 혼인거행지국의 방식에 의한 혼인에 관한 증서를 작성한 1월 이내에 그 나라를 관할하는 우리나라 재외공관의 장에게 또는 직접 본적지 시·읍·면 장에게 송부하여 혼인신고를 하여야 하고, 이를 해태한 경우에는 과태료의 제재를 받게 되어 있다) 이를 각 신고하였음이 위 공소사실에 의하더라도 분명하고, 당사자들 사이에 혼인을 목적으로 장기간 동거, 부양, 협조하고 자녀를 출산하여 양육하는 등 아무리 혼인의 실질적 요건을 갖추고 있더라도 호적법에 정한 바에 의하여 신고하지 아니하면 사실상의 혼인관계에 불과하고 법률상 혼인으로 인정받지 못하는 혼인에 관한 엄격한 형식주의를 취하는 우리나라의 법제하에서는 혼인 당사자 사이에 어떤 다른 목적을 가지고 혼인하였다고 하더라도 그와 같은 혼인신고 자체에 대한 의사의 합치가 있었다면 적어도 혼인 당사자 사이에 일시적이나마 법률상 부부관계를 맺고자 하는 의사의 합치가 있었다고 보아야 할 것이다. 그러므로 혼인신고 자체는 형식주의를 취하는 법제하에서의 혼인신고의 법률상 중대성에 비추어 유효하다고 할 것이니, 이로써 공정증서원본부실기재죄 등에 있어서의 허위신고에 해당되지 않는다고 보아야 할 것이다.

혼인관계에 관한 신분행위의 의사해석에 있어서는 혼인 당사자들이 당초에는 다른 목적으로 위장혼인을 하였으나 그 후 혼인의 실체를 갖추고 동거하는 경우 그 혼인신고에 따른 혼인을 무효라고 단정할 수 없는 점, 배우자가 사망한 후 자신도 중병에 걸려 거동이 불편한데 자녀들이 아무도 자신을 돌보아 주지 아니하자 간병인을 두어 장기간 치료요양하던 사람이 그 간병인의 노고에 보답하고자 자신의 재산을 자녀들과 함께 간병인에게도 상속시킬 목적으로 서로 합의하여 혼인신고를 한 경우 그 혼인을 혼인의 실질적 요건을 결한 것으로 하여 무효로 보아야 할 것인지는 의문일 뿐만 아니라 또한 그와 같은 혼인신고를 허위신고라고 하여 공정증서원본부실기재죄의 죄책을 지워야 하는가의 문제가 있는 점, 또한 복잡다기한 현대사회에 있어서는 혼인관계도 급격히 변천하는 사회적, 경제적 현실에 따라 다양한 형태의 것이 있을 수 있어 혼인관계가 반드시 전통적인 사회관념상 부부라고 인정되는 정신적, 육체적 결합을 위한 의사를 가진 것만이어야 한다는 기존의 관념이 과연 현재에도 타당한지 의문이 있고, 혼인관계에 관한 사회통념이라는 것도 현대사회에서는 명백히 정의하기 어려운 점 등에 비추어, 혼인의 성립에 관하여는 요식성을 중시하여 형식적 의사설을 취하는 것이 법현실적 측면이나 혼인에 관한 법적 안정성의 측면에서 타당한 것으로 생각된다. 다만, 위와 같이 해석하는 경우에 피고인들의 이 사건 공소사실 기재와 같은 유형의 탈법행위를 용인하는 결과를 초래하게 되는 문제가 있으나 이는 국적법, 출입국관리법 등 관계 법령을 보완하여 정면으로 위와 같은 탈법행위를 방지하여야 할 것이지 혼인 당사자들 사이의 명백한 혼인신고에 관한 의사합치에 따른 혼인신고를 허위신고라고 하여 공정증서원본부실기재죄 등으로 처단할 수는 없다고 할 것이다. 이 판결에 불복하여 검사가 상고하였다(원심: 서울지법 1996.7.12. 선고 96노3403 판결).

| 대상판결 |

대법원 1996.11.22. 선고 96도2049 판결

2. 판결요지

(1) 우리나라 섭외사법 제15조 제1항 단서(현행 국제사법 제36조)에 의하면 혼인의 방식은 혼인거행지의 법에 의하도록 되어 있기는 하나, 같은 법 제15조 제1항 본문은 혼인의 성립요건은 각 당사자에 관하여 그 본국법에 의하여 정한다고 규정하고 있고, 같은 법 제16조 제1항(현행 국제사법 제37조)은 "혼인의 효력은 부(夫)의 본국법에 의한다"고 규정하고 있으므로, 대한민국 남자와 중국 여자 사이의 혼인이 중국에서 중국의 방식에 의하여 성립되었다 하더라도 혼인의 실질적 성립요건을 구비한 것으로서 유효한지 여부는 부(夫)의 본국법인 우리나라 법에 의하여 정하여져야 한다.

(2) 우리나라 민법 제815조 제1호는 '당사자간에 혼인의 합의가 없는 때'에는 그 혼인은 무효로 한다라고 규정하고 있고, 이 혼인무효 사유는 당사자간에 사회관념상 부부라고 인정되는 정신적, 육체적 결합을 생기게 할 의사를 갖고 있지 않은 경우를 가리킨다고 해석할 것이므로, 당사자 사이에 비

록 혼인의 계출 자체에 관하여 의사의 합치가 있어 일응 법률상의 부부라는 신분관계를 설정할 의사는 있었다고 인정되는 경우라도 그것이 단지 다른 목적을 달성하기 위한 방편에 불과한 것으로서 그들간에 참다운 부부관계의 설정을 바라는 효과의사가 없을 때에는 그 혼인은 민법 제815조 제1호의 규정에 따라 그 효력이 없다고 해석하여야 한다.

(3) 피고인들이 중국 국적의 조선족 여자들과 참다운 부부관계를 설정할 의사 없이 단지 그들의 국내 취업을 위한 입국을 가능하게 할 목적으로 형식상 혼인하기로 한 것이라면, 피고인들과 조선족 여자들 사이에는 혼인의 계출에 관하여는 의사의 합치가 있었으나 참다운 부부관계의 설정을 바라는 효과의사는 없었다고 인정되므로 피고인들의 혼인은 우리나라의 법에 의하여 혼인으로서의 실질적 성립요건을 갖추지 못하여 그 효력이 없고, 따라서 피고인들이 중국에서 중국의 방식에 따라 혼인식을 거행하였다고 하더라도 우리나라의 법에 비추어 그 효력이 없는 혼인의 신고를 한 이상 피고인들의 행위는 공정증서원본부실기재 및 동 행사죄의 죄책을 면할 수 없다고 한 사례.

[관련조문] 민법 제815조(혼인의 무효)

3. 판례의 이해와 쟁점

(1) 원심이 유효한 혼인의 성립을 인정한 근거는 무엇인가?

(2) 대법원은 어떤 이유로 원심판결을 파기하였는가?

(3) 다른 목적을 달성하기 위하여 혼인신고를 한 경우, 유효한 법률혼의 성립을 인정할 수 있는가?

4. 이론탐구

(1) 혼인의 합의와 혼인신고의사는 구분할 수 있는가?

(2) 형사판결에서의 판단은 민사판결의 선례로서의 의미를 가지는가?

5. 심화학습

(1) 피청구인의 불이익을 회피하기 위한 수단으로 혼인신고를 한 경우, 그 혼인관계는 효력이 인정될 수 있는가? (대법원 1980.1.29. 선고 79므62, 63 판결)

(2) 가장혼인으로 인한 기록을 정정하기 위하여는 어떤 절차를 밟아야 하는가? (대법원 2009.10.8. 선고 2009스64 판결)

(3) 다른 목적을 달성하기 위하여 이혼을 한 경우에는 유효한 이혼이 성립하는가? (대법원 1997.1.24. 선고 95도448 판결)

⟫ 참고문헌

- 박기동, "가장혼인신고가 공정증서원본부실기재죄에 해당하는지 여부," 대법원판례해설 27호(96년 하반기), 법원도서관, 1997.
- 박기동, "가장혼인신고가 공정증서원본부실기재죄에 해당하는지 여부," 인권과 정의 248호, 대한변호사협회, 1997.
- 윤진수, "혼인성립에 관한 독일 민법의 개정에 관한 고찰," 가족법연구 13호, 한국가족법학회, 1999.
- 윤태순, "중-한 국제결혼의 증가에 따른 가족법의 문제 – 연변조선족의 한-중 '가장혼인'을 중심으로," 가족법연구 22권 1호, 한국가족법학회, 2008.

IV. 외국에서의 혼인

1. 사실관계

(1) 갑(청구인)과 병은 재일교포로서 1964.5.12. 일본국 동경도 신숙구에서 결혼식을 하고 1965.3.29. 일본국법에 따라 동경도 신숙구장에게 혼인신고를 마쳤으나 우리나라 민법, 호적법에 따라 그 지역을 관장하는 재외공관장에게 이를 신고하거나 병의 본적지에서 혼인신고를 하지는 아니하였다.

(2) 병은 1979.경부터 제주도에 왕래하기 시작하면서 을(피청구인)을 맞나 내연관계를 맺고 1980.1.10.에 그 사이에 아들을 낳자 그 호적에 갑이나 갑과 사이에서 낳은 자식들이 입적되어 있지 않음을 기화로 1981.2.13. 을과 다시 혼인신고를 하여 을이 처로 병의 호적에 입적되었으며, 병은 1989.8.9. 사망하였다.

(3) 원심은 갑과 병 사이의 혼인이 유효하게 성립하였다고 판단하였으며, 피청구인이 이에 불복하여 상고하였다(원심: 광주고법 1991.7.19. 선고 90르353 판결).

| 대상판결 |

대법원 1991.12.10. 선고 91므535 판결

2. 판결요지

(1) 섭외사법 제15조 제1항(현행 국제사법 제36조 제2항)은 우리나라 사람들 사이의 외국에서의 혼인에 있어서 민법 제812조와 호적법에 의한 본적지에서의 신고나 제814조의 공관장에의 신고에 의한 방법 외에 거행지법에 의한 혼인도 유효하게 성립하는 것으로 규정하고 있고, 거행지법인 일본국 민법

에 의하면 혼인은 동 국의 호적법에 의하여 신고함으로써 성립하도록 규정되어 있으므로 일본국법에 따른 혼인신고를 마쳤다면 혼인이 유효하게 성립하였다고 할 것이다.

(2) 섭외사법 제18조 본문에 의하면 재일교포인 부부가 일본에서 이혼한다 하더라도 우리나라 법이 그 준거법이 될 터인데 우리 민법상 일단 혼인이 유효하게 성립하였다면 이혼신고에 의하여 협의이혼하거나 재판상으로만 유효하게 이혼할 수 있는 것이고, 호적에 그 혼인사실이 기재되지 않았다면 이혼의 합의만으로 이혼되는 것은 아니다.

(3) 중혼자가 사망한 후에라도 그 사망에 의하여 중혼으로 인하여 형성된 신분관계가 소멸하는 것은 아니므로 전혼의 배우자는 생존한 중혼의 일방 당사자를 상대로 중혼의 취소를 구할 이익이 있다.

(4) 중혼관계에 있어 전혼의 배우자가 사망한 상대방과 이미 사실상 이혼상태에 있었다든가 그 혼인사실을 뒤늦게 공관장에게 신고하였다는 사정만 가지고 전혼의 배우자가 생존한 중혼의 일방 당사자를 상대로 제기한 혼인취소청구가 오로지 피청구인을 괴롭히기 위한 소송으로 권리남용에 해당하거나 신의칙에 반하여 위법한 것이 된다고 할 수 없다고 본 사례.

[관련조문] 섭외사법 제15조(혼인의 성립요건) (현행 국제사법 36조에 해당)/민법 제812조(혼인의 성립)/제814조(외국에서의 혼인신고)

3. 판례의 이해와 쟁점

(1) 재일교포가 일본에서 결혼식을 하고 일본관청에 혼인신고를 한 경우 당사자 사이의 혼인이 유효하게 성립하는가?

(2) 이 판결에서 청구인인 갑이 병의 본적지에 혼인신고를 한 경우 관할관청이 혼인신고를 수리하여야 하는가?

(3) 대한민국 국민이 외국에서 혼인을 한 경우, 그 혼인이 유효하게 성립하기 위해서는 어느 나라의 요건을 갖추어야 하는가?

4. 이론탐구

(1) 대한민국 국민이 외국에서 혼인하는 경우에 지켜야 할 준거법은 어떻게 결정되는가?
(2) 대한민국 국민과 외국인이 외국에서 혼인하는 경우의 준거법은 어떤 기준에 의하여 결정되는가?
(3) 가족관계의 등록 등에 관한 법률에 의한 신고 중 창설적 신고와 보고적 신고에는 어떤 것들이 있으며, 효력에는 어떤 차이가 있는가?

5. 심화학습

(1) 외국에서의 혼인이 성립한 후에 국내에 있는 등록기준지에 혼인신고를 하여야 하는가? (대법원 1994.6.28. 선고 94므413 판결 참고)

(2) 외국에서 그 나라의 방식에 따른 혼인이 성립한 경우 그 혼인이 실질적으로 유효한지 여부를 판단하기 위한 준거법은? (대법원 1996.11.22. 선고 96도2049 판결)

참고문헌

- 김숙자, "한국남성과 중국 조선족여성과의 섭외혼인실태와 그 대책," 가족법연구 12호, 한국가족법학회, 1998.
- 이화숙, 가족법판례해설, 세창출판사, 2009.

V. 중혼의 법률관계

1. 사실관계

(1) 갑(청구인)은 원래 1937.8.27.생인 양 친가호적에 입적되어 있다가 을(피청구인)과 혼인하기 전인 1964.10.7. 병과 혼인하여 그 호적에 입적하였고 그와의 혼인상태가 유지되고 있음에도 불구하고 갑의 어머니가 1969.9.9. 갑에 대하여 1945.8.27.생으로 다시 출생신고를 하여 친가의 호적에 이중으로 등재되게 되었으며 그 후 이 이중의 호적에 기하여 1977.3.9. 갑 단독으로 분가한 후 1977.5.18. 을과의 혼인신고를 하고 위와 같이 이중으로 등재된 호적에 기하여 을의 호적에 입적하였다.

(2) 원심은 혼인이 일단 성립하면 위법하더라도 당연히 무효가 되는 것은 아니라고 판단하였으며, 피청구인이 이에 불복하여 상고하였다(원심: 서울고법 1991.5.24. 선고 90르3263 판결).

| 대상판결 |

대법원 1991.12.10. 선고 91므344 판결

2. 판결요지

(1) 혼인은 호적법에 따라 호적공무원이 그 신고를 수리함으로써 유효하게 성립되는 것이며 호적부에의 기재는 그 유효요건이 아니어서 호적에 적법하게 기재되는 여부는 혼인성립의 효과에 영향을 미치는 것은 아니므로 부부가 일단 혼인신고를 하였다면 그 혼인관계는 성립된 것이고 그 호적의 기재가 무효한 이중호적에 의하였다 하여 그 효력이 좌우되는 것은 아니다.

(2) 혼인이 일단 성립되면 그것이 위법한 중혼이라 하더라도 당연히 무효가

되는 것은 아니고 법원의 판결에 의하여 취소될 때에 비로소 그 효력이 소멸될 뿐이므로 아직 그 혼인취소의 확정판결이 없는 한 법률상의 부부라 할 것이어서 재판상 이혼의 청구도 가능하다.

[관련조문] 민법 제810조(중혼의 금지)/제812조(혼인의 성립)/제818조(중혼의 취소청구권자)

3. 판례의 이해와 쟁점

(1) 중혼은 어떠한 경우에 성립할 수 있는가?

(2) 중혼관계가 유지되고 있는 경우, 중혼관계를 해소하기 위한 이혼이 가능한가?

(3) 중혼이 성립한 경우 중혼을 해소하기 위한 절차는 어떻게 되며, 해소된 경우의 법률효과는?

4. 이론탐구

(1) 법률혼이 성립하는 과정에서 혼인신고를 수리하는 공무원의 심사권의 범위는?

(2) 중혼관계는 어떠한 절차를 거쳐 정리할 수 있는가?

(2) 중혼이 해소된 경우의 법률관계는 어떻게 처리되는가?

5. 심화학습

(1) 중혼관계를 해소하기 위하여 뒤에 성립한 혼인을 취소하는 청구를 중혼자

가 사망한 후에 하는 것은 어떤 실익이 있는가? (대법원 1991.12.10. 선고 91므535 판결)

(2) 중혼자가 사망한 후에 중혼관계를 뒤의 혼인을 취소하는 소를 청구하는 것은 항상 권리남용에 해당하는가? (대법원 1991.12.10. 선고 91므535 판결; 대법원 1993.8.24. 선고 92므907 판결)

(3) 중혼이 성립한 경우, 그 효력은 어떠하며, 어떤 절차에 따라 중혼관계를 정리하여야 하는가? (대법원 1991.12.10. 선고 91므344 판결)

(4) 중혼관계가 취소되는 경우, 이미 이루어진 상속관계의 효력은 어떻게 되는가? (대법원 1996.12.23. 선고 95다48308 판결)

(5) 원래의 호적에 혼인사유의 기재가 없었고, 별도의 적법한 혼인신고도 없었음에도 이중호적을 취적하면서 허위의 신고를 함으로써 이중호적에 적법한 처인 양 입적된 경우에 있어서 혼인의 효력 및 이러한 무효혼인을 정리하기 위한 방법 (대법원 1998.2.7. 자 96마623 결정; 대법원 1991.7.23. 선고 91스3 결정)

⟫⟫ 참고문헌

- 남효순, “혼인(중혼) 취소의 소급효와 재산상의 법률관계: 중혼배우자의 사망후 취소판결에 의한 후혼생존배우자의 상속인 자격 상실여부,” 인권과 정의 250호, 대한변호사협회, 1997.
- 이석웅, “무효의 혼인이 기재되어 있는 이중호적의 정정방법,” 대법원판례해설 30호, 법원도서관, 1998.
- 조미경, “이산가족 중혼문제에 관한 연구 – 독일의 최근 판례를 참고한 저촉법적 · 실질법적 접근,” 가족법연구 16권 2호, 한국가족법학회, 2002.

|제3절| 혼인의 효과

I. 부부의 동거의무

1. 사실관계

(1) 갑(원고)과 을(피고)은 슬하에 딸 A 및 아들 B를 둔 법률상의 부부로서, 서로 사이가 좋지 않아 을이 2000년 10월경 부부싸움을 한 후 옷가지 등 자신의 짐을 챙겨 갑 및 자녀와 함께 거주하던 집에서 나왔다. 그 후 을은 몇 차례 집에 들르기도 하였으나 2000년 12월 말경부터는 아예 집에 오지 아니하였으며 현재는 부모의 집에서 거주하고 있다.

(2) 을은 2001.8.31. 갑을 상대로 을과 갑의 이혼, 갑의 을에 대한 위자료의 지급, 자녀의 친권행사자 및 양육자로 을을 지정하여 줄 것 등을 구하는 이혼심판 등 소송을 제기하였고, 이에 대응하여 갑은 을을 상대로 자녀의 양육비를 포함한 부양료로 월 1,500만 원씩을 지급할 것을 구하는 반소를 제기하였다. 법원은 을의 본소청구를 모두 기각하는 한편, 을에 대하여 갑에게 2000.12.1.부터 갑과 을 사이의 혼인이 해소될 때까지 월 5백만 원씩을 매월 말일에 지급할 것을 명하는 내용의 갑의 반소청구를 일부 인용하는 판결을 선고하였다. 갑과 을의 각 항소 및 상고를 거쳐 결국 제1심판결은 2004.5.3. 그대로 확정되었다(이하 '이 사건 관련 판결'이라고 한다).

(3) 갑은 을이 이 사건 관련 판결에도 불구하고 부부로서의 동거의무를 위반하고 있음을 이유로 2004년 12월경 을을 상대로 서울가정법원 2004느단9742호로 갑과 을 사이의 동거에 관하여 적당한 처분을 내려 줄 것을 구하는 동거심판청구를 하였다. 위 심판절차에서 동거장소에 관하여 갑은 자녀가 다니는 유치원이 소재한 서울 서초구 서초동에 있는 집을, 을은 그가 운영하는 병원이 있는 광명시 철산동에 소재한 집을 임차하여 동거할 것을 각기 주장하여, 서로의 의견을 절충한 끝에 갑이 을의 요구를 상당 부분 수용함으로써 2005.3.30.에 "갑과 을은 광명시 철산동 소재 방 3칸짜리 30평형대

아파트를 동거장소로 하여 2005년 5월 말부터 동거한다. 을은 위 동거장소의 마련에 있어 2천만 원의 전세보증금 및 월세 소요 예상액 6십만 원 내지 8십만 원 중 4분의 1을 매월 부담하되, 전세보증금 2천만 원은 을의 특유재산으로 한다"는 내용의 조정이 성립되었다(이하 '이 사건 조정'이라고 한다).

(4) 원심은 이 사건에 대하여 다음과 같이 판결하였다.

이 사건 조정의 성립경위 및 내용 등을 함께 살펴보면, 갑과 을이 이 사건 조정에 따라 동거하지 못하게 된 것은 그 원인이 을이 이 사건 조정에 따라 갑이 동거장소를 물색하고 임차하는 데 있어서의 보다 능동적인 협력의무를 이행하지 아니하였기 때문이라고 봄이 상당하고, 갑이 을의 그러한 협력의무 불이행으로 인하여 이 사건 조정 성립 후 3년 가까이 을과 동거하지 못한 채 홀로 나이 어린 자녀들을 양육하면서 상당한 정신적 고통을 겪었으리라는 점은 경험칙상 이를 충분히 추인할 수 있으므로, 을은 이를 금전으로 위자할 의무를 부담한다. 이 판결에 대하여 원고와 피고 모두 상고하였다(원심: 서울고법 2009.4.10. 선고 2008나64135 판결).

| 대상판결 |

대법원 2009.7.23. 선고 2009다32454 판결

2. 판결요지

부부의 일방이 상대방에 대하여 동거에 관한 심판을 청구한 결과로 그 심판절차에서 동거의무의 이행을 위한 구체적인 조치에 관하여 조정이 성립한 경우에 그 조치의 실현을 위하여 서로 협력할 법적 의무의 본질적 부분을 상대방이 유책하게 위반하였다면, 부부의 일방은 바로 그 의무의 불이행을 들어 그로 인하여 통상 발생하는 비재산적 손해의 배상을 청구할 수 있고, 그에 반드시 이혼의 청구가 전제되어야 할 필요는 없다. 비록 부부의 동거의무는 인격존중

의 귀중한 이념이나 부부관계의 본질 등에 비추어 일반적으로 그 실현에 관하여 간접강제를 포함하여 강제집행을 행하여서는 안 된다고 하더라도, 또 위와 같은 손해배상이 현실적으로 동거의 강제로 이끄는 측면이 있다고 하더라도, 동거의무 또는 그를 위한 협력의무의 불이행으로 말미암아 상대방에게 발생한 손해에 대하여 그 배상을 행하는 것은 동거 자체를 강제하는 것과는 목적 및 내용을 달리하는 것으로서, 후자가 허용되지 않는다고 하여 전자도 금지된다고는 할 수 없다. 오히려 부부의 동거의무도 엄연히 법적인 의무이고 보면, 그 위반에 대하여는 법적인 제재가 따라야 할 것인데, 그 제재의 내용을 혼인관계의 소멸이라는 과격한 효과를 가지는 이혼에 한정하는 것이 부부관계의 양상이 훨씬 다양하고 복잡하게 된 오늘날의 사정에 언제나 적절하다고 단정할 수 없고, 특히 제반 사정 아래서는 1회적인 위자료의 지급을 명하는 것이 인격을 해친다거나 부부관계의 본질상 허용되지 않는다고 말할 수 없다.

[관련조문] 민법 제826조(부부간의 의무)

3. 판례의 이해와 쟁점

(1) 원심은 어떠한 요건하에 갑과 을이 동거하도록 판결하였는가?

(2) 동거의무를 위반한 것이 정신적 손해를 야기하는 불법행위가 된다고 할 수 있는가?

(3) 법률상의 부부에게는 어떠한 법적 의무가 부과되어 있는가?

4. 이론탐구

(1) 법률상의 부부가 부담해야 하는 법적 의무에는 어떠한 것들이 있는가?

(2) 위 판결의 경우 동거의무를 이행하지 않는 배우자에 대하여 위자료의 지급을 명하는 대신 동거를 강제할 수 있는가?

(3) 위자료를 명하기 위한 일반적 요건으로서의 정신적 손해란 무엇인가?

5. 심화학습

(1) 배우자 일방과 간통행위를 함으로써 혼인관계를 파탄에 이르게 한 경우, 상간자는 타방배우자에 대하여 불법행위로 인한 손해배상책임을 지는가? 부부의 자녀에 대한 관계에서는 불법행위의 성립을 인정할 수 있는가? (대법원 2005.5.13. 선고 2004다1899 판결)

(2) 정당한 이유 없이 동거를 거부하는 부부의 일방이 상대방에 대하여 부양료를 청구할 수 있는가? (대법원 1991.12.10. 선고 91므245 판결)

(3) 부부 일방이 부양의무를 이행하지 않은 상대방에 대하여 과거의 부양료를 청구할 수 있는가? (대법원 2008.6.12. 선고 2005스50 결정)

》》 참고문헌

- 전혜정, "민법상 부부공동생활비용의 부담에 관한 연구," 가족법연구 20권 2호, 한국가족법학회, 2006.
- 이화숙, 가족법판례해설, 세창출판사, 2009.

II. 일상가사대리권의 성립요건

1. 사실관계

(1) 을(피고)과 그의 처 병은 금은방을 운영하였는데, 사업자등록을 을의 명의로 하고 있었지만 금은방 운영에 있어서 대인관계가 좋은 병이 다른 사람들과 금전거래를 하거나 수입 · 지출을 관리하는 등의 일을 하였고, 을은 금은방에 물건을 들이거나 시계를 고치는 등의 일을 하면서 주로 돼지 사육 등 축산업에 종사해 왔으며, 갑(원고)은 위와 같은 사정을 잘 알면서 병에게 금은방 운영 등에 필요한 자금을 대여하여 주었다.

(2) 갑은 A 조합으로부터 1995.2.4.과 1997.1.10. 각 3,000만 원을 대출받았는데, 1995.2.4.자 대출금 3,000만원 중 금 2,700만원은 을의 명의로 사용되었고, 나머지 금 300만원은 병의 계좌로 입금되었으며, 1997.1.10.자 대출금 3,000만원 중 수표로 발행된 금 2,300만원은 병의 명의로 지급제시되었으며, 병이 갑으로부터 차용한 돈을 낭비하거나 다른 곳에 사용하였다는 자료는 기록상 전혀 보이지 아니하며, 을도 그러한 주장을 전혀 하지 아니하고 있다.

(3) 을이 자신의 인감도장을 위 금은방 서랍에 보관하고 있었다.

(4) 원심은 이 사건에 대하여 다음과 같이 판단하였다.

갑은 이 사건 각 금전을 을이 아니라 병에게 대여한 것에 불과하다고 보이고, 병이 을의 도장을 가지고 있었다는 이유만으로 당연히 을을 대리하였다고 보기는 어려우며, 이 사건 대여금 채무는 병의 사업상의 필요에 의한 채무로 볼 수는 있을지언정 일상의 가사로 인한 채무라고 보기는 어렵다고 판단하여 을에 대한 이 사건 청구를 배척하였다. 원고는 원심의 판단에 불복하여 상고하였다(원심: 서울고법 2002.10.11. 선고 2001나53938 판결).

| 대상판결 |

대법원 2003.1.24. 선고 2002다64377 판결

2. 판결요지

부부가 공동으로 남편 명의의 점포를 운영하면서 처가 점포에 보관 중인 남편의 인감을 이용하여 차용증을 작성하여 주고 금원을 차용한 사안에서 남편이 처에게 점포 운영에 필요한 자금을 자신의 명의로 차용할 권한을 포괄적으로 위임하였다고 볼 여지가 있다고 한 사례.

[관련조문] 민법 제114조(대리행위의 효력)

민법 제827조(부부간의 가사대리권)

3. 판례의 이해와 쟁점

(1) 위 판결에서 원심이 갑의 금전대여행위가 을에 대한 것이 아니라 병에 대한 것으로 본 근거는 무엇인가?

(2) 대법원은 원고의 주장을 배척한 원심판결에서 인정한 사실관계를 어떤 이유로 수긍하기 어렵다고 보았는가?

(3) 부부 일방의 일상가사로 인한 법률행위에 대하여 상대방이 책임을 부담하기 위한 요건은 무엇인가?

4. 이론탐구

(1) 부부간의 일상가사대리권을 인정하기 위한 전제로서의 일상가사는 어떤 것을 의미하는가?

(2) 부부간의 일상가사대리권을 인정하는 이유는 무엇인가?

(3) 일상가사대리권과 일상가사로 인한 채무에 대한 연대책임은 어떤 관계에 있는가?

5. 심화학습

(1) 처가 목돈을 마련하기 위하여 가입한 계로 인하여 부담하게 된 채무가 일상의 가사로 인한 채무에 해당하는가? (대법원 2000.4.25. 선고 2000다8267 판결)

참고문헌

- 문홍안, “대리권,” 로스쿨 민법총칙, 청림출판, 2006.
- 성위석, “일상가사에 관한 법률행위의 범위,” 가족법연구 13호, 한국가족법학회, 1999.
- 오병철, “일상가사대리권과 일상가사채무 연대책임과의 관계,” 가족법연구 21권 2호, 한국가족법학회, 2007.
- 이화숙, “부부재산제와 일상가사대리권 그리고 표현대리와의 긴장관계,” 민사법학 13권, 1996.

III. 일상가사대리권과 표현대리

1. 사실관계

(1) 갑(원고)의 처인 병은 갑으로부터 대리권을 수여받은 바가 없으면서도 을 또는 을이 알선한 제3자로부터 금원을 차용하고, 갑의 대리인으로서 갑 소유인 이 사건 토지에 관하여 을 앞으로 채권최고액이 각 70,000,000원, 9,000,000원, 75,000,000원인 순위 2, 4, 5번의 근저당권설정등기를 하여 주었다.

(2) 위 2번 근저당권을 설정할 당시 병은 갑의 인감도장과 근저당권설정용 인감증명서, 지방에 근무하는 갑이 서울에 거주하는 병에게 인감도장을 보낸다는 문구가 기재된 편지봉투 등을 소지하고 있었고, 을은 갑이 알려준 번호로 전화하여 갑이라고 자칭하는 자에게 대리권 수여 여부를 확인하였으며, 대여금 중 일부를 갑 명의의 통장에 입금시켰다.

(3) 한편 위 4, 5번 근저당권 설정시 병은 갑의 인감도장, 갑 본인이 발급받은 근저당권설정용 인감증명서, 이 사건 토지를 담보로 제공하고 금원을 차용함에 있어 차용금 수령 기타 제반 서류 작성에 관한 일체의 권한을 병에게 위임한다는 내용이 기재되고 병의 무인과 도장이 날인되어 있는 위임장과 갑의 주민등록증 등을 소지한 채 위 위임장의 무인과 주민등록증상의 무인을 서로 비교 하도록 하면서 갑의 대리인으로서 근저당권설정계약을 체결하였다.

(4) 병이 가출함에 따라 모든 사실을 알게 된 갑은 고위 공직자로서 가정을 소홀히 한 책임을 통감하고 병 명의로 된 아파트와 이 사건 토지를 처분하여 사태를 원만히 수습하기로 마음먹고 4촌 동생인 A, 백모인 B에게 수습을 부탁하였으며, 이에 따라 A, B 등은 갑의 대리인으로서 병과 함께 을을 대리한 C를 찾아가 병이 을로부터 차용한 사채에 대하여 갑이 책임을 지되 그 변제 방법으로 위 아파트의 가격을 금 200,000,000원으로, 위 아파트를 담보로 을과 다른 채권자들로부터 차용한 채무를 금 195,000,000원으로 각 평

가하여 위 채무는 을이 인수하여 병은 면책되고, 그 대신 위 아파트는 을측이 지정하는 D에게 이전하며, 위 인수 채무를 제외한 나머지 채무(이 사건 토지에 의하여 담보되는 채무 및 을이 알선한 E에 대한 채무)는 그 원리금을 합계 금 157,000,000원으로 확정하여 이 사건 토지를 을에게 이전함으로써 이를 변제하되 시가에 따른 과부족액은 나중에 정산하기로 합의하였다.

(5) 위 합의에 따라 위 아파트에 관하여는 D 앞으로 소유권이전등기가 경료되고, 병은 아파트를 담보로 한 채무를 면제받았으나 그 후 이 사건 토지의 시가 산정에 관한 의견 차이로 위 합의가 결렬되어 이행되지 아니하였다.

(6) 원심은, 위 인정사실에 의하면 을이 병이 갑을 대리하여 이 사건 토지에 관한 근저당권설정 행위를 할 권한이 있다고 믿은 데에 정당한 이유가 있었으므로 을의 표현대리 주장은 이유 있으며, 위와 같이 갑과 을 사이에 병의 채무 변제에 갈음하여 위 아파트와 이 사건 토지를 을측에 이전하고 이 사건 토지의 시가에 따라 사후에 정산하기로 합의한 후 그 합의가 결렬되어 이행되지 않았다고 하더라도 일단 병이 을측으로부터 차용한 사채를 책임지기로 한 이상 갑은 병의 근저당권 설정 및 금원 차용의 무권대리 행위를 추인한 것이라고 판단하였다. 원심판결에 불복하여 원고가 상고하였다(원심: 제주지법 1994.7.29. 선고 93나1527판결).

| 대상판결 |

대법원 1995.12.22. 선고 94다45098 판결

2. 판결요지

(1) 일상가사대리권 외에 별도의 기본대리권이 있는 처가 근저당권설정등기에 필요한 각종 서류를 소지하고 있는 데다가 그 인감증명서가 본인인 남편이 발급받은 것이고, 남편이 스스로 처에게 인감을 보냈음을 추단할 수

있는 문서와 남편의 무인이 찍힌 위임장 및 주민등록증 등을 제시하는 등 남편이 처에게 대리권을 수여하였다고 믿게 할 특별한 사정까지 있었다면, 그 상대방으로서는 처가 남편을 대리할 적법한 권한이 있었다고 믿은 데 정당한 이유가 있다고 하여 표현대리의 성립을 인정한 사례.

(2) 처가 타인으로부터 금원을 차용하면서 승낙 없이 남편 소유 부동산에 근저당권을 설정한 것을 알게 된 남편이, 처의 채무 변제에 갈음하여 아파트와 토지를 처가 금전을 차용한 자에게 이전하고 그 토지의 시가에 따라 사후에 정산하기로 합의한 후 그 합의가 결렬되어 이행되지 않았다고 하더라도, 일단 처가 차용한 사채를 책임지기로 한 이상 남편은 처의 근저당권 설정 및 금원 차용의 무권대리 행위를 추인한 것이라고 한 원심판결을 수긍한 사례.

[관련조문] 민법 제126조(권한을 넘은 표현대리)/제130조(무권대리)/제827조(부부간의 가사대리권)

3. 판례의 이해와 쟁점

(1) 위 판결에서 병이 행한 법률행위가 일상가사에 해당한다고 할 수 있는가?

(2) 위 판결에서 원심이 표현대리의 성립을 인정한 근거는 무엇인가?

(3) 표현대리의 성립을 인정하는 외에 무권대리행위를 추인하였다고 판단한 것은 어떤 법적 의미를 가지는가?

(4) 일사가사대리권의 범위를 넘는 대리행위가 행하여진 경우 그 행위의 효력은 타방배우자에게 미치는가?

(5) 어떠한 요건하에 일상가사대리권을 기본대리권으로 하는 표현대리의 성립을 인정할 수 있는가?

4. 이론탐구

(1) 표현대리가 성립하기 위한 요건은?

(2) 법정대리의 경우에도 표현대리의 성립을 인정할 수 있는가?

(3) 일상사가의 범위를 벗어난 행위에 대하여 일상가사대리권을 기초로 하여 타방 배우자에게 그 책임을 물을 수 있는가?

(4) 일상가사대리권의 범위를 벗어나는 행위에 대하여 권한을 넘는 표현대리의 규정을 적용하여 타방 배우자의 책임을 물을 수 있는가?

5. 심화학습

(1) 처가 제3자를 남편으로 가장시켜 관련 서류를 위조하여 남편 소유의 부동산을 담보로 금원을 대출받은 경우, 남편은 담보제공행위에 대하여 본인으로서의 책임을 져야 하는가? (대법원 2002.6.28. 선고 2001다49814 판결)

(2) 남편이 자신의 사업상의 채무에 대하여 처 명의로 연대보증약정을 한 행위에 대하여 처는 본인으로서 책임을 져야 하는가? (대법원 1997.4.8. 선고 96다54942 판결)

(3) 일상가사대리권을 수여받은 내연의 처가 남편 명의의 부동산에 대하여 근저당권을 설정한 경우 표현대리의 성립을 인정할 수 있는가? (대법원 1984.6.26. 선고 81다524 판결)

(4) 처가 남편 몰래 남편의 인감도장, 인감증명서 등을 소지하고 그 대리인인 양 행세하여 금원을 차용하고 그 담보로 남편 소유의 부동산에 가등기를 경료한 경우, 표현대리의 성립을 인정할 수 있는가? (대법원 1981.6.23. 선고

80다609 판결)

(5) 처가 임의로 남편의 인감도장과 대리방식으로 발급받은 인감증명서를 소지하고 남편을 대리하여 친정 오빠의 할부판매보증보험계약상의 채무를 연대보증한 경우, 남편의 표현대리 책임이 성립하는가? (대법원 1998.7.10. 선고 98다18988 판결)

(6) 처가 북한으로 피랍되어 연락이 두절된 남편을 대리하여 토지를 매도한 경우, 표현대리의 성립을 인정할 수 있는가? (대법원 2009.4.23. 선고 2008다95861 판결)

》》 참고문헌

- 김선이, “일상가사대리권과 126조의 표현대리,” 로스쿨가족법, 청림인터렉티브, 2007.
- 성위석, “일상가사에 관한 법률행위의 범위,” 가족법연구 13호, 한국가족법학회, 1999.
- 임성권, “일상가사대리권과 표현대리,” 법학연구 2집, 인하대학교 법학연구소, 2000.
- 임성권, “월권표현대리의 성립요건,” 법학연구 4집, 인하대학교 법학연구소, 2001.
- 이화숙, 가족법 판례해설, 세창출판사, 2009.

IV. 부부간의 계약취소권

1. 사실관계

(1) 갑(원고)과 을(피고)은 1970.10.20. 혼인신고를 마친 부부이고, 충북 단양읍 별곡리 504 대 370평방미터 및 위 지상 철근콘크리트조 슬래브지붕 3층 점포 및 주택(이하 '이 사건 부동산'이라 한다)에 관하여는 1986.7.31.자로 같은 해 4.15. 매매를 원인으로 한 을 명의의 소유권이전등기가 경료되어 있다.

(2) 갑은 1991.8.9. 을을 상대로 이혼소송을 제기한 다음, 같은 달 12. 을을 간통, 폭력 등의 죄로 고소하여 을은 같은 달 21. 구속되었다.

(3) 이어 을은 구속수감 중이던 같은 해 9.5. 위 형사사건과 관련하여 갑과 합의함에 있어, 갑이 을과 이혼하지 않을 것을 조건으로 하여 이 사건 부동산을 갑, 을 공동명의(즉 이 사건 부동산 중 2분의 1지분을 갑에게 이전)로 하되 을이 석방된 후 즉시 갑에게 이전하여 주기로 약정하였다.

(4) 갑, 을 간의 위와 같은 합의로 친고죄인 위 간통의 점에 대하여는 불기소(공소권 없음)결정을 받고, 친고죄가 아닌 나머지 「폭력행위 등 처벌에 관한 법률」 위반의 점에 대하여만 청주지방법원 제천지원에 공소제기되었는데, 갑은 같은 해 9.13. 위 나머지 부분에 대하여도 모두 고소 취소를 하여 을은 같은 법원에서 같은 해 11.27. 징역 1년에 집행유예 2년을 선고받고 석방되었다.

(5) 을은 집행유예로 석방된 이후 다시 갑을 구타하였고, 이에 갑이 을을 다시 고소함으로써 을은 같은 해 12.11. 다시 구속되어 같은 법원에서 같은 죄로 징역 6월의 실형을 선고받고 항소하여 1992.8.4. 청주지방법원에서 벌금 2백만원을 선고받아 석방된 후에, 갑, 을 사이가 벌어져 갑은 대전에 있는 딸의 집에서 기거하고 있고 을은 충북 단양에서 거주하면서 현재까지 별거하고 있는 등 갑, 을 사이의 혼인관계가 사실상 파탄에 이르렀다.[1]

1_ 사실관계는 이수경, "부부간의 계약취소권," 판례연구 8집, 서울지방변호사회, 1995. 192면 이하의 내용을 정리하여 인용함.

(6) 원심은, 갑과 을 사이에는 법률상의 부부로서 형식적인 혼인관계는 존속하고 있으나 실질적으로 혼인으로 더 이상 계속할 수 없는 파탄상태에 이르렀다고 보아 계약취소권을 행사할 수 없었다고 판단하였고 을은 이에 불복하여 상고하였다(원심: 대전고법 1993.7.20. 선고 93나485 판결).

| 대상판결 |

대법원 1993.11.29. 선고 93다40072 판결

2. 판결요지

민법 제828조에서 "혼인 중"이라 함은 단지 형식적으로 혼인관계가 계속되고 있는 상태를 의미하는 것이 아니라, 형식적으로는 물론 실질적으로도 원만한 혼인관계가 계속되고 있는 상태를 뜻한다고 보아야 하므로 혼인관계가 비록 형식적으로는 계속되고 있다고 하더라도 실질적으로 파탄에 이른 상태라면 위 규정에 의한 계약의 취소는 할 수 없다.

[관련조문] 민법 제828조(부부간의 계약의 취소)

3. 판례의 이해와 쟁점

(1) 판례가 계약취소권을 인정하지 않은 이유는 무엇인가?

(2) 계약취소권을 행사하는 사람이 유책한 경우에만 계약취소권의 행사가 거절되는가?

(3) 부부간의 계약취소권을 행사하기 위한 요건은 무엇인가?

4. 이론탐구

(1) 계약취소권을 행사하기 위한 '실질적으로 원만한 혼인관계가 계속되고 있는 상태'란 어떠한 상태를 의미하는가?

(2) 부부간에 계약취소권을 인정하는 이유는 무엇인가?

5. 심화학습

(1) 부부간의 계약취소권을 행사한 경우, 취소된 법률행위의 제3자에 대한 효과는 어떻게 되는가?

참고문헌

- 김성숙, "부부계약취소권의 문제점," 가족법연구 10호, 한국가족법학회, 1996.
- 박동섭, "부부재산계약의 취소," 판례연구 16집 상, 서울지방변호사회, 2002.
- 이수경, "부부간의 계약취소권," 판례연구 8집, 서울지방변호사회, 1995.
- 정상현, "부부간의 계약취소권에 관한 일고찰," 가족법연구 13호, 한국가족법학회, 1999.

Ⅴ. 부부의 재산관계

1. 사실관계

(1) 갑(원고)과 을(피고)은 1970.12.11. 혼인신고를 한 부부로서 그동안 약 18여 년간 결혼생활을 하면서 여러 차례에 걸쳐 부동산을 취득하였다가 이익을 남기고 처분하는 등의 방법으로 재산을 증식하여 현재 재산이 약 4, 5억원 정도에 이르는데, 그동안 취득하였던 서울 강서구 화곡동 373의40 대 49평 및 그 지상 연와조 세멘와즙 평가건 건평 20평 8홉 5작, 서울 영등포구 당산동 5가 4의13 상아아파트 4동 609호 84.6평방미터, 서울 강남구 대치동 452 한보미도맨션 205동 603호 137.14평방미터, 서울 강동구 신천동 17의 2, 3, 20, 20의5 지상 잠실시영아파트 71동 303호 41.82평방미터 등이 모두 갑의 이름으로 되어 있는 데에 반하여 이 사건 부동산만은 을의 이름으로 되어 있다.

(2) 원심은, 이 사건 부동산을 제외한 다른 모든 부동산이 갑의 이름으로 되어 있었던 것으로 보아 이 사건 부동산만을 갑이 을의 이름으로 신탁하여 둘 특별한 이유가 없었다는 점과 더불어 민법 제830조 제1항에 의하면 부부의 일방이 혼인 중 자기의 명의로 취득한 재산은 그 특유재산으로 한다라고 규정하고 있는 점에 비추어 이 사건 부동산은 을의 특유재산이라고 봄이 상당하다고 판단하였다(원심: 서울민사지법 1990.1.23. 선고 89나23864 판결).

| 대상판결 |

대법원 1990.10.23. 선고 90다카5624 판결

2. 판결요지

(1) 부부의 일방이 혼인중에 자기명의로 취득한 재산은 그 명의자의 소유재산으로 추정되나 실질적으로 다른 일방 또는 쌍방이 그 재산의 대가를 부담하여 취득한 것이 증명된 때에는 소유재산의 추정은 번복되어 다른 일방의 소유이거나 쌍방의 공유라고 보아야 할 것이다.

(2) 부동산매입자금의 원천이 남편의 수입에 있다고 하더라도 처가 남편과 18년간의 결혼생활을 하면서 여러 차례 부동산을 매입하였다가 이익을 남기고 처분하는 등의 방법으로 증식한 재산으로써 그 부동산을 매입하게 된 것이라면 위 부동산의 취득은 부부쌍방의 자금과 증식노력으로 이루어진 것으로서 부부의 공유재산이라고 볼 여지가 있다.

[관련조문] 민법 제830조(특유재산과 귀속불명재산)

3. 판례의 이해와 쟁점

(1) 부부 일방이 혼인 중 취득하였다는 것의 의미는 무엇인가?

(2) 원심판결은 어떤 근거에서 이 사건 부동산이 피고의 소유에 속한다고 보았는가?

(3) 대법원이 원심판결을 파기한 이유는 무엇인가?

(4) 부부 일방이 혼인 중 자기의 명의로 취득한 재산이 특유재산임을 추정하는 것을 번복하기 위한 요건은 무엇인가?

4. 이론탐구

(1) 현행법상 부부재산약정이 가지는 의미는 무엇인가?

(2) 법정재산제에 따르는 경우, 혼인 중 취득한 재산은 누구에게 귀속되는가?

(3) 특유재산의 추정을 번복하기 위하여 주장하고 입증해야 할 내용은 무엇인가?

(4) 특유재산의 추정이 미치는 경우와 번복된 경우에 있어서 재산의 귀속은 어떤 차이가 있는가?

5. 심화학습

(1) 처의 명의로 등기된 부동산의 주된 매입자금이 부의 수입인 경우, 처의 재산증식노력에 의하여 특유재산의 추정을 번복할 수 있는가? (대법원 1995.10.12. 선고 95다25695 판결; 대법원 1992.12.11. 선고 92다21982 판결)

(2) 부부 각자가 대금의 절반 정도를 부담하여 취득한 부동산을 부부 일방의 명의로 등기한 경우, 그 부동산에 대하여 명의신탁을 인정할 수 있는가? (대법원 1995.2.3. 선고 94다42778 판결)

(3) 사실혼 관계에 있는 부부 일방이 사실혼 중 자기 명의로 취득한 재산에 대해서도 특유재산의 추정이 적용되는가? (대법원 1994.12.22. 선고 93다52068, 52075 판결)

(4) 부부의 일방이 혼인 중 단독 명의로 취득한 재산이 다른 일방의 명의신탁재산으로 인정될 수 있는가? (대법원 2007.4.26. 선고 2006다79704 판결)
이 경우 명의신탁 해지로 인한 재산의 반환이 사해행위에 해당하는가?

(5) 부부 일방의 특유재산으로 추정되는 부동산을 다른 일방이 형식적인 재판 절차를 통하여 명의신탁해지를 원인으로 한 소유권이전등기를 경료받은 경우가 증여에 해당하는가? (대법원 1998.12.22. 선고 98두15177 판결)

(6) 부부의 일방이 혼인 중 단독명의로 취득한 부동산에 대한 취득자금의 출처가 다른 일방 배우자인 경우에 명의신탁을 인정할 수 있는가? (대법원 2008.9.25. 선고 2006두8068 판결; 대법원 1998.6.12. 선고 97누7707 판결)

››› 참고문헌

- 김병두, “별산제의 한계와 그 극복으로서 부부재산계약,” 성균관법학 16권 3호, 성균관대학교 법학연구소, 2004.
- 김병두, “부부재산계약론,” 가족법연구 16권 1호, 한국가족법학회, 2002.
- 김선이, “부의 수입으로 취득한 부동산의 귀속,” 로스쿨가족법, 청림인터렉티브, 2007.
- 남윤봉, “부부재산의 귀속과 관리,” 재산법연구 16권 1호, 한국재산법학회, 1999.
- 이승우, “부부재산계약,” 가족법연구 제3호, 한국가족법학회, 1989.
- 전경근, “현행민법상 부부재산제의 문제점과 개선방안,” 가족법연구 19권 1호, 한국가족법학회, 2005.
- 전혜정, “등기례에 나타난 부부재산계약의 내용,” 가족법연구 20권 1호, 한국가족법학회, 2005.

VI. 일상의 가사로 인한 채무의 연대책임

1. 사실관계

(1) 갑은, 제1심 공동피고 A가 1992.5.경 자신의 남편인 을 명의로 분양받은 아파트분양금으로 필요한 돈이라며 금 5,000,000원을 빌려 달라고 하여 이를 월 2푼의 이율로 대여한 것을 비롯하여 그 때부터 1994.1.경까지 사이에 금 2,000,000원 내지 금 5,000,000원씩 십수 회에 걸쳐 아파트분양금 및 을의 진급 준비를 위한 경비 명목으로 합계 금 40,000,000원을 대여하고, 1994.8.30. A로부터 을이 연대보증인으로 서명날인된 금 40,000,000원의 차용증을 교부받았다.

(2) A는 갑이 1994.3.경 조직한 계금 10,000,000원의 20구좌 번호계에 8구좌를 가입하여 월불입금으로 합계 금 4,994,000원을 불입하여 오다가 19 및 20번째 계불입금을 납입하지 아니하여 갑이 이를 대납하였고, 또 A는 위 계가 진행 중이던 1994.5.경부터 1995.3.경까지 사이에 갑으로부터 아파트분양금 및 위 계불입금 명목으로 수회에 걸쳐 금 20,000,000원을 차용한 후, 1996.3.20. 갑과 사이에 위 계불입 미납금과 차용금 및 이에 대한 이자를 합하여 금 30,000,000원을 차용한 것으로 정산하여 을이 연대보증인으로 서명날인된 금 10,000,000원짜리 차용증 3매를 원고에게 교부하였다.

(3) A는 갑으로부터 처음 돈을 빌릴 때 남편인 을이 부산광역시 북구청에 과장으로 근무하고 있고, 물금지구개발구역 내에 부동산을 가지고 있어 조만간 보상금이 나오면 변제를 하겠다고 하였고, 그 이후의 금원 차용시에도 곧 보상금이 나올 것이라고 하였으며, 을도 A가 원고로부터 돈을 빌리거나 계금을 수령할 때 4-5회 정도 자신의 승용차에 A를 태워 갑의 점포 부근까지 왔고, 언젠가 한번은 갑과 인사를 나누기도 하였으므로, 갑은 A의 말을 믿고 그녀의 요구대로 돈을 빌려주거나 계불입금을 대납하였다.

(4) 원고가 ① 을은 A의 채무를 연대보증하였고, ② 그렇지 않더라도 A의 채무부담행위는 일상가사의 범위에 속하며, ③ 또한 갑은 A가 을을 대리하여 연

대보증할 권한이 있는 것으로 믿었고 그와 같이 믿은 데에 대하여 민법 제126조의 권한을 넘은 표현대리에 있어서의 정당한 사유가 있으므로, 위 합계 금 70,000,000원 및 이에 대한 이자 또는 지연손해금을 지급할 의무가 있다고 주장한 데 대하여, 원심은 ① 을은 A의 갑에 대한 차용금채무에 대하여 연대보증하였다는 점을 인정할 증거가 부족하고, ② A가 아파트분양금을 납부하기 위하여 타인으로부터 금전을 차용하는 행위는 일상가사의 범위에 속한다고 할 수 없으며, ③ 갑의 주장사실에 나타난 사유간으로는 갑이 A에게 을의 연대보증약정에 대한 대리권이 있다고 믿은 데에 권한을 넘은 표현대리에 있어서의 정당한 사유가 될 수 없다고 하여 갑의 주장들을 배척하였다. 이 판결에 대하여 원고가 상고하였다(원심: 부산고법 1998.8.13. 선고 98나1034 판결).

| 대상판결 |

대법원 1999.3.9. 선고 98다46877 판결

2. 판결요지

(1) 민법 제832조에서 말하는 일상의 가사에 관한 법률행위라 함은 부부가 공동생활을 영위하는 데 통상 필요한 법률행위를 말하므로 그 내용과 범위는 그 부부공동체의 생활 구조, 정도와 그 부부의 생활 장소인 지역사회의 사회통념에 의하여 결정되며, 문제가 된 구체적인 법률행위가 당해 부부의 일상의 가사에 관한 것인지를 판단함에 있어서는 그 법률행위의 종류 · 성질 등 객관적 사정과 함께 가사처리자의 주관적 의사와 목적, 부부의 사회적 지위 · 직업 · 재산 · 수입능력 등 현실적 생활상태를 종합적으로 고려하여 사회통념에 따라 판단하여야 한다.

(2) 금전차용행위도 금액, 차용 목적, 실제의 지출용도, 기타의 사정 등을 고려

하여 그것이 부부의 공동생활에 필요한 자금조달을 목적으로 하는 것이라면 일상가사에 속한다고 보아야 할 것이므로, 아파트 구입비용 명목으로 차용한 경우 그와 같은 비용의 지출이 부부공동체 유지에 필수적인 주거 공간을 마련하기 위한 것이라면 일상가사에 속한다고 볼 수 있다.

(3) 부인이 남편 명의로 분양받은 45평형 아파트의 분양금을 납입하기 위한 명목으로 금전을 차용하여 분양금을 납입하였고, 그 아파트가 남편의 유일한 부동산으로서 가족들이 거주하고 있는 경우, 그 금전차용행위는 일상가사에 해당한다고 본 사례.

[관련조문] 민법 제832조(가사로 인한 채무의 연대책임)/제827조(부부간의 가사대리권)

3. 판례의 이해와 쟁점

(1) A가 갑에게 교부한 차용증에 을이 연대보증을 한 것으로 기록되어 있다고 갑이 주장하였음에도 불구하고 법원이 갑의 주장을 받아들이지 않은 이유는 무엇인가?

(2) 왜 갑은 을에 대하여 일상가사대리권을 근거로 A의 행위에 대한 본인으로서의 책임을 물을 수 없는가?

(3) 일상가사로 인한 채무의 연대책임에 있어서 일상가사의 범위는 어떻게 결정되는가?

(4) A가 갑에 대하여 부담하고 있는 채무를 유형화한다면 어떤 것으로 나눌 수 있으며, 각각의 유형은 일상가사와 어떤 관련을 가지는가?

(5) 사실관계에 나타난 을의 행위는 갑에게 법적으로 어떤 의미를 가질 수 있는가?

(6) 대법원은 어떤 사실관계를 근거로 원심의 판단을 파기하였는가?

(7) 민법 제832조에서 규정하는 일상의 가사에 관한 법률행위의 범위와 판단기준

은 무엇인가?

(8) 어떤 법률행위가 일상의 가사에 관한 법률행위에 포함되는가?

4. 이론탐구

(1) 일상가사의 의미는 무엇이며, 어떤 법률행위가 일상가사에 속하는지 판단하는 기준은 무엇인가?

(2) 일상가사로 인한 채무의 연대책임과 일상가사대리권에 의한 본인의 책임은 어떤 관계에 있는가?

(3) 일상가사에 속하는 법률행위를 하면서 배우자에게 그 책임이 전가되지 않도록 하려면 어떻게 해야 하는가?

(4) 부부재산약정에서 일방 배우자의 채무부담행위가 타방 배우자에게 효력을 미치지 않는다고 정한 경우에도 타방 배우자의 연대책임이 면제되는가?

5. 심화학습

(1) 부인이 교회에의 건축 헌금, 가게의 인수대금, 장남의 교회 및 주택임대차 보증금의 보조금, 거액의 대출금에 대한 이자지급 등의 명목으로 금원을 차용한 경우 및 부부공동체를 유지하기 위하여 필요하지 않은 주택과 아파트를 구입하기 위하여 금원을 차용한 경우, 남편은 그 채무를 변제할 책임이 있는가? (대법원 1997.11.28. 선고 97다31229 판결)

(2) 처가 생활비와 자녀들의 교육비에 충당하기 위하여 계에 가입하여 계금을 수령한 경우, 계불입금 납입의무는 일상가사로 인한 채무에 해당하는가? (대법원 2000.4.25. 선고 2000다8267 판결)

(3) 처가 승용차를 구입하기 위하여 타인으로부터 금전을 차용하는 행위를 일상의 가사에 속하는 행위라고 할 수 있는가? (대법원 1985.3.26. 선고 84다카1621 판결)

참고문헌

- 전경근, "채무의 분할 – 이혼에 따른 재산분할과 관련하여," 가족법연구 14호, 한국가족법학회, 2000.
- 최봉경, "일상가사대리권과 그로인한 부부연대책임의 상호관계에 관한 해석론: 남북문제에 관한 국제사법적 관점을 겸하여," 법학 46권 4호, 서울대학교 법학연구소, 2005.
- 홍춘의, "일상가사의 범위," 판례월보 355호, 판례월보사, 2000.

| 제 2 장 |

이 혼

제2장 이 혼

|제1절| 협의상 이혼

Ⅰ. 가장이혼의 효력

1. 사실관계

(1) 피고(女)는 1961.6.16. 소외 甲과 혼인하였다. 피고의 부(父)인 소외 乙과 피고의 모인 원고 1 사이에는 아들이 없어서 甲은 처가에서 장인(乙)·장모(원고 1)와 함께 거주하며 농사일에 종사하였다.

(2) 1980.5.경부터 甲과 장인·장모 사이에 불화가 생겨서 장인인 乙이 甲에게 나갈 것을 요구하자 甲은 사위의 신분으로는 그 동안의 농사일을 한 것에 대한 노임을 청구할 수 없는 것으로 오인하고, 노임청구를 하기 위한 방편으로 피고(妻)와 합의하에 1981.1.16. 협의이혼신고를 하였으나 사망시까지 피고와 사실상 부부관계는 계속 유지하였다.

(3) 피고는 甲과 이혼함에 따라 친가에 복적하였다. 그 후 1985.11.28. 위 소외 乙이 사망함에 따라 피고가 호주상속을 하게 되었고 따라서 이를 전제로 하여 원고 1, 피고 및 피고의 여동생(원고 2) 사이에 재산상속이 이루어졌다.

(4) 그러자 원고 1, 2는 피고와 甲 사이의 협의이혼이 무효임의 확인을 구함과

동시에 피고가 한 호주상속은 잘못이라는 전제하에 상속재산의 반환을 구하는 이 사건 소를 제기하였다.

(5) 제1심법원 및 원심법원은 이혼의사가 결여된 것이라는 이유로 위 협의이혼신고가 무효라고 인정하였다. 이에 피고가 상고를 제기하였다(원심: 대구고등법원 1992.12.16. 선고 92르427 판결).

| 대상판결 |

대법원 1993.6.11. 선고 93므171 판결

2. 판결요지

(1) 이혼의 효력발생 여부에 관한 형식주의 아래에서의 이혼신고의 법률상 중대성에 비추어, 협의이혼에 있어서의 이혼의 의사는 법률상의 부부관계를 해소하려는 의사를 말한다 할 것이므로, 일시적으로나마 그 법률상의 부부관계를 해소하려는 당사자간의 합의하에 협의이혼신고가 된 이상, 그 협의이혼에 다른 목적이 있다 하더라도 양자간에 이혼의 의사가 없다고는 말할 수 없고 따라서 그 협의이혼은 무효로 되지 아니한다.

(2) 따라서 피고와 망 소외 甲이 일시적으로나마 이혼신고를 하기로 하는 합의하에 협의이혼신고를 한 사실이 인정되는 이상, 그 이혼신고를 함에 있어 사실상의 부부관계까지 해소할 의사는 없었고 망 소외 甲이 그 장인, 장모를 상대로 노임청구를 하기 위한 목적이 있었다 하더라도 이혼의사가 결여되어 무효라고는 할 수 없는 것이다.

[관련조문] 민법 제834조(협의상 이혼)/민법 제836조(이혼의 성립과 신고방식)

3. 판례의 이해와 쟁점

(1) 부부가 실제로 이혼할 의사는 없으면서 협의이혼신고를 마친 경우 그 이혼의 효력은 유효한가?
(2) 원고들이 피고를 상대로 소송을 통하여 얻고자 하는 구체적 이익은 무엇인가?
(3) 원고들이 그 이익을 얻기 위해 전제적으로 해결하여야 할 법률적 쟁점은?
(4) 대법원은 가장이혼을 어떤 이유에서 유효하다고 판단하고 있는가?

4. 이론탐구

(1) 협의상 이혼의 실질적 성립요건은?
(2) 가장이혼의 효력에 관하여는 '이혼의 의사'를 어떻게 파악할 것인가를 둘러싸고 판례와 학설의 변화가 있었다. 초기 판례와 현재 판례의 차이점은 무엇인가?
(3) 이혼의 의사를 실질적으로 파악해야 할지 형식적으로 파악하여야 할지 학설도 나뉘고 있다. 위 대법원판례가 따르는 입장은?
(4) '이혼의사'에 대한 대법원의 입장은 '혼인의사'와 대조를 보이고 있다. 대법원은 가장혼인에 대하여 어떤 입장을 보이고 있으며 그 근거로 드는 이유는?
(5) 소외 甲이 1990년 이후에 사망하였다면 원고 2(피고의 여동생)의 소의 이익은?
(6) 협의상 이혼에 있어서 이혼안내절차와 숙려기간은?

5. 심화학습

(1) 당사자 사이에 혼인의 계출 자체에 관하여 의사의 합치가 있어 일응 법률상의 부부라는 신분관계를 설정할 의사가 있었다고 인정되는 경우라도 그

것이 단지 다른 목적을 달성하기 위한 방편에 불과하다면 이 혼인신고의 효력은 유효할까? (대법원 1996.11.22. 선고 96도2049 판결)

(2) 원 · 피고가 영주권 취득을 위하여 장기간 협의한 끝에 그 방편으로 이혼에 합의한 다음 그 합의에 따라 6개월이 넘는 기간 동안 사실혼관계를 계속 유지하였다면, 가장이혼의 효력은 어떠한 영향을 받을까? (서울가법 2004.4.22. 선고 2003드합6149 판결)

››› 참고문헌

- 김대원, "협의이혼제도에 관한 소고," 실무연구 VI, 서울가정법원, 2000.6.
- 김민규, "이혼실태와 가장이혼의 법리," 아세아여성법학 4호, 아세아여성법학연구소, 2001.6.
- 변진장, "신분행위의 무효와 취소," 사법논집 25집, 법원행정처, 1994.12.
- 윤진수, "가장이혼의 효력," 가족법 판례연구, 세창출판사, 2009.
- 조광훈, "가장이혼 부부의 법률행위에 관한 논고," 사법행정 47권 5호, 한국사법행정학회, 2006.5.

|제2절| 재판상 이혼

Ⅰ. 악의의 유기로 인한 이혼청구

1. 사실관계

(1) 갑녀(원고, 妻)와 을남(피고, 夫)은 1938년 결혼식을 올리고 1941.1. 혼인신고를 마친 부부로서 X농촌이 그 생활 터전이었다. 갑 · 을은 1남 3녀를 두었으나 장남과 차녀가 사망하여 현재 출가한 두 딸만 남아 있다. 을은 외아들이 그의 딸만 두고 사망하자 代를 이을 아들을 본다는 이유로 1970.11.경 A녀(피고)를 소실로 들여 서울에서 동거하며 그 사이에 1남 1녀를 출산하였으며 이 사건 이혼청구 당시까지 생활하고 있었다.

(2) 갑은 을과의 사이에 아들을 갖지 못한 자신의 처지를 운명으로 돌리고 을과 A의 동거생활을 계속 묵인해 오면서 1973.2.경에는 자신의 주거지인 X농촌에서 을과 A 사이의 자인 B의 돌잔치를 베풀어 주고 자신의 막내딸인 丙으로 하여금 을과 A의 거주지에서 생활하도록 하였으며 1977.9.경에는 그 동안 자신의 거주지에서 모셨던 조상들의 봉제사를 서울에 거주하는 을과 A에게 물려주는 등 집안의 대소사를 A와 서로 도우면서 함께 치러 왔다.

(3) 갑은 을이 1979.3.경 자신에게 공연한 트집을 잡아 이혼을 요구하자 이를 참다못해 X농촌을 떠나 시집 간 딸들의 집을 전전하며 기거하다가 1994.4.8. 이 사건 이혼소송과 위자료청구 및 재산분할을 청구하기에 이르렀다.

(4) 재산관계는 다음과 같다.

① X농촌 소재 토지는 을의 망 부친이 그 선대로부터 상속받거나 사망할 때까지 가족들과 함께 영농, 정미업, 벌목업 등을 영위하면서 취득한 재산인데, 갑은 을과 결혼 후 가사는 물론 영농에도 많은 노동력을 제공하였다. 그런데 을은 6 · 25 전쟁을 겪는 동안 위 토지들에 관한 제반 공부가 소실된 후 그 등기관계를 정리하지 않고 있다가 「부동산소유권이전등기

등에 관한 특별조치법」 등의 절차에 따라 토지 18필지 중 13필지를 피고 을 소유 명의로, 5필지를 피고 A의 소유 명의로 소유권등기를 마쳤다.

② X농촌 이외 소재 부동산은 피고 을이 X농촌 소재 농지에서 산출된 잉여 농산물의 판매대금 또는 X농촌 소재 다른 토지 매도대금을 주된 재원으로 하여 취득한 다음, 인천 소재 3층 건물 및 대지는 피고 A 소유 명의로, 서울 번동 건물 및 대지는 B 소유 명의로, 서울 수유동 소재 3층 건물 및 대지는 피고 A 소유 명의로 소유권이전등기를 마쳤다.

③ 포천군은 피고 을과 A 명의로 소유권이전등기가 마쳐져 있던 X농촌 소재 토지(을의 선대로부터 내려오던 토지)를 수용하고 1995.12.5. 을과 A에게 금 5,300여 만 원의 토지수용보상금을 지급하였다.

(4) 원심은 원고의 이혼청구와 위자료 청구를 받아들이며, 부동산 및 수용보상금은 비록 A, B 명의로 되어 있지만 이들 모두 재산분할의 대상으로 보았다.

(5) 하지만 원고는 피고 A에 대한 혼인파탄에 따른 손해배상청구가 기각되자 위자료청구에 관한 법리오해를 이유로 상고하였다. 한편 피고 을은 이혼원인에 관한 법리오해, 이혼청구권의 제척기간에 관한 법리오해, 분할대상 재산의 범위에 관한 법리오해, 재산분할의 기준시기에 관한 법리오해, 분할방법에 관한 법리오해를 이유로 상고하였다(원심: 서울고법 1996.8.23. 선고 95르2777 판결).

| 대상판결 |

대법원 1998.4.10. 선고 96므1434 판결

2. 판결요지

(1) 민법 제840조 제2호 소정의 배우자가 악의로 다른 일방을 유기한 때라 함은 배우자가 정당한 이유 없이 서로 동거, 부양, 협조하여야 할 부부로서의

의무를 포기하고 다른 일방을 버린 경우를 뜻한다.

(2) 악의의 유기를 원인으로 하는 재판상 이혼청구권이 법률상 그 행사기간의 제한이 없는 형성권으로서 10년의 제척기간에 걸린다고 하더라도 피고가 부첩관계를 계속 유지함으로써 민법 제840조 제2호에 해당하는 배우자가 악의로 다른 일방을 유기하는 것이 이혼청구 당시까지 존속되고 있는 경우에는 기간 경과에 의하여 이혼청구권이 소멸할 여지는 없다.

(3) 부부 중 일방이 상속받은 재산이거나 이미 처분한 상속재산을 기초로 형성된 부동산이더라도 이를 취득하고 유지함에 있어 상대방의 가사노동 등이 직·간접으로 기여한 것이라면 재산분할의 대상이 된다.

(4) 제3자 명의의 재산이더라도 그것이 부부 중 일방에 의하여 명의신탁된 재산 또는 부부의 일방이 실질적으로 지배하고 있는 재산으로서 부부 쌍방의 협력에 의하여 형성된 것이거나 부부 쌍방의 협력에 의하여 형성된 유형, 무형의 자원에 기한 것이라면 그와 같은 사정도 참작하여야 한다는 의미에서 재산분할의 대상이 된다.

(5) 소위 첩계약(妾契約)은 본처(本妻)의 동의 유무를 불문하고 선량한 풍속에 반하는 사항을 내용으로 하는 법률행위로서 무효일 뿐만 아니라 위법한 행위이므로, 부첩관계에 있는 부(夫) 및 첩은 특별한 사정이 없는 한 그로 인하여 본처가 입은 정신상의 고통에 대하여 배상할 의무가 있고, 이러한 손해배상책임이 성립하기 위하여 반드시 부첩관계로 인하여 혼인관계가 파탄에 이를 필요까지는 없고, 한편 본처가 장래의 부첩관계에 대하여 동의하는 것은 그 자체가 선량한 풍속에 반하는 것으로서 무효라고 할 것이나, 기왕의 부첩관계에 대하여 용서한 때에는 그것이 손해배상청구권의 포기라고 해석되는 한 그대로의 법적 효력이 인정될 수 있다.

[관련조문] 민법 제840조(재판상 이혼원인)/민법 제842조(기타 원인으로 인한 이혼청구권의 소멸)/민법 제839조의2(재산분할청구권)/민법 제843조(준용규정)

3. 판례의 이해와 쟁점

(1) 을이 갑에게 생활비를 지급하는 등 부양의무를 이행한 경우에도, 을의 동거의무를 이유로 악의의 유기를 인정하였나?

(2) 을이 축첩행위를 유지하고 있는 것을 악의의 유기로 인정할 수 있을까?

(3) 을은 갑의 재판상 이혼청구권은 10년의 제척기간에 걸려 소멸했다고 하는바 법원의 태도는?

(4) 대상판결은 갑이 을의 축첩사실을 알고도 20년 이상 을과 A의 부정한 관계의 단절을 요구하지 않은 채 이를 묵인하고 또 이들과 협조하여 왔음에도 불구하고 갑의 A에 대한 손해배상책임을 인정한 이유는?

(5) 갑의 을 및 A, B 소유명의 재산에 대한 재산분할청구에 대하여 법원은 을 소유재산에 대하여만 재산분할을 인정하고 있나?

4. 이론탐구

(1) 악의의 유기와 부부의 동거 · 부양 · 협조의무는 상호 어떠한 연관성을 갖고 있나?

(2) 제840조 제1호나 제6호의 사유로 인한 이혼청구권에 관하여는 그 제척기간이 규정되어 있는바(민법 제841조, 제842조), 악의의 유기를 이유로 한 이혼청구권도 제척기간에 걸린다고 볼 것인가?

(3) 갑이 악의의 유기를 원인으로 이혼청구를 하면서 축첩관계에 있던 A에 대한 손해배상청구사건을 가정법원에 제소할 수 있는가?

(4) 재산분할의 기준시기 및 재산분할 비율은?

5. 심화학습

(1) 대법원 1993.8.24. 선고 92므907 판결은 혼인취소 사유 중 중혼과 연령미달의 경우에 제척기간 또는 권리소멸 사유를 정하지 않은 점에 대하여 판시하고 있다. 그러나 연구대상판결은 악의의 유기를 원인으로 하는 재판상 이혼청구권을 형성권으로 이해하는 전제 위에서, 형성권에 법률상 제척기간의 정함이 없음에도 불구하고 10년의 제척기간의 대상이 된다고 한다. 연구대상판결을 대법원 1993.8.24. 선고 92므907판결의 입장에서 검토하면?

(2) 이민문제로 가정불화가 심화되어 처 및 자녀들의 냉대가 극심하여지자 가장으로서 이를 피하여 자제케 하고 그 뜻을 꺾기 위하여 일시 집을 나와 별거하고 가정불화가 심히 악화된 기간 이래 생활비를 지급하지 않았다면 부부생활을 폐지하기 위하여 가출한 것이 아니라도 민법 제840조 제2호 소정의 악의의 유기에 해당할까? (대판 1986.6.24. 85므6)

참고문헌

- 김상채, "재산분할의 대상과 범위," 재판실무연구, 광주지방법원, 1999.1.
- 김종우, "재산분할의 대상과 그 기준시기 및 방법," 실무연구 Ⅷ, 서울가정법원, 2002.10.
- 김준모, "가사재판에 있어 몇 가지 실무상 문제점," 실무연구 Ⅹ, 서울가정법원, 2005.7.
- 명순구, "이혼청구권이 형성권인가?" 저스티스 34권 3호, 한국법학원, 2001.6.
- 민유숙, "재산분할청구권이 포함된 민사사건의 처리," 민사재판의 제문제 13권, 한국사법행정학회, 2004.12.
- 연기영, "악의의 유기로 인한 이혼청구권의 제척기간," 로스쿨 가족법, 청림인터렉티브, 2007.
- 이선희, "혼인의 해소에 따른 재산분할," 현대민사법연구: 일헌 최병욱 교수 정년기념, 법문사, 2002.1.
- 전경근, "채무의 분할 : 이혼에 따른 재산분할과 관련하여." 가족법연구 14호, 한국가족법학회, 2000.12.

• 조해섭, "악의의 유기로 인한 이혼청구권의 제척기간, 제3자 명의의 재산과 재산분할 대상, 부첩(夫妾)관계와 손해배상 등," 대법원판례해설 30호(1998년 상반기), 법원도서관, 1998.11.
• 조해섭, "재판상 이혼원인에 관한 대법원 판례의 정리," 실무연구 VI, 서울가정법원, 2000.6.
• 최금숙, "부첩관계와 손해배상," 가족법 판례해설, 세창출판사, 2009.
• 한삼인, "재산분할청구권의 판례분석," 인권과 정의 335호, 대한변호사협회, 2004.7.
• 홍중표, "이혼청구권의 제척기간," 가정법원사건의 제문제(상), 법원행정처, 2003.12.

II. 민법 제840조 각 호의 지위

1. 사실관계

(1) 갑(원고, 처, 판결당시 72세)과 을(피고, 夫, 판결당시 92세)은 1957년부터 동거를 시작하여 그 사이에 아들 A(1959년생)를 두고, 1969년 2월 12일 혼인신고를 마쳤다. 그런데 갑은 을과의 동거 전에 X와 혼인하여 그와의 사이에 Y를 두었으나 6 · 25전쟁시에 X가 사망하였고, 을과 동거하게 되면서 Y는 전 남편인 X의 시댁으로 보내졌다.

(2) 을은 독선적이고 봉건적인 권위의식을 가지고 있어서 혼인 초부터 갑을 천대하면서 복종을 강요하였고, 갑의 행동이 조금만 마음에 들지 않아도 심하게 잔소리를 하면서 일일이 간섭하였다. 을은 자신의 말에 이유라도 달거나 변명을 하면 불호령을 내리는 등 갑을 억압해 왔고, 갑이 전 남편과의 사이에서 낳은 아들 Y를 위하여 돈을 빼돌릴지 모른다고 의심하여 경제권도 주지 않고 갑에게는 생활에 필요한 만큼의 돈만 지급하였다.

(3) 을은 약간의 의처증 증세가 있어서 갑의 바깥출입은 물론 친정 식구들과의 만남조차 엄격히 통제하였으며, 1992년 3월경 갑이 천주교 성당에 다니자 성당의 신부와 불륜관계에 있는 것이 아닌가 의심하여 성당에 다니는 것조차 금지하였다. 갑이 통신교리를 이용하여 1993년 3월경 영세를 받자 뒤늦게 이 사실을 알게 된 을은 분노하여 같은 해 8월경부터 서로 다른 방을 사용하다가 1994년 8월경 갑에게 대전에 있는 아들 A의 집에 가서 살라고 강요하며 갑을 내쫓은 후 생활비 지급을 중단하였다.

(4) 갑은 1995년경 을의 위와 같은 가부장적인 사고방식과 의처증 증세로 말미암아 혼인이 파탄에 이르게 되었다고 주장하면서 을을 상대로 서울가정법원에 이혼 및 위자료, 재산분할 청구소송을 제기하였으나 1심은 갑 · 을 사이에 형성된 갈등은 을의 권위적인 태도와 구속에 시달린 갑이 이를 벗어나 자유롭게 지내고 싶어하는 반면, 을은 종전과 다름없는 태도로 이를 제압하려고 하는 과정에서 야기된 일시적인 것일 뿐, 갑 · 을 사이의 혼인

관계는 갑 · 을의 나이, 혼인기간, 생활양식 등을 고려할 때 파탄상태에까지 이르렀다고 보기는 어렵다는 이유로 갑의 청구를 기각하였다. 이에 대하여 갑은 항소하였는데, 항소심 계류 중인 1996년 11월 4일 갑과 을은 다시 재결합하기로 하되, 을은 갑이 별거하면서 생활비 등으로 빌려 쓴 2,000만 원을 대신 갚아 주는 것으로 재판상 화해가 성립되었다.

(5) 을은 위 화해조항에 따라 1996년 12월 22일 갑에게 2,000만 원을 지급하였으나, 갑이 같은 달 29일경 을과 동거하기 위하여 집으로 들어가자 반성문을 써 오라며 갑을 집 밖으로 다시 내쫓았고, 그 후 갑 · 을 사이에 감정대립이 해소되지 않은 채 계속되어 지금까지 별거하고 있다.

(6) 한편 을은 갑이 다시 이혼소송을 준비하고 있다는 소식을 듣고 자신이 사망하면 결국 전 재산이 갑과 A에게 상속되고 더구나 갑의 상속분이 3/5이라는 사실을 알고는 그럴 바에는 자신이 번 돈을 사회에 환원시키는 것이 좋겠다는 생각에서 그 동안 모은 재산 중 을이 여생을 보내기에 충분한 현금 10억원 정도를 남겨둔 채 나머지 부동산 등 모든 재산을 갑 및 A와 상의하지 않은 채 모 대학교에 장학기금으로 기부하였다.

(7) 그러자 갑은, 위와 같은 을의 부당한 대우(민법 제840조 제3호), 악의의 유기(민법 제840조 제2호) 등으로 인하여 혼인관계가 파탄에 이르게 되었다(민법 제840조 제6호)고 주장하며, 이혼을 청구하였다.

(8) 이에 대하여 원심(서울고법)은 "위 인정사실에 의하면, 갑 · 을의 혼인관계는 이를 계속할 수 없을 정도로 파탄되었다 할 것인바, 위 혼인관계가 파탄된 데 대하여는 40여년간 부부로서 생활해 오다가 인생의 황혼기에 접어들어 더 이상 참지 못하고 이 사건 이혼소송을 제기한 갑에게도 약간의 책임이 없다고는 보기 어렵지만, 보다 더 큰 책임은 평생을 봉건적이고 권위적인 방식으로 가정을 이끌어 온 을이 1996년경 이미 한 차례의 이혼소동이 있었음에도 부부 사이의 문제를 대화와 설득으로 슬기롭게 해결하지 아니한 채 계속하여 억압적으로 갑에게 자신의 생활방식을 강요하고, 갑을 집 밖으로 내몬 이후 생활비도 지급하지 아니한 채 그 갈등을 확대 · 증폭시키며, 더구나 처인 갑과 자식인 A와 의논 절차도 없이 일방적으로 상당한 재

산을 장학기금으로 기부한(더구나 을이 기부한 재산이 을만의 고유재산이라고 보기 어렵고, 설사 을의 고유재산이라 하더라도 그 취득, 유지, 보존에 갑의 기여도도 상당 부분 있음) 을에게 있다 할 것이다"라고 하여 갑의 청구를 인용하였다. 이에 피고인 을이 상고를 제기하였다(원심: 서울고법 1999.8.25. 선고 98르3832 판결).

| 대상판결 |

대법원 2000.9.5. 선고 99므1886 판결

2. 판결요지

(1) 민법 제840조 제6호 소정의 이혼사유인 '혼인을 계속하기 어려운 중대한 사유가 있을 때'라 함은 부부간의 애정과 신뢰가 바탕이 되어야 할 혼인의 본질에 상응하는 부부공동생활관계가 회복할 수 없을 정도로 파탄되고 그 혼인생활의 계속을 강제하는 것이 일방 배우자에게 참을 수 없는 고통이 되는 경우를 말한다 할 것이다(대법원 1999.2.12. 선고 97므612 판결 참조).

(2) 기록에 의하여 살펴보면 피고의 평소 생활방식과 결혼생활에서의 불화원인 및 이에 대한 대처방식, 전번 이혼소송에서의 재판상 화해 후 피고의 반성문 작성강요와 별거중의 생활비 미지급 등 원·피고 사이의 불화를 증폭, 확대시킨 경위 및 피고의 재산기부경위 등에 관한 원심의 사실 인정은 정당한 것으로 수긍이 가고, 그와 같은 사실관계 아래서 원·피고 사이의 부부공동생활관계가 회복할 수 없을 정도로 파탄되었다고 보아 원고의 이 사건 이혼 청구를 인용한 원심의 판단은 정당하며, 거기에 채증법칙 위배로 인한 사실오인 및 민법 제840조 제6호 소정의 '기타 혼인을 계속하기 어려운 중대한 사유'와 유책배우자의 이혼청구 내지 기판력에 관한 법리 등을 오해한 위법이 없다.

(3) 재판상 이혼사유에 관한 민법 제840조는 동조가 규정하고 있는 각 호 사유마다 각 별개의 독립된 이혼사유를 구성하는 것이고, 원고가 이혼청구를 구하면서 위 각 호 소정의 수개의 사유를 주장하는 경우 법원은 그 중 어느 하나를 받아들여 원고의 청구를 인용할 수 있는 것이다.

[관련조문] 민법 제840조(재판상 이혼원인)

3. 판례의 이해와 쟁점

(1) 이 판결에서 '혼인을 계속하기 어려운 중대한 사유'가 있다고 판단한 대법원의 구체적 판단기준은 무엇인가?

(2) 대법원이 인용한 구체적인 이혼원인은 무엇인가?

(3) 부부 일방의 가부장적이고 봉건적인 생활방식이 민법 제840조 제6호가 규정하는 '혼인을 계속하기 어려운 중대한 사유'에 해당하는가?

(4) 민법 제840조 제1호 내지 제6호의 이혼사유는 각각 독립된 이혼청구원인이 될 수 있을까?

4. 이론탐구

(1) 혼인을 계속하기 어려운 중대한 사유에 대한 구체적인 판단을 하는 경우 그 기준에 대한 학설과 판례의 태도는?

(2) 재판상 이혼원인인 민법 제840조 제1호 내지 제5호와 제6호와의 관계에 대한 학설과 판례의 태도는?

(3) 민법 제840조 제6호의 사유가 이혼심판청구 당시까지 계속되고 있다면 이혼

청구권의 제척기간을 정한 민법 제842조의 적용은?

(4) 민법 제840조 제1호 내지 제5호와 제6호와의 관계에 대한 소위 독립설과 예시설의 대립은 소송물이론에 따라 결론을 달리하게 되며, 심판의 범위, 기판력 등에 차이가 나타난다. 어떤 차이가 있는지 설명하시오.

5. 심화학습

(1) 이 판례는 소위 황혼이혼이 인용된 최초의 판결이다. 그러나 이 사건과 유사한 만 75세의 할머니가 만 83세의 할아버지를 상대로 한 이혼청구에 대한 대법원의 입장(대법원 1999.11.26. 선고 99므180 판결)은 다르다. 대법원의 논거에 대하여 비판적으로 검토하시오.

(2) 종교활동의 제한이 이혼사유가 될 수 있을까? (대법원 1996.11.15. 선고 96므851 판결)

(3) 이유 없는 별거가 이혼사유가 될 수 있을까?

(4) 애정과 신뢰를 바탕으로 하는 부부관계에 있어서 폭력의 행사는 어떠한 이유에서라도 정당화될 수 없는 것인데, 남편이 처에게 폭력을 행사하여 처가 집을 나가 이혼소송을 제기하고 재결합의사가 없음을 명백히 한 경우(대법원 2005.12.23. 선고 2005므1689 판결) 법원은 이를 인용하여야 할까?

참고문헌

• 김상용, "만 75세의 처가 만 83세의 남편을 상대로 제기한 이혼청구 사례," 가족법 판례해설, 세창출판사, 2009.

- 김상용, "지나친 신앙생활로 인한 혼인파탄은 이혼사유가 된다 - 대법판 1996.11.15. 선고 96므851 판결," 가족법 판례해설, 세창출판사, 2009.
- 김상용, "78세의 처가 92세의 남편을 상대로 제기한 이혼청구 사례," 가족법 판례해설, 세창출판사, 2009.
- 신영호, "고령사회의 도래와 친족법상의 과제," 안암법학 20호, 2005.4.
- 연기영, "78세의 처가 92세의 남편을 상대로 제기한 황혼이혼," 로스쿨 가족법, 청림인터렉티브, 2007.
- 이화숙, "영국의 별거제도에 관한 입법론적 연구," 가족법연구 제13호, 한국가족법학회, 1999.
- 조미경, "독일법상의 이혼원인," 아세아여성법학 4호, 아세아여성법학연구소, 2001.6.
- 최창열, "혼인을 계속할 수 없는 중대한 사유," 가족법연구 15권 2호, 한국가족법학회, 2001.12.
- 최행식, "재판상 이혼사유로서의 과도한 종교활동 - 대법원 1996.11.15. 96므851 판결," 가족법연구 제13호, 한국가족법학회, 1999.

III. 유책배우자의 이혼청구

[유책배우자의 이혼청구를 예외적으로 인용한 사례]

1. 사실관계

(1) 갑(청구인, 夫)과 을(피청구인, 妻)은 1980.3.7. 혼인신고를 마친 법률상 부부로서 1980.10.경 둘 사이에 자식이 태어났다. 갑은 그 무렵부터 A녀와 관계를 맺으면서 가정생활에 소홀해지기 시작, 이로 인하여 을과 불화가 깊어지던 중, 1982.2.경 군의관으로 입대한 후에는 을이 갑을 찾아올 때마다 여러 사람들 앞에서 폭언으로 모욕하였고 공공연히 이혼을 요구하였다. 갑은 을에게 생활비를 거의 지급하지 않았고, 부대에서 외출할 때에는 을 대신 A녀를 만났으며 같은 해 5월경에는 근무지 근처에서 A녀와 동거생활까지 시작하였다. 갑은 A와 동거하는 곳에 찾아간 을을 심하게 구타하였고, 1983.4.경에 이르러서는 갑은 을과 함께 돈을 모아 구입한 아파트를 처분한 대금의 일부를 을에게 주면서 협의이혼을 요구하였다.

(2) 이에 을은 협의이혼을 거절하고 갑을 상대로 이혼소송을 제기하는 한편 갑과 A녀를 간통죄로 고소하였다. 갑은 그제서야 잘못을 뉘우치고 을과 혼인생활을 계속하겠다고 하면서 고소를 취소해 줄 것을 요구하였으나, 을은 이를 거절하였다. 그 결과 갑은 간통죄로 징역 1년 6월의 형을 선고받아 1984년 6월 1일경 가석방으로 출소할 때까지 복역하였고, 의사자격도 박탈되었다. 한편 을이 제기한 이혼청구소송은 주소가 잘못 기재되어 갑과 을에게 소장이 송달되지 않았고, 재판부에서 을에 대하여 공시송달로 갑의 주소를 보정할 것을 명하였으나, 주소가 보정되지 않아서 결국 각하되고 말았다. 갑은 가석방된 이후 을을 찾아갔으나 을과 그 가족들은 갑을 냉대하고 받아 주지 않았으므로, 그 후 계속 별거하고 있다. 한편 A녀는 갑에게 을과 이혼하고 자기와 혼인하거나 그렇지 않으면 위자료로 2천만원을 지급하라고 요구하였다. 이런 상태에서 갑은 을에 대하여 이혼청구를 하게 되었다.

(3) 원심은 위 혼인이 파탄된 데 대한 책임이 갑을 간통죄로 고소한 후 갑이 잘못을 빌었으나 끝내 용서해 주지 아니한 을에게도 일부 있으나 보다 근원적으로는 A녀와 동거하면서 가정생활을 소홀히 한 갑에게 있으므로 갑은 위 혼인의 파탄을 원인으로 하여 이혼을 구할 수 없다고 판단하였다.

(4) 이에 대하여 갑은 혼인파탄의 책임은 전적으로 을에게 있으며, 설령 그렇지 않다고 해도 갑과 을은 혼인파탄에 대하여 적어도 같은 정도의 책임이 있다고 주장하며 상고하였다(원심: 서울고등법원 1986.1.20. 선고 85르93 판결).

| 대상판결 |

대법원 1987.4.17. 선고 86므28 판결

2. 판결요지

(1) 부정행위를 한 배우자를 간통죄로 고소할 수 있는 것은 혼인의 순결을 보장하기 위하여 법률이 인정한 권리이고, 부정행위를 한 배우자가 잘못을 뉘우친다고 하여 반드시 고소를 취소하여 용서하고 혼인을 계속하여야 할 의무가 발생하는 것은 아니다. 그러므로 상대방 배우자가 부정행위를 한 배우자를 끝내 용서하지 않았다고 해도 상대방 배우자에게 혼인 파탄의 책임을 물을 수는 없다.

(2) 혼인관계를 파탄시킨 유책배우자는 스스로 이혼을 청구할 수 없는 것이 원칙이다. 혼인의 파탄을 초래한 자에게 재판상 이혼청구권을 인정한다면, 혼인제도가 요구하고 있는 도덕성과 근본적으로 배치되고 유책배우자의 일방적 의사에 의한 이혼 또는 축출이혼을 시인하는 부당한 결과가 되기 때문이다. 그러나 이는 혼인의 파탄에도 불구하고 이혼을 원하지 않는 상대방 배우자의 의사에 반하여 이혼을 할 수 없도록 하려는 취지일 뿐이며, 상대방 배우자에게도 혼인을 계속할 의사가 없다는 사실이 객관적으로 명

백한 경우에도 파탄된 혼인의 계속을 강제하려는 취지는 아니다.

(3) 유책배우자의 이혼청구에 대하여 상대방 배우자도 이혼의 반소를 제기한 경우, 오기나 보복적 감정에서 표면상으로는 이혼에 불응하고 있으나 실제로는 혼인의 계속과는 도저히 양립할 수 없는 행위를 하는 경우와 같이 이혼의 의사가 객관적으로 명백한 경우에는 혼인의 파탄에 관하여 전적인 책임이 있는 유책배우자의 이혼청구라 할지라도 이를 인용하는 것이 타당하다.

[관련조문] 민법 제840조(재판상 이혼원인) 제6호

3. 판례의 이해와 쟁점

(1) 유책배우자의 이혼청구에 대하여 상대방이 오기 · 반감으로 표면상으로만 이혼에 반대하는 경우에는 그 이혼청구를 인용할 수 있을까?

(2) 원심이 유책배우자의 이혼청구를 인용하지 않은 이유는?

(3) 대법원은 유책배우자인 갑의 이혼청구를 인용하였나?

(4) 유책배우자의 이혼청구라도 대법원이 이를 인용할 수 있는 경우로서 예시한 것은?

4. 이론탐구

(1) 우리 민법은 유책배우자의 이혼청구에 대하여 기본적으로 어떤 태도인가?

(2) 연구대상판결은 유책배우자의 이혼청구를 배척한 종래의 대법원 판례를 변경하는 것인가?

(3) 유책배우자의 이혼청구에 대하여 학설은 이의 인용에 적극적인 견해와 소극

적인 견해로 대립되고 있다. 그 근거는?

(4) 유책배우자의 이혼청구가 예외적으로 인정되는 경우는?

5. 심화학습

(1) 혼인파탄에 있어 유책성은 혼인관계가 파탄되기 이전의 사정뿐만 아니라 그 이후의 사정까지 포함하여 귀책사유의 유무 및 정도를 비교하여 원고와 피고의 혼인관계 파탄에 있어 두 사람의 책임을 따져 보아야 하는가? (대법원 2004.2.27. 선고 2003므1890 판결)

(2) 처의 가출, 사기와 유가증권위조 등의 범죄로 인한 실형 복역 등으로 인하여 혼인관계가 파탄된 후 유책배우자인 처가 제기한 이혼소송의 1심 조사기일과 원심 조정기일에서 상대방 배우자인 남편이 위자료로 5천만원 정도를 지급하고 이혼할 의사가 있다는 취지의 진술을 한 경우에는 이러한 사정만으로 혼인을 계속할 의사가 없음이 객관적으로 명백하다고 볼 수 있을까? (대법원 1999.10.8. 선고 99므1213 판결)

(3) 남편이 유책배우자라는 이유로 남편의 이혼청구를 기각한 판결이 확정된 후, 아내가 종래의 남편의 부정행위를 한 잘못과 자신의 생활방식만을 고집하면서 이에 반발하는 남편 및 자녀들을 가족구성원으로 취급하지 않는 등 가정을 제대로 돌보지 아니하고 가족관계를 유지하기 위한 노력을 소홀히 한 잘못 등으로 혼인생활이 파탄되었다는 남편의 이혼청구는 인용될 수 있을까? (서울가법 2001.5.29. 선고 2000드단21348 판결 : 항소기각, 확정)

(4) 혼인생활이 파탄된 경우 유책배우자의 이혼청구를 허용할 수 있도록 파탄주의의 방향으로 전환하여야 한다는 견해에 대한 의견을 제시하시오.

참고문헌

- 김상용, "유책배우자의 이혼청구를 예외적으로 인용한 사례－대법원 1987.4.14. 선고 86므28 판결," 가족법 판례해설, 세창출판사, 2009.
- 김유미, "유책배우자의 이혼청구," 판례월보 220호, 판례월보사, 1989.1.
- 김주수, "유책배우자의 이혼청구가 예외적으로 인용된 사례," 판례월보 205호, 판례월보사, 1987.10.
- 박동섭, "유책배우자의 이혼청구," 시민과 변호사 67호(1999.8), 서울지방변호사회, 1999.
- 박태호, "유책배우자의 이혼청구," 대법원판례해설 7호, 법원도서관, 1988.12.
- 한봉희, "유책배우자의 이혼청구와 파탄주의 이혼원인," 판례월보 216호, 판례월보사, 1988.9.

IV. 재판상 이혼의 절차

[이혼소송 및 위자료청구소송 계속 중 원고가 사망한 경우 위자료청구소송의 수계가능 여부]

1. 사실관계

(1) 갑녀(원고, 상고인)와 을남(피고, 피상고인)은 부부인데 을은 수시로 갑을 폭행하여, 1989.9.8.에도 갑을 구타하여 후두부 두피파열상으로 봉합술을 받게 하는 등 '심히 부당한 대우'를 이유로 갑은 을을 상대로 이혼 및 위자료청구를 하였다.

(2) 제1심 법원은 1991.3.13. 원고인 갑의 청구를 일부 받아들여 이혼과 위자료로 1,500만원의 지급을 명하는 판결을 선고하였다.

(3) 이에 피고인 을이 항소하여 소송이 원심법원에 계속되어 있던 1991.8.19. 원고가 사망하였다. 그러자 원고의 부모들(수계신청인)이 원심법원에 위 소송의 수계를 신청하였다.

(4) 이에 대하여 원심법원은 이혼청구소송 부분에 대하여는, 재판상 이혼청구권은 일신전속적인 권리로서 이혼소송의 계속 중 부부의 어느 일방이 사망한 때에 그 소송은 종료되었고, 이혼에 따른 위자료청구권 역시 그 성질상 상속의 대상이 될 수 없는 일신전속적 권리이므로 당사자가 사망하면 상속 또는 수계가 되지 아니하고 소송이 종료된다고 봄이 상당하다 하여, 원고의 이 사건 이혼 및 위자료청구소송은 원고가 사망함에 따라 종료되었고 이 사건 소송수계신청은 부적법하다고 판시하였다. 이에 대하여 수계신청인들이 상고하였다(원심: 서울고등법원 1992.3.3. 선고 91르1158 판결).

| 대상판결 |

대법원 1993.5.27. 선고 92므143 판결

2. 판결요지

(1) 재판상의 이혼청구권은 부부의 일신전속적 권리이므로 이혼소송의 계속 중 배우자의 어느 일방이 사망한 때에는 그 상속인이 수계를 할 수 없음은 물론이고, 또한 그러한 경우에 검사가 이를 수계할 수 있는 특별한 규정도 없으므로 이혼소송은 종료된다.

(2) 이혼위자료청구권은 상대방인 배우자의 유책불법한 행위에 의하여 그 혼인관계가 파탄상태에 이르러 부득이 이혼을 하게 된 경우에 그로 인하여 입게 된 정신적 고통을 위자하기 위한 손해배상청구권으로서, 이는 이혼의 시점에서 확정, 평가되는 것이며 이혼에 의하여 비로소 창설되는 것은 아니라 할 것이다. 이러한 이혼위자료청구권의 양도 내지 승계의 가능 여부에 관하여, 민법 제806조 제3항은 약혼해제로 인한 손해배상청구권에 관하여 정신상 고통에 대한 손해배상청구권은 양도 또는 승계하지 못하지만 당사자간에 이미 그 배상에 관한 계약이 성립되거나 소를 제기한 후에는 그러하지 아니하다고 규정하고, 민법 제843조가 위 규정을 재판상 이혼의 경우에 준용하고 있으므로 이혼위자료청구권은 원칙적으로 일신전속적 권리로서 양도나 상속 등 승계가 되지 아니하나 이는 행사상의 일신전속권이고 귀속상의 일신전속권은 아니라 할 것이며, 그 청구권자가 위자료의 지급을 구하는 소송을 제기함으로써 그 청구권을 행사할 의사가 외부적 · 객관적으로 명백하게 된 이상 양도나 상속 등 승계가 가능하다 할 것이다.

(3) 수계신청인들은 원고인 갑의 부모로서 피고 을과 함께 공동재산상속인들이므로 그들이 한 이 사건 수계신청 중 이혼청구사건에 관한 부분은 부적법하다 할 것이나, 이혼위자료청구사건에 관한 부분은 그들의 상속분 범위 내에서 적법하다 할 것이다.

[관련조문] 민법 제840조(재판상 이혼원인), 민사소송법 제211조(판결의 경정), 민법 제843조(준용규정), 민법 제806조(약혼해제와 손해배상청구권) 제3항

3. 판례의 이해와 쟁점

(1) 이혼소송 및 위자료청구소송의 계속 중 배우자 일방이 사망한 경우, 위자료청구권의 승계가 가능할까?
(2) 이혼위자료청구권은 귀속상의 일신전속권인가?
(3) 연구대상판결의 대법원 입장은 위자료청구소송의 수계신청은 원고의 사망에도 불구하고 인정된다는 것인가?
(4) 연구대상판결에 의하면 갑의 부모는 갑의 위자료를 그들의 상속분의 범위에서 상속하게 되나? 이 경우 그 상속분은(갑 · 을 간에 자녀가 없음)?

4. 이론탐구

(1) 재판상 이혼에 있어서 민법 제806조의 적용범위?
(2) 이혼으로 인한 위자료청구권과 이혼위자료청구권은 같은 의미인가?
(3) 이혼위자료청구권의 법적 성격?
(4) 자녀가 있는 경우의 소송의 수계를 인정하는 경우의 문제점은?

5. 심화학습

(1) 이혼심판청구인이 제1심 심판선고 후 사망한 경우, 동인을 상대로 한 상고는 이미 사망한 자를 상대로 제기한 것이어서 부적법하고, 그 흠결이 보정될 수 없는 경우에 해당하나? (대법원 1993.5.27. 선고 92므143 판결)

(2) 연구대상판결과 대법원 1994.10.28. 선고 94므246, 94므253 판결을 비교하

면 그 차이점은?

참고문헌

- 김홍엽, "이혼소송 및 재산분할청구의 계속 중 당사자 일방의 사망과 소송상 처리," 대법원 판례해설 22호, 법원도서관, 1995.5.
- 민유숙, "이혼과 관련된 손해배상청구의 관할과 처리," 실무연구 X, 서울가정법원, 2005.7.
- 민유숙, "재산분할의 구체적 인정범위," 재판자료 62집(1993.12) : 가정법원사건의 제문제, 법원행정처.
- 박순성, "이혼을 원인으로 하는 손해배상청구권의 법적 성격," 재판자료 62집: 가정법원사건의 제문제, 법원행정처, 1993.12.
- 윤진수, "이혼 및 위자료청구소송 계속 중 원고가 사망한 경우 위자료청구소송의 수계가능 여부-대법원 1993.5.27. 선고 92므143 판결," 가족법 판례해설, 세창출판사, 2009.
- 윤진수, "1990년대 친족상속법 판례의 동향," 법학 40권 3호(112호), 서울대학교 법학연구소, 1999.12.

|제3절| 이혼의 효과

Ⅰ. 자녀의 양육

[1] 양육에 관한 사항의 변경

1. 사실관계

(1) 갑녀(청구인)와 을남(피청구인)은 1980년 4월 21일 협의이혼을 하였다. 이들 사이에 혼인 중 출생한 子 A의 양육에 관하여 당사자 사이에 특별한 협정이 없이 남편인 피청구인이 양육하여 오다가 을남은 병녀와 재혼하였다.

(2) 1988년 봄경 갑녀는 子 A가 계모의 학대에 시달리다가 生母를 찾아다닌다는 것을 알고 자신이 子 A를 데려다 기르기로 하여 그의 전학절차에 필요한 친권포기서를 을남에게 작성해줄 것을 요구하였다.

(3) 을남은 갑녀가 子 A를 기르더라도 그 생활비나 학비 등 어떠한 명목의 경제적 부담도 을남에게 지우지 않겠다는 취지의 각서를 작성해줄 것을 요구하므로, 을녀는 子 A를 위하여 어떻게든 子를 직접 양육해야 할 강한 필요를 느끼는 상황에서 을남의 요구에 따른 각서를 작성, 교부하고 을남으로부터 친권포기서를 작성·교부받아 갑녀가 거주하는 곳의 중학교로 전학시켜 양육하고 있다.

(4) 갑녀는 그 후, 양육에 관한 협의가 이루어지지 않은 것을 전제로, 법원에 대하여 갑녀(청구인)를 양육자로 지정하고 그 양육비는 을남(피청구인)이 부담하는 내용의 심판을 구하였다. 원심에서는 위 A의 양육비를 청구인 스스로 부담하고 피청구인에게 청구하지 않기로 하는 내용의 협정이 이루어진 이상, 위 협정 이후 피청구인에게 그 子에 대한 양육비를 부담하게 할 만한 특별한 사정변경도 엿보이지 않으므로, 위 협정에 따라 양육비는 청구인이 부담하여야 한다고 하면서 청구인의 청구는 이유 없다고 기각하였다. 이에 청구인이 상고하였다(원심: 서울고등법원 1990.6.15. 선고 89르4246 판결).

| 대상판결 |

대법원 1991.6.25. 선고 90므699 판결

2. 판결요지

(1) 당사자 사이에 자의 양육에 관한 사항의 협의가 되지 않은 것을 전제로 법원에 대하여 청구인을 양육자로 지정하고 그 양육비는 피청구인이 부담하는 내용의 심판을 구하나, 이미 청구인과 피청구인 사이에 청구인이 양육자가 되어 그 양육비도 부담하기로 하는 취지의 협정이 이루어졌다고 인정되는 경우, 위 청구는 당사자 사이에 협의에 의하여 정한 자의 양육에 관한 사항 중 양육비부담부분의 변경을 구하는 취지로 보아야 한다.

(2) 민법 제837조의 제2항의 규정에 의하여 가정법원이 일단 결정한 양육에 필요한 사항을 그 후 변경하는 것은 당초의 결정 후에 특별한 사정변경이 있는 경우뿐만 아니라 당초의 결정이 위 법조 소정의 제반 사정에 비추어 부당하게 되었다고 인정될 경우에도 가능한 것이며, 당사자가 협의하여 그 자의 양육에 관한 사항을 정한 후 가정법원에 그 사항의 변경을 청구한 경우에 있어서도 가정법원은 당사자가 협의하여 정한 사항이 위 법조 소정의 제반 사정에 비추어 부당하다고 인정되는 경우에는 그 사항을 변경할 수 있고 협의 후에 특별한 사정변경이 있는 때에 한하여 변경할 수 있는 것은 아니다.

[관련조문] 민법 제837조(이혼과 자의 양육책임) 제1항, 제837조 제2항, 가사소송법 제2조(가정법원의 관장사항) 제1항 나호 (2).3, 제34조(준용법률)/비송사건절차법 제11조(직권에 의한 탐지와 증거조사)/제19조(재판의 취소 · 변경) 제1항

3. 판례의 이해와 쟁점

(1) 양육자로 지정된 자는 스스로 양육비를 전액 부담하여야 하나?
(2) 자신을 양육자로 정하기 위하여 피청구인의 요구대로 양육비 일체를 자기가 부담하는 것으로 체결한 협정은 유효한가?
(3) 연구대상판결은 청구인과 피청구인이 체결한 양육비 부담에 관한 협정내용이 부당하다고 인정될 수 있는 경우, 사정변경이 없더라도 당사자의 청구로 그 변경이 가능하다고 보았나?

4. 이론탐구

(1) 이혼 후 양육에 관한 사항의 결정과 친권자 결정에 대한 민법의 태도를 비판하시오.
(2) 법원이 이혼부부의 자녀의 양육에 관한 사항을 정하는 경우 자녀의 의견을 청취하여야 하나?
(3) 이혼하려는 부부가 자녀의 양육에 관한 사항을 정할 수 없는 경우, 그 문제를 해결하는 방법이 2007년 개정된 협의이혼제도를 기준으로 개정 전과 그 후의 태도가 다르다. 그 차이점은?
(4) 위 (3)의 경우, 협의이혼에 의하는 경우의 해결방안은?
(5) 위 (3)의 경우, 재판상 이혼에 의하는 경우에 해결할 수 없는 경우가 있을까? 만일 있다면 그 해결방안은?
(6) 자녀의 양육에 관한 사항이 정해진 경우라도 자녀의 복리를 위하여 필요하다고 인정되는 때에는 언제든지 그 사항이 변경될 수 있을까?

5. 심화학습

(1) 부부가 이혼하고 자의 양육에 대한 협정이 없어 법원에 그 사항을 정할 것을 청구한 때에는, 법원은 친권자가 누구인가에 관계없이 자의 연령, 부모의 재산상황 기타 모든 사정을 고려하여 부모 중 누구 한편을 양육자로 지정하거나 또는 쌍방 모두에게 양육사항을 나누어 부담케 할 수 있을까? [대법원 1991.7.23. 선고 90므828, 90므835(반심) 판결]

(2) 법원의 결정이나 조정을 통하여 자의 양육에 관한 사항이 정해진 후 특별한 사정변경이 없더라도 그 사항이 민법 제837조 제2항에 정한 제반 사정에 비추어 부당하다고 인정되는 경우에는 가정법원이 그 사항을 변경할 수 있을까? (대법원 2006.4.17. 2005스18, 19 결정)

참고문헌

- 곽동헌, "이혼후의 친자관계: 친권과 양육권을 중심으로," 법학논고 13집, 경북대학교 출판부, 1997.12.
- 이동철, "친권행사자 및 양육자 지정," 양육비 청구에 관한 몇 가지 문제, 실무연구 X, 서울가정법원, 2005.7.
- 최진섭, "자의 양육에 관한 사항의 변경청구와 그 인부의 기준-대법원 1991.6.25. 선고 90므699," 가족법 판례해설, 세창출판사, 2009.
- 한봉희, "양육자와 양육비부담," 법률신문 2075호, 법률신문사, 1991.11

[2] 양육비의 부담

1. 사실관계

(1) 갑녀(청구인)과 을남(피청구인)은 1977.5.10.에 혼인하였다가 1985.2.18.에 협의이혼하였고 혼인생활 중에 3남매를 출산하였다.

(2) 이혼 후 갑이 을을 상대로 양육자지정 등의 심판청구를 하여 그 심판이 진행 중이던 1988.7.25.에 1989.7.31.까지 3남매의 양육자로 갑을 지정하고, 을은 1988.8.1.부터 1989.7.31.까지 매월 금 300,000원씩을 양육비로 지급하며 그 기간 동안 을은 3남매를 방문, 접견할 수 있다. 또 갑은 1989.8.1. 3남매를 을에게 인도한다는 내용의 소송상 화해가 성립되었다.

(3) 위 화해 후 을은 3남매를 방문하지도 않고 그 양육에 대하여 관심을 기울이지도 않았으며 양육비도 처음 2개월분만 지급하였을 뿐 나머지는 갑이 강제집행에 착수하여서야 비로소 지급하였다. 위 화해에 따른 갑의 양육기간이 지났어도 3남매는 이미 다른 여자와 재혼한 을(피청구인)에게 돌아가기를 싫어하여 갑(청구인)이 그대로 양육하고 있다.

(4) 원심은 갑과 을의 3남매에 대한 관심의 정도, 자녀들의 의사, 현재의 양육상황, 당사자들의 재혼 여부 등의 제반사정을 종합하여, 갑녀를 3남매 중 큰 딸이 성년에 달하는 1997.3.31.까지 계속하여 3남매의 양육자로 지정하고 그 양육비 일부를 을남이 부담하되 제반사정을 참작하여 을남이 부담하여야 할 금액은 그 양육비로 예상되는 금액의 3분의 2 정도인 월 금 329,810원이 상당하다고 판단하였다.

(5) 또 원심은 위 화해조서상의 청구인(갑녀)의 양육기간 후에도 청구인(갑)이 계속하여 3남매를 양육하였으므로 그때부터의 양육비를 지급하여야 한다는 갑녀의 주장에 대하여 이 사건 심판청구서 부본이 피청구인에게 송달된 날까지의 양육비는 지급할 의무가 없으나 그 다음날부터 위 1997.3.31.까지의 양육비는 지급할 의무가 있다고 판단하였다.

(6) 이에 갑녀(청구인)가 위 화해조서상의 갑녀의 양육기간이 지난 후부터 이

사건 심판청구서 부본 송달일까지의 양육비까지도 지급할 의무가 있음을 전제로 하는 상고를 하였다(원심: 대구고등법원 1991.8.21. 선고 91르116 판결).

| 대상판결 |

대법원 1992.1.21. 선고 91므689 판결

2. 판결요지

(1) 실제로 양육을 담당하는 이혼한 모에게 전혀 수입이 없어 자녀들의 양육비를 분담할 형편이 못되는 것이 아닌 이상 이혼한 부와 함께 모도 양육비의 일부를 부담하도록 하였다 하여도 경험칙과 논리칙에 어긋나는 것은 아니다.

(2) 이혼한 부모 사이에 미성년의 3자녀에 대한 양육자로 모를 지정하고 부가 부담해야 할 양육비는 도시가구의 평균 소비지출액과 당사자들의 각 재산 정도와 수입 등 제반 사정을 참작하여 양육비로 예상되는 금액의 3분지 2 정도인 월 금 329,810원이 상당하다고 한 원심의 판단은 정당하다.

(3) 청구인과 피청구인 사이에 자녀의 양육에 관하여 특정 시점까지는 피청구인이 양육의 일부를 부담하면서 청구인이 양육하기로 하고 그 이후는 피청구인이 양육하도록 인도하기로 하는 의무를 부담하는 소송상의 화해가 있었다면 이 화해조서상의 양육방법이 그 후 다른 협정이나 재판에 의하여 변경되지 않는 한 위 특정 시점 이후에는 청구인에게는 사건본인들을 양육할 권리가 없고 그럼에도 불구하고 이들을 피청구인에게 인도함이 없이 스스로 양육하였다면 이는 피청구인에 대한 관계에서는 위법한 양육이라고 할 것이니 위 화해에 갈음하여 새로운 양육방법이 정하여지기 전에는 피청구인은 청구인에게 그 위법한 양육에 대한 양육비를 지급할 의무가 있다고 할 수 없다.

(4) 일단 협정이나 재판에 의하여 양육방법이 결정된 후 상황의 변경 때문에 그 양육방법을 변경할 필요가 생겼고 그럼에도 불구하고 새로운 협정이나 재판이 있을 때까지 종전에 정해진 양육방법을 고수한다면 피양육자의 원만한 보호가 심히 어려워지는 급박한 사유가 있다면 구 가사심판법(1990.12.31. 법률 제4,300호 가사소송법의 시행으로 1991.1.1.부터 폐지된 법률) 제37조가 규정하는 선고 전 처분(가사소송법 제62조의 사전처분에 해당)의 방법에 의하여 임시로 종전의 협정을 변경하여 청구인의 양육을 적법하게 하고 피청구인에게 임시로 양육비를 분담시키는 처분을 하는 방법에 의하여 구제될 수 있는 것이다.

[관련조문] 민법 제837조(이혼과 자의 양육책임), 가사소송법 제62조(사전처분)

3. 판례의 이해와 쟁점

(1) 자녀를 양육하지 않는 을남은 3남매의 양육비를 지급할 의무가 있나?

(2) 갑이 화해조서상의 갑녀의 양육기간 후에도 계속 3남매를 양육하였으므로 그 때부터의 양육비를 지급하여야 한다는 주장에 대한 원심의 판단은?

(3) 연구대상판결에서 갑녀가 주장하는 양육비, 원심이 인정하는 양육비, 상고심이 예상하는 양육비의 범위는?

(4) 연구대상판결에서 위법한 양육의 경우에는 양육비를 지급할 의무가 없다고 한다면, 양육을 받을 미성년자의 양육이 소홀해질 수 있다. 이런 불합리한 사태를 해결하기 위한 방안은?

4. 이론탐구

(1) 양육권의 개념에는 양육에 필요한 비용의 부담도 포함되나?

(2) 갑이 화해조항에 위반하여 계속 3남매를 양육하면서 을에게 과거의 양육비를 청구할 수 있을까?

(3) 이혼한 부모간의 양육비 분담원칙은?

5. 심화학습

(1) 자녀의 친권자 및 양육자 지정에 관한 조정이 성립된 후 양육권이 없는 청구인이 임의로 자녀를 양육한 경우, 상대방에게 임의적 양육에 관하여 양육비를 청구할 수 있을까? (대법원 2006.4.17. 2005스18, 19 결정)

⟫ 참고문헌

- 박복순, "자녀 양육비 확보제도에 관한 연구," 전남대학교 대학원 박사학위청구논문, 2004.
- 이동철, "친권행사자 및 양육자 지정, 양육비 청구에 관한 몇 가지 문제," 실무연구 X, 서울가정법원, 2005.7.
- 정현수, "이혼시 자녀양육비 확보방안에 관한 연구," 가족법연구 19권 1호, 한국가족법학회, 2005.3.
- 최진섭, "양육비의 분담 – 대법원 1992.1.21. 선고 91므689," 가족법 판례해설, 세창출판사, 2009.
- 한창호, "위법한 양육에 대한 양육비상환청구," 국민과 사법: 윤관 대법원장 퇴임기념, 박영사, 1999.1.

[3] 과거의 양육비의 구상

1. 사실관계

(1) 갑녀(청구인, 대학원졸, 회사원)와 을남(상대방, 대학원졸, 대학 조교수)은 1986.3.24. 혼인하여 1987.4.29. 사건본인(A)을 출산하였고, 1990.8.4. 이혼심판(이혼원인: 을의 귀책사유)이 확정되어 이혼하였으며(이혼신고는 1990.12.6.에 하였음), A의 출산 당시부터 갑과 을의 사이가 나빴기 때문에 을남은 A를 볼 기회가 거의 없었고, 이혼 후에도 갑(청구인)이 아들을 양육하여 왔다.

(2) 갑(청구인)은 이혼 후 A를 데리고 친정에서 기거하다가 현재 자신 소유의 아파트에서 A와 함께 거주하고 있다. 갑녀는 회사원으로 월 30만원 내지 70만원의 수입 외에, 월 평균 30만원의 부수입을 올리고 있으며, 직장 근무시 친정 어머니가 A를 돌보고 있다. 갑은 이혼소송에서 위자료로서 2,000만원의 승소판결을 받아 현재까지 을의 급료채권을 압류·전부 받아 약 1,500만원을 수령하였다. A는 현재 유치원에 다니는데, 양육비는 월 25만원 정도 소요된다. 을(상대방)은 국립대 조교수로서 연간 총소득이 약 1,130만원 정도 되고, 혼자서 하숙생활을 하고 있다.

(3) 갑은 1991년 자신을 A의 양육자로 지정함과 아울러 A의 10세까지의 양육비(과거의 양육비 포함)를 을(상대방)이 분담하게 해 달라는 내용의 심판을 청구하였다.

(4) 1심 법원에서는 원심은 여러 정황에 비추어 갑(청구인)을 A의 양육자로 지정함이 상당하고, 양육비에 대하여는 위자료 액수에 양육비가 참작된 금액으로 보고 심판청구일 이후 1년 동안 급료의 반액 정도가 위자료로 변제되어야 할 을에게 양육비를 부담시킴은 부당하고 가혹하다는 이유로 양육비 부분의 심판을 인정하지 않았다(대구지법 1992.2.20. 91느678). 이에 갑과 을이 모두 항고하였다.

(5) 이에 대해 원심은 양육자 지정부분은 1심 법원과 동일하게 결정하였고, 양

육비 부분은 갑(청구인)이 양육비로 월 25만여원을 청구한 데 대해 제반사정을 참작하여 을에게 A의 양육에 필요한 매월의 비용 중 그 1/3에 가까운 월 8만원을 양육비로 지급하도록 하였다. 과거의 양육비는 이혼한 달인 1990.12.(이혼시기는 1990.8.이나 청구인의 청구취지에 따름)부터 결정 고지 전달인 1992.6.까지의 양육비 152만원은 일시불로, 그 다음부터 갑의 청구에 따라 사건본인이 10세가 될 때까지 월 8만원의 비율에 의한 금원을 정기급으로 지급할 것을 명하였다. 이에 갑(청구인)과 을(상대방)이 모두 항고하였으나 모두 기각되었다. 그러자 갑과 을이 모두 재항고하였다(원심: 대구지방법원 1992.7.16. 92브6 결정).

| 대상판결 |

대법원 1994.5.13. 92스21 전원합의체 결정

2. 결정요지

[다수의견] — 대법관 윤관, 배만운, 안우만, 김용준, 김석수, 박만호, 천경송, 안용득, 박준서

(1) 부모는 그 소생의 자녀를 공동으로 양육할 책임이 있고, 그 양육비 부담은 친자관계의 본질로부터 발생하는 의무이다.

(2) 어떤 사정으로 부모 중 한쪽만이 자녀를 양육하게 된 경우에, 양육하는 일방은 상대방에 대하여 현재 및 장래에 있어서의 양육비 중 적정금액의 분담을 청구할 수 있음은 물론이고, 부모의 자녀양육의무는 특별한 사정이 없는 한 자녀의 출생과 동시에 발생하는 것이므로 과거의 양육비에 대해서도 상대방이 분담함이 상당하다고 인정되는 경우에는 그 비용의 상환을 청구할 수 있다.

(3) 과거의 양육비는 이행청구 이후의 양육비와 동일한 기준에서 정할 필요는 없고, 부모 일방이 자녀를 양육하게 된 경위와 그에 소요된 비용의 액수, 그 상대방이 부양의무를 의식한 것인지 여부와 그 시기, 그것이 양육에 소요된 통상의 생활비인지 아니면 이례적이고 불가피하게 소요된 다액의 특별비용인지 여부와 당사자들의 재산상황이나 경제적 능력과 부담의 형평성 등 여러 사정을 고려하여 적절하다고 인정되는 분담의 범위를 정할 수 있다.

[반대의견]—대법관 김상원, 김주한, 윤영철, 정귀호

(1) 부모는 모두 자녀를 양육할 책임이 있고, 이러한 책임은 부모 각자의 고유한 책임이라 할 것이므로, 부모의 어느 일방이 어떤 사정으로 혼자서 그 자녀를 양육하였다면 그 부모는 그 고유의 책임을 다한 것일 뿐이고 다른 일방의 양육책임을 대신 이행한 것이라고 볼 수 없다. 따라서 과거에 이미 지출한 양육비의 상환을 구하려면 미리 이에 관한 협의가 이루어져 있거나 심판이 있었던 경우에만 가능하다.

(2) 이혼한 당사자의 아이의 양육에 관하여 가정법원이 비송사건으로서 행하는 심판은 어디까지나 아이의 현재와 장래의 양육에 관한 사항을 정하거나, 이미 정하여진 사항을 변경하는 절차이지, 지나간 과거에 마땅히 이행되었어야 할 부양에 관한 사항을 다시 정하거나 이미 지출된 비용의 분담에 관한 사항을 결정하는 절차가 아니며, 협의의 요청이나 심판청구가 있기 전에 지출된 비용의 상환청구와 같은 민사소송사항은 가사소송법상의 관할사항도 아니고, 가사비송사건과 병합될 수도 없으므로, 협의의 요청이나 심판청구가 있기 전의 기간에 지출한 양육비에 대해서는 이를 법원의 심판으로써 상대방에게 그 부담을 명할 수 없다.

[보충의견]—대법관 김용준

가사소송법은 제2조 제1항 나. (2) 마류사건 제3호에서 민법 제837조의 규정에 의한 자의 양육에 관한 처분을 가사비송사건으로 규정하면서 그 처분의 대상이 되는 양육에 관한 사항을 장래의 것만으로 한정하고 있지 아니하고, 민법이 이혼한 부부의 일방만이 자를 양육하여 온 경우에 다른 일방과 사이에 과거의 양육비를 분담하는 비율을 정하는 데 관하여 달리 규정하고 있지도 아니하므로, 이혼한 부부 각자가 분담하여야 할 과거의 양육비의 비율이나 금액을 장래에 대한 것과 함께 정하는 것도 민법 제837조 제2항에 규정된 자의 양육에 관한 처분에 해당하는 것으로 보아, 가정법원이 자의 연령 및 부모의 재산상황 등 기타 사정을 참작하여 심판으로 정하여야 할 것이지 지방법원이 민사소송절차에 따라 판정할 것은 아니라고 해석함이 상당하다.

[관련조문] 민법 제837조(이혼과 자의 양육책임), 가사소송법 제2조(가정법원의 관장사항) 제1항 (나)목 (2)마류 제3호, 제41조(심판의 집행력), 제42조(가집행), 가사소송규칙 제92조(상대방의 반대청구)

3. 판례의 이해와 쟁점

(1) 연구대상판결의 의의는?

(2) 연구대상판결이 있기 전까지 법원은 과거의 양육비 청구이 대하여 어떠한 태도를 취하고 있었나?

(3) 과거의 양육비청구에 대한 연구대상판결의 다수의견과 소수의견의 차이점은?

4. 이론탐구

(1) 자녀에 대한 과거의 양육비 청구를 인용하여야 하는 이유는?

(2) 과거의 양육비 지급의무의 발생시기는? 이에 대한 학설의 대립은?

(3) 자녀의 입장에서 보면 양육비청구권은 자녀가 자신을 직접 양육하지 않는 부모에 대하여 갖는 부양청구권의 본질을 갖는 것인가?

5. 심화학습

(1) 미성숙 자녀를 부양할 의무가 있는 부모가 이혼함에 있어 부모 중 일방을 자의 양육자로 지정하고 타방은 이에 대하여 자의 양육비를 지급하기로 협정하였다면 협정의 범위 내에서는 과거의 양육비라도 청구할 수 있나? (대법원 1985.2.26. 선고 84므86 판결)

》》 참고문헌

- 김주수, "과거의 부양료상환청구," 판례월보 303호, 판례월보사, 1995.12.
- 박복순, "자녀 양육비 확보제도에 관한 연구," 전남대학교 박사학위청구논문, 2004.
- 박삼봉, "부모의 자녀 양육의무와 과거의 양육비 상환청구," 재판의 한 길: 김용준헌법재판소장 화갑기념논문집, 박영사, 1998.11.
- 손지열, "과거의 양육비 상환청구," 국민과 사법: 윤관 대법원장 퇴임기념, 박영사, 1999.1.
- 이동철, "친권행사자 및 양육자 지정, 양육비 청구에 관한 몇 가지 문제," 실무연구 X, 서울가정법원, 2005.7.
- 이화숙, "부모의 자녀양육비지급책임," 사법행정 35권 8호, 한국사법행정학회, 1994.8.
- 이희배, "노친부양의 법리," 가족법연구 9호, 한국가족법학회, 1995.12.
- 이희배, "추상적 부양의무와 구체적 부양의무에 관한 연구: 사적 부양법리의 삼원론적 이원론을 중심으로," 가족법연구 14호, 한국가족법학회, 2000.12.
- 정현수, "이혼시 자녀양육비 확보방안에 관한 연구," 가족법연구 19권 1호, 한국가족법학회, 2005.3.
- 최달곤, "이혼후의 자녀보호," 가족법연구 10호, 한국가족법학회, 1996.12.

• 최진섭, "과거의 양육비의 구상 – 대법원 1994.5.13. 92스21 전원합의체 결정," 가족법 판례해설, 세창출판사, 2009.
• 한봉희, "유책배우자의 이혼청구 · 친권자지정 · 과거의 양육비청구," 고시연구 22권 8호, 고시연구사, 1995.7.
• 한창호, "위법한 양육에 대한 양육비상환청구, 국민과 사법: 윤관 대법원장 퇴임기념," 박영사, 1999.1.

[4] 양육비청구권을 자동채권으로 하는 상계

1. 사실관계

(1) 갑(원고)과 을(피고)은 1993.4.21. 혼인하여 법률상 부부가 되었으나, 2003.3.경 을(피고)이 재판상 이혼을 청구하였고 2004.3.15. '원고(갑)와 피고(을)는 이혼하고, 원고는 피고에게 위자료로 2,000만 원, 재산분할로 3,800만 원 및 위 각 금원에 대한 지연손해금을 지급하며, 원고(갑)와 피고(을) 사이의 자녀들에 대한 친권행사자 및 양육자로 원고(갑)를 지정한다'는 내용으로 임의조정이 성립되었다.

(2) 한편 인천지방법원 부천지원은 2005.7.14. 을(피고)은 갑(원고)에게 800만 원 상당의 과거 양육비를 지급하고 자녀들인 A와 B가 성년이 될 때까지 1인당 매월 25만원의 비율에 의한 장래의 양육비를 지급하라는 내용의 심판을 하였는데, 원고(갑)이 즉시항고를 하여 사건이 당시 인천지방법원에 계속 중이었다.

(3) 을(피고)이 갑(원고)에 대하여 위자료 및 재산분할에 대한 강제집행을 시도하자, 갑(원고)은 다음과 같은 사실을 주장하며 청구이의의 소를 제기하였다.

- 갑(원고)은 임의조정 성립 후 을(피고)과 사이에, 갑이 자녀들에 대한 양육비로 을에게 지급받을 양육비를 3,000만원으로 정하여, 을의 갑에 대한 위자료 및 재산분할청구권과 갑의 위 양육비 채권 금3,000만원을 대등액에서 상계하기로 합의하였다.
- 갑(원고)은 과거 양육비 채권 800만원 상당과 장래의 양육비 채권 중 금 3,000만원 상당을 을(피고)의 갑(원고)에 대한 위 위자료 및 재산분할청구권과 대등액에서 상계하는 상계의 의사표시를 하였다.

(4) 원심은 갑(원고)의 상계계약의 주장을 배척하고, 갑(원고)이 을(피고)을 상대로 제기한 양육비 등 심판 청구사건이 아직 확정되지 않았으므로 아직까지 그 구체적인 내용이 형성되거나 구체적으로 권리가 발생한 것이라고는

할 수 없고, 또한 양육비채권은 부부 중 일방인 양육자가 상대방에 대하여 가지는 권리이기는 하나, 그 발생근거 등에 비추어 볼 때 이는 자(子)의 후생과 복리를 위하여 양육에 필요한 범위에서 인정되는 권리로서, 가사 이러한 권리가 구체적으로 발생하였다 하더라도 그 권리자인 양육자가 자(子)의 양육을 위한 목적 이외에 이를 임의로 양도하거나 처분할 수 없다는 이유로 갑(원고)의 위 상계주장을 배척하였다. 이에 갑(원고)이 상고하였다 (원심: 인천지방법원 2006.2.15. 선고 2005르327 판결).

| 대상판결 |

대법원 2006.7.13. 선고 2006므751 판결

2. 판결요지

(1) 이혼한 부부 사이에서 자(子)에 대한 양육비의 지급을 구할 권리는 당사자의 협의 또는 가정법원의 심판에 의하여 구체적인 청구권의 내용과 범위가 확정되기 전에는 '상대방에 대하여 양육비의 분담액을 구할 권리를 가진다' 라는 추상적인 청구권에 불과하고 당사자의 협의나 가정법원이 당해 양육비의 범위 등을 재량적 · 형성적으로 정하는 심판에 의하여 비로소 구체적인 액수만큼의 지급청구권이 발생한다고 보아야 하므로, 당사자의 협의 또는 가정법원의 심판에 의하여 구체적인 청구권의 내용과 범위가 확정되기 전에는 그 내용이 극히 불확정하여 상계할 수 없지만, 가정법원의 심판에 의하여 구체적인 청구권의 내용과 범위가 확정된 후의 양육비채권 중 이미 이행기에 도달한 후의 양육비채권은 완전한 재산권(손해배상청구권)으로서 친족법상의 신분으로부터 독립하여 처분이 가능하고, 권리자의 의사에 따라 포기, 양도 또는 상계의 자동채권으로 하는 것도 가능하다.

(2) 이혼한 부부 사이에 자(子)의 양육자인 일방이 상대방에 대하여 가지는 양

육비채권을 상대방의 양육자에 대한 위자료 및 재산분할청구권과 상계한다고 주장한 사안에서, 가정법원의 심판에 의하여 구체적으로 확정된 양육비채권 중 이미 이행기가 도달한 부분에 한하여 이를 자동채권으로 하는 상계가 허용된다.

[관련조문] 민법 제492조(상계의 요건), 제837조(이혼과 자의 양육책임)

3. 판례의 이해와 쟁점

(1) 갑은 양육비 채권 중 이미 이행기에 도달한 부분을 임의로 처분할 수 있을까?

(2) 이행기에 도달한 양육비 채권의 임의적 처분에 대하여 원심과 연구대상판결의 입장은 동일한가?

(3) 갑은 양육비 채권 중 이행기에 도달한 부분을 자동채권으로 하여 을의 갑에 대한 위자료청구권 및 재산분할청구권과 상계할 수 있을까?

4. 이론탐구

(1) 양육비청구권의 법적 성질은?

(2) 양육권자의 채권자는 양육비청구권을 압류하거나 채권자대위권에 기하여 대위행사할 수 있을까?

(3) 양육권자는 장래의 양육비청구권을 미리 포기하거나 양도 및 입질(入質)할 수 있을까?

(4) 연구대상판결이 양육비 채권을 자의 부양청구권이 대리행사되는 것으로 양자를 동일한 내용으로 이해하고 있다면, 제979조가 정하는 부양청구권 처분의

금지 규정은 양육비청구권에 대해서도 적용될 수 있을까?

5. 심화학습

(1) 부양을 받을 미성년자는 부양의무자인 인지를 한 生父로부터 부양을 받지 못하고 있는 경우 그 부양료를 친권자인 생부에게 직접 청구할 수 있을까? (대법원 1972.7.11. 선고 72므5 판결)

참고문헌

- 김주수 · 김상용, 친족 · 상속법(제9판), 법문사, 2008.12.
- 김형석, "양육비청구권을 자동채권으로 하는 상계-부양청구권의 법적 성질과 관련하여 - 대법원 2006.7.4.선고 2006므751 판결-," 가족법연구 제21권 3호, 한국가족법학회, 2007.12.
- 이희배, 주석 가족법판례연구, 삼지원, 2007.12.

II. 면접교섭권

1. 사실관계

(1) 갑남(상대방)과 병녀(참가인)는 1982.11.4. 혼인을 하였으나, 둘 사이에 자녀가 생기지 않자 2003.7.11. 협의이혼 신고를 하였고, 그 후 갑남은 2003.8.경 베트남국제결혼 알선인의 주선으로 을녀(청구인)를 만나 2003.10.13. 혼인신고를 마쳤다.

(2) 을녀와 갑남은 그 사이에 A와 B를 출산하였고, B를 출산한 직후인 2005.7.20. 협의이혼 신고를 하였으며(A와 B의 친권자 및 양육자는 갑남으로 지정), 갑남은 2005.8.17. 다시 병녀와 혼인신고를 하였다.

(3) 한편, 갑남은 A를 출산하기 한 달 전에 병녀를 찾아가 아이를 키워달라고 부탁하여 수락을 받았고 을녀가 A를 출산하자 갑남은 A를 병녀에게 데려다 주었다.

(4) 그 후 을녀는 2004.9.3. 베트남의 부모를 방문하였고, 이 때 갑남은 을녀에게 미화 7천 달러를 지급하였으며, 갑남도 2004.9.23. 출국하여 베트남에서 을녀와 함께 머무르다가 2004.9.27. 입국하였다.

(5) 베트남에서 돌아온 후 을녀는 곧바로 사건본인 B를 임신하였는데, 출산이 다가오자 갑남은 을녀에게 이혼하여 줄 것을 요구하였고, 이후 을녀가 B를 출산하자 곧바로 병녀가 데려가 A와 함께 키웠다.

(6) 한편 을녀는 B를 출산한 직후 갑남과 사이가 소원해지자 협의이혼에 동의하였고, 그 무렵 갑남으로부터 2만 달러를 지급받았으며, 2005.7.21. 베트남으로 출국하였다.

(7) 그러나 을녀는 2005.8.23. 다시 한국으로 돌아와 갑남을 만나게 되었고, 이에 갑남은 을녀에게 몇 차례 A를 보여 주었으며, 이후 을녀는 갑남이 2005.11.경 전화번호를 바꾸는 바람에 연락이 되지 않아 계속 A, B를 만나지 못하였다.

(8) 갑남과 병녀는 월 1,000만 원 정도의 수입이 있고, A와 B는 현재 갑남과 병

녀가 함께 세심하게 양육하고 있고 병녀를 친엄마로 알고 있다. 을녀는 현재 공장에 다니면서 월 120만원 정도의 수입이 있다.

(9) 을녀는 사건본인들인 A와 B에 대한 친권자 및 양육자를 을로 변경하고, 갑은 을에게 A와 B를 인도하며, A와 B에 대한 양육비로 A, B의 인도시부터 A와 B가 성년이 될 때까지 매월 각 50만 원씩을 지급하라는 청구를 하였다.

(10) 이에 대하여 1심법원은 을(청구인)의 청구를 모두 기각하고, 직권으로 "청구인(을)은 매월 첫째 주 토요일 오후 2시부터 같은 날 오후 6시까지 상대방(갑)의 주소지에서 A와 B를 면접교섭할 수 있다"는 내용의 면접교섭결정을 하였다. 을(청구인)은 항고하지 않고, 갑(상대방)이 제1심법원의 면접교섭결정에 대해서만 항고하였다(원심: 서울가법 2009.1.15. 2007느단3832 심판).

| 대상판결 |

서울가법 2009.4.10. 자 2009브16 결정 : 재항고 【친권자변경 등】

2. 판결요지

양육친의 주장과 같이 설령 비양육친이 "아이를 낳아 주고 이혼해 주면 돈을 주겠다"는 대리모약정에 따라 자(子)를 임신하고 출산하였다 하더라도, 비양육친의 자녀에 대한 면접교섭권은 천부적인 권리인바, 이를 전면적으로 배제하는 당사자간의 합의는 민법 제103조의 선량한 풍속 기타 사회질서에 위반한 사항을 내용으로 하는 법률행위로서 효력이 없으므로 면접교섭권을 인정하여야 한다.

[관련조문] 민법 제837조의2(면접교섭권)

3. 판례의 이해와 쟁점

(1) A와 B가 병을 생모로 알고 있는 상황에서 을녀의 면접교섭을 허용하면 A와 B의 정서적 혼란을 초래하여 사건본인들에게 심각한 악영향을 미친다는 주장에 대한 법원의 판단은?

(2) 갑은 을과 혼인한 직후 을에게 “아이를 낳아 주고 이혼해 주면 을에게 돈을 주겠다”는 제안에 따라 을이 A와 B를 출산하였으며, 갑남은 약속한 돈을 다 주었기 때문에 면접교섭권을 인정할 수 없다는 주장은 합당한가?

(3) 여자가 아이를 출산하면 다른 법률적인 근거 없이도 모자관계가 당연히 인정되는가?

(4) 면접교섭권은 자녀를 양육하지 않는 부모의 천부적인 권리인가?

(5) 대리모 약정에 의하여 자녀를 출생한 경우, 비양육친인 대리모에게 면접교섭권을 인정하지 않는다는 당사자간의 계약의 효력은 유효한가?

4. 이론탐구

(1) 면접교섭권은 부모의 일방적인 권리인가?

(2) 면접교섭권을 제한하거나 배제할 수 있을까?

(3) 자녀가 면접교섭권을 실현할 수 있는 구체적인 방안은? 그 실효성은?

(4) 면접교섭권의 이행확보를 위한 가사소송법의 규정이 적용될 수 있는 구체적인 경우와 그렇지 못한 경우의 이행확보방안은?

5. 심화학습

(1) 면접교섭권은 1990년 민법개정에 의하여 새로 도입된 제도이다. 1990년 이전에는 면접교섭권을 인정한 사례가 없을까? (서울고판 1987.2.23. 선고 86르313 판결)

(2) 대리모 계약은 유효할까?

참고문헌

- 김상용, "면접교섭권," 법학연구 40권 1호(48호), 부산대학교, 1999.12.
- 김상용, "면접교섭권," 가족법 연구 I (2002. 2.), 법문사.
- 김수정, "자녀의 최선의 이익과 면접교섭권," 가족법연구 19권 1호, 한국가족법학회. 2005.3.
- 김연, "이혼후의 자의 양육," 가족법연구 8호, 한국가족법학회, 1994.12.
- 김주수, "면접교섭권," 가족법학논총[박병호교수환갑기념(I)], 박영사, 1991.10.
- 김주수, "자를 양육하지 않는 부에게 면접교섭을 인정한 사례," 법률신문 1937호, 법률신문사, 1990.5.
- 이림, "이혼 부부의 자녀와의 면접교섭권," 가정법원사건의 제문제(재판자료 101집), 2003.
- 이은신, "면접교섭권," 가정법원사건의 제문제(재판자료 62집), 법원행정처, 1993.12.
- 장창민, "면접교섭권에 관한 일고," 가족법연구 15권 1호, 한국가족법학회 2001.6.
- 최달곤, "이혼후의 자녀보호," 가족법연구 10호, 한국가족법학회, 1996.12.
- 한봉희 외 4, "2000년대를 향한 한국가족법의 위상에 관한 연구," 가족법연구 5호, 한국가족법학회, 1991.11.

III. 재산분할청구권

[1] 재산분할청구권의 법적 성질

1. 사실관계

(1) 갑남과 을녀는 1963.6.7. 혼인하여 30년 가까이 가정을 이루고 살다가 1991.12.11. 협의이혼 하였다. 그 사이 둘은 3남1녀를 두었고, 상당한 재산을 모았다. 이혼 당시 갑은 그의 명의로 있던 부동산을 재산분할을 원인으로 을 명의로 소유권이전등기를 하여 주었다.

(2) 이 재산의 이전에 대하여 관할세무서장이 1992.12.1. 을에게 증여세를 부과하였다. 위에 심판의 대상인 구 상속세법 제29조의2 제1항 제1호 괄호 안의 내용 중 그 후단을 보면 상속세법 제11조 제1항 제1호에 의한 금액을 초과하는 재산을 취득한 사람에 대하여 그 초과부분에 증여세를 부과하도록 규정되어 있다. 위 제11조는 상속세 인적 공제에 관한 규정으로서 그 제1항 제1호에 배우자간의 공제액이 규정되어 있다. 위 재산분할 당시 그 공제액은 6백만원×결혼연수+1억원이었다(1993.12.31. 그 액이 1천2백만원×결혼연수+1억원으로 개정되었고, 1996.12.30. 그 액이 30억원으로 다시 개정되었다). 위 부동산의 가액은 배우자간의 공제액을 초과한다. 그래서 관할세무서장이 그 초과부분을 과세대상으로 삼아 을에게 증여세를 부과하였다.

(3) 이 증여세 부과처분에 대하여 을이 1994.1. 위 세무서장을 상대로 부산고등법원에 그 부과처분취소의 소를 제기하였다(부산고등법원 94구279). 그리고 그 소송 계속 중 을은 위 법원에 그 부과처분의 근거가 되는 상속세법 구 제29조의2 제1항 제1호 괄호 안의 내용 중 후단에 대해 위헌 여부를 가려보자는 제청신청을 했다.

(4) 부산고등법원은 1996.2.1. 을의 위 제청신청을 기각하였다. 그러자 을은 헌법재판소법 제68조 제2항에 의거 동년 2.13. 헌법재판소에 이 사건 헌법소원심판을 청구하였다(당해 사건: 부산고등법원 94구279 증여세부과처분취소).

| 대상결정 |

헌법재판소 1997.10.30. 96헌바14 전원재판부

2. 결정요지

(1) 이혼시의 재산분할제도는 본질적으로 혼인 중 쌍방의 협력으로 형성된 공동재산의 청산이라는 성격에, 경제적으로 곤궁한 상대방에 대한 부양적 성격이 보충적으로 가미된 제도라 할 것이어서, 이에 대하여 재산의 무상취득을 과세원인으로 하는 증여세를 부과할 여지가 없으며, 설령 증여세나 상속세를 면탈할 목적으로 위장이혼하는 것과 같은 경우에 증여와 동일하게 취급할 조세정책적 필요성이 있다 할지라도, 그러한 경우와 진정한 재산분할을 가리려는 입법적 노력없이 반증의 기회를 부여하지도 않은 채 상속세 인적 공제액을 초과하는 재산을 취득하기만 하면 그 초과부분에 대하여 증여세를 부과한다는 것은 입법목적과 그 수단간의 적정한 비례관계를 벗어난 것이며 비민주적 조세관의 표현이다. 그러므로 이혼시 재산분할을 청구하여 상속세 인적 공제액을 초과하는 재산을 취득한 경우 그 초과부분에 대하여 증여세를 부과하는 것은, 증여세제의 본질에 반하여 증여라는 과세원인 없음에도 불구하고 증여세를 부과하는 것이어서 현저히 불합리하고 자의적이며 재산권보장의 헌법이념에 부합하지 않으므로 실질적 조세법률주의에 위배된다.

(2) 이혼시의 재산분할청구로 취득한 재산에 대하여 증여세를 부과하는 주된 입법목적은, 배우자의 사망으로 상속받는 재산에 대하여 상속세를 부과하는 것과 과세상 형평을 유지한다는 데 있다고 하나, 이혼과 배우자의 사망은 비록 혼인관계의 종료를 가져온다는 점에서 공통점이 있다 하더라도 그로 인한 재산관계, 신분관계는 여러 가지 면에서 차이가 있다. 그러드로 증여세의 상속세 보완세적 기능을 관철하는 데에만 집착한 나머지 배우자상

속과 이혼시 재산분할의 재산관계의 본질적이고도 다양한 차이점을 무시하고 이를 동일하게 다루는 것은, 본질적으로 다른 것을 같게 다룸으로써 자신의 실질적 공유재산을 청산받는 혼인당사자를 합리적 이유없이 불리하게 차별하는 것이므로 조세평등주의에 위배된다.

(3) 재판관 이영모의 반대의견

이혼시의 청산에 따른 재산분할비율을 객관적으로 산출할 수 있는 기준을 법률로써 정하기가 매우 어려운 실정임을 감안할 때, 구 상속세법이 분할재산 중 배우자 인적 공제액을 초과하는 부분에 대하여 증여세를 부과토록 한 취지는 재산형성에 있어서 배우자의 기여분을 배우자 인적 공제액수 정도로 인정한 것으로 볼 수 있고, 한편 납세의무자측은 배우자 인적 공제액을 초과한 부분이 실질적인 공유재산의 청산이라는 점을 주장, 입증하여 증여세의 감면을 받을 수 있는 것으로 해석되므로, 배우자 인적 공제액을 초과하는 재산을 취득한 경우 그 초과부분에 대하여 증여세를 부과토록 하는 것은 입법의 목적과 수단에서 정당성·합리성을 모두 갖추고 있는 입법자의 광범위한 재량의 범위 내에 있는 것으로 보지 않을 수 없다.

[관련조문] 구 상속세법 제11조 제1항 제1호, 민법 제554조(증여의 의의), 제839조의 2(재산분할청구권), 제843조(준용규정)

3. 결정의 이해와 쟁점

(1) 연구대상결정은 재산분할청구권제도의 성격에 대하여 어떤 태도를 보이고 있으며, 이 헌법재판소결정이 나올 당시의 대법원 판례의 입장은?

(2) 연구대상결정은 재산분할에 의하여 취득한 재산에 대해 증여세를 부과할 수 있다고 보았나?

(3) 이혼으로 인한 재산분할로 취득한 재산에 증여세를 부과하는 것은, 배우자의

상속재산에 상속세를 부과하는 것과 비교하여 과세의 형평을 유지하기 위한 바람직한 방안인가?

(4) 이혼시의 재산분할의 경우와 배우자의 사망으로 인한 상속의 경우에 있어 취득재산의 범위나 내용에 있어 어떠한 차이가 있을까?

4. 이론탐구

(1) 부부재산계약으로 혼인 중에 형성될 재산에 대한 귀속관계를 분명히 정하여 그대로 실행하던 중 이혼하게 된 경우 재산분할청구권의 적용은?

(2) 재산분할과 증여의 유사성에 비추어 본다면 재산분할계약에 증여 규정을 적용할 수 있을까?

5. 심화학습

(1) 이혼시 재산분할의 방편으로 이루어진 자산 이전에 대하여는 공유물분할에 관한 법리가 준용되므로 양도소득세 과세대상인 유상양도에 해당하지 않는다고 보아야 할까? (대법원 1998.2.13. 선고 96누14401 판결)

(2) 재산분할로 인하여 이전받은 부동산을 그 후에 양도하는 경우 그 양도차익을 산정함에 있어서 취득가액의 산정시점은 부동산을 최초로 취득한 시점을 기준으로 할까, 재산분할을 원인으로 한 소유권이전시를 기준으로 할까? (대법원 2003.11.14. 선고 2002두6422 판결)

참고문헌

- 김교창, "이혼시의 재산분할에 대한 증여세," 재판의 한 길: 김용준 헌법재판소장 화갑기념 논문집(1998.11) 박영사, 1998.11.
- 김수정, "이혼으로 인한 재산분할청구권," 사법논집 제40집, 법원도서관, 2005.12.
- 성열우, "이혼시 재산분할을 원인으로 이전받은 부동산의 양도차익을 산출함에 있어 그 취득시기(재산분할시인지 당초 배우자의 취득시인지 여부)," 대법원판례해설 48호, 법원도서관, 2004.7.
- 윤진수, "1990년대 친족상속법 판례의 동향," 법학 40권 3호, 서울대학교 법학연구소, 1999.12.
- 윤진수, "헌법이 가족법의 변화에 미친 영향," 법학 45권 1호, 서울대학교 법학연구소, 2004.3.
- 이강원, "부부재산계약," 재판자료 101집: 가정법원사건의 제문제(상), 법원행정처, 2003.12.
- 이양자, "개정 가족법과 세법상의 문제," 가족법연구 제4호, 한국가족법학회, 1990.
- 이화숙, "이혼시 재산분할 및 배우자 상속분에 관한 민법과 세법의 평가," 가족법연구 12호, 한국가족법학회, 1998.12.
- 전경근, "현행 민법상 부부재산제의 문제점과 개선방안," 가족법연구 19권 1호, 한국가족법학회, 2005.3.
- 한삼인, "재산분할청구권의 판례분석," 인권과 정의, 대한변호사협회, 2004.7.

[2] 이혼과 재산분할약정

1. 사실관계

(1) 갑남(원고)과 을녀(피고)는 1997.5.21. 협의이혼하기로 합의하면서 이에 따른 재산분할, 부양의무 등과 관련하여 "원고는 X 부동산 등을 피고에게 명도하고, 피고는 원고에게 1개월 내에 금 5,000만원 및 1년 내에 다시 금 5,000만원 합계 금 1억원을 지급하며, 시어머니 및 자식들은 피고가 부양한다"는 취지의 약정을 하였다. 약정 당시 갑은 세금관계 등을 고려하여 소유권이전등기는 천천히 하여도 좋다는 취지의 부기를 하였다.

(2) 그 후에도 갑과 을 사이는 회복되지 못하고 있던 중, 1997.8. 을은 갑남의 알콜의존증, 편집성 인격장애 등으로 정신병원에 입원시켰다. 갑남은 입원 중인 1998.2.2. 을녀와 함께 법원에 출석하여 협의이혼 의사확인을 받은 후, 같은 날 을녀와 협의이혼하였다. 이에 따라 1998.2.2. 재산분할협의에 의하여 위 X 부동산에 대하여 을녀의 명의로 소유권이전등기를 경료하였다.

(3) 그런데 갑남은 1998.2.2. 재산분할협의는 강박에 의한 것이므로 이를 취소한다는 의사표시를 하며, X 부동산에 대한 을녀 소유권에 대한 등기말소청구의 소를 제기하였다. 원심은 갑(원고)과 을(피고)은 1997.5.21.약정에 따른 협의이혼을 하지 않고 혼인관계를 지속하다가 1998.2.2. 쌍방이 협의이혼하기로 하면서 피고의 강박에 의하여 협의이혼에 따른 재산분할로서 이 사건 약정을 체결한 것이므로, 위 1997.5.21.자 약정은 그 전지조건인 협의상 이혼의 불성취로 인하여 그 효력이 발생하지 않는다고 할 것이어서 을(피고)의 항변을 배척하고 갑(원고) 승소의 판결을 하였다. 이에 을이 상고하였다(원심: 서울고등법원 2001.2.13. 선고 2000다128 판결).

| 대상판결 |

대법원 2003.8.19. 선고 2001다14061 판결

2. 판결요지

재산분할에 관한 협의는 혼인 중 당사자 쌍방의 협력으로 이룩한 재산의 분할에 관하여 이미 이혼을 마친 당사자 또는 아직 이혼하지 않은 당사자 사이에 행하여지는 협의를 가리키는 것인바, 그 중 아직 이혼하지 않은 당사자가 장차 협의상 이혼할 것을 약정하면서 이를 전제로 하여 위 재산분할에 관한 협의를 하는 경우에 있어서는, 특별한 사정이 없는 한, 장차 당사자 사이에 협의상 이혼이 이루어질 것을 조건으로 하여 조건부 의사표시가 행하여지는 것이라 할 것이므로, 그 협의 후 당사자가 약정한 대로 협의상 이혼이 이루어진 경우에 한하여 그 협의의 효력이 발생하는 것이지, 어떠한 원인으로든지 협의상 이혼이 이루어지지 아니하고 혼인관계가 존속하게 되거나 당사자 일방이 제기한 이혼청구의 소에 의하여 재판상 이혼(화해 또는 조정에 의한 이혼을 포함한다. 이하 같다)이 이루어진 경우에는, 위 협의는 조건의 불성취로 인하여 효력이 발생하지 않는다고 보아야 할 것이다.

[관련조문] 민법 제839조의2(재산분할청구권)

3. 판례의 이해와 쟁점

(1) 협의이혼을 전제로 한 재산분할의 약정이 그 전제조건인 협의이혼이 이루어지지 않고 혼인관계가 존속한 경우 그 재산분할 약정의 효력은?

(2) 연구대상판결에서 갑과 을이 약정한 2건의 재산분할합의에 대해 원심과 대법원의 태도가 일치하는 것과 일치하지 않는 것에 대한 각각의 근거는?

(3) 협의이혼을 전제로 한 재산분할약정은 이 후 법원의 조정에 의해 이혼을 하게 된 경우에도 효력이 있을까?

(4) 연구대상판결에서 협의이혼이란 정지조건의 불성취의 입증책임은 누구에게 있을까?

4. 이론탐구

(1) 재산분할약정의 의의?

(2) 이혼하기 전에 한 재산분할협의의 법적 성질과 그 효력은? (대법원 2000.10.24. 선고 99다33458 판결)

(3) 재산분할계약의 해제와 취소?

5. 심화학습

(1) 협의이혼을 전제로 한 재산분할약정을 하였으나 협의이혼이 성립하지 않은 경우, 재산분할의 방법은? (대법원 1995.10.12. 선고 95다23156 판결)

(2) 유책배우자도 타방배우자에 대하여 재산분할을 청구할 수 있을까? (대법원 1993.5.11. 선고 93스6 판결)

참고문헌

- 김수정, "이혼으로 인한 재산분할청구권," 사법논집 제40집, 법원도서관, 2005.12.
- 민유숙, "재산분할청구권을 포기하는 약정의 효력," 대법원판례해설 44호, 법원도서관, 2004.1.
- 이선희, "혼인의 해소에 따른 재산분할," 현대민사법연구: 일헌 최병욱교수정년기념, 법문사, 2002.1.
- 전경근, "이혼과 재산분할약정 – 대법원 2003.8.19. 선고 2001다14061 판결," 가족법 판례해설, 세창출판사, 2009.
- 전경근, "재산분할청구권의 피보전채권성," 가족법연구 17권 1호, 한국가족법학회, 2003.9.
- 한삼인, 재산분할청구권의 판례분석," 인권과 정의 335호, 대한변호사협회, 2004.7.

[3] 재산분할의 비율

1. 사실관계

(1) 갑녀(원고)와 을남(피고)은 1991.10.29. 혼인(1988.8.부터 동거)하여 2남 1녀를 두었으나, 을의 구타, 외도로 인하여 불화가 생겼다. 갑은 1998.10.21. 을과 B의 간통현장을 목격하고 을과 B를 고소하는 한편, 1998.12.9. 이 사건 소를 제기하였다. 을은 1999.1.8. 간통죄로 구속되었다가 1999.1.21. 갑의 고소취소로 석방되었으나, 갑이 을의 재산에 대한 가압류를 유지하는 것을 문제삼아 다시 갑을 구타하였고, 갑이 1999.2.10.경 집을 나감으로써 혼인관계가 완전히 파탄되었다.

(2) 을은 1990년부터 X공장을 운영하였으며, 갑은 가사, 육아 외에도 위 X공장에서 일을 하고 직원들의 식사를 준비하는 등 X공장의 운영을 도왔다. 을은 X공장의 운영수익으로 분당구 소재 아파트를 구입하였고, 그 외 X공장 건물과 직원기숙사 및 가족거주 주택을 임차하였다.

(3) 원심은 갑과 을의 이혼을 인정(을의 귀책사유로 인한 혼인관계 파탄)하며 자녀들의 친권행사자 및 양육자로 을을 지정하였다. 한편 위자료로 금 4천만원, 재산분할로 금 6천만원을 인정하였다.

(4) 또 원심이 인정한 분할 대상의 재산은 적극재산 금 4억 1천여만원, 소극재산 금 4억 4천여만원으로 확정하고, 분할비율에 대하여는 X공장에 관한 재산과 그 외의 재산으로 나누어 전자에 대하여는 10%, 후자에 대하여는 40%로 정하였다. 이와 같은 분할비율 확정 방식에 의하면, X공장에 관한 적극재산은 금 63,000,000원, 소극재산은 금 361,500,000원이 되고, 그 외의 재산으로서 적극재산은 금 349,967,108원, 소극재산은 금 80,000,000원이 되는바, 위의 분할비율에 따라 재산분할액을 계산하면 금 78,136,843원(6,300,000－36,150,000＋139,986,843－32,000,000원)이 되고, 여기에서 갑이 현재 보유하고 있는 보험금 등 금 11,202,079원을 공제하면 금 66,934,764원이 된다. 이에 약간 못미치는 60,000,000원을 갑(원고)에게 지급하여야 할

재산분할액수로 인정하였다. 이에 대해 을(피고)은 원심이 소극재산과 적극재산을 합한 전체 재산에 대하여 하나의 분할비율을 정하지 않고, 분할대상 재산의 내용별로 분할비율을 차등적용하여 분할액을 산정한 것은 부당하다고 상고하였다(원심: 서울고법 2001.2.15. 선고 2000르1129 판결).

| 대상판결 |

대법원 2002.9.4. 선고 2001므718 판결

2. 판결요지

(1) 민법 제839조의2 제2항의 취지에 비추어 볼 때, 재산분할비율은 개별재산에 대한 기여도를 일컫는 것이 아니라, 기여도 기타 모든 사정을 고려하여 전체로서의 형성된 재산에 대하여 상대방 배우자로부터 분할받을 수 있는 비율을 일컫는 것이라고 봄이 상당하고, 또한 부부 일방이 혼인 중 제3자에게 채무를 부담한 경우에 그 채무 중에서 공동재산의 형성에 수반하여 부담하게 된 채무는 청산의 대상이 되는 것이므로, 부부 일방이 위와 같이 청산의 대상이 되는 채무를 부담하고 있어 총재산가액에서 위 채무액을 공제하면 남는 금액이 없는 경우에는 상대방의 재산분할 청구는 받아들여질 수 없다.

(2) 법원이 합리적인 근거 없이 적극재산과 소극재산을 구별하여 분담비율을 달리 정한다거나, 분할대상 재산들을 개별적으로 구분하여 분할비율을 달리 정함으로써 분할할 적극재산의 가액을 임의로 조정하는 것은 허용될 수 없다.

(3) 소극재산이 적극재산을 초과한 사안에서 분할대상 재산을 영업관련 재산과 그 밖의 재산으로 구분하여 분할비율을 달리하여 재산분할을 명한 원심판결을 합리적인 근거가 없다고 보아 파기한 사례.

[관련조문] 민법 제839조의2(재산분할청구권), 제843조(준용규정)

3. 판례의 이해와 쟁점

(1) 이혼으로 인한 재산분할에 있어서 분할비율을 재산별로 달리 인정할 수 있을까?
(2) 분할의 대상이 되는 재산을 확정한 결과 소극재산이 적극재산을 초과하는 경우에도 재산분할을 인정할 수 있을까?
(3) 연구대상판결은 원심이 재산을 두 개의 군으로 나누고, 그 군별로 재산분할비율을 달리 정하는 것이 법원의 후견성, 재량성에 비추어 상당하다고 보고 있는가?
(4) 연구대상판결에 의하면 갑이 재산분할로 인정받을 수 있는 금액은?

4. 이론탐구

(1) 복수의 분할대상 재산이 있는 경우, 민법 제839조의2의 재산분할비율은 각 개별재산에 대한 기여도를 의미하는 것인가?
(2) 재산분할산정의 기준시기와 방법은? (대판 2000.9.22. 99므906)

⟫ 참고문헌

- 김선이, "재산분할의 비율," Jurist 413호, 로스쿨 가족법, 청림인터렉티브, 2007.
- 민유숙, "재산분할의 구체적 인정범위," 재판자료 62집; 가정법원사건의 제문제 – 서울가정법원설립30주년기념특집, 서울가정법원, 1993.
- 민유숙, "재산분할의 대상인 소극재산이 적극재산을 초과하는 경우 분할비율을 달리 정할 수 있는지 여부," 대법원판례해설 42호, 법원도서관, 2003.7.

- 오상진, "재산분할에 있어서 소극재산이 적극재산을 초과하는 경우," 실무연구 X, 서울가정법원, 2005.7.
- 이희배, "주석 가족법판례연구," 삼지원, 2007.
- 전경근, "재산분할로 인한 채무의 승계," 실무연구 X, 서울가정법원, 2005.7.

[4] 이혼에 따른 재산분할청구권과 채권자대위권

1. 사실관계

(1) 갑녀(채권자)는 A(남편)를 상대로 별소로 이혼 등 청구의 소를 제기하여 이혼 및 위자료(금 200,000,000원), 재산분할(금 400,000,000원)의 지급을 명하는 1심 판결을 선고받아 항소심에 계속 중이다.

(2) 갑녀는 남편인 A에 대해 이혼으로 인한 위자료 및 재산분할청구권이 있음을 전제로 그 권리에 기초하여 남편 A를 대위하여 A의 채무자 을(채무자)에 대해 가지는 이 사건 X, Y 각 부동산에 관하여 명의신탁해지를 원인으로 한 소유권이전등기청구권을 피보전권리로 삼아 을을 상대로 서울지방법원 의정부지원에 부동산처분금지가처분신청을 하고 의정부지원은 갑(채권자)의 신청을 받아들이는 가처분결정을 하였다.

(3) 이에 을(채무자)이 항고하였고 원심은 갑녀와 A남 사이의 재산분할 등 소송이 계속 중이어서 확정되지 아니한 이상 갑(채권자)의 재산분할청구권이 구체적으로 형성되지 않아 대위에 의하여 보전될 권리적격을 갖추지 못하였다고 판단하여 가처분결정을 취소하고 갑(채권자)의 가처분신청을 각하하였다(위자료 청구권의 피보전권리 적격은 인정되지만 A의 무자력요건이 갖추어지지 않았기 때문에 역시 대위권을 행사할 수 없다고 하였다). 이에 갑(채권자)이 상고하였다(원심: 서울고등법원 1998.10.20. 선고 98나10979 판결).

| 대상판결 |

대법원 1999.4.9. 선고 98다58016 판결

2. 판결요지

이혼으로 인한 재산분할청구권은 협의 또는 심판에 의하여 그 구체적 내용이 형성되기까지는 그 범위 및 내용이 불명확·불확정하기 때문에 구체적으로 권리가 발생하였다고 할 수 없으므로 이를 보전하기 위하여 채권자대위권을 행사할 수 없고, 위자료청구권을 피보전권리로 하는 경우에도 채무자의 무자력이 인정되지 아니하는 한 보전의 필요성이 있다고 할 수 없어 권리보호의 자격이 없다.

[관련조문] 민법 제839조의2(재산분할청구권), 제843조(준용규정), 제404조(채권자대위권)

3. 판례의 이해와 쟁점

(1) 연구대상판결에서는 갑녀의 을에 대한 채권자대위권을 인정하고 있나?

(2) 연구대상판결에 의하면 이혼으로 인한 재산분할청구권이 채권자대위권의 피보전권리가 되기 위한 조건은?

(3) 갑녀가 A에 대한 위자료청구권을 대위 행사하기 위하여는 당해 채권의 채무자인 A의 무자력이 인정되어야 하는가?

4. 이론탐구

(1) 채권자취소권의 의의와 요건은?

(2) 개정민법 제839조의3에 의하면 재산분할재판의 확정 전에도 채권자취소권의 행사가 가능하게 되었는바, 연구대상판결은 이론적 모순이 있는 것은 아닌가?

참고문헌

- 김숙자, "재산분할청구권," 가족법연구 제5호, 한국가족법학회, 1990.
- 민유숙, "이혼시 부부간의 재산분할제도에 관한 연구," 서울대학교대학원 석사학위논문, 1992.
- 민유숙, "이혼시 재산분할청구권을 보전하기 위해 채권자대위권을 행사할 수 있는지 여부-대법원 1999.4.9. 선고 98다58016 판결," 가족법 판례해설, 세창출판사, 2009.
- 이화숙, 비교부부재산관계법, 세창출판사, 2000.
- 전경근, "재산분할청구권의 피보전채권성," 가족법연구 제17권 1호, 한국가족법학회, 2003.3.

[5] 이혼에 따른 재산분할과 채권자취소권

1. 사실관계

(1) 갑남은 을녀와 1976.12.2. 혼인신고를 마치고 부부로서 혼인생활을 하면서 그들 사이에 3자녀를 두었다. 그런데 갑남은 가정에 소홀하고 을녀를 폭행하는 등 가정불화로 인하여 혼인관계가 파탄에 이르자 갑과 을은 이혼하기로 합의하고는 위자료 등의 명목으로 현재 가족이 거주하는 아파트를 증여하기로 하는 계약(이하 '이 사건 증여계약'이라 한다)을 체결하고, 을(피고)의 명의로 소유권이전등기를 마쳤다. 그리고 갑은 증여 당시 이 사건 아파트 외에 달리 재산세나 종합토지세가 부과되는 재산이 없다. 그 후 갑은 2002.5.31. 협의이혼신고를 마쳤고, 2002.6.21. 이 사건 아파트에서 퇴거하여 다른 곳에서 거주하고 있으며, 위 3자녀들은 을과 함께 거주하고 있다.

(2) 갑은 이 사건 증여계약을 체결한 지 20여 일 후인 2002.6.19. 약 25년간 근무하던 직장에서 퇴직하였으며, 갑의 근속기간 동안의 퇴직금은 121,731,390원이었으며, 2002.6.21. 퇴직금 및 급여 등에서 세금 및 대출금 등을 공제한 75,330,089원을 지급받았다.

(3) 한편 갑은 친구 A가 X은행(원고)으로부터 2000.4.11. 1,300단원을 대출받는 데 연대보증을 하였다가 A가 990만원을 변제하지 못해 2001.12.31 이후 원리금이 연체되고 있다. 이에 X은행(원고)은 "갑은 A의 X은행(원고)에 대한 대출금채무의 연대보증인으로서 위 대출원금 및 이에 대한 지연손해금(지연이자 연18%)을 지급할 의무가 있는 상태에서 유일한 재산인 이 사건 아파트를 을(피고)에게 증여하였는바, 이 사건 증여계약은 채권자인 X은행(원고)을 해하는 사해행위라 할 것이고 을(피고) 또한 그러한 사정을 알고 있었다고 할 것이므로 위 증여계약은 취소되어야 한다"고 주장하였다.

(4) 원심은 "이 사건 증여계약 당시 갑의 적극재산은 이 사건 아파트 및 퇴직금 상당액이고 소극재산은 X은행(원고)에 대한 이 사건 연대보증채무금 10,642,093원[990만원+(990만원×152/365×18%)], X은행(원고)에 대한 가계

일반자금대출금 12,492,699원, 퇴직금에서 공제된 채무금 42,738,591원 등 합계 65,873,383원이었는바, 이 사건 증여계약 당시 갑의 채무 합계는 퇴직금의 약 54% 정도에 불과하였으므로 이 사건 증여계약이 X은행(원고)에 대한 사해행위가 된다고 인정하기에 부족하다"고 하여 X은행(원고)의 청구를 기각하였다. 이에 대하여 X은행(원고)은 갑의 퇴직금 전액을 적극재산으로 보아 이 사건 증여계약에 불구하고 그의 적극재산이 채무 총액을 초과한다고 보는 것은 위법하다고 상고하였다(원심: 서울중앙지법 2004.9.22. 선고 2004나6497 판결).

| 대상판결 |

대법원 2005.1.28. 선고 2004다58963 판결

2. 판결요지

(1) 채무자의 재산처분행위가 사해행위가 되기 위해서는 그 행위로 말미암아 채무자의 총재산의 감소가 초래되어 채권의 공동담보에 부족이 생기게 되는 것, 즉 채무자의 소극재산이 적극재산보다 많아져야 하는 것인바, 채무자가 재산처분행위를 할 당시 그의 적극재산 중 부동산과 채권이 있어 그 재산의 합계가 채무액을 초과한다고 하더라도 그 적극재산을 산정함에 있어서는 다른 특별한 사정이 없는 한 실질적으로 재산적 가치가 없어 채권의 공동담보로서의 역할을 할 수 없는 재산은 이를 제외하여야 할 것이고, 그 재산이 채권인 경우에는 그것이 용이하게 변제를 받을 수 있는 확실성이 있는 것인지 여부를 합리적으로 판정하여 그것이 긍정되는 경우에 한하여 적극재산에 포함시켜야 할 것이며, 압류금지재산은 공동담보가 될 수 없으므로 이를 적극재산에 포함시켜서는 아니 된다.

(2) 이혼에 있어서 재산분할은 부부가 혼인 중에 가지고 있었던 실질상의 공

동재산을 청산하여 분배함과 동시에 이혼 후에 상대방의 생활유지에 이바지하는 데 있지만, 분할자의 유책행위에 의하여 이혼함으로 인하여 입게 되는 정신적 손해(위자료)를 배상하기 위한 급부로서의 성질까지 포함하여 분할할 수도 있다고 할 것인바, 재산분할의 액수와 방법을 정함에 있어서는 당사자 쌍방의 협력으로 이룩한 재산의 액수 기타 사정을 참작하여야 하는 것이 민법 제839조의2 제2항의 규정상 명백하므로 재산분할자가 이미 채무초과의 상태에 있다거나 또는 어떤 재산을 분할한다면 무자력이 되는 경우에도 분할자가 부담하는 채무액 및 그것이 공동재산의 형성에 어느 정도 기여하고 있는지 여부를 포함하여 재산분할의 액수와 방법을 정할 수 있다고 할 것이고, 재산분할자가 당해 재산분할에 의하여 무자력이 되어 일반채권자에 대한 공동담보를 감소시키는 결과가 된다고 하더라도 그러한 재산분할이 민법 제839조의2 제2항의 규정 취지에 반하여 상당하다고 할 수 없을 정도로 과대하고, 재산분할을 구실로 이루어진 재산처분이라고 인정할 만한 특별한 사정이 없는 한 사해행위로서 채권자취소권의 대상이 되지 아니하고, 위와 같은 특별한 사정이 있어 사해행위로서 채권자취소권의 대상이 되는 경우에도 취소되는 범위는 그 상당한 부분을 초과하는 부분에 한정된다고 할 것이다.

[관련조문] 민법 제406조(채권자취소권)/제839조의2(재산분할청구권)

3. 판례의 이해와 쟁점

(1) 연구대상판결에서 채무자의 무자력 여부를 판단한 원심과 대법원은 이 사건 증여계약 당시 갑의 적극재산과 소극재산의 산정에 있어 어떤 차이를 보이고 있나?

(2) 이혼에 따른 재산분할에 있어 위자료도 포함시킬 수 있을까?

(3) 이혼으로 인한 재산분할은 재산분할자가 이미 채무초과의 상태에 있다거나 또는 어떤 재산을 분할한다면 무자력이 되는 경우에는 사해행위로서 채권자취소권의 대상이 될까?

(4) 재산분할이 채권자취소권의 대상이 될 때 그 취소의 범위는?

4. 이론탐구

(1) 채권자취소권의 의의와 요건은?

(2) 재산분할의 기준은?

(3) 2007년 민법 일부개정(제839조의2)에 의하여 신설된 재산분할청구권의 보전을 위한 채권자취소권의 목적과 요건은?

5. 심화학습

(1) 이혼으로 인한 재산분할청구권은 협의 또는 심판에 의하여 그 구체적 내용이 형성되기 까지는 그 범위 및 내용이 불명확 · 불확정하기 때문에 구체적으로 권리가 발생하였다고 할 수 없으므로 이를 보전하기 위하여 채권자대위권을 행사할 수 없다(대법원 1999.4.9. 선고 98다58016 판결)는 법원의 태도는 유지될 수 있을까?

(2) 재산분할에 있어 상당한 정도를 벗어나는 과대한 재산분할이라고 볼 만한 특별한 사정이 있다는 점에 관한 입증책임은 채권자가 부담한다고 보아야 할까? (대법원 2001.2.9. 선고 2000다63516 판결)

참고문헌

- 김충섭, “채권자취소소송에 있어서 사해행위해석에 관한 판례의 동향,” 특별법연구 7권, 박영사, 2005.12.
- 윤진수, “민법개정안 중 부부재산제에 관한 연구,” 가족법연구 21권 1호, 한국가족법학회, 2007.3.
- 전경근, “상속재산의 분할과 채권자취소권,” 가족법연구 15권 1호, 한국가족법학회, 2001.6.
- 전경근, “이혼에 따른 재산분할과 채권자취소권,” 고시연구 29권 11호, 고시연구사, 2002.11.
- 전경근, “이혼에 따른 재산분할과 채권자취소권 – 대법원 2001.2.9. 선고 2000다63516 판결,” 가족법 판례해설, 세창출판사, 2009.
- 한삼인, “재산분할청구권의 판례분석,” 인권과 정의 335호, 대한변호사협회, 2004.7.
- 한웅길, “재산분할과 채권자취소권 – 대법원 2005.1.28. 선고 2004다58963 판결,” 가족법 판례해설, 세창출판사, 2009.

[6] 재산분할청구소송의 계속 중 당사자 일방이 사망한 경우의 법률관계

1. 사실관계

(1) 갑(원고, 처)과 을(피고, 부)은 1969.4.경 혼인신고한 부부인데, 이 사건 부동산의 소유관계로 분쟁이 일어나 을이 집을 나가 별거하는 등 혼인관계를 계속할 의가가 없음을 명백히 하였다는 이유로 갑이 을을 상대로 재판상 이혼을 청구하자 피고인 을은 반소로서 원고 갑에 대하여 이혼 및 재산분할을 청구하였다.

(2) 제1심법원은 원고 갑의 본소 이혼청구는 인용하고, 피고 을의 반소 이혼청구 및 분쟁부동산은 갑의 특유재산이므로 재산분할의 대상이 되지 않는다는 이유로 기각하자 을이 항소하였다.

(3) 그 후 을은 항소심인 원심의 변론종결 후인 1993.12.28. 사망하였으나 원심법원인 대전고등법원은 1994.1.14. 이혼청구부분에 대한 항소는 기각하고 재산분할에 대한 항소는 일부 받아들여 재산분할을 명하였다[원심: 대전고등법원 1994.1.14. 선고 93르100(본소), 93르117(반소) 판결].

(4) 이에 갑은 위와 같은 원심판결에 대하여 재산분할청구권은 일신전속권으로 권리주체의 사망과 동시에 소멸하였으므로 원심판결은 유지될 수 없다는 이유로 상고를 제기하면서 을의 상속인들을 소송수계인으로 하는 소송수계신청을 하였다.

| 대상판결 |

대법원 1994.10.28. 선고 94므246, 94므253 판결

2. 판결요지

(1) 재판상의 이혼청구권은 부부의 일신전속의 권리이므로 이혼소송 계속중 배우자의 일방이 사망한 때에는 상속인이 그 절차를 수계할 수 없음은 물론이고, 또 그러한 경우에 검사가 이를 수계할 수 있는 특별한 규정도 없으므로 이혼소송은 종료된다.

(2) 이혼소송과 재산분할청구가 병합된 경우, 배우자 일방이 사망하면 이혼의 성립을 전제로 하여 이혼소송에 부대한 재산분할청구 역시 이를 유지할 이익이 상실되어 이혼소송의 종료와 동시에 종료된다.

[관련조문] 민사소송법 제211조(판결의 경정), 가사소송법 제24조(혼인무효 · 취소 및 이혼무효 · 취소의 소의 상대방), 민법 제839조의2(재산분할청구권), 민법 제843조(준용규정)

3. 판례의 이해와 쟁점

(1) 연구대상판결의 의의는?

(2) 이혼소송의 종료는 결과적으로 갑에게 어떤 결과를 갖도록 하였나?

(3) 이혼을 전제로 하지 않은 재산분할청구가 가능할까?

(4) 이혼소송 및 이에 병합한 재산분할청구가 계류 중, 당사자의 일방이 사망한 경우 특히 반소의 재산분할청구에 대해서만 상고된 경우 상고심에서 어떻게 처리하여야 할까?

4. 이론탐구

(1) 재산분할청구권은 상속성을 가지는가?

(2) 재산분할청구권의 발생시기는?

5. 심화학습

(1) 이혼판결에 대한 재심소송 도중 재심 상대방이 사망한 경우에는 검사에 의한 소송 수계가 허용될까? (대법원 1992.5.26. 선고 90므1135 판결)

(2) 사실혼 해소로 인한 재산분할청구 중 당사자 일방이 사망한 경우에도 재산분할청구는 종료되는가? (대법원 1995.3.10. 선고 94므1379, 94므1386 판결 등)

참고문헌

- 김상용, "이혼소송의 재심소송에서 재심피고인 당사자가 사망한 경우, 검사가 그 소송절차를 수계한다 – 대법원 1992 5.26. 선고 90므1135 판결," 가족법 판례해설, 세창출판사, 2009.
- 김홍엽, "이혼소송 및 재산분할청구의 계속중 당사자 일방의 사망과 소송상 처리," 대법원 판례해설 22호(94년 하반기).
- 민유숙, "이혼 등 소송의 계속 중 당사자사망의 효과," 법률신문 2534호, 법률신문사, 1996.9.
- 부구욱, "당사자일방이 사망한 경우의 사실혼존재확인청구," 대법원판례해설 23호, 법원도서관, 1995.12.
- 윤진수, "이혼소송 및 재산분할청구소송 계속 중 당사자 일방이 사망한 경우의 법률관계-대법원 1994.10.28. 선고 94므246, 94므253 판결," 가족법 판례해설, 세창출판사, 2009.
- 진현민, "당사자의 사망이 이혼, 위자료, 재산분할 청구소송 및 보전절차에 미치는 영향," 실무연구 X, 서울가정법원, 2005.7.

| 제4절 | 섭외이혼

Ⅰ. 주한 미국인 부부의 이혼 및 미성년자녀에 관한 양육처분 등에 대하여 – 이혼재판관할권 및 준거법

1. 사실관계

(1) 원고 갑남은 미합중국(이하, '미국'이라고 한다) 국적을 보유하고 미주리 주에 법률상 주소(legal domicile)를 두고, 1991.11.6. 대한민국(이하, '한국'이라 한다) 국적을 가진 여자인 피고 을과 서울에서 혼인신고를 마쳤고, 그 사이에서 사건본인들을 출산하였다.

(2) 을은 원고 갑과 혼인한 다음 미국 국적을 취득하였고, 갑 · 을은 1992.7.부터 1994.7.까지 미국 등지에서 거주한 다음, 1994.7.경 한국으로 돌아온 이래 현재까지 거주기한을 정하지 아니하고 사건본인들과 함께 대한민국에서 계속 거주하고 있다.

(3) 혼인 당시 미국 육군 장교였던 원고 갑은 군 복무를 마치고서 대구에 있는 민간 기업에 근무하던 중 피고 을의 귀책사유로 인하여 혼인관계가 파탄에 이르렀다는 이유로 제1심법원에 이혼청구를 함과 동시에 사건본인들에 대한 친권자 및 양육자를 원고로 지정하여 달라는 소를 제기하였는데, 피고 을은 한국에서 소장 부본을 적법하게 송달받고 한국에서 적극적으로 응소하였다. 원고는 갑의 실질적 주소지를 관할하는 한국 법원에 재판관할권이 있고 법정지법인 대한민국 민법이 준거법이 되어야 한다고 주장하였다.

(4) 이에 원심인 대구지방법원이 원 · 피고 사이의 혼인생활이 피고의 귀책사유로 인하여 회복불능의 파탄상태에 이르렀다는 원고 주장의 이혼사유를 인정하기에 부족하고, 달리 이를 인정할 증거가 없다고 원고의 청구를 기각하였다(원심: 대구지방법원 2005.5.18. 선고 2004르411 판결).

(5) 원고 갑은 법정지법인 한국민법이 이혼소송에 관하여 破綻主義를 채택하고 있는 미주리 주법과 달리 有責主義를 채택하고 있는바, 이 사건에 민법

을 적용할 경우 미국 연방헌법상 보장된 원고의 기본권이 부당하게 침해되는 등 미국법상 공서양속에 위반하는 결과가 야기된다는 등의 이유로 상고하였다.

| 대상판결 |

대법원 2006.5.26. 선고 2005므884 판결

2. 판결요지

(1) 미합중국 미주리 주에 법률상 주소를 두고 있는 미합중국 국적의 남자(원고, 갑)가 대한민국 국적의 여자(피고, 을)와 대한민국에서 혼인 후, 미합중국 국적을 취득한 피고와 거주기한을 정하지 아니하고 대한민국에 거주하다가 피고를 상대로 이혼, 친권자 및 양육자지정 등을 청구한 사안에서, 원·피고 모두 대한민국에 상거소(常居所)를 가지고 있고, 혼인이 대한민국에서 성립되었으며, 그 혼인생활의 대부분이 대한민국에서 형성된 점 등을 고려하면 위 청구는 대한민국과 실질적 관련이 있다고 볼 수 있으므로 국제사법 제2조 제1항의 규정에 의하여 대한민국 법원이 재판관할권을 가진다고 할 수 있고, 원·피고가 선택에 의한 주소(domicile of choice)를 대한민국에 형성했고, 피고가 소장 부본을 적법하게 송달받고 적극적으로 응소한 점까지 고려하면 국제사법 제2조 제2항에 규정된 '국제재판관할의 특수성'을 고려하더라도 대한민국 법원의 재판관할권 행사에 아무런 문제가 없다.

(2) 미합중국 국적을 보유하고 대한민국에 거주하는 부부 쌍방이 모두 선택에 의한 주소(domicile of choice)를 대한민국에 형성한 상태에서 남편(원고)이 처(피고)를 상대로 대한민국 법원에 이혼, 친권자 및 양육자지정 청구의 소를 제기한 경우, 원·피고의 현재 주소(domicile)가 소속된 법정지의 법률이 준거법이 되어야 할 것이므로, '준거법 지정시의 반정(反定)'에 관한 국제사

법 제9조 제1항을 유추적용한 '숨은 반정'의 법리에 따라 법정지법인 대한민국 민법을 적용해야 한다.

(3) 국제사법 제10조는 "외국법에 의하여야 하는 경우에 그 규정의 적용이 대한민국의 선량한 풍속 그 밖의 사회질서에 명백히 위반되는 때에는 이를 적용하지 아니한다"라고 규정하고 있는데, 이는 대한민국 법원이 외국적 요소가 있는 소송사건에 대하여 준거법으로 외국법을 적용해야 할 경우에 이로 인하여 대한민국의 선량한 풍속 그 밖의 사회질서에 명백히 위반되는 결과가 발생하는지 여부 등을 심리해야 한다는 것일 뿐이고, 이와는 달리 대한민국 법원이 국내법을 적용함으로 인하여 외국법상의 공서양속에 위반하는 결과가 야기되는지 여부를 심리해야 한다는 취지는 아니다.

[관련조문] 국제사법 제1조(목적), 제2조(국제재판관할)/국제사법 제3조(본국법) 제3항, 제9조(준거법 지정시의 반정) 제1항, 제37조(혼인의 일반적 효력), 제39조(이혼)/국제사법 제10조(사회질서에 반하는 외국법의 규정)

3. 판례의 이해와 쟁점

(1) 한국에 거주하는 미국 국적의 부부가 한국 법원에 한 이혼청구의 소에서 준거법으로 이들의 본국법인 미주리 주법의 파탄주의 대신 한국 민법의 유책주의를 적용할 수 있을까?

(2) 연구대상판결은 한국 국제사법 제1조 소정의 외국적 요소가 구비된 사건인가?

(3) 한국 법원은 이 사건에 대하여 재판관할권이 있을까?

(4) 이 이혼청구사건에서 한국법원은 유책주의 입장에서 원고의 주장을 배척하고 있나?

4. 이론탐구

(1) 우리 민법이 이혼소송에 관하여 '파탄주의'를 채택하고 있는 미주리 주의 법률 등과 달리 '유책주의'를 채택하고 있기 때문에 미국 국적을 보유한 원·피고 사이의 이 사건 이혼소송에서 한국 민법을 적용할 경우 미국 연방헌법상 보장된 원고의 기본권이 부당하게 침해되는 등 미국법상 공서양속에 위반하는 결과가 야기될 수 있다는 원고의 주장은 수긍할 수 있을까?

5. 심화학습

(1) 청구인과 피청구인이 우리나라에서 결혼식을 거행하고 동거하다가 피청구인이 대만으로 건너가고 청구인이 우리나라에 남아 있는 경우, 섭외이혼사건의 관할권은 부의 본국법원이지만 청구인의 주소가 있는 우리나라 법원에 예외적으로 재판관할권을 인정할 수 있을까? (서울고판 1985.11.4. 84드285)

참고문헌

- 김시철, "주한 미국인 이혼 및 미성년자녀에 관한 양육처분 등에 관하여: 이혼재판관할권 및 준거법에 관한 우리제도와 미국제도에 대한 비교법적 검토를 중심으로," 저스티스 96호, 한국법학원, 2007.2.
- 조의연, "남북한 간의 관할권과 준거법 결정기준," 통일사법정책연구 1, 법원행정처, 2006.

|제5절| 사 실 혼

Ⅰ. 결혼식 후 신혼여행을 다녀왔으나 부부공동생활에 이르지 아니한 단계에서 일방 당사자의 귀책사유로 파탄에 이른 경우 사실혼부당파기와 마찬가지로 정신적 손해배상청구를 인용한 사례

1. 사실관계

(1) 원고(피상고인, 남자)는 중매로 피고를 만나 1995.9.24. 결혼식을 올리고 3박 4일 간의 신혼여행을 떠났으나 피고(상고인, 여자)가 함께 관광을 하는 등 신혼부부로 행세를 하면서도 원고와의 성관계만은 거부하여 둘째날 밤 단 1회만 성관계를 맺은 채로 신혼여행을 마치고 피고의 친정집으로 갔다.

(2) 피고는 친정집에 도착하자마자 가족들에게 원고의 잠버릇이 좋지 않아 도저히 같이 살 수 없다는 말을 하고는 원고를 내버려 둔 채 집을 나가, 원고는 하는 수 없이 그 이튿날 혼자 본가로 돌아갔고, 그 며칠 후 피고는 원고에게 일방적으로 헤어지자는 통보를 하였다.

(3) 원고는 피고를 직접 만나 설득하고자 하였으나 피고는 원고와 직접 만나는 것을 피하면서 그 가족들을 통하여 원고의 잠버릇과 성적 능력 등에 관한 나쁜 소문을 퍼뜨림으로써 원 · 피고의 관계가 더 이상 회복할 수 없는 지경에 이르게 된 것이다.

(4) 원심은 "결혼식이란 남녀의 결합이 결혼으로서 사회적으로 공인되기 위한 관습적인 의식으로서 부부공동체로서의 사회적인 인증을 목적으로 하는 것임에 비추어 볼 때 원 · 피고가 결혼식을 올리고 신혼여행까지 다녀온 이상 원 · 피고 사이에는 사실혼관계가 성립되었다고 못 볼 바 아니고, 그렇지 않다고 하더라도 원 · 피고는 결혼식을 올림으로써 혼인에 합의하여 약혼이 성립되었다고 할 것인데, 이러한 사실혼 내지 약혼관계는 피고에게 책임 있는 사유로 파탄 내지 해제되었으므로 피고는 그로 인한 원고의 정

신적 손해를 배상할 책임이 있다"고 하여 원고의 이 사건 위자료청구를 그 판시 금액 범위 내에서 인용하고 있다. 대법원은 피고의 상고를 기각하였다(원심: 부산지법 1998.6.19. 선고 97르367 판결).

| 대상판결 |

대법원 1998.12.8. 선고 98므961 판결

2. 판결요지

(1) 일반적으로 약혼은 특별한 형식을 거칠 필요 없이 장차 혼인을 체결하려는 당사자 사이에 합의가 있으면 성립하는 데 비하여, 사실혼은 주관적으로는 혼인의 의사가 있고, 또 객관적으로는 사회통념상 가족질서의 면에서 부부공동생활을 인정할 만한 실체가 있는 경우에 성립한다.

(2) 일반적으로 결혼식(또는 혼례식)이라 함은 특별한 사정이 없는 한 혼인할 것을 전제로 한 남녀의 결합이 결혼으로서 사회적으로 공인되기 위하여 거치는 관습적인 의식이라고 할 것이므로, 당사자가 결혼식을 올린 후 신혼여행까지 다녀온 경우라면 단순히 장래에 결혼할 것을 약속한 정도인 약혼의 단계는 이미 지났다고 할 수 있으나, 이어 부부공동생활을 하기에까지 이르지 못하였다면 사실혼으로서도 아직 완성되지 않았다고 할 것이나, 이와 같이 사실혼으로 완성되지 못한 경우라고 하더라도 통상의 경우라면 부부공동생활로 이어지는 것이 보통이고, 또 그 단계에서의 남녀 간의 결합의 정도는 약혼 단계와는 확연히 구별되는 것으로서 사실혼에 이른 남녀 간의 결합과 크게 다를 바가 없다고 할 것이므로, 이러한 단계에서 일방 당사자에게 책임 있는 사유로 파탄에 이른 경우라면 다른 당사자는 사실혼의 부당파기에 있어서와 마찬가지로 책임 있는 일방 당사자에 대하여 그로 인한 정신적인 손해의 배상을 구할 수 있다.

[관련조문] 민법 제800조(약혼의 자유)/제804조(약혼해제의 사유)/제806조(약혼해제와 손해배상청구권)

3. 판례의 이해와 쟁점

(1) 대상판결은 결혼식의 의미를 어떻게 해석하고 있는가?

(2) 대상판결은 결혼식 올린 후 신혼여행을 다녀왔으나 부부공동생활에 이르지 않은 단계에서 일방당사자의 귀책사유로 파탄된 것을 사실혼부당파기로 판시하고 있으나 약혼관계의 부당한 해제로 볼 여지는 없는가?

(3) 위의 사례를 부당한 약혼해제로 볼 경우 유책자는 누구인가? 피고는 원고의 잠버릇 등을 이유로 헤어지자는 통보를 하고 있는데, 잠버릇이 나쁜 것은 약혼해제사유에 해당하는가? 그렇다면 피고의 약혼해제는 정당한 것인가?

(4) 위의 사례를 사실혼 부당파기로 볼 경우 잠버릇이 나쁜 것을 귀책사유로 볼 여지는 없는가?

(5) 결혼식을 올리고 신혼여행을 다녀왔으나 부부공동생활이 없는 단계를 사실혼으로 볼 수 있는가?

(6) 위와 같은 사례에서 사실혼부당파기를 한 귀책당사자에게 정신적 손해배상을 청구할 수 있는가?

(7) 약혼관계의 부당한 해제와 사실혼의 부당파기는 어떤 점에서 다른가? 위와 같은 사례를 약혼관계의 부당한 해제로 볼 여지는 없는가?

(8) 대상판결의 의의나 문제점은 무엇인가?

4. 이론탐구

(1) 약혼과 사실혼 및 법률혼의 의의는 무엇인가?

(2) 사실혼의 성립요건은 무엇인가?

(3) 사실혼의 성립요건에 비추어 대상판결을 평석하시오.

5. 심화학습

(1) 원고(여자)와 피고(남자)가 혼인 후 8일간 동거하다가 피고가 가출하였고 원고는 피고를 찾아다니기도 하면서 동거장소에서 피고를 기다리며 5개월 정도 산 경우에 사실혼의 성립을 인정한 대판 1998.8.21. 선고 97므544·551과 대상판결을 비교 검토한 후 평석하시오.

(2) 사실혼부당파기로 인한 손해배상범위에 관한 대판 1989.2.14. 선고 88므146과 약혼해제로 인한 손해배상의 범위(민법 제806조 제2항)를 비교하시오.

(3) 법률상의 처가 남편 이외의 남자와 동거와 간헐적인 만남을 통해 자식까지 출산하였으나 국가유공자의 지위를 상실하게 되는 사유인 사실혼에 해당하지 않는다고 판시한 대법원 2001.1.30. 선고 2000도4942 판결을 분석하시오.

》》 참고문헌

• 최금숙, "약혼과 사실혼의 성립요건: 사실혼부당파기로 인한 손해배상," 가족법판례해설, 2009.

II. 중혼적 사실혼의 보호 여부

1. 사실관계

(1) 피고(상고인, 남자)의 처(소외 1)는 1남 4녀의 자식을 두고 가출하여 행방불명이 된 채 계속 귀가하지 아니하고 있다.

(2) 이러한 상태에서 피고는 원고(피상고인, 여자)에게 7개월 이내에 소외 1과의 혼인관계를 정리하고 원고와 혼인신고를 하겠다고 하면서 혼인할 것을 제의하고 원고가 이를 승낙함에 따라 1974.11.30.부터 동거를 시작하였다.

(3) 피고는 계속 소외 1과의 호적관계를 정리하지 아니하여 원고와의 혼인신고를 하지 못하는 상태에 있었으며, 1993.2.경부터 소외 2라는 여자를 사귀어 동침하는 등 관계를 지속하여 오면서 이를 따지는 원고에게 폭행을 가하고 "너는 법적으로 부부가 아니다. 왜 내가 하는 일에 간섭하느냐. 꼴보기 싫다"고 하는 등 구박을 일삼아 왔다.

(4) 원고는 더 이상 피고와의 동거생활을 유지할 수 없다고 생각하고 1994.6.초경 피고가 낚시를 가고 없는 사이에 피고 명의의 예금통장에서 인출한 금 2,000,000원을 가지고 가출하였다가 같은 달 10. 22:00경 피고와 위 소외 2가 여관에서 나오는 현장을 사진 촬영하여 이 사건 사실혼허소에 따른 손해배상청구소송과 재산분할청구소송을 제기하였다.

원심은 원고의 청구 일부를 인용하였으며 대법원은 원심판결을 파기환송하였다.

(5) 원심은, 원고와 피고는 위와 같은 동거생활로 사실혼관계에 있었다고 할 것이고 그 사실혼관계는 피고가 당초의 약속과는 달리 원고와의 혼인신고를 이행하지 아니한 채 다른 여자와 동침하는 등 부정한 행의를 하면서 법적으로 부부가 아니니 집을 나가라는 취지의 폭언과 구박을 일삼아 온 피고의 잘못으로 파탄에 이르게 되었다고 판단하였다. 이에 다라 원고의 사실혼관계 해소에 따른 이 사건 손해배상 청구의 일부를 받아들여 피고에게 금 15,000,000원의 지급을 명하는 한편, 원고의 사실혼 해소에 따른 재산분

할 청구도 받아들여 재산분할 방법으로서 금 30,000,000원의 지급을 명하였다(원심:부산고법 1996.4.12. 선고 95르427 판결).

| 대상판결 |

대법원 1996.9.20. 선고 96므530 판결

2. 판결요지

(1) 법률상의 혼인을 한 부부의 어느 한쪽이 집을 나가 장기간 돌아오지 아니하고 있는 상태에서 부부의 다른 한쪽이 제3자와 혼인의 의사로 실질적인 혼인생활을 하고 있다고 하더라도, 특별한 사정이 없는 한 이를 사실혼으로 인정하여 법률혼에 준하는 보호를 허여할 수는 없다.

(2) 남편 갑이 법률상의 처 을이 자식들을 두고 가출하여 행방불명이 된 채 계속 귀가하지 아니한 상태에서 조만간 을과의 혼인관계를 정리할 의도로 병과 동거생활을 시작하였으나, 그 후 갑의 부정행위 및 폭행으로 혼인생활이 파탄에 이르게 될 때까지도 갑과 을 사이의 혼인이 해소되지 아니하였다면, 갑과 병 사이에는 법률상 보호받을 수 있는 적법한 사실혼관계가 성립되었다고 볼 수는 없고, 따라서 병의 갑에 대한 사실혼관계 해소에 따른 손해배상 청구나 재산분할 청구는 허용될 수 없다고 한 사례.

[관련조문] 민법 제800조(약혼의 자유)/제806조(약혼해제와 손해배상청구권)/제812조(혼인의 성립)/제839조의2(재산분할청구권)/제843조(준용규정)

3. 판례의 이해와 쟁점

(1) 대법원이 중혼적 사실혼을 보호하지 않는 현행법상의 근거는 무엇인가?

(2) 법률혼의 당사자 일방이 사실상 혼인관계에 있는 중혼적 사실혼과, 오랫동안 별거상태에 있는 법률혼의 당사자 일방이 사실혼관계에 있는 중혼적 사실혼은 구별하여야 하는가?

(3) 대법원은 사실혼을 부당파기한 당사자 일방에 대한 손해배상청구와 이혼시 재산분할청구는 인용하고 있으나 중혼적 사실혼의 경우에는 손해배상청구와 재산분할청구를 모두 인정하지 않고 있는데 그 이유와 근거는 무엇인가?

(4) 중혼적 사실혼이란 무엇인가?

(5) 대법원이 중혼적 사실혼을 보호하지 않는 이유는 무엇인가?

(6) 일반적인 의미에서의 중혼적 사실혼과 달리 대상판결의 사안과 같이, 법률혼은 20여년간 별거하는 등으로 사실상 이혼상태에 있었고, 법률혼의 일방인 남편이 사실혼의 처와 혼인의사로 부부공동생활을 20여년간 지속한 이 사안의 경우에도 중혼적 사실혼이라는 이유로 보호를 하지 않는 것은 타당한가?

(7) 대상판결의 사안에서 원심법원은 사실혼의 성립을 인정하는 반면에 대법원은 중혼적 사실혼이라는 이유로 사실혼을 보호하지 않은 이유는 무엇인가?

(8) 대상판결이 중혼적 사실혼 배우자인 처의 손해배상청구와 재산분할청구를 인정하지 않는 것은 타당한가?

(9) 중혼적 사실혼의 처가 사실혼 계속 중 남편명의의 재산을 형성하는 데 기여한 부분과 전처소생의 자녀들을 돌본 데 대하여는 어떻게 보상받을 수 있는가?

(10) 대상판결의 의의나 문제점은 무엇인가?

4. 이론탐구

(1) 법률혼주의란 무엇인가?

(2) 민법이 법률혼주의를 선언하고 있음에도 불구하고 법원의 판례가 일반적으로 사실혼을 보호하는 이유와 법적인 근거는 무엇인가?

(3) 사실혼에는 어떤 유형이 있는가? 사실혼의 당사자 일방이 혼인신고한 경우 그 신고는 유효한가?

(4) 사실혼관계에서 출생한 자녀의 지위는 무엇인가?

5. 심화학습

(1) 중혼적 사실혼의 처가 사실혼 중의 기여분에 대하여 부당이득의 반환을 청구한다면 인용될 것인가?

(2) 피고가 원고에게 사실상 이혼상태에 있는 처와 이혼 후 혼인하자고 한 약속을 파기한 데 대해, 그리고 사실혼관계를 부당하게 파기한데 대해 피고는 원고에게 발생한 손해를 배상해주지 않아도 되는 것인가?

(3) 법률상 배우자가 있는 경우 사실상 배우자와의 관계가 군인연금법 제3조 제1항 제4호에서 말하는 사실혼에 해당하지 않는다고 한 대법원 2007. 2.22. 선고 2006두18584 판결과 대상판결을 비교 · 검토하시오.

⋙ 참고문헌

• 최금숙, "법률혼과 중혼적 사실혼의 보호 여부," 가족법판례해설, 2009.

III. 사실혼관계존부확인청구

1. 사실관계

(1) 원고(여자)와 피고(남자)는 사실혼부부인데 가정불화로 인하여 1972.8.18.경 원고가 피고의 집을 뛰쳐나와 별거하기 시작하였으며 그 해 9.16.경 원고와 피고는 화해하려 했으나 실패하였다.

(2) 두 사람 사이의 관계가 악화하여 피고가 혼인신고에 협력하지 않을 것 같으므로 원고는 피고를 상대로 사실상혼인관계존재확인의 조정을 신청하였는데 조정이 이루어지지 않으므로 심판으로 이행하였다.

(3) 1심은 별거 후의 타협이 확정적으로 결렬됨으로써 원고와 피고 사이의 사실상 혼인관계를 더 계속할 수 없는 상태가 객관적으로 사실화되어 사실상 혼인관계는 해소되었다고 하면서 원고의 청구를 기각하였다.

(4) 원고는 광주고등법원에 항소했으나 역시 같은 이유로 패소하였다.

(5) 이에 원고는 원 · 피고간의 사실상혼인관계는 1972.9.16.경부터 더 계속할 수 없는 상태가 객관적으로 사실화되었다고 인정한 원심의 사실인정과정에 채증법칙 위배의 위법과 판결에 이유불비의 위법이 있다고 하여 상고하였다.

(6) 원심은, 별거후의 어떤 타협이 확정적으로 결렬됨으로써 원고와 피고 사이에 사실상 혼인관계를 더 계속할 수 없는 상태가 객관적으로 사실화되어 사실상 혼인관계는 해소되었다고 하면서 원고의 청구를 기각하였다. 대법원은 원고의 상고를 기각하였다(원심: 광주고법 1975.7.25. 선고74르23 판결).

| 대상판결 |

대법원 1977.3.22. 선고 75므28 판결

2. 판결요지

사실상 혼인관계는 사실상의 관계를 기초로 하여 존재하는 것이므로 당사자 일방의 의사에 의하여 해소될 수 있고, 당사자 일방의 파기로 인하여 공동생활의 사실이 없게 되면 사실상의 혼인관계는 해소되는 것이며 다만 정당한 사유없이 해소된 때에는 유책자가 상대방에 대하여 손해배상의 책임을 지는데 지나지 않는다.

[관련조문] 가사소송법 제2조(가정법원의 관장사항) ① 가. (2) 나류사건 1/가사소송법 제12조(적용법률)

3. 판례의 이해와 쟁점

(1) 대상판결에 의하면 사실혼관계존재확인의 청구가 인용되기 위하여는 어떤 전제가 필요한가? "사실혼관계존재확인청구를 인용하기 위해서는 사실심 변론종결 당시에 당사자간에 혼인의 의사가 있고 그것에 부합하는 실체적 부부생활관계가 있어야 한다는 전제에 서 있다"는 짐작은 타당한가?

(2) 대상판결에 의하면 사실혼관계를 당사자 일방의 의사에 의하여 해소할 수 있게 되는가? 법률혼과는 어떤 점에서 차이가 있으며 그 이유는 무엇인가?

(3) 사실혼관계존재확인청구를 가사소송법에 규정한 이유와 목적은 무엇인가?

(4) 과거 한때는 사실혼관계가 존재하였으나 현재(사실심 종결시)는 파탄되어 사실혼관계가 존재하지 않는 경우에 대법원이 청구를 기각한 것은 어떤 점에서 타당하고 어떤 점에서 문제가 있는가?

(5) 과거에서 현재까지 사실혼관계가 존재하고 있는 당사자와 혼인신고할 수 있는 방법과 절차는 '사실상 혼인관계존부확인의 소' 외에 어떤 것이 있는가? 그러한 방법과 절차(소 이외의)의 유효성에 관한 대법원의 입장은 무엇인가?

(6) 대상판결의 의의나 문제점은 무엇인가?

4. 이론탐구

(1) 사실혼해소와 법률혼해소는 법규정이나 판례의 태도에 비추어 볼 때 어떤 점에 차이가 있는가?

(2) 사실혼관계존재확인청구가 실체법인 민법이 아니라 가사소송법에 규정된 이유는 무엇인가?

(3) 대법원 판례에 의하면 사실혼관계존재확인청구는 어떤 경우에 실익이 있을 것인가?

5. 심화학습

(1) 대상판결이 사실혼관계의 해소에 대하여 "당사자 일방의 의사에 의하여 해소될 수 있고 당사자 일방의 파기로 인하여 공동생활의 사실이 없게 되면 사실상의 혼인관계는 해소되는 것"이라고 판시한 것은 타당한가?

(2) 대상판결이 "당사자 일방의 파기로 인하여 공동생활의 사실이 없게 되면 사실상의 혼인관계는 해소되는 것이며 다만 정당한 사유없이 해소된 때에는 유책자가 상대방에 대하여 손해배상의 책임을 지는 데 지나지 않는 것이라고 할 것"이라고 판시한 것은 타당한가?

(3) 대법원 1998.7.24. 선고 97므18 판결과 대상판결을 비교하시오.

(4) 대상판결과 달리 사실혼의 성립 당시를 기준으로 혼인의사의 존부를 인정

한 서울고법 1971.11.30. 71르33 판결을 검토하고 평석하시오.

(5) 청구인 스스로 사실혼관계의 계속을 곤란하게 한 사태를 형성해 놓고 그 사태를 이유로 그 부존재확인을 청구함은 신의성실의 원칙 및 권리남용금지의 원칙에 비추어 허용될 수 없다고 하여 유책자의 청구를 기각한 대구지방심판 72드179, 721027을 검토하고 대상판결과 비교하여 평석하시오.

참고문헌

- 고창현, "사실혼의 해소에 관한 재론," 민사법학 제2호.
- 박병호, "사실혼의 해소," 법률신문, 제1279호.
- 박재윤, "사실혼관계존부확인청구," 재판자료 제18집.
- 윤진수, "검사를 상대로 하는 사실상혼인관계 존재확인청구," 대한변호사협회지, 116호.

IV. 사실혼이 단기간에 해소된 경우 혼수구입비용 상당액의 손해배상청구를 배척한 사례

1. 사실관계

(1) 원고(여자)와 피고(남자) 사이의 사실혼관계는 쌍방에게 책임있는 사유로 불과 1개월 만에 파탄되었다.

(2) 원고는 혼인생활의 준비에 지출하였던 이불구입비 1,280,000원, 가구구입비 1,490,000원, 전자제품구입비 3,745,000원(오디오구입비 1,000,000원 포함), 주방용품구입비 1,015,000원 상당의 금액과 예복 구입비 2,754,280원(동복구입비 1,000,000원 포함), 예물 구입비 500,000원 상당을 손해배상으로 청구하였다.

(3) 또한 원고는 결혼을 준비하면서 결혼 후 생활할 아파트를 피고 명의로 구입하는 데 보탠 주택구입보조비 15,000,000원의 지급을 청구하였다.

원심은 원고의 손해배상청구를 기각하였으며 대법원은 원심판단의 일부를 받아들이지 않았다.

(4) 원심은 원고와 피고 사이의 사실혼관계가 불과 1개월 만에 쌍방의 잘못으로 파탄된 사실을 인정한 다음, 원고가 혼인생활준비에 지출하였던 비용에 대한 손해배상청구에 대하여, 이는 여전히 원고의 소유에 속하므로 원상회복으로 반환을 구하는 것은 별론으로 하더라도 이로 인하여 원고에게 손해가 발생하였다고 할 수는 없다는 이유로 위 청구를 배척하였다.

한편 원고가 피고 명의로 주택을 구입하라고 보탠 금원의 반환청구이 대하여는 이를 원고의 손해로 인정한 다음, 이 사건 사실혼관계의 파탄에 대한 원고의 과실비율 50%를 참작하여 그 반액만을 배상하도록 판시하였다(원심: 대구고법 2000.8.11. 선고2000르125 판결).

| 대상판결 |

대법원 2003.11.14. 선고 2000므1257 판결

2. 판결요지

(1) 원 · 피고 사이의 사실혼관계가 불과 1개월 만에 파탄된 경우, 혼인생활에 사용하기 위하여 결혼 전후에 원고 자신의 비용으로 구입한 가재도구 등을 피고가 점유하고 있다고 하더라도 이는 여전히 원고의 소유에 속한다고 할 것이어서, 원고가 소유권에 기하여 그 반환을 구하거나 원상회복으로 반환을 구하는 것은 별론으로 하고, 이로 인하여 원고에게 어떠한 손해가 발생하였다고 할 수 없다는 이유로 그 구입비용 상당액의 손해배상청구를 배척한 사례.

(2) 원고가 결혼 후 동거할 주택구입 명목으로 피고에게 금원을 교부함으로써 피고가 자신의 명의로 주택을 소유하게 되었을 뿐 아니라 향후 그 주택의 시가상승으로 인한 이익까지 독점적으로 보유하게 된다는 점 등을 고려할 때, 결혼생활이 단기간에 파탄되었다면 형평의 원칙상 위 금원은 원상회복으로서 특별한 사정이 없는 한 전액 반환되어야 한다고 한 사례.

[관련조문] 민법 제806조(약혼해제와 손해배상청구권)/가사소송법 제2조(가정법원의 관장사항)

3. 판례의 이해와 쟁점

(1) 대상판결에서 원고의 위자료청구를 기각한 이유는 무엇인가?

(2) 원고가 혼인생활에 사용하기 위하여 마련한 혼수를 사실혼 생활 중 사용하다가 파탄이 되어 현재 사실혼의 배우자가 점유하고 있다면 그 소유권은 누구에

게 있는가? 위의 사례에서 소유권의 반환을 구하는 근거 규정은 무엇인가?

(3) 원심과 대상판결이 혼수를 손해가 아니라고 한 이유는 무엇인가?

(4) 대상판결이 주택구입비용의 보조금을 손해가 아니라고 하면서 원심의 과실상계판단을 파기한 근거는 무엇인가?

(5) 당사자 쌍방의 책임 있는 사유로 사실혼이 파탄된 경우 당사자 일방이 청구한 위자료는 인용될 수 있는가? 대상판결에서는 이에 대해 어떻게 판단하고 있는가?

(6) 결혼생활에 사용하기 위하여 자신의 비용으로 구입한 가재도구 등의 소유권은 누구에게 있는가? 사실혼이 파탄된 경우 혼인생활에 사용하기 위하여 구입한 물품이 손해가 된다고 할 것인가?

(7) 원고는 혼수를 손해배상으로 청구한 반면에 원심과 대상판결은 이를 소유권의 원상회복으로 해석하고 있으며, 대상판결은 원심과 달리 혼수와 주택구입보조비를 구별하고 있다. 그 각각의 이유는 무엇인가?

(8) 원심과 대상판결은 원고의 과실비율을 50% 정도로 인정한 후 예식장 비용과 함값 및 예단 등의 비용에 관하여 위 합계금액의 50%를 과실상계하였다. 혼수와 결혼비용을 구별하는 이유는 무엇인가?

4. 이론탐구

(1) 위자료와 손해배상 및 소유권반환 원리는 어떤 점에서 다른가?

(2) 사실혼이 단기간에 해소된 경우의 법적 처리에 관한 규정은 무엇인가?

5. 심화학습

(1) 대상판결이 위의 사실혼 관련 판례와 다른 점은 무엇인가?

(2) 대상판결에 대해 평석하시오.

참고문헌

• 민유숙, "이혼과 관련된 손해배상청구의 관할과 처리," 실무연구 X, 2005.7, 서울가정법원 법관가사재판실무연구회.

제 3 장

부모와 자

제3장 부모와 자

|제1절| 친생자

Ⅰ. 친생부인의 소와 친생자관계부존재확인의 소의 관계

1. 사실관계

피고 乙과 소외 망인 A(이 사건 소 제기 이후인 1999.5.26. 사망)는 1953.8.25. 혼인신고를 마친 법률상 부부로 있었고, 피고 丙은 소외 망인 A가 혼인 중에 포태하여 1957.7.21. 출생한 자이며, 소외 망인 A가 피고 丙을 포태할 당시 피고 乙이 장기간에 걸쳐 해외에 나가 있었거나, 사실상 이혼하여 별거하고 있었다는 등 동거의 결여로 피고 乙의 자를 포태할 수 없다는 것이 외관상 명백한 사정이 있었다는 점에 관한 아무런 주장·입증이 없을 뿐 아니라, 달리 친생추정을 깨뜨릴 아무런 사정도 없었다. 피고 丙은 법률상 피고 乙의 친생자로 추정되는데 친생부인의 소에 의하지 아니하고, 피고 乙의 딸로서 제3자인 원고 甲이 피고 乙과 피고 丙에 대하여 친생자관계부존재확인을 구하였다. 이에 대해 원심은 원고 甲이 피고들에 대하여 친생자관계부존재확인청구를 할 수 있음을 전제로 본안에 나아가 판단하였고 이에 대해 원고가 상고하였다(원심: 대구지방법원 2000.1.19. 99르157).

| 대상판결 |

대법원 2000.8.22. 선고 2000므292 판결

2. 판결요지

민법 제844조 제1항의 친생추정은 반증을 허용하지 않는 강한 추정이므로, 처가 혼인 중에 포태한 이상 그 부부의 한쪽이 장기간에 걸쳐 해외에 나가 있거나, 사실상의 이혼으로 부부가 별거하고 있는 경우 등 동거의 결여로 처가 부(夫)의 자를 포태할 수 없는 것이 외관상 명백한 사정이 있는 경우에만 그 추정이 미치지 않을 뿐이고, 이러한 예외적인 사유가 없는 한 누구라도 그 자가 부의 친생자가 아님을 주장할 수 없는 것이어서, 이와 같은 추정을 번복하기 위하여는 부가 민법 제846조, 제847조에서 규정하는 친생부인의 소를 제기하여 그 확정판결을 받아야 하고, 이러한 친생부인의 소가 아닌 민법 제865조 소정의 친생자관계부존재확인의 소에 의하여 그 친생자관계의 부존재확인을 구하는 것은 부적법하다.

[관련조문] 민법 제844조(부의 친생자의 추정), 제846조(자의 친생부인), 제847조(친생부인의 소), 제865조(다른 사유를 원인으로 하는 친생자관계존부확인의 소)

3. 판례의 이해와 쟁점

(1) 친생자추정을 번복하기 위한 조건은 무엇인가?

(2) 친생자의 추정을 받는 경우에 친생부인의 소에 의하지 않고 친생자관계부존재확인의 소로 다투는 것이 가능한가?

(3) 민법 제844조 제1항에 의한 친생추정을 번복하기 위하여 민법 제865조 소정

의 친생자관계부존재확인의 소를 제기할 수 있는지 여부가 문제된다.

4. 이론탐구

(1) 친생자추정을 받기 위한 요건을 설명하라.

(2) 친생자추정의 효과를 설명하라.

5. 심화학습

(1) 민법 제844조에 의하여 친생자로 추정되는 자에 대한 친생을 부인하기 위한 제소방법은 무엇인가? (대법원 1985.1.29. 선고 84므109 판결)

(2) 시부모를 모시고 살면서 1년에 한번 정도 찾아오는 부를 만나 온 처가 혼인 중에 포태한 자식의 경우 친생자로 추정받는가? (대법원 1990.12.11. 선고 90므637 판결)

(3) 친생자추정은 부부가 사실상 혼인하여 별거생활을 하는 중에 자를 포태한 경우에도 적용되는가? (대법원 1968.2.27. 선고 67므34 제1부 판결)

참고문헌

- 권재문, "혈연진실주의 실현을 위한 친생부인의 요건완화와 조정절차의 활용," 법조 579호, 법조협회.
- 김성숙, "개정가족법의 내용에 관한 검토," 법학논총 제15집(2006.2), 숭실대학교 법학연구소.
- 박정화, "친생자관계존부확인소송의 심리에 관하여," 실무연구－법관 가사재판실무연구 모

임 자료집 VIII, 서울가정법원.
- 이제정, “친자관계확인소송의 심리상 주요 논점,” 재판자료; 가정법원사건의 제문제 101집, 법원도서관.
- 이해일, “친생추정의 법리와 그 효과,” 고시계 52권 10호(608호), 국가고시학회.

II. 친생자추정이 미치지 않는 경우

1. 사실관계

청구인 甲과 청구외 A는 1931.5.30 혼인신고를 마친 법률상의 부부였다가, 1980.2.29. 수원지방법원에서의 이혼심판확정에 따라 동년 3.11. 이혼신고가 이루어졌다. 한편 A는 1941.10.경 청구외 B와 눈이 맞아 가출을 하여 그 이래 청구인과 별거 중 1944.1.15.에 피청구인 乙을 출산하였다. 이에 대하여 청구인 甲은 피청구인 乙을 상대로 친자관계가 부존재함을 확인하는 소를 제기하였다. 원심은 피청구인 乙이 청구외 A가 甲과의 법률상의 부부관계가 계속 중 포태한 자로서 청구인 甲의 친생자로 추정되므로 이러한 자의 친생을 부인하려면 친생부인의 소에 의할 수밖에 없다 할 것이므로 부적법하다고 판시하였고, 이에 청구인 甲이 상고하였다(원심: 서울고등법원 1982.10.4. 82르21).

| 대상판결 |

대법원 1983.7.12. 선고 82므59 전원합의체 판결

2. 판결요지

민법 제844조는 부부가 동거하여 처가 부의 자를 포태할 수 있는 상태에서 자를 포태한 경우에 적용되는 것이고 부부의 한쪽이 장기간에 걸쳐 해외에 나가 있거나 사실상의 이혼으로 부부가 별거하고 있는 경우 등 동서의 결여로 처가 부의 자를 포태할 수 없는 것이 외관상 명백한 사정이 있는 경우에는 그 추정이 미치지 아니하므로 이 사건에 있어서 처가 가출하여 부와 별거한 지 약 2년 2개월 후에 자를 출산하였다면 이에는 동조의 추정이 미치지 아니하여 부는 친생부인의 소에 의하지 않고 친자관계부존재확인소송을 제기할 수 있다.

[관련조문] 민법 제844조(부의 친생자의 추정), 제846조(자의 친생부인), 제847조(친생부인의 소)

3. 판례의 이해와 쟁점

(1) 민법 제844조는 어떠한 경우에 적용되는가?

(2) 동서의 결여로 처가 부의 자를 포태할 수 없는 것이 외관상 명백한 사정이 있는 경우에부는 친생부인의 소에 의하지 않고 친자관계부존재확인소송을 제기할 수 있는가?

(3) 처가 부의 자를 포태할 수 없음이 외관상 명백한 경우 부가 그 출생자의 친자관계를 부인하는 방법이 무엇인지 문제된다.

4. 이론탐구

(1) 친생부인의 소와 친생자관계 부존재확인의 소와의 관계를 설명하라.

(2) 친생추정이 미치지 않는 경우를 구체적 예를 들어 설명하라.

5. 심화학습

(1) 혼인중 처가 포태한 자에 대하여 부의 자로 추정시키는 민법 제844조 제1항의 친생추정을 번복시킬 수 있는 적법한 소는 무엇인가? (대법원 1992. 7.24. 선고 91므566 판결)

(2) 친생부인의 소가 아닌 친생자관계부존재확인의 심판을 선고받아 확정된 경우 확정심판의 효과로서 친생자로서의 추정이 깨어지는가? (대법원 1992.7.24. 선고 91므566 판결)

(3) 법률상 타인의 친생자로 추정되는자에 대하여서는 그 부로부터 친생부인의 소의 판결이 확정되기 전에는 아무도 인지를 할 수 없는가? (대법원 1968.2.27. 선고 67므34 제1부 판결)

(4) 호적상 부모의 혼인중의 자로 등재되어 있는 자라 하더라도 그의 생부모가 호적상의 부모와 다른 사실이 객관적으로 명백한 경우에는 친생추정이 미치지 않는가? (대법원 2000.1.28. 선고 99므1817 판결)

참고문헌

- 김주수, "친생부인과 친생자관계 부존재확인 양소의 관계," 법률신문 1786호, 법률신문사.
- 김주수, "친생부인의 소와 친생자관계 부존재확인의 소와의 관계," 판례월보 158호(83.11).
- 연기영, "처가 부의 자를 포태할 수 없음이 외관상 명백한 경우 친자관계부인 방법", Jurist 413호(JURIST plus 5), 로스쿨 가족법.
- 이화숙, "친생자추정과 친생부인의 소," 사법행정 376호, 한국사법행정학회.
- 정귀호, "친생자의 추정과 친생부인의 소," 민사판례연구 6권(93.5).

|제2절| 인공수정자

Ⅰ. 미국의 대리모계약(the surrogate parenting agreement)

1. 사실관계

[1] Baby M 사건(Stern v. Whitehead)

(1) William Stern과 Elizabeth Stern 부부는 대리모를 통해 子를 출산하기로 합의하여, 1985년 2월 6일 夫인 William Stern이 Whitehead 부부와 대리모계약을 체결하였다. 계약의 내용은 대리모가 될 Mary Beth Whitehead가 Mr. Stern의 정자로 인공수정하여 子를 출산하면 이후부터 그 자에 대한 친권을 포기하고 바로 Mr. Stern에게 인도한다는 것과 Mr. Stern의 성명을 자의 출생증명서에 기록할 것, 그리고 Mr. Stern이 사망한 경우에는 그의 처인 Elizabeth가 그 자의 후견인이 된다는 것, 일단 자가 출생하면 선천성 기형이라도 Mr. Stern이 법적인 책임을 질 것 등이었다. 그리고 Mr. Stern측은 그 대가로 의료비용 이외에 $10,000를 Mrs. Whitehead에게 지급하기로 약정하였다. 수차례의 인공수정 끝에 임신을 한 Mrs. Whitehead는 1986년 3월 27일에 Mr. Stern을 생물학적 父로 하는 여자아이(Baby M)를 출산하였다. 그러나 출산 후 심적 변화가 생긴 Mrs. Whitehead는 계약에 따른 아이의 인도를 거부하고 돈을 받지 않는 대신에 아이를 포기할 수 없다고 주장하였다. 이에 Mr. Stern은 친자인도청구소송을 제기하여 New Jersey州 고등법원은 1986년 5월 5일 Baby M의 감호권(Custody)을 Mr. Stern에게 인정하는 결정을 하였다. 법원으로부터 인도명령을 받은 Whitehead부부는 아이를 데리고 관할권을 피해 도주하였으나, Florida州 경찰당국의 협조로 아이는 Mr. Stern측에 인도되었다. 소송이 계속되면서 원심법원은 Mr. Stern에게 잠정적으로 감호권을 인정한 결정을 재확인하였고, Mrs. Whitehead에게는 제한된 면접교섭권을 부여하였다. 원심은 계약의 유효함을 인정하고 계약의 내용에 따라서 원고승소판결을 하여 자를 생물학적 父인 Mr.

Stern에게 인도하도록 하고 대리모인 Mrs. Whitehead의 친권을 종료한다고 판시하였다. Mrs. Whitehead는 즉시 상소하여 New Jersey州 대법원이 심리한 결과, 대리모계약이 무효임을 선언하는 내용의 일부파기 · 일부인용의 판결을 하였다.

(2) 원심법원인 New Jersey州 고등법원은 Mr. Stern의 청구를 인용하여 Baby M에 대한 Mrs. Whitehead의 친권을 종료시킴과 동시에 Mr. Stern에게 감호권(Custody)을 부여하고 Baby M에 대한 Mr. Stern의 처의 입양을 인정하였다. 즉 원심은 입양에 대한 실정법규가 제정될 당시에는 대리모계약이 존재하지 않았으므로 대리모계약에 대해서는 입양법규가 적용될 수 없고, 체결된 계약은 당사자 상호간의 이해와 자유로운 의사에 따라 신의성실의 원칙에 따라서 체결되었고 또한 공서양속에 반한다고 볼 수도 없으며, 출산의 권리는 연방헌법 수정 제14조(the Fourteenth Amendment of the US Constitution)의 실체적 적법절차에 의해 보장되고 있는 개인의 프라이버시권에 근거를 두고 있음을 언급하면서, 계약당사자의 권리는 보호되어야 하므로 이 사건의 대리모계약은 유효하다고 판단한 다음에, Mrs. Whitehead의 계약위반에 대한 Mr. Stern의 구제수단으로서는 금전배상이 아닌 형평법상의 특정이행(specific performance)이 그 子의 최상의 이익에 적합하므로, 원고 Mr. Stern의 청구를 그대로 인용한다고 판시하였다.

In re Baby M, 537 A.2d 1227, 109 N.J. 396 (N.J. 02/03/1983); New Jersey Superior Court Ch. Div. 542 A. 2d 52 (1988).

[2] New Jersey州 대법원 판결

(1) 원심판결에 대한 Mrs. Whitehead의 상소에 대하여 New Jersey州 대법원은 위의 원심판결을 대부분 파기하여, 子를 출산한 여자가 법률상의 母(legal mother)가 된다고 판시하였다. 즉 사적 중개를 통한 입양의 달성이라는 대리모계약의 주된 목적의 하나는 그것이 비록 州법에서 허용한 것이어도 찬성하기 어려우며, 그 목적을 위한 금전의 사용은 불법적일 뿐만 아니라 범죄의 개연성(illegal and perhaps criminal)을 안고 있다. 또한 이 사건 더

리모계약의 규정들은 州의 제정법과 공서양속(public policy)에 반한다. 이에 따라서 대리모인 Mrs. Whitehead의 친권포기와 Mr. Stern의 처에 의한 Baby M의 입양은 모두 무효임을 선언하여 Mrs. Whitehead에게 Baby M의 母로서의 지위를 인정하였다. 그리고 그 근거로서 주대법원은, 이 사건 계약에서는 입양과 관련하여 금전수수를 금하는 New Jersey州의 입양법의 적용을 피하기 위하여, Mr. Stern의 Mrs. Whitehead에 대한 금전의 지급은 Mrs. Whitehead의 임신과 출산이라는 서비스에 대한 대가이며 아이의 양도의 대가는 아니라는 점이 명기되어 있기는 하지만, 임신 중 Mrs. Whitehead가 유산할 경우에는 그 대가가 급격히 감액되는 점에 비추어 볼 때 이 사건 계약의 유효성을 인정하는 것은 제정법의 침탈수단을 인정하는 결과가 됨을 지적하였다. 그리고 州대법원은 자신의 친권을 포기하고 子를 인도하기로 한 Mrs. Whitehead의 약속 역시 그러한 결정은 子의 출산 이후에만 할 수 있으며, 일정한 기간 내에는 철회할 수 있다는 실정법규에 반할 뿐만 아니라 친권종료 사유를 한정하고 있는 실정법규의 의미를 몰각시키는 점, 나아가 어느 부모에게 子의 감호권을 부여할 것인가는 당사자간의 계약이 아니라 법원에 의해 결정되는 것이라는 점 등을 대리모계약의 무효 근거로 지적하였다. 그러나 이와 동시에 주대법원은 無償의 자발적인 대리모계약의 경우에는 대리모가 그 子의 인도의무에 구속되지 않는 한 위법이 아니며, 同 판결이 의회로 하여금 헌법적 한계 내에서 대리모계약을 허용하는 법개정을 금지하는 것도 아님을 분명히하였다.

(2) 그리고 주대법원은 판결에 의해 각각 Baby M의 父와 母로 인정된 Mr. Stern과 Mrs. Whitehead 중 어느 쪽에 Baby M에 대한 감호권(Custody)을 인정할 것인가의 문제에 대하여는 다음과 같이 판시하였다. 즉 父와 母의 주장은 동일한 비중을 가지므로 일방이 부 또는 모라는 이유만으로 다른 타방에 우선할 수 없어, 감호권의 결정은 '子의 최대의 복리'(the best interest of child)이라는 일반적인 기준을 적용해야 하며, 따라서 子의 최대복리에 관하여 직접적으로 또는 그 문제에 관련하여 증언한 전문가들의 증언기록을 검토하면 Mr. Stern에게 Baby M의 감호권을 인정한 원심판결의 견해는

인용되어야 한다고 하였다. 또한 이 경우에 문제되는 Mrs. Whitehead의 면접교섭권(vision right)과 관련하여 주대법원은 이 문제를 직접 판단하기는 자료가 부족하다고 하여 이에 대한 판단을 원심법원으로 환송하였다. 환송 후에 원심법원은 Mrs. Whitehead에게 격주 1박 2일과 연간 2주일의 통제나 방해가 없는 면접교섭권을 인정하였다.

| 참조 판례 |

Johnson v. Calvert (이른바 借腹型의 케이스)

夫의 정자와 처의 난자에 의하여 얻은 수정란을 다른 여성(대리출산모)에 이식하고 자를 출산하였다. 임신 중에 부부와 대리출산모와의 사이에 분쟁이 생겨 자가 태어난 후, 누가 모인가로 다투게 되었다. 1심은 처가 유전상으로도 법률상으로도 모라고 하고, 본건 대리출산계약은 유효이고, 대리출산모에게는 방문권도 인정되지 않는다고 판시하였다. 항소심도 상고심도 그것을 지지했다(1993년의 캘리포니아 州 대법원의 판결 Johnson v. Calvert).

분만한 여성이 아니라 유전적인 관계가 있는 처를 모라고 한 것이지만, 州 대법원의 판지는 이 결론이 유전적인 요소에 기초하는 것이 아니라 본건은 어느 쪽도 모가 될 수 있는 경우이고, 당해 결론을 이끄는 요소는 자를 키우고자 하여 자의 탄생을 의도했던 자야말로 모라고 하는 점을 명시하였다(Supreme Court of California 1993. 5 Cal. 4th 84, 19 Cal. Rptr. 2d 494, 851 P. 2d 776.).

2. 판례의 이해와 쟁점

(1) 위 Baby M 사건에 따르면 夫의 정자를 다른 여성(대리모)에 인공수정하여 출산해 받아 태어난 자의 경우 부부의 처와 대리모 중 누가 모인가?

(2) 위 Johnson v. Calvert 사건에 따르면 夫의 정자와 처의 난자를 체외수정하고 생성된 수정란을 다른 여성(대리출산모)에 이식하여 출산하게 하는 경우 대리출산모와 처 중 누가 모인가?

(3) 인공수정자에 대한 감호권의 결정은 일반적으로 어떠한 기준을 적용하고 있는가?

(4) 인공생식과 관련한 위 Baby M 사건의 경우, 대리모계약의 유효성 여부와 子에 대한 감호권은 누구에게 있는지 문제가 된다.

3. 이론탐구

(1) 인공수정의 의의 및 종류를 설명하라.

(2) 대리모의 의의 및 대리모계약의 효력에 대해 설명하라.

4. 심화학습

(1) AID에 의하여 출생한 자는 (夫의 동의를 얻은 경우) 모의 夫와의 관계에 대해서는 친생자의 추정이 미치는가? 이 인공수정자에 대하여 夫가 친생부인의 소를 제기할 수 있는가? 부의 동의를 얻지 않은 경우는 어떻게 되는가? (서울家審 1983.7.15. 83드5110 · 1266; 서울家審 1983.7.15. 82드5134)

(2) 위와 관련하여 夫의 친생부인권을 인정하는 전제하에 인공수정자가 정액제공자에 대해서 인지청구권을 가지는가?

(3) 대리모 등의 인공생식에 의해서 태어난 子의 母는 누구인가와 관련하여 영국법이 취하고 있는 입장은 무엇인가?

참고문헌

- 김혜숙, "자의 친권과 자의 최선의 복리(In re Baby M, NJ SupertCt ChanDiv BerCty, No. FM-25314-86E,3/31/87)," 가족법연구 제8권, 한국가족법학회(1994.12.).
- 엄동섭, "대리모계약," 저스티스 제34권 6호(통권 65호), 한국법학원(2001.12.).
- 이경희, "대리모계약에 관한 미국판례의 법리," 현대민법의 전망(範周서영배박사 화갑기념), 경상대학교 법학연구소(1995).

|제3절| 혼외자

Ⅰ. 인지의 성질

1. 사실관계

피청구인 乙의 특별대리인 소외 A는 1978.6.30.경부터 청구인 甲과 성관계를 맺어오다가 1980.4. 하순 소외 B와 약혼을 한 후 그와 동거하다가 같은 해 8월 중순 소외 B와의 관계가 파기된 다음 1981.2.14. 피청구인 乙을 출산하고 같은 해 7.29. 청구인의 인장을 위조하여 청구인 甲과 소외 A가 혼인하였고 그 사이에서 피청구인 乙이 태어난 것으로 혼인신고와 출생신고를 동시에 하여 호적부에 피청구인 乙을 청구인 甲의 친생자로 등재되도록 하였다. 이에 청구인 甲은 청구인 甲과 피청구인 乙사이에는 친생자관계가 없다는 확인을 구하는 친생자관계부존재확인의 소를 제기하였다. 원심은 위 사실만으로는 피청구인 乙이 청구인 甲의 친생자가 아니라고 단정하기 부족하고 그 밖에 이를 인정할 증거가 없다는 이유로 청구인 甲과 피청구인 乙 사이에는 친생자관계가 없다는 확인을 구하는 청구인의 이건 청구를 기각하였고 이에 청구인 甲이 상고하였다(원심: 광주고등법원 1984.6.5. 선고 84르13).

| 대상판결 |

대법원 1984.9.25. 선고 84므73 판결

2. 판결요지

혼인외의 자와 부와의 친생자관계는 부의 인지에 의하여서만 발생하는 것이므로 혼인외의 출생자인 피청구인이 청구인의 친생자로서의 신분을 취득하려면 청구인의 인지가 있어야 하고 그 인지가 있었다는 자료가 없는 한 법률상 청구인과 피청구인 사이의 친생자관계는 생기지 않는 것이다.

[관련조문] 민법 제855조(인지)

3. 판례의 이해와 쟁점

(1) 인지자인 청구인의 의사에 의하지 않고 인지신고가 된 경우 인지로서의 효력이 있는가?

(2) 혼인외의 자와 부와의 친생자관계는 부의 인지에 의하여서만 발생하는가?

(3) 혼인외의 자의 친생자 신분취득 방법은 무엇인지가 문제된다.

4. 이론탐구

(1) 혼인외의 자를 인지하면 혼인 중의 자가 되는가?

(2) 타인의 친생추정을 받는 자를 인지할 수 있는가?

(3) 타인이 이미 인지하고 있을 경우에는 어떠한 절차를 거쳐 인지할 수 있는가?

5. 심화학습

(1) 혼인외의 출생자와 생모간에는 그 생모의 인지나 출생신고를 기다리지 않고 자의 출생으로 당연히 법률상의 친족관계가 생기는가? (대법원 1967.10.4. 선고 67다1791 판결)

(2) 혼인외의 출생자에 대하여 부 사망 후 처가 한 출생신고를 부의 인지로 볼 수 있는가? (대법원 1985.10.22. 선고 84다카1165 판결)

(3) 혼인신고가 위법하여 무효인 경우에도 무효인 혼인중 출생한 자를 그 호적에 출생신고하여 등재한 경우 그 자에 대한 인지로서의 효력이 인정되는가? (대법원 1971.11.15. 선고 71다1983 판결)

참고문헌

- 김민중, "사후포태에 의한 자의 출산을 둘러싼 법률문제," 법조 54권 6호(통권585호) (2005.6), 법조협회.
- 박동섭, "혼인외 출생자의 친생자신분 취득방법," 법률신문 3582호(2007.7), 법률신문사.
- 장태환, "친생부인의 소에 관한 연구," 고려대학교 대학원.

II. 인지무효심판의 기판력이 재판상 인지청구에 미치는지 여부

1. 사실관계

(1) 소외 A는 경희대 재학 중이던 1958.5.경 호텔 등을 경영하던 소외 B와 만나 사귀다가 가족 몰래 혼인을 전제로 한 간소한 예식을 치르고 정교관계를 계속하던 중 1959.6.10. 원고 甲을, 1962.4.2. 원고 乙을 각 출산하였다.

(2) 그런데 소외 B의 부모 등이 소외 A의 품행이 방정하지 못한 점을 들어 혼인에 극력 반대하여 소외 B는 혼인신고를 미루어 오다가 1963.경 증권투자로 큰 손해를 보고는 1963.4.경 집을 나가 수개월 간 행방을 감추었던바, 그 사이에 소외 A는 1963.9.3. 소외 B의 도장을 임의로 사용하여 소외 B와의 혼인신고를 하고, 아울러 원고들을 그들 사이의 친생자로 출생신고를 하여, 소외 A와 원고들은 소외 B의 호적에 그의 처와 자(子)로 각 등재되었다.

(3) 이에 소외 B의 어머니 소외 C는 서울가정법원에 소외 A와 소외 B를 상대로 그들 사이의 혼인이 무효임을 확인하라는 심판청구를 하고, 한편 소외 A는 서울가정법원 65너911호로 소외 B와 소외 C를 상대로 원고들의 양육자로 소외 A를 지정하고 그들로 말미암아 소외 B와 동거할 수 없게 되었으니 연대하여 위자료 2,500,000원을 지급하라는 내용의 조정신청을 하였다.

그 후 소외 B와 소외 A의 혼인이 무효임을 확인한다는 판결이 선고되자, 이에 소외 A가 항소하였다가 항소기각의 판결을 선고받고 다시 상고하였는데, 혼인무효확인 청구사건이 대법원에 계속 중이던 1966.1.17. 위의 조정사건에서 "소외 A와 소외 B 사이의 남녀관계를 해소하고, 원고들과 소외 B 사이에 친생자관계가 없음을 확인하며, 원고들에 대한 양육 기타 모든 책임을 소외 A가 부담하고, 소외 A는 앞으로 원고들과 관계되는 일체의 재판상 청구를 하지 못하되, 소외 B와 소외 C는 소외 A에게 서울 중구 장충동 소재 대지와 건물을 양도하여 주고, 소외 A는 혼인무효확인 청구사건에 대한 상고를 취하하기로 한다"는 등의 내용으로 조정이 성립되었다. 이에 따라 소외 A가 혼인무효확인 청구사건에 대한 상고를 취하하여 혼인무효판결이 확정되고, 원고들은 혼인외의 자로 되었다.

(4) 소외 B는 혼인무효판결이 확정된 후인 1967.6.1. 피고 보조참가인 丙과 혼인하여 그 사이에서 1968.3.18. 피고 보조참가인 丁을, 1970.6.26. 피고 보조참가인 戊를 각 출산하는 한편 원고들을 상대로 서울가정법원 67드877호로 인지무효확인청구를 하고, 이에 대하여 소외 A는 원고들의 특별대리인의 지위에서 소외 B를 상대로 서울가정법원 68드236호로 원고들의 외조모인 소외 D를 원고들의 양육자로 지정하고 그 양육비를 지급하라는 내용의 심판청구를 하였다.

그리하여 1968.9.6. "소외 B가 1963.9.3.자로 서울특별시 종로구청장에게 한 원고들을 자(子)로 한 인지(출생신고)는 무효임을 확인한다."는 심판이 선고되고, 소외 A가 원고들을 대리하여 청구한 양육자지정 등 청구사건에서 같은 해 9.19. "원고들이 소외 B의 친생자가 아님을 확인하고, 소외 B는 원고들에게 3,500,000원을 지급하되, 원고들은 더 이상의 금원청구를 하지 아니한다"는 내용의 재판상 화해가 성립되었다. 그리고 인지무효 확인심판이 확정됨에 따라 원고들은 소외 B의 호적에서 제적되고 일가창립에 의하여 각각 호주로 되어 부(父)란은 공란으로, 모(母)는 소외 A로 한 호적이 각 편제되었다.

(5) 위와 같이 재판상 화해가 성립된 다음 소외 A는 다른 남자와 혼인하고 원고들에게서 손을 떼었고, 한편 소외 B는 원고들에게 학비를 주어 유학을 보내기도 하고 그들의 결혼식에도 참석하기도 하는 등 실질적으로 원고들의 아버지 역할을 수행하여 오다가 1994.11.30. 사망하였고, 원고들은 1995.1.4. 검사를 상대로 이 사건 인지청구의 소를 제기하였다.

(6) 원심은 원고들의 이 사건 인지청구를 모두 인용하였고 이에 대하여 보조참가인 丙, 丁, 戊가 상고하였다(원심: 서울고등법원 1998.11.6. 선고 97르89).

| 대상판결 |

대법원 1999.10.8. 선고 98므1698 판결

2. 판결요지

(1) 생부의 인지 없이 생모에 의해 임의로 생부의 친생자로 출생신고가 되었다는 것을 이유로 한 인지무효확인의 확정심판은 생부 스스로 자를 그의 친생자로 인정하여 출생신고를 한 바 없는데도 생모에 의해 그러한 행위를 한 것처럼 호적상 기재가 되어 있으니 그 출생신고에 의한 임의인지가 무효임을 확인한다는 것이 심판대상임이 명백하고, 따라서 그 기판력 역시 생부의 출생신고에 의한 임의인지가 무효라는 점에 한하여 발생할 뿐이며, 나아가 생부와 자 사이에 친생자관계가 존재하는지의 여부에 대해서까지 그 확정심판의 효력이 미치는 것은 아니므로, 그 확정심판의 효력은 자와 생부 사이에 친생자관계가 존재함을 전제로 하여 재판상 인지를 구하는 청구에는 미치지 아니한다.

(2) 인지청구권은 포기할 수 없고, 포기하였다 하더라도 효력이 발생할 수 없다.

[관련조문] 구 민사소송법 제202조 제1항(현 제216조 제1항)(기판력의 객관적 범위)/제206조(현 제220조)(화해, 포기, 인낙조서의 효력)/가사소송법 제2조 제1항(가정법원의 관장사항), 제59조 제2항(조정의 성립)

3. 판례의 이해와 쟁점

(1) 인지무효의 확정심판이 있는 경우에 다시 인지청구의 소를 제기할 수 있는가?

(2) 인지청구권을 포기한 경우 그 효력은 어떠한가?

(3) 생부의 인지 없이 생모에 의해 임의로 생부의 친생자로 출생신고가 되었다는 것을 이유로 한 인지무효확인심판의 기판력이 재판상 인지청구에도 미치는가?

(4) 인지청구권의 포기가 가능한가?

4. 이론탐구

(1) 인지청구의 소의 법적 성질을 부와 모에 대한 소송으로 나누어 설명하라.

(2) 인지청구권은 본인의 일신전속적인 신분관계상의 권리로서 포기할 수 없는가?

5. 심화학습

(1) 인지청구권의 행사에 실효의 법리가 적용될 수 있는가? (대법원 2001.11.27. 선고 2001므1353 판결)

(2) 친생자관계 부존재확인의 소의 기판력이 인지청구의 소에도 미치는가? (대법원 1982.12.14. 선고 82므46 판결)

(3) 생부모가 호적상의 부모와 다른 사실이 객관적으로 명백한 경우, 친생추정을 깨뜨리지 않고도 생부모를 상대로 인지청구를 할 수 있는가? (대법원 2000.1.28. 선고 99므1817 판결)

》》 참고문헌

- 윤석찬, "인지무효확인심판의 기판력과 인지청구권 포기," Jurist 413호(JURIST plus 5) 로스쿨 가족법.
- 최진섭, "인지무효 확인심판이 확정되어도 인지청구의 소를 제기할 수 있는 경우," 인천법학논총 제3집, 인천대학교 법과대학 법학연구소.

III. 인지소송에서 혈연상의 친자관계를 증명하는 방법

1. 사실관계

(1) 원심은 원고 甲의 생모인 소외 A가 1997.9.30. 교통사고로 사망한 망 소외 B(이하 '망인' 이라 한다)와의 사실상 혼인관계 중에 원고 甲을 수태하고 1997.12.5. 원고 甲을 출산하였으므로 원고 甲은 망인의 친생자라는 원고 甲의 주장에 대하여, 이에 부합하는 듯한 갑 제5호증의 1 내지 11, 제1심 증인 이◯◯의 증언, 원심법원의 주식회사 아이디진에 대한 감정촉탁결과(이하 '원심의 감정촉탁결과'라고 한다)만으로는 아래 나.항에서 보는 바와 같은 이유로 이를 인정하기에 부족하고, 달리 이를 인정할 만한 아무런 증거가 없다고 하여, 원고 甲의 청구를 배척하였다.

(2) 1) 원심은 그 내세운 증거들에 의하여 다음과 같은 사실을 인정하였다.

(가) 서울대학교병원장(담당교수 이◯◯)은 제1심법원의 감정촉탁을 받고, 망 소외 C와 피고보조참가인(이하 '참가인'이라 한다) 乙이 그들의 자녀들인 소외 D, F, G 및 망인의 친부모이고 소외 A가 원고의 친모라는 전제하에서, 상염색체 유전자 27개를 검사하여 그 중 변별력 있는 유효 유전자좌(유전자자리) 13개를 비교한 결과 그 중 3개의 유전자좌상에서 나타난 원고의 부성인자(父性因子)는 망인의 망부(亡父)인 소외 C와 망인의 친모인 참가인 乙의 유전자형에서 볼 수 없는 것임이 확인되고, 13개의 유전자좌 비교에서 돌연변이가 발생할 가능성은 최대 2개를 넘지 못하므로, 결국 원고 甲과 망인 사이에 친생자관계를 인정할 수 없다고 감정하였다.

(나) 한편, 주식회사 아이디진은 원심법원의 감정촉탁을 받고, X성염색체는 모계로 유전된다는 특성을 이용하여 원고 甲과 참가인 乙의 X성염색체에서 짧은 염기순서가 반복적으로 나타나는 지역인 STR(Short Tandem Repeat) 18개에 대하여 대립유전자를 분석한 결과, 원고 甲의 유전자 특징에서 어머니인 소외 A의 대립유전자를 제외

하여 얻은 부계(父系) 대립유전자 일체가 참가인 乙의 유전자 특징에 포함되었고, 혈연이 없는 두 사람 사이에 18개의 STR에서 대립유전자가 우연히 일치될 가능성은 59명의 임의의 한국인 여성의 유전자 특징을 모의실험으로 분석한 결과 유전자 특징을 공유하는 것이 가능한 1,711쌍 가운데 1건도 발견되지 않았으므로(위 회사의 2001.1.19. 자 감정사실 수정건 회신에 의하면 1,711쌍 중 1건, 11,175쌍 중 6건이 우연히 일치함을 확인하였다고 되어 있으므로, 1건도 발견되지 않았다는 원심의 위 표현은 착오로 보인다), 원고 甲은 참가인 乙의 친손녀이고 따라서 망인의 친딸이라고 감정하였다.

(다) 이 사건과 같은 유전자감정을 통한 친자감별에 있어, 서울대학교병원이 채택한 상염색체유전자 감정방법은 일반적으로 통용되어 온 방법이고, 감정을 담당한 이◯◯이 속한 서울대학교 의과대학 법의학교실은 1991.경부터 약 1,500건 정도 위와 같은 방법으로 친자감정을 해 왔으며, 주식회사 아이디진이 채택한 X성염색체의 STR을 이용한 감정방법은 이 사건에 있어 최초로 채택된 것이다.

2) 원심은 위와 같은 사실을 인정한 다음, 유전자는 민족마다 상이하고 그 다양성이 크기 때문에 유전자 검사를 통하여 인륜의 기초인 친생자관계를 감별을 함에 있어서는 오랜 기간에 걸쳐서 상당한 수 이상의 인구집단을 대상으로 하여 대립유전자를 조사하고 그 발현 빈도에 대하여 면밀한 분석이 이루어져 검사를 하면서 발생할 수 있는 시행착오를 배제할 수 있을 정도로 많은 검사가 이루어진 이후에야 신뢰할 정도의 정확한 결과를 얻을 수 있다고 할 것인데, 주식회사 아이디진이 채택한 감정방법인 X성염색체의 STR을 통한 검사는 아직 정확한 결과를 신뢰할 정도로 검증된 방법이라고는 보기 어려워서 원심의 감정촉탁결과는 증명력에 있어 제1심의 감정촉탁결과에 비하여 우월하다고 볼 수 없을 뿐 아니라, 친자감별에 있어 어떠한 검사방법에 의하여도 과학적으로 100%에 가까운 가능성만 도출될 뿐 100%의 친자관계를 인정할 수는 없는 반면에, 정확성이 검증된 방법에 의하여 단 1개의 요소라도 불일치하면 돌연

변이의 가능성을 제외하고는 친자관계의 부존재가 100% 인정된다는 점 등을 함께 고려하면, 원심의 감정촉탁결과와 원고 甲이 제출한 다른 증거들을 더하여 보더라도 원고 甲과 망인 사이에 친생자관계를 인정하기 부족하다고 판단하고, 나아가, 소외 D, E, F, 망인 사이 및 그들과 참가인 乙, 위 망 소외 C 사이의 혈연관계에 의심이 있으므로 그 혈연관계가 있음을 전제로 하는 제1심의 감정촉탁결과는 신뢰할 수 없다는 취지의 원고 甲의 주장에 대하여, 위와 같은 혈연관계를 의심할 만한 객관적인 자료가 없다고 하여 이를 배척하였다(원심: 서울고등법원 2001.7.10. 선고 99르1567).

| 대상판결 |

대법원 2002.6.14. 선고 2001므1537 판결

2. 판결요지

(1) 혈연상의 친자관계라는 주요사실의 존재를 증명함에 있어서는, 부와 친모 사이의 정교관계의 존재 여부, 다른 남자와의 정교의 가능성이 존재하는지 여부, 부가 자를 자기의 자로 믿은 것을 추측하게 하는 언동이 존재하는지 여부, 부와 자 사이에 인류학적 검사나 혈액형검사 또는 유전자검사를 한 결과 친자관계를 배제하거나 긍정하는 요소가 있는지 여부 등 주요사실의 존재나 부존재를 추인시키는 간접사실을 통하여 경험칙에 의한 사실상의 추정에 의하여 주요사실을 추인하는 간접증명의 방법에 의할 수밖에 없는데, 여기에서 혈액형검사나 유전자검사 등 과학적 증명방법이 그 전제로 하는 사실이 모두 진실임이 증명되고 그 추론의 방법이 과학적으로 정당하여 오류의 가능성이 전무하거나 무시할 정도로 극소한 것으로 인정되는 경우라면 그와 같은 증명방법은 가장 유력한 간접증명의 방법이 된다.

(2) 인지소송에서 배치되는 내용의 두 개의 유전자감정촉탁결과 중 일정한 전제조건이 충족될 경우에만 의미가 있는 감정촉탁결과를 취신하여 나머지 감정촉탁결과 및 증거들을 배척한 원심판결을 파기한 사례.

(3) 호적부의 기재사항은 이를 번복할 만한 명백한 반증이 없는 한 진실에 부합되는 것으로 추정이 된다고 할 것이지만, 이는 일반적인 법률관계에 있어서의 친족관계나 사망사실 등의 추정에 관한 것이고, 상염색체유전자 감정방법에 의하여 과학적으로 어떤 사실을 증명함에 있어서 감정의 전제되는 사실에 관하여 호적부의 추정력을 적용할 수는 없으며, 따라서 이와 같은 경우 그 전제되는 사실이 진실하다는 점에 대하여는 그 감정방법을 원용하는 당사자가 이를 증명하여야 한다.

(4) 인지소송은 부와 자 사이에 사실상의 친자관계의 존재를 확정하고 법률상의 친자관계를 창설함을 목적으로 하는 소송으로서 친족 · 상속법상 중대한 영향을 미치는 인륜의 근본에 관한 것이고 공익에도 관련되는 중요한 것이기 때문에 이 소송에서는 직권주의를 채용하고 있는 것이므로 당사자의 입증이 충분하지 못할 때에는 가능한 한 직권으로도 사실조사 및 필요한 증거조사를 하여야 한다.

[관련조문] 민법 제863조(인지청구의 소)/구 민사소송법 제202조(현 민사소송법 제216조 제1항) (기판력의 객관적 범위)/가사소송법 제17조(직권조사)

3. 판례의 이해와 쟁점

(1) 혈연상의 친자관계라는 주요사실의 존재를 증명함에 있어서 대법원이 제시한 기준은 무엇인가? 특히 생부로 사실상 추정할 수 있는 자가 사망하여 그 혈족을 통하여 검사를 하는 경우에는 어떠한 전제조건을 충족해야 하는가?

(2) 친생자관계 증명을 위한 유전자감정에서 감정의 전제사실에 대하여 호적부

(현행 가족관계등록부) 기재의 추정력이 미치는가?

(3) 인지소송에 있어서 부자관계의 증명은 어떤 방법에 의하여야 하는가?

(4) 인지소송에서 혈연상의 친자관계를 증명하는 방법이 문제된다. 즉 혼외자의 생모와 생부가 생존하고 있는 경우와 달리 생부로 사실상 추정되는 사람이 사망한 경우에 이미 사망한 생부로 추정되는 사람을 제외하고 그의 혈족을 통한 유전자검사방법에 대하여 어느 정도의 신뢰를 부여할 것인가의 문제이다.

4. 이론탐구

(1) 유전자검사방법의 유래와 의의를 간단히 설명하라.

(2) 우리나라 가사소송법상 친자관계소송에서 부자관계의 존부를 확인하기 위하여 유전자검사를 활용할 수 있는가?

5. 심화학습

(1) 혼인 외의 출생자가 부의 사망 후 인지의 소에 의하여 친생자로 인지받은 경우 피인지자보다 후순위 상속인인 피상속인의 직계존속이나 형제자매는 피인지자의 출현으로 자신이 취득한 상속권을 소급하여 잃게 되는가? (대법원 1993.3.12. 선고 92다48512 판결)

(2) 인지판결이 확정되기 전의 정당한 상속인이 채무자에 대하여 소를 제기하고 승소판결까지 받았다면, 그러한 표현상속인에 대한 채무자의 변제는 채권의 준점유자에 대한 변제로서 적법하다고 볼 수 있는가? (대법원 1995.1.24. 선고 93다32200 판결)

참고문헌

- 김동선, "인지소송에서 혈연상의 친자관계를 증명하는 유전자감정방법," 판례연구 제18집 (2) (2005.1), 서울지방변호사회.
- 피정현, "가사소송에서의 소송자료수집원칙," 가족법연구 22권 2호(2008.9), 한국가족법학회.
- 한숙희, "인지청구소송과 유전자감식," 실무연구 [X](2005.7), 서울가정법원 법관가사재판실무연구회.

IV. 친생자출생신고에 의한 인지의 효력을 다투는 방법

1. 사실관계

호적상(현행 가족관계등록부)의 부 A가 자기의 혼인외의 출생자인 것으로 알고(실제로는 그의 혼외자가 아님) 그 혼외자 甲을 인지의 의사를 가지고 친생자출생신고를 하게 하였는데, 호적상의 부 A의 사망 후 망인의 자로 입적되어 있는 피청구인 甲을 상대로 위 망인의 처 乙 및 유산 수증자 丙 등 청구인들이 이해관계인으로서 친생자관계부존재확인을 구하는 소를 제기하였다. 이에 대하여 원심은 피청구인 甲과 A 사이에는 친생자관계가 없음이 명백하므로 청구인 乙, 丙의 청구는 이유 있다고 판시하였고 이에 대하여 피청구인 甲이 상고하였다(원심: 서울고등법원 1991.5.24. 선고 90르2659).

| 대상판결 |

대법원 1993.7.27. 선고 91므306 판결

2. 판결요지

인지에 대한 이의의 소 또는 인지무효의 소는 민법 제855조 제1항, 호적법 제60조의 규정에 의하여 생부 또는 생모가 인지신고를 함으로써 혼인외의 자를 인지한 경우에 그 효력을 다투기 위한 소송이며, 위 각 법조에 의한 인지신고에 의함이 없이 일반 출생신고에 의하여 호적부상 등재된 친자관계를 다투기 위하여는 위의 각 소송과는 별도로 민법 제865조가 규정하고 있는 친생자관계부존재확인의 소에 의하여야 할 것인바, 호적법 제62조에 부가 혼인외의 자에 대하여 친생자 출생신고를 한 때에는 그 신고는 인지의 효력이 있는 것으로 규정되어 있으나, 그 신고가 인지신고가 아니라 출생신고인 이상 그와 같은 신고로 인한 친자관계의 외관을 배제하고자 하는 때에도 인지에 관련된 소송이 아니라 친생자관계부존재확인의 소를 제기하여야 한다.

[관련조문] 호적법 제62조(친생자출생의 신고에 의한 인지)(현행 가족관계의 등록 등에 관한 법률 제57조)/민법 제865조(다른 사유를 원인으로 하는 친생자관계존부확인의 소), 제862조(인지에 대한 이의의 소)/가사소송법 제2조(가정법원의 관장사항)

3. 판례의 이해와 쟁점

(1) 혼인외의 자에 대하여 친생자 출생신고를 한 때에는 그 신고는 어떠한 효력이 있는가?

(2) 인지신고에 의함이 없이 일반 출생신고에 의하여 호적부상 등재된 친자관계의 외관을 배제하고자 하는 때에는 어떠한 소를 제기하여야 하는가?

(3) 친생자출생신고에 의한 인지의 효력을 다투는 방법이 문제된다. 즉 인지신고에 의하지 않고 친생자 출생신고에 의하여 인지의 효력이 발생하는 경우에 그 효력을 다투기 위하여 인지소송으로 다투어야 하는지, 아니면 친생자관계부존재확인의 소로 다투어야 하는지 문제된다.

4. 이론탐구

(1) 인지에 대한 이의의 소 또는 인지무효 · 취소의 소는 어떠한 경우에 제기할 수 있는가?

(2) 인지에 대한 이의의 소와 친생자관계부존재확인의 소의 중요한 차이점은 무엇인지 제척기간과 관련하여 설명하라.

5. 심화학습

(1) 민법 제777조 소정의 친족이 친자관계 부존재확인의 소를 제기함에 있어 확인의 이익이 있는가? (대법원 1981.10.13. 선고 80므60 전원합의체 판결)

(2) 생모가 혼인외 출생자를 상대로 혼인외 출생자와 사망한 부 사이의 친생자관계존재확인을 구할 수 있는가? (대법원 1997.2.14. 선고 96므738 판결)

(3) 인지신고에 의함이 없이 일반 출생신고에 의하여 호적부(현행 가족관계등록부)상 등재된 친자관계를 다투기 위한 방법은 무엇인가? (대법원 1993.7.27. 선고 91므306 판결)

참고문헌

- 김주수, "친생자출생신고에 의한 인지의 효력을 다투는 방법," 판례월보 286호(94.7).
- 박정화, "친생자관계존부확인소송의 심리에 관하여," 실무연구 – 법관 가사재판실무연구 모임 자료집 VIII, 서울가정법원.
- 최진섭, "혈연관계 없이 인지신고 또는 친생자출생신고를 한 경우의 법률관계," 민사법의 실천적 과제; 한도정환담교수화갑기념, 한도정환담교수 화갑기념논문집 간행위원회.

| 제4절 | 양 자

Ⅰ. 내연녀가 유부남에게 양자를 허위출생신고 하게 한 경우 양모자관계의 성립 여부

1. 사실관계

(1) 피고 乙은 소외 A를 아버지로 하고 소외 B(1992.8.22. 사망)를 어머니로 하여 두 사람 사이에서 1953.4.20. 출생한 것으로 호적에 등재되어 있으나 실제로는 소외 A와 소외 B 사이에서 출생한 자가 아니고 그 친부모를 알 수 없었다. 그런데 소외 B는 1956년 봄경 성명미상자로부터 고아원에 맡겨야 할 어린아이가 있으니 길러달라는 부탁을 받고 당시 2세 정도의 피고 乙을 인도받아 피고 乙을 양녀로 삼을 생각으로 양육하면서 딸을 삼아 키워 왔다. 그리고 소외 B는 피고를 데려온 지 약 2년 후부터 소외 A와 내연관계를 맺고 생활하면서 자주 피고 乙을 소외 A의 호적에 입적시켜 달라고 하였으나 소외 A는 이를 미루어 오다가 피고 乙이 중학교에 입학하기 위하여 호적등본이 필요하게 되자 1965.11.9.경 피고 乙을 위 소외 B의 자식으로 알고 자신의 호적에 아버지를 소외 A, 어머니를 소외 B로 하여 출생신고를 함으로써 피고 乙을 소외 A의 호적에 소외 B의 자로 등재되게 되었다. 피고 乙도 어릴 때부터 소외 B를 어머니로 알았음은 물론 15세가 된 다음 및 성년이 되어 소외 B가 사망할 때까지 소외 B를 어머니로 여기고 지내며 모녀관계를 부인한 적이 없고 또 소외 B가 사망할 당시에도 간병하였다. 소외 B는 위 1956년부터 1965년까지의 기간 동안 독신이었고 소외 A에게는 혼인신고를 한 본처가 따로 있었다. 소외 B가 1992.8 사망하자, 소외 B의 언니인 원고 甲이 1992.11. 피고 乙을 상대로 소외 B와 피고 乙 사이에는 친생자관계가 존재하지 않음의 확인을 구하는 소를 제기하였다.

(2) 원심은 소외 B는 피고 乙을 양녀로 하려는 의사로 성명미상의 그 보호자로부터 인도받아 딸로서 양육한 것이고, 나아가 자신과 내연관계에 있던 소

외 A의 호적에 친생자처럼 출생신고를 한 것으로 보여지므로 소외 B가 피고 乙에 대한 입양신고를 하지 않고 친생자로 출생신고를 한 절차상의 하자는 있으나 소외 B와 피고 乙과의 사이에 입양의 실질적 요건을 구비하였다고 할 것인데 이 경우에도 허위의 친생자출생신고는 법률상의 친자관계인 양친자관계를 공시하는 입양신고의 기능을 발휘하게 되어 입양의 효력이 발생한다고 할 것이어서, 파양에 의하여 양친자관계를 해소할 필요가 있는 등 특별한 사정이 없는 한 그 호적기재 자체를 말소하여 법률상의 친자관계의 존재를 부정하게 되는 친생자관계부존재확인청구는 허용할 수 없다고 하여 피고 乙과 소외 B 사이에 친생자관계가 존재하지 아니한다는 확인을 구하는 원고 甲의 이 사건 청구를 기각하였다. 이에 대하여 원고 甲이 상고하였다(원심: 서울가정법원 1993.10.7. 93르334).

| 대상판결 |

대법원 1995.1.24. 선고 93므1242 판결

2. 판결요지

호적상 모로 기재되어 있는 자가 자신의 호적에 호적상의 자를 친생자로 출생신고를 한 것이 아니라 자신과 내연관계에 있는 남자로 하여금 그의 호적에 자신을 생모로 하는 혼인외의 자로 출생신고를 하게 한 때에는, 설사 호적상의 모와 호적상의 자 사이에 다른 입양의 실질적 요건이 구비되었다 하더라도 이로써 호적상의 모와 호적상의 자 사이에 양친자관계가 성립된 것이라고는 볼 수 없다. 왜냐하면, 이러한 경우 호적상의 부와 호적상의 자 사이에 입양의 실질적 요건이 갖추어지지 않았다면 호적상 부가 호적상 자를 혼인외의 자로 출생신고를 한 것은 아무런 효력이 없는 것이어서 그 출생신고에 관한 호적상의 기재는 두 사람 사이의 친생자관계부존재를 확인하는 판결에 의하여 말소되어야 하므로, 이처럼 무효인 호적상 부의 출생신고에 기하여 호적상의 모와 호적상의 자 사이에서만 양친자관계를 인정할 수는 없고, 호적상의 부와 호적상의 자 사이에 입양의 실질적 요건이 갖추어진 경우라 하더라도 우리 민법이 부부공동입양의 원칙을 채택하고 있는 점에 비추어 보면, 법률상 부부가 아닌 사람들이 공동으로 양부모가 되는 것은 허용될 수 없다고 보아야 하기 때문이다.

[관련조문] 민법 제865조(다른 사유를 원인으로 하는 친생자관계존부확인의 소), 제878조(입양의 효력발생), 제883조(입양무효의 원인)/호적법 제62조(친생자출생의 신고에 의한 인지)(현행 가족관계의 등록 등에 관한 법률 제57조)

3. 판례의 이해와 쟁점

(1) 호적상 모로 기재되어 있는 자가 자신과 내연관계에 있는 남자로 하여금 그의 호적에 자신을 생모로 하는 혼인외의 자로 출생신고를 하게 한 경우 호적상의 모와 호적상의 자 사이에 양친자관계가 성립된 것이라고 볼 수 있는가?

(2) 호적상의 부와 호적상의 자 사이에 입양의 실질적 요건이 갖추어지지 않은 경우에도 위 호적상 부가 호적상 자를 혼인외의 자로 출생신고를 한 경우 그 효력은 어떠한가?

(3) 법률상 부부가 아닌 사람들이 공동으로 양부모가 되는 것은 허용될 수 있는가?

(4) 친생자 아닌 자를 자신과 내연관계에 있는 남자의 호적에 자신을 생모로 하는 혼인외의 자로 출생신고를 하게 한 경우, 양친자관계의 성립을 인정할 수 있는지 여부가 문제된다. 또 부부공동입양의 원칙과의 관계에서 호적상의 부가 내연관계에 있는 자와 양부모가 될 수 있는지도 문제된다.

4. 이론탐구

(1) 입양의 실질적 요건을 설명하라.

(2) 부부의 공동입양의 경우 그 요건은 어떠한가?

(3) 민법 제883조 제1호의 입양무효사유인 '당사자 간에 입양의 합의가 없는 때'의 의미에 대해 설명하라(대법원 2004.4.9. 선고 2003므2411 판결).

5. 심화학습

(1) 당사자 사이에 양친자관계를 창설하려는 명백한 의사가 있고 나아가 기타 입양의 실질적 요건이 구비된 경우에 입양신고 대신 친생자출생신고를 하였다면 형식에 다소 잘못이 있다 하더라도 입양의 효력이 인정되는가? (대법원 1977.7.26. 선고 77다492 전원합의체 판결)

(2) 나아가 위와 같은 경우에는 파양에 의하여 그 양친자관계를 해소할 필요가 있다는 등의 특별한 사정이 없는 한 그 호적기재 자체를 말소하여 법률상 친자관계의 존재를 부정하게 되는 친생자관계부존재확인청구는 허용될 수 없는가? (대법원 1988.2.23. 선고 85므86 판결)

(3) 고아를 데려다 키우던 중 친생자로 신고한 경우, 이를 입양신고된 것으로 볼 수 있는가? (대법원 1984.11.27. 선고 84다458 판결)

(4) 종래의 관습인 소목지서에 반하여 재종손자를 사후양자로 선정하는 행위가 공서양속에 위배되어 무효라고 할 수 있는가? (대법원 1991.5.28. 선고 90므347 판결)

참고문헌

- 박동섭, "부부공동입양," 재판자료; 가정법원사건의 제문제 101집, 법원도서관.
- 최진섭, "혈연관계 없이 인지신고 또는 친생자출생신고를 한 경우의 법률관계," 민사법의 실천적 과제; 한도정환담교수화갑기념, 한도정환담교수화갑기념논문집 간행위원회.
- 한상호, "여자가 사실상의 양자를 내연관계에 있는 남자의 혼인외의 자로 출생신고하게 한 경우 양친자관계의 성립 여부," 민사판례연구 제18집, 민사판례연구회.

II. 친생자관계부존재의 확인을 구하는 소의 적부

1. 사실관계

(1) 망 청구외 A와 청구외 B는 이북에서 결혼하여 살다가 6·25사변 중 월남하여 1954.2.17. 피청구인 乙을, 1956.5.13. 피청구인 丙을 각 출산하였는데, 망 청구외 A는 1957년경 사망하여 청구외 B는 피청구인들을 데리고 혼자 살다가 1958.2.경 역시 이북에서 월남한 망 청구외 C를 만나 재혼을 하였다. 그리고 망 청구외 C는 1959.12.31. 본적을 평택읍으로 하여 취적신고를 하면서, 청구외 B와는 1945.2.22. 혼인한 것으로 신고를 하였고, 그 후 피청구인 乙이 국민학교에 입학할 나이가 되어 호적을 만들어줄 필요가 생기자 1961.3.16. 피청구인들을 자신과 청구외 B 사이에서 출생한 혼인중의 자들인 것처럼 출생신고를 하여 호적상 사실과 다르게 등재되게 하였다. 그런데 망 청구외 C가 자신의 호적에 피청구인들을 친생자로 출생신고한 것은 피청구인들을 양자로 하려는 의사에서 한 것이고 피청구인들의 어머니인 청구외 B가 위 입양을 승낙하였기 때문이다.

(2) 그 후 청구인 甲 외 6인 청구인들은 피청구인들을 상대로 친생자관계부존재확인을 구하는 소를 제기하였다.

(3) 이에 원심은 피청구인들의 다음과 같은 주장, 즉, 망 청구외 C가 자신의 호적에 피청구인들을 친생자로 출생신고한 것은 피청구인들을 양자로 하려는 의사에서 한 것이고 피청구인들의 어머니인 청구외 B가 위 입양을 승낙하였으므로 결국 피청구인들의 출생신고는 입양의 실질적 요건을 갖춘 것으로서 입양의 효력이 있으며 따라서 망 청구외 C와 피청구인들과의 사이에는 양친자관계가 있다 할 것이니 청구인들의 이 사건 청구는 확인의 이익이 없어 부적법하다는 주장에 대하여서는, 망 청구외 C에게 피청구인들을 양자로 삼으려는 명백한 의사가 있었다는 점에 부합하는 갑 제7호증의 24의 일부 기재와 증인 장○○의 일부 증언은 믿지 아니하고, 증인 신○○, 김○○의 증언만으로는 위 사실을 인정하기에 부족하며 달리 증거가 없다

고 하여 배척하고 원심판을 취소, 환송하는 판결을 하였다. 이에 피청구인들이 상고하였다(원심: 서울고등법원 1989.11.3. 89르763).

| 대상판결 |

대법원 1990.7.27. 선고 89므1108 판결

2. 판결요지

피청구인들의 생부가 이미 사망한 상태에서 피청구인들의 생모와 재혼한 계부가 당시 7세, 4세에 불과한 피청구인들을 친자식처럼 기르기로 합의하고 친생자로 출생신고하였다면, 그 의사 속에는 법률상 친자관계 이상의 관계를 맺으려는 의사, 적어도 양친자관계를 창설하려는 의사가 당연히 포함되었다고 볼 수 있고, 그 의사는 위 출생신고에 의하여 확실하게 표시되었으며, 친자적인 공동생활 관계가 지속됨으로써 더 확고하게 보증되었다고 할 것이므로, 입양당사자 사이에 입양의사의 합치가 있고, 입양의 다른 실질적 요건도 갖추어진 것으로 보이는 이 사건에 있어서 위 출생신고는 형식에 있어 다소 잘못이 있더라도 입양신고로서의 기능을 발휘한다고 할 것이어서 계부와 피청구인들 사이에는 양친자관계가 존재한다고 할 것이고, 양친자관계를 해소할 필요가 있는 등의 특별한 사정이 없는 한 그 호적기재 자체를 말소하여 법률상 친자관계의 존재를 부정하게 되는 이 사건 친생자관계부존재확인청구는 확인의 이익이 없어 부적법하다고 할 것이다.

[관련조문] 민법 제878조(입양의 효력발생)/민사소송법 제228조(이의신청의 취하)

3. 판례의 이해와 쟁점

(1) 입양 당사자 사이에 입양의사의 합치가 있고, 입양의 다른 실질적 요건도 갖추어진 경우에는 출생신고가 형식에 있어 다소 잘못이 있다 하더라도 입양신고서의 기능을 발휘하는가?

(2) 양친자관계가 존재하는 경우 친생자관계부존재확인청구에 확인의 이익이 인정되는가?

(3) 계부가 재혼하는 처와 이미 사망한 전남편 사이의 출생자를 친자식처럼 기르기로 하고 친생자로 출생신고한 경우 그 친자관계부존재의 확인을 구하는 소는 적법한가?

4. 이론탐구

(1) 무효행위의 전환에 대하여 설명하라.

(2) 친생자관계부존재확인의 소를 제기할 수 있는 이해관계인의 범위를 설명하라.

(3) 입양신고 대신 친생자 출생신고를 한 경우에 어떠한 요건하에서 입양신고로서 입양의 효력이 발생하는가?

5. 심화학습

(1) 혼인신고가 위법하여 무효인 경우에도 무효한 혼인중 출생한 자를 그 호적에 출생신고하여 등재한 경우 그 자에 대하여 인지의 효력이 발생하는가? (대법원 1971.11.15. 선고 71다1983 판결)

(2) 친족의 범위에 관한 민법의 규정에 의한 친족은 다른 사정이 없는 한, 그와 같은 신분을 가졌다는 사실만으로써 친생자관계부존재확인의 소를 제기할 수 있는가? (대법원 1991.5.28. 선고 90므347 판결)

⟫⟫ 참고문헌

- 박정화, "친생자관계존부확인소송의 심리에 관하여," 실무연구 – 법관 가사재판실무연구 모임 자료집 VIII, 서울가정법원.
- 윤진수, "허위의 친생자 출생신고에 의한 입양에 관한 몇 가지 문제," 헌법재판제도의 발전; 헌법재판자료 5집, 헌법재판소.
- 이경희, "허위친생자출생신고와 입양의 효력," 사법행정 384호, 한국사법행정학회.
- 최진섭, "혈연관계 없이 인지신고 또는 친생자출생신고를 한 경우의 법률관계," 민사법의 실천적과제; 한도정환담교수화갑기념, 한도정환담교수 화갑기념논문집 간행위원회.

III. 부부 일방만의 입양의사에 의한 친생자 출생신고의 효력

1. 사실관계

(1) 소외 망인(이하 '망인'이라고 한다) A가 1967.12.5. 원고 甲과 혼인신고를 마치고 법률상 부부가 되었으나 불화로 별거하던 중 1982년 말경 성명불상자들 사이에서 태어나 당시 생후 5개월 가량 된 피고 乙을 입양하기로 하고, 위 성명불상자들로부터 입양의 승낙을 받은 다음 자신의 집에 데려와 양육하다가 1988.7.20. 혼자서 피고 乙을 자신과 원고 甲 사이에 태어난 친생자로 출생신고를 하여 그대로 호적에 등재되게 하였다. 그런데 위 망인 A는 피고 乙을 입양함에 있어서나, 친생자로 출생신고함에 있어서 원고 甲에게 상의한 바 없었다. 위 망인 A는 1995.2.9. 사망하였다.

(2) 이에 호적상의 모인 원고 甲은 원고 甲과 피고 乙 사이 및 망인 A와 피고 乙 사이에는 각 친생자관계가 존재하지 않음을 확인해 달라는 판결을 청구하였다.

(3) 원심은 위 망인 A가 피고 乙과의 사이에 양친자관계를 창설할 의사로 위 출생신고를 하였고, 피고 乙의 부모로부터 입양승낙을 받는 등 입양을 함에 있어서 구비하여야 할 다른 실질적 요건을 갖추었으나, 다만 처가 있는 자는 처의 부재 기타 사유로 인하여 공동으로 할 수 없는 때를 제외하고는 공동으로 함이 아니면 양자를 할 수 없다는 위 출생신고 당시의 민법 제874조가 규정한 요건을 갖추지 못한 것이 아닌가 하는 의심의 여지는 있지만 위 요건은 입양취소사유에 불과할 뿐으로서 법원에 그 취소를 청구하였다는 점에 대한 주장 · 입증이 없고, 또 취소를 청구할 수 있는 기간도 이미 지났음이 역수상 명백한 이상 원고 및 위 망인과 피고 사이에 각 양친자관계가 유효하게 성립하였다 할 것이고, 그 양친자관계를 파양에 의하여 해소할 필요가 있는 등의 특별한 사정도 없으므로, 위 법률상 친자관계의 존재를 부정하게 되는 이 사건 친생자관계부존재확인청구의 소는 부적법하여 허용될 수 없다는 이유로 이를 전부 각하하였다. 이에 원고 甲이 상고하였

다(원심: 서울가법 1996.11.6. 96르298).

| 대상판결 |

대법원 1998.5.26. 선고 97므25 판결

2. 판결요지

입양이 개인 간의 법률행위임에 비추어 보면 부부의 공동입양이라고 하여도 부부 각자에 대하여 별개의 입양행위가 존재하여 부부 각자와 양자 사이에 각각 양친자관계가 성립한다고 할 것이므로, 부부의 공동입양에 있어서도 부부 각자가 양자와의 사이에 민법이 규정한 입양의 일반 요건을 갖추는 외에 나아가 위와 같은 부부 공동입양의 요건을 갖추어야 하는 것으로 풀이함이 상당하므로, 처가 있는 자가 입양을 함에 있어서 혼자만의 의사로 부부 쌍방 명의의 입양신고를 하여 수리된 경우, 처의 부재 기타 사유로 인하여 공동으로 할 수 없는 때에 해당하는 경우를 제외하고는, 처와 양자가 될 자 사이에서는 입양의 일반요건 중 하나인 당사자 간의 입양합의가 없으므로 입양이 무효가 되고, 한편 처가 있는 자와 양자가 될 자 사이에서는 입양의 일반 요건을 모두 갖추었어도 부부 공동입양의 요건을 갖추지 못하였으므로 처가 그 입양의 취소를 청구할 수 있으나, 그 취소가 이루어지지 않는 한 그들 사이의 입양은 유효하게 존속한다.

[관련조문] 구 민법(1990.1.13. 법률 제4199호로 개정되기 전의 것) 제874조 제1항(부부의 공동입양), 제883조 제1호(입양무효의 원인), 제884조 제1호(입양취소의 원인)

3. 판례의 이해와 쟁점

(1) 처가 있는 자가 입양을 함에 있어서 혼자만의 의사로 부부 쌍방 명의의 입양신고를 하여 수리된 경우, 처와 양자가 될 자 사이에서는 입양은 무효인데 그 이유는 무엇인가?

(2) 처가 있는 자가 입양을 함에 있어서 혼자만의 의사로 부부 쌍방 명의의 입양신고를 하여 수리된 경우, 처가 그 입양의 취소를 청구할 수 있는데 그 이유는 무엇인가?

(3) 부부공동입양에 있어 부부의 공동의사에 기하지 아니하고 출생신고의 방식으로 한 입양의 효력이 문제된다.

4. 이론탐구

(1) 부부 공동입양의 요건을 설명하라.

(2) 허위의 친생자 출생신고와 입양의 효력과의 관계는 어떠한가?

(3) 2008.1.1부터 시행된 우리 민법상 친양자 제도의 입법취지와 특징, 요건, 효력, 취소, 파양 등에 대해 알아본다.

5. 심화학습

(1) 당사자가 입양의 의사로 친생자 출생신고를 한 경우, 입양신고로서의 효력이 발생하기 위한 요건은 무엇인가? (대법원 2004.11.11. 선고 2004므1484 판결)

(2) 입양승낙 없이 친생자 출생신고의 방법으로 입양된 15세 미만의 자가 15세가 된 후에도 입양의 실질적인 요건을 갖추고 있는 경우, 입양에 갈음하는 출생신고를 묵시적으로 추인한 것으로 볼 수 있는가? (대법원 1997.7.11. 선고 96므1151 판결)

참고문헌

- 김승표, "부부공동입양의 원칙을 위반한 신생자출생신고에 의한 입양의 효력," 재판실무 1집, 창원지방법원.
- 박동섭, "부부공동입양," 재판자료; 가정법원사건의 제문제 101집, 법원도서관.
- 윤진수, "1990년대 친족상속법 판례의 동향," 법학 제40권 제3호, 서울대학교 법학연구소.

Ⅳ. 조선민사령 제11조의2가 시행된 1940.2.11. 이후의 이성양자의 허용 여부 및 입양에 관한 민법규정에 소급효가 인정되는지 여부

1. 사실관계

(1) 원고 甲과 망 소외 A(1985.4.6. 사망)는 1938.9.28. 혼인신고를 마친 부부로서 그 사이에 소외 B(1974.12.28. 사망)를 두었다. 소외 C는 소외 D와의 사이에서 1936.4.24. 혼인외의 아들인 피고 乙을 출산하여 양육하다가 1936.11.경 망 소외 A와 부첩관계를 맺으면서 망 소외 A와 함께 피고를 양육하였으며 망 소외 A도 피고 乙을 친자식처럼 생각하여 피고 乙의 이름도 직접 지어주었다. 망 소외 A는 1945년경부터는 소외 C와 피고 乙을 원고 甲과 망 소외 B 등이 살고 있는 집으로 데리고 들어가서 5인이 같은 집에서 생활을 하게 되었고, 원고 甲과 망 소외 A는 피고 乙을 친자식으로, 망 소외 B는 피고 乙을 친동생으로 대하였으며 피고 乙도 또한 그들을 부모 또는 형으로 대하면서 생활하던 중 망 소외 A는 1954.7.29. 원고와 소외 C의 동의 아래 피고 乙을 자신과 원고 甲 사이에서 태어난 것처럼 출생신고를 하였다. 피고 乙은 망 소외 B가 사망한 후에 그의 딸들이 결혼할 때 작은아버지로서 망 소외 B를 대신하여 결혼식장에 데리고 들어갔고, 망 소외 A의 작은아들로서 그의 회갑 등 집안의 대소사에 모두 참여하였으며 그의 장례식 때에는 상주로서 장례를 치르는 등 그의 아들로서의 역할을 다하였고, 망 소외 A는 생존시 새로 만든 문씨 가문의 족보에도 피고 乙을 자신의 작은아들로 등재하였으며 생전에 비석을 만들면서도 피고 乙을 작은아들로 올려놓는 등 이 사건 소송이 제기되기 전에는 원고 甲을 비롯한 망 소외 A의 집안 사람 중 아무도 피고 乙이 망 소외 A의 작은아들이라는 점에 대하여 이의를 제기하지 아니하였다. 그러다가 망 소외 B의 처인 소외 E가 1990.4.경 망 소외 A의 유산인 토지를 자신의 큰 사위에게 매매하는 문제로 피고 乙과의 사이에 불화가 생기자 급기야 원고 甲이 1990.5.22. 원고 甲 및 망 소외 A와 피고 乙 사이에 친생자관계가 존재하지 않음의 확인을 구하는 소를 제기하

였다.

(2) 원심은 피고의 출생신고가 된 1954년 당시 시행되던 의용민법에 의하면 이성양자(異姓養子)가 인정되지 않았으므로 그 기간 동안에 성이 다른 사람을 친생자로 신고하여도 입양의 효력은 발생할 수 없고(대법원 1970.3.24. 선고 69다1400 판결 참조), 따라서 위 망 소외 A가 피고 乙을 양자로 할 의사로 위와 같이 친생자로 출생신고를 하였으며 거기에 입양의 실질적 요건이 모두 구비되었다고 하더라도 그 출생신고에 의하여는 입양의 효력이 발생할 수 없으나, 원고 甲 및 위 망 소외 A가 피고 乙이 동성(同姓)이 아님을 알고서도 피고를 양자로 할 의사로 친생자로 출생신고를 하였고, 이성양자가 허용되는 현행 민법이 시행된 후 피고 乙의 출생신고에 대하여 위 A는 사망할 때까지, 원고 甲은 현행 민법이 시행된 지 30년이 경과하도록 아무런 이의를 제기하지 않고 피고 乙과의 양친자관계를 유지하여 왔다면, 원고 甲은 피고 乙에 대한 입양의사로 한 위 출생신고를 현행 민법 시행 이후에 묵시적으로라도 추인하였다고 보는 것이 상당하고(대법원 1990.3.9. 선고 89므189 판결 참조), 이와 같은 경우에는 그 양친자관계를 해소하여야 하는 등의 특단의 사정이 없는 한 친생자관계의 부존재확인을 구할 이익이 없을 뿐만 아니라(대법원 1991.12.13. 선고 91므153 판결 참조), 원고 甲으로서는 피고 乙에 대한 출생신고를 한 이래 36년간 피고 乙과의 양친자관계를 유지해 오다가 이제 새삼스럽게 그 정정을 구하는 것은 신의성실의 원칙에 반하는 결과가 되므로 원고 甲의 이 사건 소를 제기할 수 있는 권리는 이제 소멸되었다고 봄이 상당하다는 이유로, 원고 甲의 이 사건 소를 각하하였다. 이에 원고가 상고하였다(원심: 서울고등법원 1992.12.15. 91르3130).

| 대상판결 |

대법원 1994.5.24. 선고 93므119 전원합의체 판결

2. 판결요지

(1) 조선민사령 제11조의2(1939.11.10. 신설되어 1940.2.11.부터 시행)는 제1항에서 "조선인의 양자연조에 있어서 양자는 양친과 성을 같이할 것을 요하지 않는다. 그러나 사후양자의 경우에는 그러하지 아니하다"라고 규정함으로써 사후양자가 아니면 양친과 성을 달리하는 이성의 자도 양자로 하는 것이 허용됨을 명백히 하였으므로, 1940.2.11.부터는 사후양자가 아닌 한 이성의 자도 양자로 할 수 있다.

(2) 민법 부칙(1958.2.22.) 제2조, 제18조의 각 규정내용에 의하면 입양의 요건이나 입양의 무효와 취소의 사유에 관한 민법의 규정에는 소급효가 인정되어 민법 시행일 전에 신고된 입양에 무효나 취소의 원인이 되는 사유가 있는지의 여부는 원칙적으로 민법의 규정에 의하여 판단하되, 다만 이미 구법에 의하여 입양의 효력이 생긴 경우에는 부칙 제2조 단서에 따라 그 효력에 영향을 미치지 아니하는 것으로 해석되므로, 민법 시행일 전에 신고된 입양에 관하여 그 당시의 구법에 의하면 무효의 원인이 되는 사유가 있었더라도 민법의 규정에 의하면 그것이 무효의 원인이 되지 아니할 경우에는, 적어도 민법 시행일까지 입양에 따르는 친자적 공동생활관계가 유지되고 있었다면 무효인 그 입양이 소급하여 효력을 가진 것으로 전환되고, 다만 민법에 의하여 취소의 원인이 되는 사유가 있는 때에는 민법의 규정에 의하여 이를 취소할 수 있을 뿐이나 그 취소기간은 민법 시행일로부터 기산한다.

[관련조문] 민법 제877조(양자의 금지), 제894조(입양취소청구권의 소멸)/구 조선민사령(1912.3.18. 제령 제7호, 폐지) 제11조의2(1939.11.10. 신설)/민법 부칙(1958.2.22.) 제2조, 제18조

3. 판례의 이해와 쟁점

(1) 양친과 양자의 姓이 다른 경우에도 양자가 허용되는가?
(2) 민법시행 전 입양의 요건에 대한 민법의 소급적용이 인정되는가?
(3) 조선민사령 제11조의2가 시행된 1940.2.11. 이후에 이성양자가 허용되는지 여부가 문제된다.
(4) 입양의 요건이나 입양의 무효와 취소에 관한 민법규정에 소급효가 인정되는가?

4. 이론탐구

(1) 입양의 실질적 요건으로 양친자와 양자는 각각 어떠한 자여야 하는가?
(2) 입양에 의해 양자의 姓은 변경되는가?
(3) 무효인 입양의 추인은 가능한가? (대법원 1990.3.9. 선고 89므389 판결)

5. 심화학습

(1) 친생자로 출생신고를 한 것이 입양신고로서의 기능을 발휘하여 입양의 효력이 발생한 경우에 친생자관계부존재확인의 소는 확인의 이익이 없는가? (대법원 1994.5.24. 선고 93므119 전원합의체 판결)
(2) 친생자 출생신고 당시 입양의 실질적 요건을 갖추지 못하여 입양신고로서의 효력이 생기지 아니하였더라도 그 후에 입양의 실질적 요건을 갖추게 된 경우에는 무효인 친생자 출생신고는 입양신고로서의 효력을 갖게 된다고 할 것이나, 민법 제139조 본문상 추인에 의하여 소급효가 인정되지 않는가? (대법원 2004.11.11. 선고 2004므1484 판결)

참고문헌

- 명순구, "아직도 살아있는 법, 조선민사령 : '조선민사령' 의 소급적 폐지를 제안한다," 저스티스 103호(2008.4), 한국법학원.
- 윤석찬, "친생자관계부존재확인과 확인의 이익," Jurist 413호(JURIST plus 5) 코스쿨 가족법.
- 윤진수, "민법 시행 전 이성양자의 허용 여부," 국민과 사법 : 윤관 대법원장 퇴임기념(1999.1).
- 윤진수, "민법시행 전에 이성양자가 허용되었는지 여부 및 민법 시행 전 입양의 요건에 대한 민법의 소급적용," 판례월보 314호(1996.11).

V. 입양의 의사에 기한 출생자신고와 무효인 친생자 출생신고가 소급적으로 입양신고로서의 효력을 갖기 위한 요건

1. 사실관계

(1) 소외 A가 일본에서 소외 B를 만나 동거하다가 원고 甲(반소피고, 이하 '원고'라고 한다)을 포태하여 1993.9.6. 원고 甲을 출산한 다음, 원고 甲의 조모인 소외 C에게 원고 甲의 양육을 맡기자, 소외 B의 동생인 소외 D가 1993.12.11. 소외 C의 권유에 따라 원고 甲의 이름을 "○○"라고 지어 원고 甲이 소외 D와 소외 E 사이에서 태어난 것처럼 출생신고를 함으로써 호적부에 그와 같이 기재되었으며, 피고 乙(반소원고, 이하 '피고'라고 한다)은 1995년 5월경 소외 B와 결혼하기로 하고 소외 C에게 앞으로 원고 甲을 양육하겠다고 승낙을 받고, 원고 甲을 피고 乙의 자로 입적시키기 위하여 소외 D가 "김○○"에 대한 사망신고를 하여 소외 D의 호적에서 제적시킨 다음, 피고 乙이 1996.3.20. 원고 甲의 이름을 "○○"라고 지어 자신의 부인 소외 F의 호적에 원고 甲의 "부"란을 공란으로 비워두고 피고 乙이 원고를 출생한 것처럼 혼인외의 자로 출생신고를 함으로써 호적부에 그와 같이 기재되었으며, 피고 乙과 소외 B가 1996.11.8. 혼인신고를 마치고 소외 B가 1996.11.16. 원고甲을 인지하여 신고를 함에 따라 원고 甲은 소외 F의 호적에서 제적되어 소외 B의 호적에 입적되었는데, 피고 乙이 원고 甲을 양육하면서 소외 B와의 혼인생활을 계속하다가 소외 B와 사이의 불화로 1999.1.12. 협의이혼신고를 한 후, 소외 B가 1999.1.18. 교통사고로 사망하였다.

(2) 그 후 원고 甲은 친자관계부존재의 확인을 구하는 소를 제기하였고, 이에 피고 乙은 양친자관계 존재확인을 구하는 반소를 청구하였다.

(3) 그런데 소외 A는 이 사건 소송계속 중이던 1999년 3월경에 이르러 피고 乙에게 원고 甲의 친권 및 양육권을 위임한다는 내용의 친권 및 양육권의 포기각서를 작성하여 주었다. 그러나 피고 乙은 1999.1.12. 원고 甲의 부 소

외 B와 협의이혼을 하고 소외 B가 같은 해 1월 18일 사망한 후인 같은 해 2월 1일부터는 원고 甲을 양육하지 아니하여, 원고 甲의 조모 소외 C가 원고 甲을 양육하고 있었다.

(4) 원심은 B와 피고 乙 사이에는 혈연적인 친생자관계가 존재하지 아니하지만, B는 피고 乙과 사이에 양친자관계를 창설할 의사로 친생자 출생신고를 하였고 피고 乙을 사실상 양육하였으며, 피고 乙도 15세가 된 이후에 위 출생신고를 묵시적으로 추인하였다고 할 것이고 이로써 입양의 실질적 요건이 구비되었다고 할 것이므로, B가 친생자로 출생신고를 한 것은 그 형식에 다소 잘못이 있다고 하더라도 입양의 효력이 발생하고, 따라서 B와 피고 乙 사이에는 양친자관계가 존재하므로 특별한 사정이 없는 한 법률상의 친자관계인 양친자관계를 공시하는 효력을 갖게 된 호적기재 자체를 말소하여 법률상 친자관계를 부정하게 되는 B와 피고 乙 사이의 친생자관계부존재확인청구의 소는 부적법하다고 판단하여, 이 부분에 해당하는 원고 甲의 소를 각하하였다. 이에 원고가 상고하였다(원심: 부산지방법원 2004.6.24. 2004르75).

| 대상판결 |

대법원 2000.6.9. 선고 99므1633, 1640 판결

2. 판결요지

(1) 당사자가 입양의 의사로 친생자 출생신고를 하고 거기에 입양의 실질적 요건이 구비되어 있다면 그 형식에 다소 잘못이 있더라도 입양의 효력이 발생하고, 이 경우의 허위의 친생자 출생신고는 법률상의 친자관계인 양친자관계를 공시하는 입양신고의 기능을 하게 되는 것인데, 여기서 입양의 실질적 요건이 구비되어 있다고 하기 위하여는 입양의 합의가 있을 것, 15

세 미만자는 법정대리인의 대락이 있을 것, 양자는 양부모의 존속 또는 연장자가 아닐 것 등 민법 제883조 각 호 소정의 입양의 무효사유가 없어야 함은 물론 감호 · 양육 등 양친자로서의 신분적 생활사실이 반드시 수반되어야 하는 것으로서, 입양의 의사로 친생자 출생신고를 하였다 하더라도 위와 같은 요건을 갖추지 못한 경우에는 입양신고로서의 효력이 생기지 아니한다.

(2) 친생자 출생신고 당시 입양의 실질적 요건을 갖추지 못하여 입양신고로서의 효력이 생기지 아니하였더라도 그 후에 입양의 실질적 요건을 갖추게 된 경우에는 무효인 친생자 출생신고는 소급적으로 입양신고로서의 효력을 갖게 된다고 할 것이나 민법 제139조 본문이 무효인 법률행위는 추인하여도 그 효력이 생기지 않는다고 규정하고 있음에도 불구하고 입양 등의 신분행위에 관하여 이 규정을 적용하지 아니하고 추인에 의하여 소급적 효력을 인정하는 것은 무효인 신분행위 후 그 내용에 맞는 신분관계가 실질적으로 형성되어 쌍방 당사자가 이의 없이 그 신분관계를 계속하여 왔다면, 그 신고가 부적법하다는 이유로 이미 형성되어 있는 신분관계의 효력을 부인하는 것은 당사자의 의사에 반하고 그 이익을 해칠 뿐만 아니라, 그 실질적 신분관계의 외형과 호적의 기재를 믿은 제3자의 이익도 침해할 우려가 있기 때문에 추인에 의하여 소급적으로 신분행위의 효력을 인정함으로써 신분관계의 형성이라는 신분관계의 본질적 요소를 보호하는 것이 타당하다는 데에 그 근거가 있다고 할 것이므로, 당사자 간에 무효인 신고행위에 상응하는 신분관계가 실질적으로 형성되어 있지 아니한 경우에는 무효인 신분행위에 대한 추인의 의사표시만으로 그 무효행위의 효력을 인정할 수 없다.

[관련조문] 민법 제139조(무효행위의 추인), 제878조(입양의 효력발생), 제883조(입양무효의 원인)

3. 판례의 이해와 쟁점

(1) 원고는 혼인외의 출생자로서 피고가 원고를 친생자로 출생신고를 할 당시에는 원고의 생모 소외 A가 친권자인 법정대리인이었다고 할 것인데, 소외 A가 소외 C에게 원고의 양육을 맡기고 소외 C가 피고에 대하여 원고의 친생자 출생신고를 승낙하였다면 법정대리인인 소외 A가 입양의 대락을 하였다고 볼 수 있는가?

(2) 소외 A는 이 사건 소송계속중이던 1999년 3월경에 이르러 피고에게 원고의 친권 및 양육권을 위임한다는 내용의 친권 및 양육권의 포기각서를 작성하여 줌으로써 입양을 추인하였다고 볼 수 있다. 그렇다면 무효인 위 친생자 출생신고가 소급적으로 입양신고로서의 효력을 갖게 된다고 할 수 있는가?

(3) 무효인 위 친생자 출생신고가 소급적으로 입양신고로서의 효력을 갖게 된다고 할 수 없다면 그 이유는?

(4) 당사자가 입양의 의사로 친생자 출생신고를 한 경우, 입양신고로서의 효력이 발생하기 위한 요건은 무엇인가?

(5) 친생자 출생신고 당시 입양의 실질적 요건을 갖추지 못하여 입양신고로서의 효력이 생기지 아니하였으나 그 후에 입양의 실질적 요건을 갖추게 된 경우, 무효인 친생자 출생신고가 소급적으로 입양신고로서의 효력을 갖게 되는가?

4. 이론탐구

(1) 입양의 실질적 요건으로서 입양의 합의와 관련하여 양자가 15세 미만인 경우에는 어떻게 해야 하는가?

(2) 무효행위의 전환에 대해 설명하라.

(3) 무효행위 추인의 의의 및 요건을 설명하라.

5. 심화학습

(1) 데려다 키운 고아가 장성하여 혼기가 가까워지자 소외 망인이 자신과 내연관계에 있는 자의 호적에 자신을 생모로 하여 내연관계에 있는 자의 친생자로 신고한 경우 고아가 위 망인의 양자로 입양신고된 것으로 볼 수 있는가? (대법원 1984.11.27. 선고 84다458 판결)

(2) 당사자가 입양의 의사로 친생자 출생신고를 한 경우, 입양신고로서의 효력이 발생하기 위한 요건은 무엇인가? (대법원 2004.11.11. 선고 2004므1484 판결)

(3) 친생자 출생신고가 입양으로서의 효력이 인정되는 경우에도 친생자관계부존재확인의 소를 제기할 수 있는가? (대법원 1994.5.14. 선고 93므119 판결)

참고문헌

- 김천수, "법률행위의 무효와 취소에 관한 판례분석," 사법연구 제8집, 청헌법률문화재단.
- 윤병철, "대낙권자가 존재하지 않거나 대낙권자를 알 수 없는 경우 대낙권자인 법정대리인의 승낙이 있었다고 추정할 수 있는지 여부," 대법원판례해설 통권 제51호, 법원도서관.
- 이제정, "친자관계확인소송의 심리상 주요 논점," 재판자료; 가정법원사건의 제문제 101집, 법원도서관.

VI. 무효인 입양에 대한 추인의 의사표시가 효력을 발생하기 위한 요건

1. 사실관계

(1) 청구인 甲은 광산김씨 종손인 청구외 망 A와 1942.6.10. 혼인하였으며 그 사이에 딸 하나만을 낳았는데 위 A가 1943.3.1. 사망하자 그 딸을 시집에 남겨둔 채 다른 남자에게 사실상 재가하여 자식도 낳았으나 1970. 시아버지인 위 망 A의 아버지 망 B가 사망할 무렵에 시어머니와 친족들의 양해 아래 혼인외자를 데리고 약 26년 만에 다시 시집에 들어와 시어머니를 모시고 종가집 며느리로서의 역할을 담당하며 살아왔다. 위 A에게는 대를 이을 아들이 없었기 때문에 청구인 甲이 나이를 먹게 되자 종중원들이 양자를 권유하게 되어 이에 따라 청구인 甲은 종손의 역할을 맡기고자 A의 사촌동생 C 부부 사이에서 출생한 그의 차남인 15세 미만의 피청구인 乙을 양자로 삼기로 합의하면서도 피청구인 乙은 청구인 甲과 같이 살지 않고 C의 보호, 감독 및 양육을 받기로 하며 단지 가끔 청구인 甲을 찾아오는 것으로 만족하기로 합의하고 피청구인 乙이 앞으로 자라서 맡게 될 종가일인 기일제사, 묘제 등을 위한 비용조달을 위하여 청구인 甲 명의의 건평 104.44평방미터의 주택과 그 부지 외에 1105평방미터의 대지를 피청구인 乙에게 증여하기로 하되 아직 어리므로 우선 C 명의로 가등기하기로 하였으며 이 합의에 따라 청구인 甲은 위 재산에 대한 가등기 절차를 이행하고 입양신고에 관한 서류들을 작성해서 1989.1.12. C에게 맡겼으나 C는 주위 사람들로부터 피청구인 乙을 망 A의 사후양자로 하는 것이 더 바람직하다는 말을 듣고 그 신고를 늦추고 있었던 사이에 1989.2. 위 A의 딸과 C가 합의하여 위 주택을 타에 임대하고 그 보증금 3,000,000원을 C가 받아 가버리는 사건이 생겨서 청구인 甲이 위 금원의 반환을 요구하였으나 거절당하였고 이에 청구인 甲은 위 C가 종가일에는 관심이 없고 재물만을 탐내고 있다고 생각하고 1989.2.21. 위 입양의 의사를 철회하는 의사표시를 하였으며 이어

1989.2.23. 위 C를 상대로 가등기말소소송을 제기하였으나 위 C는 위 입양철회의 의사표시를 무시하고 1989.3.9. 보관중인 서류를 이용하여 입양의 신고를 하여 피청구인 乙이 청구인 甲의 양자인 양 청구인 甲의 호적부에 등재되게 되었다. 그렇게 되자 1989.4.3. 위 C는 종중원들과 같이 청구인 甲을 찾아가 화해를 종용한 끝에 청구인 甲은 위 소송을 취하하고 대신 C는 청구인 甲에게 생활비로 금 1,500,000원을 지급하며 위 양자관계는 그대로 존속하기로 하는 합의를 하였다.

(2) 이러한 사실을 인정한 원심은 당초 청구인 甲의 입양의사철회에 의하여 무효화된 이 사건 입양이 위 추인의 의사표시에 의하여 그 입양 신고시에 소급하여 유효하게 되었다고 판단하고 신분행위인 입양의 추인에는 추인의 의사표시 외에 어느 정도의 사실상 양친자관계가 형성되어야 하는데 이 사건에서는 그러한 사실상의 신분관계가 형성되어 있지 않았으므로 여전히 위 입양은 무효라는 청구인 甲의 주장에 대하여, 신분법상의 행위인 입양은 성질상 단순한 추인의 의사표시 외에 입양사실 즉 양친자관계로서의 신분적 생활관계(신분점유)가 형성되어 있을 것을 또 하나의 요건으로 한다고 볼 수는 있으나 애당초 피청구인 乙을 양자로 하기로 합의할 때부터 피청구인 乙의 나이가 어려서 그가 17-18세 정도로 성장할 때까지 그의 생부가 동거하면서 그 보호, 감독 및 양육을 책임지기로 하였고 이러한 상태는 입양의사표시 철회 이전의 그것과 그 철회 이후의 그것과의 사이에 별다른 변화가 있음을 인정할 수 없으므로 위 양친자 관계의 신분적 생활관계에 어떠한 변화가 있음을 전제로 하는 청구인의 위 주장은 이유 없다 하여 위 입양의 무효심판을 구하는 청구인의 주위적 청구를 배척하였다. 이에 청구인이 상고하였다(원심: 광주고등법원 1990.12.18. 90르223).

| 대상판결 |

대법원 1991.12.27. 선고 91므30 판결

2. 판결요지

(1) 혼인, 입양 등의 신분행위에 관하여 민법 제139조 본문을 적용하지 않고 추인에 의하여 소급적 효력을 인정하는 것은 무효인 신분행위 후 그 내용에 맞는 신분관계가 실질적으로 형성되어 쌍방 당사자가 이의 없이 그 신분관계를 계속하여 왔다면, 그 신고가 부적법하다는 이유로 이미 형성되어 있는 신분관계의 효력을 부인하는 것은 당사자의 의사에 반하고 그 이익을 해칠 뿐 아니라 그 실질적 신분관계의 외형과 호적의 기재를 믿은 제3자의 이익도 침해할 우려가 있기 때문에 추인에 의하여 소급적으로 신분행위의 효력을 인정함으로써 신분관계의 형성이라는 신분관계의 본질적 요소를 보호하는 것이 타당하다는 데에 그 근거가 있다고 할 것이므로, 당사자 간에 무효인 신고행위에 상응하는 신분관계가 실질적으로 형성되어 있지도 아니하고 또 앞으로도 그럴 가망이 없는 경우에는 무효의 신분행위에 대한 추인의 의사표시만으로 그 무효행위의 효력을 인정할 수 없다.

(2) 양모와 15세 미만인 양자의 대락권자인 생부 사이에 양자가 양모와 동거하지도 않고 그 보호, 감독 및 교양을 받지도 않으며 입양의 본래 목적인 종손의 역할도 장차 장성하면 조상의 봉제사를 하기로 하는 입양의 합의 후 불과 1개월여 만에 양모가 그 입양의사를 철회하였음에도 위 생부가 일방적으로 입양신고를 하여 호적부에 입양이 등재되자 다시 양모와 생부가 이를 추인하기로 합의하였으나 입양의 실체가 전혀 이루어지지 않아 당사자 간에 추인의 합의가 있었다는 사정만으로는 무효인 입양신고가 소급하여 유효하게 된다고 할 수 없다.

[관련조문] 민법 제139조(무효행위의 추인), 제878조(입양의 효력발생), 제883조(입양무효의 원인)

3. 판례의 이해와 쟁점

(1) 청구인과 피청구인의 대락권자와의 사이에는 장차 실질적 신분관계를 형성하겠다는 합의만 있었을 뿐 현실적으로는 정상적인 입양의 실체라는 것이 존재하지 않았다고 할 수 있는가?

(2) 청구인이 입양의 무효심판을 구하고 있는 이 사건에서 당사자 간에 추인의 합의가 있어 무효인 입양신고가 소급하여 유효하게 된다고 할 수 있는가?

(3) 무효인 법률행위는 추인하여도 그 효력이 생기지 아니하나 무효임을 알고 추인한 때에는 장래에 대하여 효력을 가질 수 있는데, 무효인 신분행위를 추인한 경우에는 어떻게 다룰 것인가, 그리고 유효로 되기 위하여 추인만으로 가능한 것인가 아니면 다른 요건이 필요한지 여부가 문제된다.

4. 이론탐구

(1) 입양의 무효원인과 취소원인을 구별하여 설명하라.

(2) 무효인 친생자 출생신고가 소급적으로 입양신고로서의 효력을 갖게 되는가?

(3) 민법 제139조 본문이 무효인 법률행위는 추인하여도 그 효력이 생기지 않는다고 규정하고 있음에도 불구하고 혼인, 입양 등의 신분행위에 관하여는 이 규정을 적용하지 않고 추인에 의하여 소급적 효력을 인정하는 이유는 무엇인가?

5. 심화학습

(1) 당사자 간에 무효인 신고행위에 상응하는 신분관계가 실질적으로 형성되어 있지 아니한 경우, 무효인 신분행위에 대한 추인의 의사표시만으로 그

무효행위의 효력을 인정할 수 있는가? (대법원 2004.11.11. 선고 2004므1484 판결)

(2) 입양신고 당시에는 민법 제777조 소정의 친족이 아니었으나 심판청구 당시 위 친족에 해당되게 된 자의 경우 입양무효확인 심판청구의 당사자적격이 인정되는가? (대법원 1985.12.10. 선고 85므28 판결)

⋙ 참고문헌

- 김주수, "입양무효의 추인의 법리," 법률신문 2153호(1992.9).
- 김천수, "법률행위의 무효와 취소에 관한 판례분석," 사법연구 제8집, 청헌법률문화재단.
- 박동섭, "부부공동입양," 재판자료; 가정법원사건의 제문제 101집, 법원도서관.
- 변진장, "신분행위의 무효와 취소," 사법논집 제25집, 법원도서관.
- 최진섭, "양모의 입양의사 철회 후 생부의 입양신고의 효력," 가족법 판례해설.

Ⅶ. 허위의 친생자 출생신고와 입양의 효력, 양부모의 이혼과 양모자관계의 소멸 여부

1. 사실관계

(1) 피고 乙은 소외 C와 소외 D의 혼인외의 자로 1958년 출생하였다. 1961년 피고 乙은 소외 C와 소외 D의 동의하에 소외 A와 소외 B의 혼인신고와 동시에 그들 사이에 출생한 딸로 출생신고가 되어 1966년까지 소외 A, 소외 B와 함께 생활하였다. 1966년 소외 A와 소외 B가 별거하게 되자 피고 乙은 생모 소외 D와 함께 생활하였다. 한편 원고 甲은 소외 B가 소외 A와 별거한 후 알게 된 소외 E와의 사이에서 1967년 출생하였으나 1971년 소외 A, 소외 B의 이혼신고 후 소외 B, 소외 E가 혼인신고를 하면서 그들 사이의 자식으로 출생신고가 되었다.

(2) 원고 甲은 소외 B가 1999년 사망하자 피고 乙이 여전히 호적상 소외 B의 딸로 되어 있어 상속권을 주장할 염려가 있자 피고 乙과 소외 B 사이에 친생자관계부존재확인의 소를 제기하였다.

(3) 원심은 당사자가 입양의 의사로 친생자 출생신고를 하고 거기에 입양의 실질적인 요건이 구비되어 있다면 그 형식에 다소 잘못이 있더라도 입양의 효력이 발생하고, 이 경우의 허위의 친생자 출생신고는 법률상의 친자관계인 양친자관계를 공시하는 입양신고의 기능을 하게 되는 것인데, 여기에 입양의 실질적인 요건이 구비되어 있다고 하기 위하여는 입양의 합의가 있을 것, 15세 미만자는 법정대리인의 대락이 있을 것, 양자는 양부모의 존속 또는 연장자가 아닐 것 등 민법 제883조 각호 소정의 입양의 무효사유가 없어야 함은 물론 감호·양육 등 양친자로서의 신분적 생활사실이 반드시 수반되어야 할 것인바, 위 A와 위 망 B 및 피고 乙 사이에는 입양의 실질적 요건이 구비되어 있었다 할 것이고, 피고 乙에 대한 출생신고는 위 A와 위 망 B가 피고 乙과의 친생자관계를 창설할 의사로 한 것이라 할 것이므로, 위 출생신고는 비록 그 형식에 다소 잘못이 있다 하더라도 입양의 효력이 발

생하여 피고 乙과 위 망 B 사이에는 양모자관계가 성립되었다 할 것인데, 양모자 사이의 친생관계는 파양에 의하여 해소될 수 있는 점을 제외하고는 법률적으로 친생자관계와 똑같은 내용을 갖게 되므로 이 경우의 허위의 친생자 출생신고는 법률상의 친자관계인 양친자관계를 공시하는 입양신고의 기능을 발휘하게 된다 할 것이고, 이와 같은 경우에는 그 양친자관계를 해소하여야 하는 등의 특단의 사정이 없는 한 그 호적기재를 말소하여 법률상 친자관계의 존재를 부정하게 되는 친생자관계의 부존재확인을 구할 이익이 없는 것으로서 부적법하다 할 것이므로 원고 甲의 위 주장은 이유 없다고 판시하였으며, 또한 입양으로 인한 친족관계의 소멸은 오직 입양의 취소나 파양으로 인하여만 종료한다 할 것이고, 양부모가 같은 호적에 있는지의 여부는 입양관계에 어떠한 영향을 미친다고 할 수 없어 원고 甲의 이 사건 소는 부적법하다고 하여 각하판결하였다. 이에 원고가 상고하였다 (원심: 부산지방법원 2000.9.8. 선고 99르477).

| 대상판결 |

대법원 2001.5.24. 선고 2000므1493 전원합의체 판결

2. 판결요지

(1) 당사자가 양친자관계를 창설할 의사로 친생자출생신고를 하고 거기에 입양의 실질적 요건이 모두 구비되어 있다면 그 형식에 다소 잘못이 있더라도 입양의 효력이 발생하고, 양친자관계는 파양에 의하여 해소될 수 있는 점을 제외하고는 법률적으로 친생자관계와 똑같은 내용을 갖게 되므로 이 경우의 허위의 친생자출생신고는 법률상의 친자관계인 양친자관계를 공시하는 입양신고의 기능을 발휘하게 되는 것이며, 이와 같은 경우 파양에 의하여 그 양친자관계를 해소할 필요가 있는 등 특별한 사정이 없는 한 그 호

적기재 자체를 말소하여 법률상 친자관계의 존재를 부인하게 하는 친생자관계부존재확인청구는 허용될 수 없는 것이다.

(2) 민법 제776조는 "입양으로 인한 친족관계는 입양의 취소 또는 파양으로 인하여 종료한다"라고 규정하고 있을 뿐 '양부모의 이혼'을 입양으로 인한 친족관계의 종료사유로 들고 있지 않고, 구관습시대에는 오로지 가계계승을 위하여만 양자가 인정되었기 때문에 입양을 할 때 처는 전혀 입양당사자가 되지 못하였으므로 양부모가 이혼하여 양모가 부(夫)의 가(家)를 떠났을 때에는 입양당사자가 아니었던 양모와 양자의 친족관계가 소멸하는 것은 논리상 가능하였으나, 처를 부와 함께 입양당사자로 하는 현행 민법 아래에서는(1990.1.13. 개정 전 민법 제874조 제1항은 "처가 있는 자는 공동으로 함이 아니면 양자를 할 수 없고 양자가 되지 못한다"고 규정하였고, 개정 후 현행 민법 제874조 제1항은 "배우자 있는 자가 양자를 할 때에는 배우자와 공동으로 하여야 한다"고 규정하고 있다) 부부공동입양제가 되어 처도 부와 마찬가지로 입양당사자가 되기 때문에 양부모가 이혼하였다고 하여 양모를 양부와 다르게 취급하여 양모자관계만 소멸한다고 볼 수는 없는 것이다.

[관련조문] 민법 제138조(무효행위의 전환), 제776조(입양으로 인한 친족관계의 소멸), 제865조(다른 사유를 원인으로 하는 친생자관계존부확인의 소), 제874조 제1항(부부의 공동입양), 제878조(입양의 효력발생)/가사소송법 제2조 제1항 가 (1) 제4호(가정법원의 관장사항)/구 민법(1990.1.13. 법률 제4199호로 개정되기 전의 것) 제874조 제1항(부부의 공동입양)

3. 판례의 이해와 쟁점

(1) 피고와 망 소외 B 사이에는 양모자관계가 성립되었다고 할 것인가?

(2) 양부모인 소외 A, 소외 B가 이혼하여 소외 B가 소외 A의 가를 떠났을 경우 소

외 B와 피고의 양모자관계는 소멸하는가?

(3) 입양의 의사로 친생자출생신고를 하고 거기에 입양의 실질적 요건이 모두 구비되어 있는 경우, 입양의 효력발생 여부 및 이 경우 친생자관계부존재확인청구가 가능한지 여부가 문제된다.

(4) 양부모가 이혼하여 양모가 양부의 가를 떠났을 경우, 양모자관계가 소멸하는지 여부가 문제된다.

4. 이론탐구

(1) 양부모가 이혼한 경우 양부자관계뿐 아니라 양모자관계도 존속하는가?

(2) 입양으로 인한 친족관계는 어떠한 경우에 종료되는가? 즉 입양으로 인한 친족관계의 소멸은 입양의 취소나 파양으로 인하여만 종료하고, 양부모가 같은 호적에 있는지의 여부는 입양관계에 어떠한 영향을 미친다고 할 수 없는가?

5. 심화학습

(1) 친생자출생신고가 입양의 효력을 갖는 경우, 양친 부부 중 일방이 사망한 후 생존하는 다른 일방이 사망한 일방과 양자 사이의 양친자관계의 해소를 위한, 재판상 파양에 갈음하는 친생자관계부존재확인의 소를 제기할 이익이 있는가? (대법원 2009.4.23. 선고 2008므3600 판결)

(2) 당사자 사이에 양친자관계를 창설하려는 명백한 의사가 있고, 나아가 기타 입양의 실질적 성립요건이 모두 구비되어 입양의 효력이 인정되는 경우에 있어서는 그 후 당사자간에 친생자관계부존재확인의 확정판결이 있는 경우에도 양친자관계의 존재를 주장할 수 있는가? (대법원 1993.2.23. 선고

92다51969 판결)

(3) 양자를 상속할 직계존속에 양부모뿐 아니라 친부모도 포함되는가? (대법원 1995.1.20. 자 94마535 결정)

참고문헌

- 김용빈, "양부모가 이혼하여 양모가 양부의 가를 떠났을 경우, 양모자관계가 소멸하는지 여부," 대법원판례해설 36호(2001 상반기)(2001.12).
- 이은희, "부부공동입양," Juris forum 2호(2002.6).
- 박동섭, "부부공동입양," 재판자료; 가정법원사건의 제문제 101집, 법원도서관.

VIII. 사망한 양친 일방과 양자 사이의 양친자관계의 해소를 위한 재판상 파양에 갈음하는 친생자관계부존재확인의 소를 제기할 이익이 있는지 여부

1. 사실관계

(1) 부부인 소외 A와 원고 甲이 타인의 자 피고 乙을 입양하기 위하여 입양의 요건을 갖추어 자신들의 친생자로 출생신고한 후 소외 A가 사망하였다. 그 후 생존한 배우자 원고 甲이 사망한 배우자 소외 A와 피고 乙 사이의 파양을 위하여 피고 乙을 상대로 친생자관계부존재확인을 구하는 소를 제기하였다.

(2) 원심은 소외 망 A와 피고 乙 사이에 비록 혈연적인 친생자관계가 존재하지는 아니하나, 소외 A와 원고 甲이 피고 乙을 친생자로 출생신고할 당시 피고 乙을 입양할 의사가 있었고, 피고 乙이 15세가 된 이후 위 입양에 갈음하는 출생신고를 묵시적으로 추인함으로써 입양의 실질적 요건을 모두 갖추었으므로 피고 乙에 대한 출생신고는 입양신고의 효력을 갖는다고 판단하였고, 또한 친생자 출생신고가 입양신고의 효력을 갖는 경우 이를 해소하기 위한 방편으로 파양에 갈음하여 친생자관계부존재확인청구를 하려면 당사자 일방에 파양사유가 존재하는 외에 현실적으로 상대방이 재판상 파양을 구할 수 있어야 할 것인데, 양부인 A는 이미 사망하였으므로 그 자신이 양자인 피고 乙을 파양할 수 없고, 양친자관계 또한 양자와 양부모별로 따로 성립하고 파양은 그 당사자만이 할 수 있을 뿐이어서 원고 甲이 소외 A의 처라 하더라도 그에 갈음하거나 그를 위하여 피고 乙을 파양할 수 없으므로 소외 A와 피고 乙 사이의 실질적인 양친자관계는 해소될 수 없다 할 것이고, 양친자관계는 파양에 의하여 해소될 수 있는 점을 제외하고는 법률적으로 친생자관계와 똑같은 내용을 갖게 되므로 비록 A와 피고 乙 사이에 혈연적인 친생자관계가 존재하지 아니한다 하더라도 둘 사이에 실질적인 양친자 관계가 존속되는 한 그 호적기재 자체를 말소하여 법률상 친자

관계의 존재를 부정하는 친생자관계부존재의 확인을 구할 실제상의 이익이 없다고 판단하였다. 이에 원고가 상고하였다(원심: 대전지방법원 1999.11.12. 선고 99르157).

| 대상판결 |

대법원 2001.8.21. 선고 99므2230 판결

2. 판결요지

(1) 당사자 사이에 양친자관계를 창설하려는 명백한 의사가 있고 기타 입양의 실질적 성립요건이 모두 구비된 경우 입양신고 대신 친생자 출생신고가 있다면 형식에 다소 잘못이 있더라도 입양의 효력이 있다.

(2) 민법 제874조 제1항은 "배우자 있는 자가 양자를 할 때에는 배우자와 공동으로 하여야 한다"고 규정함으로써 부부의 공동입양원칙을 선언하고 있는바, 파양에 관하여는 별도의 규정을 두고 있지는 않고 있으나 부부의 공동입양원칙의 규정 취지에 비추어 보면 양친이 부부인 경우 파양을 할 때에도 부부가 공동으로 하여야 한다고 해석할 여지가 없지 아니하나(양자가 미성년자인 경우에는 양자제도를 둔 취지에 비추어 그와 같이 해석하여야 할 필요성이 크다), 그렇게 해석한다고 하더라도 양친 부부 중 일방이 사망하거나 또는 양친이 이혼한 때에는 부부의 공동파양의 원칙이 적용될 여지가 없다고 할 것이고, 따라서 양부가 사망한 때에는 양모는 단독으로 양자와 협의상 또는 재판상 파양을 할 수 있으되 이는 양부와 양자 사이의 양친자관계에 영향을 미칠 수 없는 것이고, 또 양모가 사망한 양부에 갈음하거나 또는 양부를 위하여 파양을 할 수는 없다고 할 것이며, 이는 친생자부존재확인을 구하는 청구에 있어서 입양의 효력은 있으나 재판상 파양 사유가 있어 양친자관계를 해소할 필요성이 있는 이른바 재판상 파양에 갈음하는 친생자

관계부존재확인청구에 관하여도 마찬가지라고 할 것이다. 왜냐하면 양친자관계는 파양에 의하여 해소될 수 있는 점을 제외하고는 친생자관계와 똑같은 내용을 갖게 되는데, 진실에 부합하지 않는 친생자로서의 호적기재가 법률상의 친자관계인 양친자관계를 공시하는 효력을 갖게 되었고 사망한 양부와 양자 사이의 이러한 양친자관계는 해소할 방법이 없으므로 그 호적기재 자체를 말소하여 법률상 친자관계를 부인하게 하는 친생자관계존부확인청구는 허용될 수 없는 것이기 때문이다.

[관련조문] 민법 제865조(다른 사유를 원인으로 하는 친생자관계존부확인의 소), 제874조 제1항(부부의 공동입양), 제878조(입양의 효력발생), 제905조(재판상 파양원인)

3. 판례의 이해와 쟁점

(1) 양친 부부 중 일방이 사망하거나 또는 양친이 이혼한 때에 부부의 공동파양의 원칙이 적용되는가?

(2) 양부가 사망한 때에는 양모는 단독으로 양자와 협의상 또는 재판상 파양을 할 수 있는가? 이 경우 양부와 양자 사이의 양친자관계에 어떤 영향을 미치는가?

(3) 양모가 사망한 양부에 갈음하거나 또는 양부를 위하여 파양을 할 수 있는가?

(4) 양부인 소외인이 사망한 후 원고가 소외인과 양자 사이의 양친자관계의 해소를 위한 재판상 파양에 갈음하는 친생자관계부존재확인의 소를 제기할 이익이 있는가?

(5) 입양의 의사로 친생자 출생신고를 하고 입양의 실질적 요건이 구비된 경우, 입양의 효력이 발생하는가?

(6) 친생자 출생신고가 입양의 효력을 갖는 경우, 양친 부부 중 일방이 사망한 후 생존하는 다른 일방이 사망한 일방과 양자 사이의 양친자관계의 해소를 위한

재판상 파양에 갈음하는 친생자관계부존재확인의 소를 제기할 이익이 있는지 여부가 문제된다.

4. 이론탐구

(1) 재판상 파양청구권자는?

(2) 사망에 의해서 양친자관계가 해소되는가?

(3) 파양은 당사자의 생존중에만 가능하며 사망한 당사자와의 파양은 불가능한가?

(4) 양부의 사망 후 양모가 양부와 양자간의 파양을 청구할 수 있는가?

5. 심화학습

(1) 고소사건으로 인한 처벌을 모면하기 위한 방편으로 한 입양신고의 효력은 어떠한가? (대법원 1995.9.29. 선고 94므1553,1560 판결)

(2) 양친과 양자 이외에 양조부의 경우에도 재판상 파양청구권이 인정되는가? (대법원 1983.9.13. 선고 83므16 판결)

(3) 재판상 파양청구권자는 양친과 양자에 한정되는데, 다만 양자가 15세 미만인 경우에 한하여는 누가 파양을 청구할 수 있는가? (대법원 1970.5.26. 선고 68므31 판결)

참고문헌

- 김천수, "법률행위의 무효와 취소에 관한 판례분석," 사법연구 제8집, 청헌법률문화재단.
- 박동섭, "부부공동입양," 재판자료; 가정법원사건의 제문제 101집, 법원도서관.
- 이제정, "친자관계확인소송의 심리상 주요 논점," 재판자료; 가정법원사건의 제문제 101집, 법원도서관.

|제5절| 친 권

Ⅰ. 책임능력 있는 미성년자의 불법행위에 대한 친권자의 책임

1. 사실관계

(1) 소외 A는 만 17세 9개월 된 고등학교 3학년생으로서 오토바이를 운전하다가 그의 과실로 보행자 甲을 치여 전치 11개월의 상해를 입혔다.

(2) 소외 A는 사건 사고를 일으키기 8개월여 전에 원동기장치자전거 운전면허를 취득한 사실이 있다.

(3) 이에 甲은 소외 A의 부모(乙이라 한다)에게 손해배상을 청구하였다.

(4) 甲은 청구원인에서 A의 친권자인 乙은 A의 법정감독의무자로서, 이 사건 사고 발생 당시에 A에게 책임능력이 있었는지 여부에 관계없이 손해배상책임이 있다고 주장하였다. 나아가 A가 이 사건 이외에 교통사고 전력이 있다거나 다른 비행전력이 있다는 기록상의 근거는 없고 원고들도 그 점을 특별히 주장·입증한 바는 없다.

(5) 제1심 판결(수원지방법원 1992.7.30. 선고, 92가합2502 판결)은 원고(甲)의 청구원인을 두 가지로 파악하여, 첫째 민법 제755조에 규정된 바에 따라 책임무능력자의 법정감독의무자의 책임을 묻는 부분은 A에게 책임능력이 인정된다는 이유로 기각하고, 둘째 민법 제750조에 규정된 일반불법행위책임을 묻는 부분은 피고(乙)가 감독의무를 게을리한 과실 또는 상당인과관계에 대한 입증이 부족하다는 이유로 기각하였다.

(6) 항소심은 민사소송법 제390조에 의하여 제1심 판결이유를 그대로 인용하면서 원고(甲)의 항소를 기각하였다.

(7) 원고(甲)는 원심판결이 대법원 1984.7.10. 선고 84다카474 판결에 배치되는 것으로서 입증책임의 소재를 그르친 위법이 있다고 주장하면서 상고하였다(원심: 서울고등법원 1993.1.26. 선고 92나52063 판결).

| 대상판결 |

대법원 1994.2.8. 선고 93다13605 전원합의체 판결

2. 판결요지

미성년자가 책임능력이 있어 그 스스로 불법행위책임을 지는 경우에도 그 손해가 당해 미성년자의 감독의무자의 의무위반과 상당인과관계가 있으면 감독의무자는 일반불법행위자로서 손해배상책임이 있고 이 경우에 그러한 감독의무위반사실 및 손해발생과의 상당인과관계의 존재는 이를 주장하는 자가 입증하여야 한다.

[관련조문] 민법 제750조(불법행위의 내용)/제755조 제1항(책임무능력자의 감독자의 책임)

3. 판례의 이해와 쟁점

(1) 가해자 A에 대하여 갑은 제750조상의 책임을 물을 수 있는가? 특히 제750조의 요건 중 고의/과실과 관련하여 만 17세 9개월의 소외 A에게 책임능력이 있는가?

(2) 가해자 A의 부모(乙)에 대하여 민법 제755조 1항의 책임을 물을 수 있는가?

(3) 만일 乙에게 제755조 제1항상의 책임을 물을 수 없다면 甲이 乙에게 제750조 제1항의 책임을 물을 수 있는가?

(4) '책임능력 있는' 미성년자의 불법행위에 대하여 그 감독의무자에게 손해배상책임을 청구할 수 있는 근거가 무엇인가?

4. 이론탐구

(1) 제750조의 요건 중 고의/과실과 관련하여 책임능력의 의미와 판단기준을 설명하라.
(2) 제750조와 제755조의 관계는 어떻게 되는가?
(3) 가해자가 미성년자라도 책임능력이 있는 경우 피해자가 미성년자를 상대로만 손해배상을 청구하여야 하는가?

5. 심화학습

(1) 피해자가 미성년자인 가해자의 부모에게 제750조상의 책임을 묻기 위한 과실의 내용과 인과관계의 판단기준에 대한 판례의 태도는 어떠한가? (대법원 1998.6.9. 선고 97다49404 판결, 대법원 1994.2.8. 선고 93다13605 판결, 대법원 1997.3.28. 선고 96다15374 판결)

(2) 중학교 2학년에 재학 중인 갑이 을 때문에 단체기합을 받았다는 이유로 을의 안면부를 강타하여 골절상을 입힌 경우 을은 누구를 상대로 손해배상을 청구할 수 있는가? (대법원 2000.4.11. 선고 99다44205)

(3) 국립고등학교에서 교생실습 나간 선생님의 감독상 주의의무위반으로 학생이 불법행위를 저지르게 된 경우 누구에게 어떠한 책임을 물을 수 있는지와 그 책임의 관계는(부진정연대채무 등)?

참고문헌

- 김동훈, "책임능력 있는 미성년자의 불법행위에 대한 친권자의 책임," 고시연구 제30권 제12호, 고시연구사, 2003.
- 서광민, "미성년자의 불법행위에 대한 책임," 민사법학 제15호, 한국민사법학회, 1997.
- 서광민, "한국불법행위법의 변천과 불법행위법학의 과제," 저스티스 32권4호(54호), 한국법학원, 1999.
- 윤 경, "학교사고에 대한 학교측의 손해배상책임," 대법원판례해설 42호, 법원도서관, 2003.

II. 친권자의 이해상반행위

1. 사실관계

(1) 이 사건 토지는 원래 소외 1(원고의 父)의 소유이었는데, 소외 1이 1990.4.20. 사망하여 그 처인 갑, 자녀인 원고와 A, B가 이를 공동으로 상속하였다.

(2) 갑은 고철도매업을 경영하면서 1995년 5월경부터 피고로부터 금원을 차용하였는데, 1998년 10월경까지 차용금 합계액이 1억 2,000만 원에 이르렀다. 그리고 차용금은 대부분 원고 A, B의 생활비와 양육비 등으로 소요된 사실이 있었다.

(3) 갑은 1998.10.15. 당시 성년이던 A의 동의를 얻어 피고와 사이에, 위 1억 2,000만 원의 채무에 관하여 주채무자를 A로 하고, 갑을 연대보증인으로 하는 채무인수계약을 체결하였고, 같은 날 A의 위 1억 2,000만 원의 채무를 담보하기 위하여 피고와 사이에, 이 사건 토지 중 자신의 공유지분에 관하여는 공유지분권자로서, 이 사건 토지 중 미성년자이던 원고의 공유지분에 관하여는 그 법정대리인의 자격으로, 각각 근저당권설정계약을 체결함으로써 이 사건 토지 중 원고의 공유지분에 관하여 이 사건 근저당권설정등기가 경료되었다.

(4) 이후 성년이 된 원고는 자신의 공유지분에 관한 저당권설정등기의 말소를 청구하였다.

(5) 제1심 판결은 피고에 대한 위 차용금 채무의 채무자는 甲이 아니라 A이므로 甲이 원고를 대리하여 A의 피고에 대한 채무담보를 위하여 근저당권을 설정하는 행위는 친권자와 그 자 사이에 이해의 대립이 생길 우려가 있는 이해상반행위라고 볼 수 없다. 가사, 甲이 주채무자라 하더라도 증거들을 종합하면 위 차용금은 대부분 원고 등의 생활비 등으로 소요된 사실을 인정할 수 있으므로 그와 같은 사정에 비추어 보더라도 A의 대리행위가 원고에 대하여 이해상반행위라고 볼 수 없다는 이유로, 제1심은 원고의 청구를

기각하였고, 원심은 제1심 판결이유를 인용하면서 원고의 항소를 기각하였다.

(6) 이에 대하여 원고는 상고를 하면서, 형식상은 주채무자가 A이지만 실질적으로는 주채무자가 친권자인 甲이므로, 甲이 원고의 친권자로서 이 사건 토지 중 원고의 공유지분에 관하여 근저당권설정계약을 체결한 행위는 이해상반행위에 해당함에도, 甲이 특별대리인을 선임하지 않고 원고를 대리하여 근저당권설정계약을 체결하였으므로 위 근저당권설정등기는 원인무효로 말소되어야 한다고 주장하였다(원심: 부산고법 2001.9.13. 선고 2001나2433 판결).

| 대상판결 |

대법원 2002.1.11. 선고 2001다65960 판결

2. 판결요지

(1) 친권자인 모가 자신이 연대보증한 차용금 채무의 담보로 자신과 자의 공유인 토지 중 자신의 공유지분에 관하여는 공유지분권자로서, 자의 공유지분에 관하여는 그 법정대리인의 자격으로 각각 근저당권설정계약을 체결한 경우, 위 채권의 만족을 얻기 위하여 채권자가 위 토지 중 자의 공유지분에 관한 저당권의 실행을 선택한 때에는, 그 경매대금이 변제에 충당되는 한도에 있어서 모의 책임이 경감되고, 또한 채권자가 모에 대한 연대보증책임의 추구를 선택하여 변제를 받은 때에는, 모는 채권자를 대위하여 위 토지 중 자의 공유지분에 대한 저당권을 실행할 수 있는 것으로 되는바, 위와 같이 친권자인 모와 자 사이에 이해의 충돌이 발생할 수 있는 것이, 친권자인 모가 한 행위 자체의 외형상 객관적으로 당연히 예상되는 것이어서, 모가 자를 대리하여 위 토지 중 자의 공유지분에 관하여 위 근저당권설정

계약을 체결한 행위는 이해상반행위로서 무효라고 보아야 한다.

(2) 법정대리인인 친권자와 그 자 사이의 이해상반의 유무는 전적으로 그 행위 자체를 객관적으로 관찰하여 판단하여야 할 것이지 그 행위의 동기나 연유를 고려하여 판단하여야 할 것은 아니다.

[관련조문] 민법 제921조(친권자와 그 子간 또는 수인의 子간의 이해상반행위)

3. 판례의 이해와 쟁점

(1) 친권자인 모가 자신이 연대보증한 채무의 담보로 자신과 자의 공유인 토지 중 자의 공유지분에 관하여 법정대리인의 자격으로 근저당권설정계약을 체결한 행위가 민법 제921조 제1항 소정의 '이해상반행위'에 해당하는가?

(2) 민법 제921조 제1항 소정의 '이해상반행위' 여부의 판단에 있어서 행위의 동기나 연유를 고려하여야 하는가?

(3) 민법 제921조에서 정한 '이해상반행위'의 의미와 판단기준은 무엇인가?

4. 이론탐구

(1) 민법상 친권의 제한에 관한 규정을 설명하라.

(2) 제921조의 이해상반행위의 의미를 설명하라.

(3) 이해상반행위를 판단하는 기준에 대해 대립되는 학설의 내용은 무엇인가? 또한 판례의 입장은 어떠한가?

(4) 특별대리인을 선임하지 않고서 한 이해상반행위의 효력은?

5. 심화학습

(1) 친권자가 자기의 영업자금을 마련하기 위하여 미성년자인 자를 대리하여 그 소유부동산을 담보로 제공하여 저당권을 설정한 행위는 이해상반행위인가? (대법원 1971.7.27. 선고 71다1113 판결)

(2) 친권자가 부동산을 매수하여 이를 그 자에게 증여하는 행위는 자기계약에 해당하는가? 또한 친권자와 자 사이의 이해상반행위에 속하는가? (대법원 1981.10.13. 선고 81다649 판결)

(3) 친권자인 모가 자신이 대표이사로 있는 주식회사의 채무 담보를 위하여 자신과 미성년인 자의 공유재산에 대하여 자의 법정대리인 겸 본인의 자격으로 근저당권을 설정한 행위는 이해상반행위에 해당하는가? (대법원 1996.11.22. 선고 96다10270 판결)

(4) 미성년자 각자마다 특별대리인을 선임하여 그 각 특별대리인이 각 미성년자를 대리하여 상속재산분할의 협의를 하지 않고, 특별대리인 1인이 수인의 미성년자를 대리하여 상속재산분할협의를 하였다면 이는 민법 제921조에 위반된 것으로서 이러한 대리행위에 의하여 성립된 상속재산분할협의는 무효인가? (대법원 1994.9.9. 선고 94다6680 판결)

참고문헌

• 윤장원, "민법 제921조 소정의 이해상반행위 해당여부," 판례연구 제14집, 부산판례연구회, 2002.
• 윤진수, "친권자와 자녀 사이의 이해상반행위 및 친권자의 대리권 남용," 민사재판의 제문제 11권, 2002.
• 한봉희, "친권자와 子간의 이해상반행위," 고시연구 8월호(통권 제233호), 1993.

Ⅲ. 친권의 남용과 친권상실

1. 사실관계

(1) 원고의 모인 A가 혼인한 1982.4.경부터 포항시 남구 연일읍 자명리에서 원고의 조부인 B를 모시면서 같은 리 744의 1 전 3,269㎡(이하 '이 사건 토지'라 한다)를 비롯한 농토를 개간하여 과수원을 만들어 경작하여 왔고, 남편이 1988.7.20. 사망한 이후에도 혼자 농사를 지으면서 위 B를 모셔 왔다.

(2) 위 B는 1988.12.8. 그동안 그를 부양하여 온 A에게 같은 리 588 답 879평을 먼저 증여하였고, 뒤이어 어린 원고의 장래를 위하여 1989.4.18. 원고에게 이 사건 토지를 증여하였다.

(3) 그런데 A의 남편이 사망한 후부터 시댁식구들이 직접 위 B를 모시겠다면서 A에게 시댁에서 나가라는 재촉을 하자, A가 그들의 성화에 견디지 못하고 1991.9.경 원고와 함께 시댁을 나오게 되었다.

(4) 한편 1991년 추석 무렵 위 A는 시댁시구들로부터 이 사건 토지를 시댁에 증여하면 그 시가에 상응하는 상가를 구입하여 주겠다는 구두상의 제의를 받고 그에 응하여 이 사건 토지의 등기권리증을 교부하고 그의 증여용 인감증명서를 발급받아 준 다음, 같은 해 10.14. 원고의 법정대리인으로서 원고가 위 B의 2남인 피고에게 이 사건 토지를 증여하는 계약을 체결하였다.

(5) A가 이 사건 토지를 피고에게 증여할 당시 원고는 불과 8세 4개월 남짓한 미성년자이었고, 피고 또한 원고의 삼촌으로서 A가 원고의 법정대리인으로서 원고의 유일한 재산인 이 사건 토지를 그에게 증여한다는 사실을 알고 있었다.

(6) 그 후에 A는 원고의 법정대리인으로서 원고의 소송대리인을 선임한 뒤에 이 사건 토지에 대하여 소유권이전등기 말소청구를 하였다(원심: 대구지법 1996.9.11. 선고 96나2925 판결).

| 대상판결 |

대법원 1997.1.24. 선고 96다43928 판결

2. 판결요지

(1) 친권자인 모(母)가 미성년자인 자(子)의 법정대리인으로서 자의 유일한 재산을 아무런 대가도 받지 않고 증여하였고 상대방이 그 사실을 알고 있었던 경우, 그 증여행위는 친권의 남용에 의한 것이므로 그 효과는 자에게 미치지 않는다.

(2) 위 (1)의 경우, 친권자의 법정대리권의 남용으로 인한 법률행위의 효과가 미성년인 자(子)에게 미치지 아니한다고 하여 그 친권자의 친권이 상실되어야 하는 것은 아니며, 친권자가 자의 법정대리인으로서 소송대리인을 선임하여 그 증여에 기하여 이루어진 소유권이전등기의 말소를 구하는 소를 제기하였다고 하여 이를 금반언의 원칙에 어긋난 것으로 볼 수도 없다.

[관련조문] 민법 제2조(신의성실)/제920조(자의 재산에 관한 친권자의 대리권)/제924조(친권상실의 선고)

3. 판례의 이해와 쟁점

(1) A가 피고에게 이 사건 토지를 증여한 행위가 친권남용에 해당하는가?

(2) A가 친권남용에 해당한다면 민법 제924조의 친권남용에 해당하여 친권을 상실하는 것인가?

(3) A가 소송대리인을 선임하여 이 사건 토지의 말소등기를 청구하는 것이 신의칙에 반하는 것인가?

(4) 친권의 남용에 해당하기 위한 요건과 효과는 무엇이며 친권남용에 해당하는 경우 그 친권자의 친권이 반드시 상실되어야 하는가?

4. 이론탐구

(1) 대리권남용 이론에 대해 설명하라.

(2) 대리권남용 이론을 친권에도 적용할 수 있는가?

(3) 친권의 남용으로서 대리행위의 효력이 부정되기 위한 요건은 무엇인가? 친권자와 상대방으로 구분하여 설명하라.

(4) 친권남용에 해당한다면 친권상실 청구 없이도 당연히 친권이 상실되는 것인가?

5. 심화학습

(1) 위 사실관계에서 친권자인 A가 원고의 유일한 재산을 아무런 대가도 받지 않고 피고에게 증여하였는데 이 경우 이해상반행위에 해당하는 것은 아닌가? 만일 해당하지 않는다 하더라도 친권남용에 해당할 수 있는 것인가?

(2) 남편이 행방불명이 되어 극심한 생활난으로 인하여 타인과 결혼한 경우에는 민법 제924조의 친권상실 선고 사유에 해당하는가? (대법원 1963.9.12. 선고 63다197 판결)

(3) 자녀들의 양육과 보호에 관한 의무를 소홀히 하지 아니하였지만 모의 간통행위로 부가 사망하는 결과가 초래된 사실이 있다면 이 사유만으로 모에 대한 친권상실선고사유에 해당한다고 볼 수 있는가? (대법원 1993.3.4. 선고

93스3 판결)

(4) 친권상실청구권의 포기 약정은 유효한가? (대법원 1977.6.7. 선고 76므34 판결)

참고문헌

- 김상용, "친권상실선고제도의 문제점," 고시연구 6월호(통권 제303호), 1996.
- 나경 · 백태승, "대표권 제한과 친권남용," 고시계 4월호(통권 제578호), 2005.
- 윤석찬, "친권남용과 친권상실," Jurist 413호, 2007.

|제6절| 후 견

Ⅰ. 후견인 해임

1. 사실관계

(1) 甲은 1974년 11월 8일에 망 乙과 丙 사이에 태어난 것으로 출생신고가 되어 있었으나, 乙과 청구인 사이의 친생자로서 1989년 7월 31일에 친생자관계부존재확인심판의 확정에 의해 청구인이 甲의 母로 호적상 등재되었다.

(2) 청구인은 1978년 2월 25일에 乙과 혼인하였다가 1987년 2월 9일에 이혼하고 친가로 복적하였는데 乙이 1987년 9월 19일에 사망하자 고모인 피청구인(재항고인)이 1988년 4월 14일에 甲에 대한 후견개시신고를 하였다.

(3) 이에 청구인은 청구인이 피청구인보다 선순위 후견인이고 甲은 출생 이후 계속 청구인이 양육하고 있음을 주장하면서 피청구인에 대한 후견인해임청구를 하였다.

(4) 1심(부산지방법원 울산지원 1989.12.13. 89느239 심판)에서 위 청구가 받아들여지고 원심도 1심의 심판을 유지하는 결정을 하였다. 이에 대해 피청구인은 대법원에 재항고를 신청하였다(원심: 부산지방법원 1990.2.20. 90브1 결정).

| 대상판결 |

대법원 1991.4.4. 선고 90스3 판결

2. 판결요지

(1) 미성년자에 대한 법정후견인의 취임은 지정후견인이 없음을 조건으로 후견개시사유 발생과 동시에 당연히 이루어지고, 호적상 후견개시신고는 보

고적 신고에 불과한 것인바, 미성년자의 부 및 조부가 사망하였어도 외조부가 생존하면 개정 전 민법 제932조, 제935조에 따라 부의 사망과 동시에 외조부가 후견인으로 취임한 것이라 할 것이고, 그에게 후견인 결격사유가 있는 경우에는 이혼한 생모가 차순위로 후견인이 되는 것이므로 미성년자의 고모가 후견개시신고를 하여 호적에 후견인인 것처럼 등재되었다 하여도 후견인으로 취임한 것으로 볼 수 없다.

(2) 후견인해임심판은 후견인에게 민법 제940조 소정의 사유가 있는 경우에 그 지위를 상실하게 하는 절차이므로 실제 후견인이 아닌데도 후견인인 것처럼 호적에 등재되어 있다 하여도 후견인해임심판의 대상이 될 수 없는 것이고, 진정한 후견인이나 선순위 후견권자가 위와 같이 등재된 자를 상대로 그 지위를 확정하기 위하여 후견인해임심판을 구하는 것은 부적법하다.

[관련조문] 호적법 (폐기 전) 제83조(후견개시신고의 기재사항)(현행 가족관계의 등록 등에 관한 법률 제80조) 舊민법(1990.1.13 법률 제4199호로 개정되기 전의 것) 제932조, 제935조/민법 제940조(후견인의 변경)/舊가사심판법(1990.12.31 법률 제4300호로 폐지됨) 제2조 제1항 제1호/가사소송법 제2조 제1항(가정법원의 관장사항)

3. 판례의 이해와 쟁점

(1) 법정후견인 순위에 해당하지 않는 자가 후견개시 신고를 하여 가족관계등록부에 후견인으로 등재된 경우 후견인으로 취임한 것으로 볼 수 있는가?

(2) 이 경우 진정한 후견인이나 선순위 후견권자가 후견인으로 등재된 자를 상대로 그 지위를 확정하기 위하여 후견인해임심판을 구할 수 있는가?

4. 이론탐구

(1) 후견인제도 및 순위에서 한정치산자와 금치산자의 차이점은 무엇인가?

(2) 법원은 한정치산자의 후견인 선임권한이 있는 것인가?

(3) 후견인의 변경을 원하는 경우 피후견인의 친족이나 검사가 변경청구를 할 수 있는 외에 피후견인 본인도 후견인 변경을 청구할 수 있는가?

5. 심화학습

(1) 법원이 일부 친족회원에게 친족회 소집통지를 하지 않아서 취소사유가 있는 친족회의 결의라도 취소되지 않고 존속하는 한 그 결의에 따라 토지를 매각한 후견인의 행위는 후견인의 해임사유에 해당한다고 할 수 없는 것인가? (대법원 1971.2.20. 선고 71스2 판결)

※ 舊民法(2005.3.31. 법률 제7427호로 개정되기 전의 것) 제940조는 후견인이 현저한 비행이 있거나 그 임무에 관하여 부정행위 기타 후견인의 임무를 감당할 수 없는 사유가 있는 때에는 법원은 피후견인 또는 제777조(친족의 범위)의 규정에 의한 친족의 청구에 의하여 후견인을 해임할 수 있다고 규정하고 있었다.

(2) 후견인 해임의 심판은 그 고지로써 효력이 생기는 것이므로 그 뒤 해임심판이 적법하게 취소되어 실효되지 않는 이상, 해임심판의 고지에 의하여 청구인은 일단 후견인의 지위를 상실한다고 볼 것인가? (대법원 1982.1.26. 선고 81므45 판결)

참고문헌

- 송호열, "성년후견법제에 관한 연구," 동아대학교 대학원, 2003.
- 송호열, "행위무능력제도와 후견제도의 문제점," 동아법학 35호, 동아대학교 출판부, 2004.
- 이은영, "성년후견제도의 개선방향," 외법논집 15집, 한국외국어대학교 법학연구소, 2003.

II. 후견인의 권한제한

1. 사실관계

(1) 원고는 정신분열증 등의 진단을 받고 국립서울정신병원에 강제입원되어 있는 동안 원고의 동생인 甲의 신청에 의하여 서울가정법원으로부터 1989.11.28.자로 한정치산선고를 받았다.

(2) 수개월 후에 甲은 원고의 후견인으로 선임되었으며, 그 후 甲의 신청에 의하여 서울가정법원은 1990.12.7. 한정치산자인 원고의 친족회원으로 甲의 처인 A와 그 외 2명을 선임하였다.

(3) 서울가정법원은 원고 소유의 부동산을 후견인인 위 甲이 매각함에 있어서 그 동의 여부를 의결하기 위한 친족회를 원고의 거택에서 소집한다는 심판을 하였다.

(4) 얼마 후 甲은 원고의 후견인 자격으로 1991.8.20.경 원고 소유의 부동산을 피고에게 금 120,000,000원에 매도한 다음 위 친족회원 3인 명의로 매도 결의 취지가 적힌 1990.12.22.자 친족회 의사록을 첨부하여 1991.10.10. 피고 앞으로 소유권이전등기를 경료하여 주었다.

(5) 나중에 이 사실을 알게 된 원고는 피고를 상대로 그 친족회 의사록은 실제로 친족회가 소집되거나 개최된 바도 없이 허위로 작성된 것이므로 "피고 이름으로 된 이 사건 부동산의 소유권이전등기는 무효"라는 취지의 소송을 제기하였다(원심: 서울고법 1996.11.26. 선고 95나41187 판결).

| 대상판결 |

대법원 1997.6.27. 선고 97다3828 판결

2. 판결요지

(1) 민법 제126조 소정의 권한을 넘은 표현대리 규정은 거래의 안전을 도모하여 거래상대방의 이익을 보호하려는 데에 그 취지가 있으므로 법정대리라고 하여 임의대리와는 달리 그 적용이 없다고 할 수 없고, 따라서 한정치산자의 후견인이 친족회의 동의를 얻지 않고 피후견인의 부동산을 처분하는 행위를 한 경우에도 상대방이 친족회의 동의가 있다고 믿은 데에 정당한 사유가 있는 때에는 본인인 한정치산자에게 그 효력이 미친다.

(2) 한정치산자의 후견인이 친족회의 동의 없이 피후견인인 한정치산자의 부동산을 처분한 경우에 발생하는 취소권은 민법 제146조에 의하여 추인할 수 있는 날로부터 3년 내에, 법률행위를 한 날로부터 10년 내에 행사하여야 하지만, 여기에서 '추인할 수 있는 날'이라 함은 취소의 원인이 종료한 후를 의미하므로, 피후견인이 스스로 법률행위를 취소함에 있어서는 한정치산선고가 취소되어 피후견인이 능력자로 복귀한 날로부터 3년 내에 그 취소권을 행사하여야 한다.

(3) 거래상대방이 후견인으로서 상당기간 피후견인의 재산을 관리하여 왔다고 할지라도 후견인을 상대로 중요한 재산적 가치를 가지는 한정치산자의 부동산을 매수하는 자로서는 친족회의 동의가 있었는지 여부를 확인하였어야 할 것인데도 막연히 부동산 중개업자를 통하여 거래상대방이 후견인으로 선임된 후 1년 이상 부동산의 관리를 전담하여 온 사실만을 확인하였을 뿐 친족회의 동의에 관하여는 전혀 확인하지 아니하였다면, 매수인은 후견인을 상대로 거래하는 자로서 마땅히 해야 할 주의를 다하지 못한 과실이 있다고 하지 않을 수 없으며, 또한 권한을 넘은 표현대리에 있어서 정당한 이유의 유무는 대리행위 당시를 기준으로 하여 판정하여야 하고 매매계약 성립 이후의 사정은 고려할 것이 아니므로, 피후견인이 위 대매로 인한 소유권이전등기를 경료하기에 앞서 그 거래에 관한 친족회원의 선임 및 친족회의 소집에 관한 법원의 심판을 받았고 그에 따라 작성된 친족회 의사록을 후견인으로부터 교부받았다고 할지라도 이로써 후견인이 매매 당

시 친족회의 동의를 받았다고 믿을 만한 정당한 이유가 된다고 볼 수 없다.

(4) 한정치산자가 "횡령혐의로 고소한 바 있으나 쌍방 원만히 합의하였을 뿐만 아니라 피고소인이 범행에 대하여 깊이 반성하고 있으므로 고소 취소한다"는 내용의 고소 취소장을 작성하여 제출할 때에도 아직 한정치산선고를 취소받기 전이므로 여전히 한정치산자로서 독립하여 추인할 수 있는 행위능력을 가지고 있지 못하였을 뿐더러, 고소 취소는 어디까지나 수사기관 또는 법원에 대하여 고소를 철회하는 의사표시에 지나지 아니하고 또 고소 취소장에 기재된 문면의 내용상으로도 고소인이 매수인에 대하여 가지는 매매의 취소권을 포기한 것으로 보기 어렵다.

(5) 민법 제966조에 의하면, 친족회는 본인 기타 이해관계인 등의 청구에 의하여 가정법원이 이를 소집하도록 규정되어 있으므로, 가정법원이 소집하지 아니한 친족회의 결의는 중대한 절차상의 하자가 있어 부존재 내지는 무효이다.

[관련조문] 민법 제9조(한정치산의 선고)/제10조(한정치산자의 능력)/제126조(권한을 넘은 표현대리)/제143조(추인의 방법, 효과)/제144조 제1항(추인의 요건)/제146조(취소권의 소멸)/제937조 제7호(후견인의 결격사유)/제964조 제2항(친족회원의 결격사유)/구 민사소송법 제394조 제1항 제6호(절대적 상고이유)(현행 민사소송법 제424조 제1항 제6호)/형사소송법 제232조(고소의 취소)

3. 판례의 이해와 쟁점

(1) 후견인이 피후견인의 부동산을 처분하면서 친족회의 동의를 얻지 않는 경우, 민법 제126조의 표현대리를 적용할 수 있는가?

(2) 피후견인 또는 친족회가 그 후견인의 행위를 취소할 수 있는 권리는 행사상의 일신전속권인가?

(3) 법정대리의 경우에도 민법 제126조의 표현대리를 적용할 수 있는가?

(4) 한정치산자의 후견인이 친족회의 동의 없이 그 피후견인인 한정치산자의 부동산을 처분한 경우에 발생하는 취소권의 행사에서 제척기간의 기산일인 '추인할 수 있는 날'의 의미

(5) 민법 제126조 소정의 권한을 넘는 표현대리에 있어서 정당한 이유의 유무에 관한 판단기준시기 및 매수행위 당시 친족회의 동의에 관한 확인을 해야 할 매수인의 주의의무

(6) 한정치산자가 한 "쌍방이 원만히 합의하였으므로 고소를 취소한다"는 내용의 고소 취소장을 검찰 및 법원에 제출한 것이 취소할 수 있는 행위의 추인에 해당하는지 여부

(7) 가정법원이 소집하지 아니한 친족회 결의의 효력

4. 이론탐구

(1) 한정치산자의 후견인이 친족회의 동의를 얻지 않고 피후견인의 부동산을 처분하는 행위를 한 경우, 친족회의 동의가 있다고 믿을 만한 정당한 사유가 상대방에게 있는 때에는, 본인인 한정치산자에게 그 효력이 미치는 것인가?

(2) 미성년자의 법정대리인인 친권자와 후견인의 차이는 무엇인가?

(3) 후견인 또는 한정치산자나 금치산자의 법정대리인은 보수청구권이 있는가?

(4) 친족회가 취소권을 가지는 경우에 민법 제146조가 규정한 친족회의 취소권 행사에 관한 제척기간의 기산점인 친족회가 추인할 수 있는 날이란 무엇인가?

(5) 후견인이 친족회의 동의 없이 피후견인의 부동산을 매도한 경우, 그 취소권의 행사방법은 무엇인가?

(6) 한정치산자의 후견인이 친족회의 동의 없이 소를 제기한 경우, 후견인이 한 제소 등 일련의 소송행위는 무효가 되는가?

5. 심화학습

(1) 한정치산자의 후견인이 친족회의 동의를 얻지 않고 피후견인의 부동산을 처분한 경우, 피후견인인 한정치산자가 후견인의 행위를 취소할 수 있는 권리는 채권자대위권의 목적이 될 수 있는가? (대법원 1996.5.31. 선고 94다35985 판결)

(2) 후견인이 피후견인 소유의 재산에 관한 법률행위나 소송행위를 피후견인을 위하여 한다 하더라도 후견인은 그 법정대리인으로서 피후견인 명의로 하여야 하는 것인가? (대법원 1965.7.6. 선고 65다919 판결)

(3) 한정치산자의 후견인이 한정치산자의 이름으로 소송을 제기하는 등의 소송행위를 함에는 친족회의 동의를 얻어야 하는데, 후견인이 친족회의 동의를 얻지 아니한 채 제소하여, 사실심의 변론종결시까지 그 동의가 보정되지 아니하였다면 그 제소 등 일련의 소송행위는 취소할 수 있는 행위인 것인가? 또한 한정치산자의 법정대리인의 소송행위에 필요한 친족회의 동의는 보정되면 행위시에 소급하여 그 효력이 생기고 그 보정은 상고심에서도 할 수 있는 것인가? (대법원 2001.7.27. 선고 2001다5937 판결)

⟫ 참고문헌

- 김선이, "친족회의 동의를 얻지 않은 후견인의 법률행위에 대한 표현대리의 성립여부," 로스쿨(민법총칙), (Jurist 409호), 청림출판, 2006.
- 김천수, "법률행위의 무효와 취소에 관한 판례분석," 사법연구 8집, 한학문화, 2003.
- 윤진수, "친권자와 자녀 사이의 이해상반행위 및 친권자의 대리권 남용," 민사재판의 제문제 11권, 한국사법행정학회, 2002.
- 지원림, "친권자의 대리권행사와 미성년자의 보호," 고시계 50권 7호, 국가고시학회, 2005.

|제7절| 친 족 회

Ⅰ. 친족회의 구성

1. 사실관계

(1) 피고 乙의 母인 법정대리인 박○○는 친족회의 동의 없이 1974.12.28. 甲에게 X부동산을 매도하였다.

(2) 매수인 甲은 피고(乙)에게 X부동산에 대한 소유권이전등기청구를 하게 되었고 친족회 동의 없는 매매계약으로 취소할 수 있는 것이라는 사실을 알게 된 매수인 甲은 친족회가 매매계약을 취소할 것을 두려워한 나머지 이틀 후인 1974.12.30.에 친족회원 권○○에게 동 매매계약사실을 알렸으나 지체없이 친족회 소집신청절차를 갖지 아니하였다.

(3) 그 후 甲이 乙을 상대로 제기한 X부동산에 대한 소유권이전등기청구소송에서 피고 乙은 1978.2.28. 친족회가 친족회 동의 없음을 이유로 甲과 乙간의 X부동산 매매계약에 대한 취소의 항변을 하게 되었다.

(4) 이에 매수인 甲은 민법 제146조의 제척기간을 도과한 취소권 행사라는 재항변을 하였다.

(5) 원심판결은 원고의 재항변은 이유있다고 판시하였고, 이에 피고는 대법원에 상고하였다(원심: 전주지방법원 1979.2.1. 선고 78나133 판결).

| 대상판결 |

대법원 1979.11.27. 선고 79다396 판결

2. 판결요지

친족회가 추인할 수 있는 날이란 친족회원이 매매사실을 안 날이 아니고 동인이 매매사실을 들은 후 지체없이 친족회 소집절차를 밟았더라면 친족회 소집이 가능한 날이라고 보아야 하며 또한 친족회가 실제로 소집된 날로 볼 것도 아니다.

[관련조문] 민법 제146조(취소권의 소멸)/제967조 제3항(친족회의 결의방법)/제966조(친족회의 소집)

※ 참고 : 舊민법 제966조(친족회의 소집) 친족회는 본인, 그 법정대리인, 배우자, 직계혈족, 호주, 회원, 이해관계인 또는 검사의 청구에 의하여 가정법원이 이를 소집한다.

3. 판례의 이해와 쟁점

(1) 갑과 을간의 매매계약이 친족회의 동의를 요하는 경우인가?

(2) 민법 제967조 제3항 소정의 서면결의를한 경우라 함은 민법 제966조의 절차를 밟아 법원이 친족회 소집을 하였는데 친족회원이 그 소집의 일시 · 장소에 집합하지 않고 소위 서면결의한 경우를 말하는 것인가?

(3) 친족회가 취소권을 가지는 경우, 친족회가 '추인할 수 있는 날'이란 친족회원이 취소할 수 있는 법률행위의 사실을 안 날이 아니라 친족회가 실제로 소집된 날을 의미하는 것인가?

4. 이론탐구

(1) 후견인 결격사유는 친족회원 결격사유로 되는가?

(2) 친족회의 의사를 결의하는 데 있어서 친족회원 각자의 의사표시는 서면으로 하건 구술로 하건 상관없는 것인가?

(3) 친족회는 종중과 같은 것인가?

(4) 친족만이 친족회원이 될 수 있는가?

(5) 미성년자의 후견인이 자신이 소집한 친족회의 동의를 받아 피후견인의 부동산을 처분한 경우, 그 처분행위는 유효한 것인가?

(6) 친족회에는 소송행위 기타 외부에 대한 행위에 있어서 친족회를 대표하는 대표자 1인을 두게 되며, 대표자는 누가 맡는가?

5. 심화학습

(1) 민법 제966조에 의하면 친족회는 본인 기타 이해관계인 등의 청구에 의하여 가정법원이 이를 소집하도록 규정되어 있으므로, 가정법원이 소집하지 아니한 친족회의 결의는 중대한 절차상의 하자가 있어 부존재 내지는 무효라고 보아야 하는가? (대법원 1997.6.27. 선고 97다3828 판결)

(2) 지정친족회원은 후견인을 지정할 수 있는 친권자가 미성년자를 위한 친족회의 회원으로 지정한 친족회원을 말한다. 지정친족회원은 미성년자에 대하여 후견이 개시되는 경우뿐이다. 지정권자인 친권자가 친족회원을 지정할 때에는 유언 이외에 생전행위로도 이를 할 수 있는가? (대법원 1976.1.13. 선고 74다2002 판결)

참고문헌

- 김천수, "법률행위의 무효와 취소에 관한 판례분석," 사법연구 8집, 청헌법률문화재단, 2003.
- 윤진수, "친족회의 동의를 얻지 않은 후견인의 법률행위에 대한 표현대리의 성립여부," 민사법학 제19호, 한국민사법학회, 2001.
- 이상욱, "친족회의 개정 필요성과 개정방향," 가족법연구 제16권 제2호, 가족법학회, 2002.

|제8절| 부 양

Ⅰ. 부양청구권

1. 사실관계

(1) 甲의 父인 乙이 방탕한 생활을 거듭하고 또한 子인 甲이 자신의 친자임에 대해 의심을 하게 되면서 妻 A와의 결혼생활을 의도적으로 회피하고 별거를 계속하자 甲은 수십 년 동안 母인 A와 생활하게 되었고 A가 홀로 甲을 부양하게 되었다.

(2) 이에 따라 甲은 父인 乙을 상대로 부양의무 불이행에 따른 손해배상청구와 부양의무 불이행에 따른 정신적 손해에 대한 배상을 청구하게 되었다.

| 대상판결 |

대법원 1983.9.13. 선고 81므78 판결

2. 판결요지

부양받을 권리는 일종의 신분적 재산권이므로 그 권리가 충족되지 않음에 관련되는 일반적인 정신상의 고통은 그 재산권의 실현에 의하여 회복되는 것이라고 봄이 상당하고 부의 자에 대한 부양의무불이행으로 인한 회복할 수 없는 정신적 손해는 특별사정으로 인한 손해이다.

[관련조문] 민법 제393조(손해배상의 범위)/제974조(부양의무)

3. 판례의 이해와 쟁점

(1) 父인 乙이 甲에 대해 부양의무가 있는가?

(2) 乙의 부양의무 해태시 甲의 손해배상청구의 가능성 검토

(3) 乙의 부양의무 해태시 甲의 손해는 일상 생활비, 교육비 등을 포함한 것으로서 통상손해에 해당하는 것인데 이에 더 나아가 부양의무 해태로 인한 정신적 손해도 통상손해로 볼 수 있는가?

(4) 부의 부양의무 불이행으로 인한 자의 정신적 고통이 특별손해인지 여부

4. 이론탐구

(1) 부양받을 권리의 법적 성질이 재산권의 성질을 가지는가?

(2) 부양청구권의 내용은 무엇인가?

(3) 부양의무 불이행에 따른 손해배상청구시 손해범위로서 통상손해가 무엇인가?

(4) 판례가 보고 있는 일반재산권에 대한 채무불이행시 이에 따른 정신적 손해는 통상손해인가? 특별손해인가?

5. 심화학습

(1) 혼인외 출생자를 양육 및 교육한 자가 동 혼인외 출생자의 생부에 대하여 하는 부당이득반환 또는 사무관리 비용상환청구의 가부는? (대법원 1981.5.26. 선고 80다2515 판결)

(2) 부양권리자들이 부양의 방법과 정도에 관하여 당사자 사이에 이루어진 협

정에 따라 그 협정의 이행을 구하는 사건에서 법원이 임의로 협정의 내용을 가감하여 부양의무자의 부양의무를 조절할 수 있는지 여부는? (대법원 1992.3.31. 선고 90므651, 668 판결)

(3) 민법 제556조 제1항 제2호에 규정되어 있는 '부양의무'라 함은 민법 제974조에 규정되어 있는 직계혈족 및 그 배우자 또는 생계를 같이 하는 친족간의 부양의무를 가리키는 것으로서, 친족간이 아닌 당사자 사이의 약정에 의한 부양의무는 이에 해당하지 아니하여 민법 제556조 제2항이나 민법 제558조가 적용되지 않는다(대법원 1996.1.26. 선고 95다43358 판결).

참고문헌

- 양삼승, "통상손해와 특별손해," 민사판례연구 13권, 박영사, 1991.
- 이희배, "부모의 미성숙자부양의무와 그 종기," 가족법학논집(여송이희배교수정년기념), 동림사, 2001.
- 이희배, "사적 부양법리의 삼원론적 이원론," 가족법학논집(여송이희배교수정년기념), 동림사, 2001.

II. 과거의 부양료

1. 사실관계

(1) 청구인과 상대방은 1986년에 혼인하여 1987년에 갑을 낳았으나, 1990년 이혼심판의 확정으로 이혼하였다.

(2) 갑이 출생할 당시부터 청구인과 상대방은 불화가 끊이지 않았으며 상대방은 직장생활을 타지방에서 하게 되고, 청구인은 친정이 있는 곳에서 갑과 같이 생활하고 있어 상대방은 갑을 거의 만날 수가 없었다. 이혼 후에도 청구인은 계속하여 갑을 양육하여 왔다.

(3) 청구인은 이혼 후 청구인 소유의 아파트에서 갑과 같이 생활을 하고 있으며, 갑은 현재 유치원에 다니고 있다.

(4) 청구인은 현재 직장을 다니고 있으며 매월 50만원가량의 수입을 얻고 있고, 그 외에도 매월 평균 30만원의 부수입을 얻고 있다. 또한 앞의 이혼소송에서 상대방에 대하여 위자료 2000만원의 승소판결을 받아 현재까지 금 1500만원에 가까운 액수를 수령하였다.

(5) 청구인은 1991년 자신을 갑의 양육자로 지정함과 아울러 과거의 양육비를 포함하여 갑의 10세까지의 양육비를 상대방이 분담하게 해달라는 내용의 심판을 청구하였다.

(6) 원심은 청구인을 사건본인의 양육자로 지정하고, 상대방에게 여러 사정을 참작하여 월 8만원의 양육비를 분담함이 상당하다고 보아, 이혼한 달인 1990.12.(이혼 시기는1990.8.이나 청구인의 청구취지에 따름)부터 결정 고지 전 달인 1992.6.까지 양육비로 152만원과 그 다음부터 청구인의 청구에 따라 사건본인이 10세가 될 때까지 월 8만원의 비율에 의한 금원의 지급을 명하였다(청구취지는 월 258,600원임). 그리고 양육비에 대해서는 가집행을 선고하였다.

(7) 이에 청구인은 양육비 중 상대방의 분담비율(약 3분의 1)이 과소하다고 재항고하였으며, 상대방은 자신을 양육자로 지정할 것과 이혼위자료에 양육

비가 포함되었고, 과거의 양육비 청구는 부당하며, 원심판결이 즉시항고의 대상이 아닌데도 당사자의 신청 없이 가집행선고를 한 위법이 있다는 이유로 재항고하였다(원심: 대구지방법원 1992.7.16. 92브6 결정).

| 대상판결 |

대법원 1994.5.13. 92스21 전원합의체 결정

2. 판결요지

[다수의견]

(1) 어떠한 사정으로 인하여 부모 중 어느 한쪽만이 자녀를 양육하게 된 경우에, 그와 같은 일방에 의한 양육이 그 양육자의 일방적이고 이기적인 목적이나 동기에서 비롯한 것이라거나 자녀의 이익을 위하여 도움이 되지 아니하거나 그 양육비를 상대방에게 부담시키는 것이 오히려 형평에 어긋나게 되는 등 특별한 사정이 있는 경우를 제외하고는, 양육하는 일방은 상대방에 대하여 현재 및 장래에 있어서의 양육비 중 적정 금액의 분담을 청구할 수 있음은 물론이고, 부모의 자녀양육의무는 특별한 사정이 없는 한 자녀의 출생과 동시에 발생하는 것이므로 과거의 양육비에 대하여도 상대방이 분담함이 상당하다고 인정되는 경우에는 그 비용의 상환을 청구할 수 있다.

(2) 한쪽의 양육자가 양육비를 청구하기 이전의 과거의 양육비 모두를 상대방에게 부담시키게 되면 상대방은 예상하지 못하였던 양육비를 일시에 부담하게 되어 지나치고 가혹하며 신의성실의 원칙이나 형평의 원칙에 어긋날 수도 있으므로, 이와 같은 경우에는 반드시 이행청구 이후의 양육비와 동일한 기준에서 정할 필요는 없고, 부모 중 한쪽이 자녀를 양육하게 된 경위와 그에 소요된 비용의 액수, 그 상대방이 부양의무를 인식한 것인지 여부와 그 시기, 그것이 양육에 소요된 통상의 생활비인지 아니면 이례적이고

불가피하게 소요된 다액의 특별한 비용(치료비 등)인지 여부와 당사자들의 재산상황이나 경제적 능력과 부담의 형평성 등 여러 사정을 고려하여 적절하다고 인정되는 분담의 범위를 정할 수 있다.

[반대의견]

양육에 관한 법원의 심판절차는 거의 예외 없이 상당한 시일을 필요로 하므로 양육에 관한 법원의 심판이 고지되기 전의 것이라도 양육에 관한 협의의 요청이 있었던 때부터 또는 심판청구서의 부본이 상대방에게 송달된 때부터 그 후의 것은 이를 상대방에게 부담하게 하여도 좋을 것이지만, 협의의 요청이나 심판청구가 있기 전의 기간에 지출한 양육비에 대하여는 이를 법원의 심판으로서 상대방에게 그 부담을 명할 수는 없다. 왜냐하면 민법 제837조 제1항, 제2항, 가사소송법 제2조 제1항 (나)목 (2)마류 제3호, 같은 법 제3편(가사비송)의 여러 규정을 종합하면, 이혼한 당사자의 아이의 양육에 관하여 가정법원이 비송사건으로서 행하는 심판은 어디까지나 아이의 현재와 장래의 양육에 관한 사항을 정하거나 이미 정하여진 사항을 변경하는 절차이지, 지나간 과거에 마땅히 이행되었어야 할 부양에 관한 사항을 다시 정하거나 이미 지출된 비용의 분담에 관한 사항을 결정하는 절차가 아니기 때문이다.

[보충의견]

가사소송법은 제2조 제1항 (나)목 (2)마류 제3호에서 민법 제837조의 규정에 의한 자의 양육에 관한 처분을 가사비송사건으로 규정하면서 그 처분의 대상이 되는 양육에 관한 사항을 장래의 것만으로 한정하고 있지 아니하고, 민법이 이혼한 부부의 일방만이 자를 양육하여 온 경우에 다른 일방과 사이에 과거의 양육비를 분담하는 비율을 정하는 데 관하여 달리 규정하고 있지도 아니하므로, 이혼한 부부 각자가 분담하여야 할 과거의 양육비의 비율이나 금액을 장래에 대한 것과 함께 정하는 것도 민법 제837조 제2항에 규정된 자의 양육에 관한 처분에 해당하는 것으로 보아, 가정법원이 자의 연령 및 부모의 재산상황 등 기타 사정을 참작하여 심판으로 정하여야 할 것이지 지방법원이 민사소송절차에 따라 판정할 것은 아니라고 해석함이 상당하다.

[관련조문] 민법 제837조(이혼과 자의 양육책임)/가사소송법 제2조 제1항 (나)목 (2)마류 제3호(가정법원의 관장사항), 제41조(심판의 집행력), 제42조(가집행)

3. 판례의 이해와 쟁점

(1) 청구인인 모가 홀로 갑을 양육한 경우 부를 상대로 과거의 양육비를 상환 청구할 수 있는가?

(2) 과거의 양육비청구에 대한 종전 판례의 태도는 무엇인가?

(3) 부모의 자녀양육의무의 발생시점은 언제인가?

(4) 양육의무가 자녀의 출생과 동시에 발생한다면 청구인인 모가 양육비를 청구하기 이전의 과거의 양육비 모두를 상대방에게 부담시킬 수 있는가?

(5) 양육비가 일정범위로 제한된다면 그 제한의 기준과 양육비 분담의 범위는 어떻게 되는가?

4. 이론탐구

(1) 부모의 부양의무(자의 부양청구권)의 내용을 설명하라.

(2) 부모의 미성년 자녀에 대한 부양의무의 법적 근거는 무엇인가?

(3) 부모의 부양의무 발생시점에 대한 판례의 태도는 무엇인가?

5. 심화학습

(1) 실부가 혼외자에 대한 인지 전에 생모에게 자의 양육을 부탁하면서 양육비를 지급하기로 약정하였다면 그러한 약정은 유효하고 이러한 경우 약정 범위 내에서는 과거 양육비라도 청구할 수 있는지 여부는? (대법원 1987.12.12. 선고 87므59 판결)

(2) 부부간의 상호부양의무에 있어 이행청구 전 과거의 부양료에 대한 청구의 가부는? (대법원 2008.6.12. 선고 2005스50 판결)

(3) 부양의무 없는 자가 부양을 한 경우 부양의무자에게 상환(구상)을 청구할 수 있는가?

참고문헌

- 김주수, "과거의 부양료상환청구," 판례월보 303호, 판례월보사, 1995.
- 박복순, "자녀 양육비 확보제도에 관한 연구," 전남대학교 박사학위논문, 2004.8.
- 박종권, "과거의 양육비상환청구와 분담범위," 로스쿨 가족법(Jurist 413호), 청림인터렉티브, 2007.

III. 부부간의 과거의 부양료 지급의무

1. 사실관계

(1) 공군장교인 상대방은 1982.3.26. 청구외인과 혼인한 이래 두 사람의 성격 차이로 불화가 지속되어 오다가 1996.6.경 이혼하기로 하였다.

(2) 상대방은 청구외인과 이혼할 무렵부터 청구인과 교제하다가 1997.12.17. 경 상대방의 아파트에서 청구인과 성관계를 가지게 되었고, 그 이후인 1998.7.1. 혼인신고를 마쳤다.

(3) 한편 청구인과 상대방은 청구외인이 이혼 후 유학 중이던 딸과 함께 미국에서 지내다가 귀국한 이후 청구인과 상대방의 혼인생활에 개입하는 바람에 여러 차례 말다툼을 벌이고 결국 심한 몸싸움까지도 하다가 1999.2. 초순경 이후에는 성관계를 갖지 않고 별거하기에 이르렀다.

(4) 청구인은 1998.8.경 상대방과 청구외인 사이가 위장이혼이 아닌가 하고 의심하게 되면서부터 1999. 3. 8.에는 공군본부 감찰부에 상대방을 혼인빙자간음과 사기 및 상해죄로 고소하고, 사기 및 상해의 점은 무죄, 혼인빙자간음의 점은 공소기각으로 각 확정되었다.

(5) 한편, 상대방은 1999.11.27.경 청구인과 사이의 혼인신고가 무효라는 이유로 청구인을 상대로 춘천지방법원 강릉지원 99드단4242(이송된 후 2000드합83)호로 혼인무효소송을 제기하였으나, 위 법원은 2001.6.12. 청구기각 판결을 선고하였고, 상대방이 이에 불복하여 서울고등법원 2001르1485호로 항소하였으나, 위 법원은 2002.7.4. 항소기각 판결을 선고하였으며, 상대방이 이에 불복하여 상고한 결과 대법원은 2002.12.10. 상고기각 판결을 선고하였고, 이 판결은 그 시경 확정되었고 상대방은 1999.5.경부터 청구인에게 생활비를 지급하지 않았다.

(6) 청구인은 1999.4.경 19년 동안 재직하였던 원덕농업협동조합에서 퇴직한 이후 현재까지 직업을 갖지 못하여 소득이 없는 반면, 상대방은 공군중령으로 근무하면서 2002년에 약 5,000만 원 정도, 2003년에 약 5,500만 원 정

도의 소득(세금공제전 소득)을 올려왔다.

(7) 청구인은 2003년 2월 4일에 상대방에게 생활비로 1999.5.경부터 혼인해소시까지 월 250만 원 씩을 매월 말일에 지급하라고 청구하였다.

(8) 원심판(서울가정법원 2004.12.29. 선고 2003느단2168 심판)은 상대방은 청구인에게 생활비로, 1999.5.경부터 이 사건 심판일인 2004.12.29.까지는 금 6,000만원(67개월 남짓, 생활비로 월 100만원 정도를 기준으로 산정한 다음 이 사건 기록에 나타난 제반 사정을 참작하여 금 6,000만원으로 정하기로 한다)을, 그 다음날부터 혼인해소시까지는 월 150만원씩을 매월 말일에 지급하라고 판시하였다.

(9) 이에 청구인과 상대방은 모두 항고하였고, 원심결정은 상대방은 청구인에게 부양료로 이 사건 심판청구서 송달 다음날인 2003.2.4.부터 2005.4.30.까지는 금 32,280,000원[={(26개월(2003.2.4.~2005.4.3.) + 27/30개월(2005.4.4.~2005.4.30.)} × 월 1,200,000원]을 지급하고, 그 다음날부터 청구인과 상대방의 혼인관계 해소시까지 월 1,200,000원씩을 매월 말일에 지급하라고 원심판을 변경하는 결정을 하였다. 이에 청구인과 상대방은 모두 대법원에 재항고하였다(원심: 서울가정법원 2005.5.26. 2005브3 결정).

| 대상판결 |

대법원 2008.6.12. 선고 2005스50 판결

2. 판결요지

민법 제826조 제1항에 규정된 부부간의 상호부양의무는 부부의 일방에게 부양을 받을 필요가 생겼을 때 당연히 발생하는 것이기는 하지만, 과거의 부양료에 관하여는 부양을 받을 자가 부양의무자에게 부양의무의 이행을 청구하였음에도 불구하고 부양의무자가 부양의무를 이행하지 아니함으로써 이행지체에 빠진 이후의 것에 대하여만 부양료의 지급을 청구할 수 있을 뿐, 부양의무자가 부양의무의 이행을 청구받기 이전의 부양료의 지급은 청구할 수 없다고 보는 것이 부양의무의 성질이나 형평의 관념에 합치된다.

[관련조문] 민법 제826조(부부간의 의무) 제1항

3. 판례의 이해와 쟁점

(1) 부부간의 상호부양의무에 있어 이행청구 전 과거의 부양료에 대한 청구의 가부?

(2) 부양권리자의 부양의무자에 대한 부양청구권의 발생시점은 언제인가?

(3) 부부간인 청구인과 상대방 사이에 상대방이 생활비를 '99.5월경부터 지급하지 않은 경우 이 시점을 포함하여 혼인해소할 시점까지 부양료인 생활비를 청구할 수 있는가?

4. 이론탐구

(1) 부양청구권의 내용은 어떠한가?

(2) 부부간의 부양의무의 법적 근거는 무엇인가?

(3) 부부간의 부양의무의 발생시점에 대한 판례의 태도는 어떠한가?

(4) 부부일방에게 부양받을 필요가 생겼을 때 상호부양의무가 당연히 발생한다면, 1999.5월경부터 현재까지의 생활비를 청구할 수 있는가?

5. 심화학습

(1) 부모 중 한쪽만이 자녀를 양육하게 된 경우 양육비 청구 이전의 과거의 양육비의 상환을 청구할 수 있는지 여부(적극)(대법원 1994.5.13. 선고 92스21 판결)

(2) 부양의무 없는 자가 부양을 한 경우 부양의무자에게 상환(구상)을 청구할 수 있는가?

참고문헌

• 차선자, "적정양육비 산정 기준을 위한 제안," 가족법연구 20권 3호, 한국가족법학회, 2006.12.

제 4 장

보 론(補論)

제4장 보 론(補論)

Ⅰ. 상속회복청구권의 소멸시효에 관한 구관습의 효력

1. 사실관계

(1) 소외 서길남은 피상속인인 장만선의 딸로서, 원고 갑과 자신이 혼인으로 출가한 후 장만선(당시 이미 사망)마저 사망하여 무후가로 될 지경에 이르자 1960.5.17. 장만선의 사망신고가 되지 않은 것을 기화로 이전에 양자로 생활하였던 서길수(당시 이미 사망)를 서선춘의 사후양자로 입양신고하여 장만선의 호적에 입적하였으며, 서정숙(서길수의 딸)은 호적정정허가결정을 받아 서길수가 1974.4.21 사망한 것으로 호적을 허위 정정하였다. 이로써 서길수는 장만선의 딸들과 외손자인 원고들과 공동상속인으로서의 외관을 갖추게 되었다.

(2) 피상속인인 장만선의 실제 사망일은 6 · 25 사변 무렵으로 민법시행 전이고, 호적상 사망일은 1974.4.16.이다.

(3) 피상속인 장만선 명의의 이 사건 부동산은 1994.4.6. 상속을 원인으로 원고 갑,을,병,정(장만선의 딸들)과 서길수의 상속인들인 소외 서정숙과 서정

복, 김미화, 서상우, 서상희, 서수경 앞으로 소유권이전등기가 경료되었고, 같은 날 증여를 원인으로 한 소유권지분등기가 서정숙 앞으로, 그리고 다시 서정숙의 공유지분에 대하여 1997.4.2. 증여를 원인으로 한 소유권이전등기가 A(피고) 앞으로 경료되었다.

(4) 이에, 장만선의 딸들과 외손자인 원고들은 1998.3.18. 이 사건 각 토지의 진정상속인으로서, 피고 명의의 소유권이전등기는 원인무효임을 주장하면서 피고(A)에 대하여 진정명의회복을 원인으로 한 소유권이전등기절차의 이행을 구하는 소를 제기하였다.

(5) 1심법원(대구지법 상주지원 2000.6.15. 선고 98가단917)은 소각하, 2심법원(대구지법 2001.6.20. 선고 2000나11850은 항소를 기각하였다. 원심법원은, "이 사건 訴가 그 소유권 또는 지분권의 귀속을 내세우는 주장이 상속을 원인으로 하는 것인 이상 그 청구원인 여하에 불구하고 민법이 정하는 상속회복청구의 訴에 해당한다고 보아야 할 것"이라고 판단한 다음, "장만선의 실제 사망일은 민법시행 전이므로 민법시행 전의 상속회복청구권의 소멸기간에 관한 관습법이 적용되어야 하고, 그에 따르면 상속회복청구권은 상속이 개시된 날로부터 20년이 경과하면 소멸되었다고 보아야 할 것인데, 그 상속이 개시된 6 · 25 사변 무렵으로부터 20년이 경과한 후 이 사건 訴가 제기되었고, 설사 장만선의 사망일을 호적에 기재된 1974.4.16.로 보더라도, 민법상 상속회복청구권의 제척기간인 10년이 이미 경과한 뒤인 1998.3.18. 소가 제기되었으므로 이 사건 소는 부적법하다"는 이유로 각하하였다 원고가 상고하였는데, 대법원은 원심판결을 파기하고 환송하였다 (원심: 대구지법 2001.6.20. 선고 2000나11858 판결).

| 대상판결 |

대법원 2003.7.24. 선고 2001다48781 전원합의체 판결

2. 판결요지

(1) [다수의견] 사회의 거듭된 관행으로 생성한 어떤 사회생활규범이 법적 규범으로 승인되기에 이르렀다고 하기 위하여는 그 사회생활규범은 헌법을 최상위 규범으로 하는 전체 법질서에 반하지 아니하는 것으로서 정당성과 합리성이 있다고 인정될 수 있는 것이어야 하고, 그렇지 아니한 사회생활규범은 비록 그것이 사회의 거듭된 관행으로 생성된 것이라고 할지라도 이를 법적 규범으로 삼아 관습법으로서의 효력을 인정할 수 없는바, 제정 민법이 시행되기 전에 존재하던 관습 중 "상속회복청구권은 상속이 개시된 날부터 20년이 경과하면 소멸한다"는 내용의 관습은 이를 적용하게 되면 20년의 경과 후에 상속권침해가 있을 때에는 침해행위와 동시에 진정상속인은 권리를 잃고 구제를 받을 수 없는 결과가 되므로 소유권은 원래 소멸시효의 적용을 받지 않는다는 권리의 속성에 반할 뿐 아니라 진정상속인으로 하여금 참칭상속인에 의한 재산권침해를 사실상 방어할 수 없게 만드는 결과로 되어 불합리하고, 헌법을 최상위 규범으로 하는 법질서 전체의 이념에도 부합하지 아니하여 정당성이 없으므로, 위 관습에 법적 규범인 관습법으로서의 효력을 인정할 수 없다.

[반대의견] 법원으로서는 관습법이 다른 법령에 의하여 변경 · 폐지되거나 그와 모순 · 저촉되는 새로운 내용의 관습법이 확인되기 전까지는 이에 기속되어 이를 적용하여야 하고, 만일 관습법이 헌법에 위반된다면 그 이유로 이를 적용하지 아니할 수 있을 뿐이지 막연히 불합리하다거나 정당성이 없다는 등의 사유를 이유로 판례변경을 통하여 그 적용을 배제할 수는 없는바, 법원은 대법원 1981.1.27. 선고 80다1392 판결에 의해 "상속회복청구권은 상속이 개시된 날부터 20년이 경과하면 소멸한다"는 내용의 관습이 관습법으로 성립하여 존재하고 있음을 확인 · 선언한 이래 여러 차례에 걸쳐 이를 재확인하여 왔으며, 한편 민법 시행 전에 폐지된 조선민사령은 상속에 관한 사항은 관습에 의한다고 규정하였고, 민법은 부칙 제25조 제1항에서 "이 법 시행 전에 개시된 상속에 관하여는 이 법 시행일 후에도 구법

의 규정을 적용한다"라고 규정하였으며, 1977.12.31. 법률 제3051호로 개정된 민법 부칙 제5항 및 1990.1.13. 법률 제4199호로 개정된 민법 부칙 제12조 제1항에서도 각각 같은 내용의 경과규정을 두고 있으므로, 위 관습법이 다른 법령에 의하여 변경 · 폐지되거나 그와 모순 · 저촉되는 새로운 내용의 관습법이 확인되지 아니한 이상 법원으로서는 민법 시행 전에 있어서의 상속에 관한 법률관계에 해당하는 상속회복청구에 대하여 위 관습법을 적용할 수밖에 없다.

[반대의견에 대한 보충의견] 관습법은 성문법률을 보충하는 효력을 가지는 것이기는 하지만 법률의 효력을 가지는 것이어서 그러한 관습법에 위헌적 요소가 있는 경우 우리의 성문법률 위헌심사제도 아래에서는 헌법재판소를 통한 위헌선언이 이루어질 길이 없고 법원에 의하여 위헌성이 판정되고 그의 적용이 배제되어야 할 터이므로 그렇게 되면 실질상 위헌법률선언과 같은 결과를 낳을 것인바, 그 경우에는 헌법상 법치주의 원칙에서 나온 법적 안정성 내지 신뢰보호원칙에 바탕을 둔 위헌결정의 불소급효 원칙의 정신에 따라 그 선언이 있는 날 이후로만 그 관습법의 효력이 상실되도록 함이 상당하다.

(2) 헌법재판소의 위헌결정의 효력은 위헌제청을 한 당해 사건, 위헌결정이 있기 전에 이와 동종의 위헌 여부에 관하여 헌법재판소에 위헌여부심판제청을 하였거나 법원에 위헌여부심판제청신청을 한 경우만이 아니라 따로 위헌제청신청은 하지 아니하였지만 당해 법률 또는 법률의 조항이 재판의 전제가 되어 법원에 계속 중인 사건과 위헌결정 이후에 위와 같은 이유로 제소된 일반 사건에도 미친다.

[관련조문] 민법 제1조(법원), 제999조(상속회복청구권)/헌법재판소법 제47조(위헌결정의 효력) 제2항

3. 판례의 이해와 쟁점

(1) 현행민법에서 관습법의 의미는 무엇인가?

(2) 대상판결에서 관습법을 적용하는 이유는 무엇인가?

(3) 피상속인의 실제사망일과 호적상 사망일이 다른 이유는 무엇인가? 양자 중 어느 것을 사망의 기준시로 하는 것이 타당한가?

(4) 대상판결에서 상속개시시가 갖는 의미는 무엇인가?

(5) 민법 제999조 2항 중 10년 부분이 위헌결정을 받은 이유는 무엇인가?

(6) 민법 제999조 2항에 대한 위헌결정과 개정민법의 시행 사이에 상속이 개시된 경우 상속개시시법인 2002년 개정전 법과 2002년 개정법 중 어느 법이 적용되어야 하는가?

(7) 진정상속인들인 원고는 1998년에 이 사건 소를 제기하였는데, 대상판결이 구 상속관습법을 적용한 법적 근거는 무엇인가?

(8) 민법시행일 전에 존재하던 관습법은 상속회복청구권의 소멸시효기간을 어떻게 보고 있는가? 대상판결이 상속회복청구권의 소멸시효에 관한 관습법의 효력을 부정한 이유는 무엇인가?

(9) 반대의견의 취지는 무엇인가?

(10) 반대의견에 대한 보충의견은 무엇인가?

(11) 대상판결요지의 (2)에서 위헌결정의 효력에 대하여 언급한 이유는 무엇인가?

(12) 조선민사령과 민법 부칙 제25조 제1항, 1977.12.31. 법률 제3051호로 개정된 민법 부칙 제5항 및 1990.1.13. 법률 제4199호로 개정된 민법 부칙 제12조 제1항 및 2002.1.14. 법률 제6591호로 개정된 민법 부칙 제2항을 비교하면 어떤 차이가 있는가? 그 이유는 무엇인가?

(13) 민법 부칙 제25조 1항과 제8조의 취지를 이해한 후 상속회복청구권에 적용되어야 할 규정은 무엇인지에 관한 학설과 판례를 검토하시오.

(14) 대상판결이 갖는 의의 혹은 문제점은 무엇인가?

4. 이론탐구

(1) 조선민사령이 발포된 이유와 그 후의 전개를 연구하시오.

(2) 민법 제1조의 의미를 검토하시오.

(3) 민법 부칙 25조 및 그 후의 개정법에서 상속개시시법주의를 취한 이유를 추론해보시오.

(4) 민법 부칙 제8조의 의미를 음미하시오.

(5) 2002년 개정민법 전의 제999조 제2항은 어떤 점에 문제가 있었는가?

5. 심화학습

(1) 물권적 청구권의 소멸시효에 관한 법원의 판례와 상속회복청구권의 행사기간제한규정을 검토한 후 각각의 취지와 외국의 입법례를 비교 연구하여 토론하시오.

(2) 상속회복청구권의 법적 성질은 무엇이며 대법원 판례의 입장은 무엇인가?

(3) 대법원은 진정상속인을 어떤 방법으로 보호하고 있는지, 판례를 통해 분석하시오.

⋙ 참고문헌

- 김대원, "공동상속인을 상대로 한 상속재산에 관한 등기말소청구의 소가 상속회복청구에 해당하는지 여부와 상속회복청구권의 제척기간," 대법원판례해설, 통권 제51호.
- 윤진수, "상속회복청구권의 소멸시효에 관한 구관습의 위헌여부 및 판례의 소급효," 민사재판의 제문제 제13권, 2004.

• 이상욱, “상속회복청구권의 시효에 관한 일제시대 관습법의 정립과 왜곡,” 가족법연구 제18권 2호, 2004.
• 이화숙, “상속회복청구권의 시효에 관한 관습법의 효력,” 가족법연구 제18권 1호, 2004.
• 이화숙, “상속회복청구권 제척기간의 경과와 참칭상속인의 지위,” 저스티스 제32권 제2호.
• 정재수, “상속회복청구권의 인정기준 및 민법 개정 전후 적용할 제척기간 등에 대하여,” 재판과 판례 제16집, 2007.12.

II. 성전환자의 성 정정

1. 사실관계

(1) 신청인은 1951.7.12. 출생하여 호적상 여성으로 등재되어 있다. 신청인은 초등학교 졸업 후 가정사정으로 진학을 포기하고 가정을 도우며 생활하였으나 성장기부터 남성적 기질과 외관을 뚜렷이 보이고 남자 옷을 입어야 마음이 편해지는 등 일상생활에서 여성에 대한 거부감과 남성으로의 귀속감으로 혼란을 겪어 왔으며 20대 이후 타지로 나가 남성으로서 생활하면서 공사인부 등 주로 육체노동에 종사하여 왔다.

(2) 신청인은 성전환수술을 받기를 원하였으나 경제사정이 여의치 못하여 이를 하지 못하다가 41세 때인 1992.7. 인제대학교 서울백병원에서 성전환증의 진단하에 유방 · 자궁 및 질제거술 및 음낭성형 및 인공고환 삽입술을 받아 남성 성기 및 음낭을 갖게 되었고 그 후 계속 남성호르몬을 투여받음으로써 남성의 외부성기와 외관을 갖추게 되었다.

(3) 신청인은 직장에서 주민등록등본을 요구하는 경우가 많아 취업하기 어렵다고 주장하면서 신청 당시 호적법 제120조에 의하여 법원에 호적상 성을 여성에서 남성으로 정정할 것을 허가하여 달라는 신청을 하였다,

(4) 원심은 "사람의 성별은 수정시 성염색체에 의하여 결정되면 그 후 변할 수 없다는 사실이 생물학적으로 명백하고 여성으로 출생할 사람이 성전환수술을 받아 신체외관상 남성으로서의 성징을 구비하는 것처럼 전환되었다고 하여 성별이 바뀌는 것은 아니므로 신청인이 남성으로 사회생활을 하여 왔다거나 성전환수술을 받아 여성으로서의 외형상 특징을 잃게 되었다고 하여 여성으로 호적기재를 정정할 것은 아니다. 우리의 법체계는 병역법, 민법, 형법 등 여러 법률에서 국민의 성별을 기준으로 하여 규율을 달리하고 있으므로 성전환을 허용하는 특별법이 없는 이상 허용할 수 없다"고 판시하였다. 대법원은 원심 결정을 파기하였다(원심: 청주지법 2004.7.8. 2003라57 결정).

| 대상판결 |

대법원 2006.6.22. 2004스42 전원합의체 결정(개명 호적정정)

2. 판결요지

(1) 종래에는 사람의 성을 성염색체와 이에 따른 생식기 · 성기 등 생물학적인 요소에 따라 결정하여 왔으나 근래에 와서는 생물학적인 요소뿐 아니라 개인이 스스로 인식하는 남성 또는 여성으로의 귀속감 및 개인이 남성 또는 여성으로서 적합하다고 사회적으로 승인된 행동 · 태도 · 성격적 특징 등의 성 역할을 수행하는 측면, 즉 정신적 · 사회적 요소들 역시 사람의 성을 결정하는 요소 중의 하나로 인정받게 되었으므로, 성의 결정에 있어 생물학적 요소와 정신적 · 사회적 요소를 종합적으로 고려하여야 한다.

(2) 성전환증을 가진 사람의 경우에도, 남성 또는 여성 중 어느 한쪽의 성염색체를 보유하고 있고 그 염색체와 일치하는 생식기와 성기가 형성 · 발달되어 출생하지만 출생 당시에는 아직 그 사람의 정신적 · 사회적인 의미에서의 성을 인지할 수 없으므로, 사회통념상 그 출생 당시에는 생물학적인 신체적 성징에 따라 법률적인 성이 평가될 것이다. 그러나 출생 후의 성장에 따라 일관되게 출생 당시의 생물학적인 성에 대한 불일치감 및 위화감 · 혐오감을 갖고 반대의 성에 귀속감을 느끼면서 반대의 성으로서의 역할을 수행하며 성기를 포함한 신체 외관 역시 반대의 성으로서 형성하기를 강력히 원하여, 정신과적으로 성전환증의 진단을 받고 상당기간 정신과적 치료나 호르몬 치료 등을 실시하여도 여전히 위 증세가 치유되지 않고 반대의 성에 대한 정신적 · 사회적 적응이 이루어짐에 따라 일반적인 의학적 기준에 의하여 성전환수술을 받고 반대 성으로서의 외부 성기를 비롯한 신체를 갖추고, 나아가 전환된 신체에 따른 성을 가진 사람으로서 만족감을 느끼고 공고한 성정체성의 인식 아래 그 성에 맞춘 의복, 두발 등의 외관을 하고 성

관계 등 개인적인 영역 및 직업 등 사회적인 영역에서 모두 전환된 성으로서의 역할을 수행함으로써 주위 사람들로부터도 그 성으로서 인식되고 있으며, 전환된 성을 그 사람의 성이라고 보더라도 다른 사람들과의 신분관계에 중대한 변동을 초래하거나 사회에 부정적인 영향을 주지 아니하여 사회적으로 허용된다고 볼 수 있다면, 이러한 여러 사정을 종합적으로 고려하여 사람의 성에 대한 평가기준에 비추어 사회통념상 신체적으로 전환된 성을 갖추고 있다고 인정될 수 있는 경우가 있다 할 것이며, 이와 같은 성전환자는 출생시와는 달리 전환된 성이 법률적으로도 그 성전환자의 성이라고 평가받을 수 있을 것이다.

(3) [다수의견] 성전환자의 경우에는 출생시의 성과 현재 법률적으로 평가되는 성이 달라, 성에 관한 호적의 기재가 현재의 진정한 신분관계를 공시하지 못하게 되므로, 현재 법률적으로 평가되는 성이 호적에 반영되어야 한다. 현행 호적법에는 출생시 호적에 기재된 성별란의 기재를 위와 같이 전환된 성에 따라 수정하기 위한 절차 규정이 따로 마련되어 있지 않다. 그러나 진정한 신분관계가 호적에 기재되어야 한다는 호적의 기본원칙과 아울러, 첫째 성전환자도 인간으로서의 존엄과 가치를 향유하며 행복을 추구할 권리와 인간다운 생활을 할 권리가 있고 이러한 권리들은 질서유지나 공공복리에 반하지 아니하는 한 마땅히 보호받아야 한다는 점, 둘째 호적법이 성전환자의 호적상 성별란 기재를 수정하는 절차규정을 두지 않은 이유는 입법자가 이를 허용하지 않기 때문이 아니라 입법 당시에는 미처 그 가능성과 필요성을 상정하지 못하였기 때문이라는 점, 셋째 호적법 제120조에 의한 호적정정사유 중 호적의 기재가 법률상 허용될 수 없는 경우를 해석함에 있어서 호적 기재 후의 법령의 변경 등 사정의 변경에 의하여 법률상 허용될 수 없음이 명백하게 된 경우를 반드시 배제하여야 할 필요가 있다고 보기 어려울 뿐 아니라, 호적법 제120조에 의한 호적정정 절차를 둔 근본적인 취지가 호적의 기재가 부적법하거나 진실에 반하는 것이 명백한 경우에 그 기재 내용을 판결에 의하지 아니하고 간이한 절차에 의하여 사실에 부합하

도록 수정할 수 있도록 함에 있다는 점을 함께 참작하여 볼 때, 구체적인 사안을 심리한 결과 성전환자에 해당함이 명백하다고 증명되는 경우에는 호적법 제120조의 절차에 따라 그 전환된 성과 호적의 성별란 기재를 일치시킴으로써 호적기재가 진정한 신분관계를 반영할 수 있도록 하는 것이 호적법 제120조의 입법취지에 합치되는 합리적인 해석이라는 점을 종합하여 보면, 성전환자에 해당함이 명백한 사람에 대하여는 호적정정에 관한 호적법 제120조의 절차에 따라 호적의 성별란 기재의 성을 전환된 성에 부합하도록 수정할 수 있도록 허용함이 상당하다. 성전환자에 해당함이 명벽한 사람에 대하여 호적법 제120조에서 정한 절차에 따라 성별을 정정하는 호적정정이 허가되고 그에 따라 전환된 성이 호적에 기재되는 경우에, 위 호적정정 허가는 성전환에 따라 법률적으로 새로이 평가받게 된 현재의 진정한 성별을 확인하는 취지의 결정이므로 호적정정허가 결정이나 이에 기초한 호적상 성별란 정정의 효과는 기존의 신분관계 및 권리의무에 영향을 미치지 않는다고 해석함이 상당하다.

[대법관 손지열, 박재윤의 반대의견] 성전환자의 경우는 선천적으로 불완전한 성적 특징을 가진 자에 대하여 착오나 출생신고 당시 오인으로 인하여 호적에 잘못된 성별로 기재한 경우와 달리, 처음부터 잘못 기재된 호적을 출생시에 소급하여 정정하기 위한 호적법 제120조가 그대로 적용될 수 없는 사안이다. 호적법 제120조에 규정된 '착오', '호적의 정정'이라는 문구 등은 그 객관적 의미와 내용이 명확하여 해석상 의문의 여지가 없고, 호적법을 제정할 당시의 입법취지도 그 내용이 처음 호적에 기재된 시점부터 존재하는 착오나 유루를 정정하고자 하는 것으로서 만일 호적기재가 기재 당시의 진정한 신분관계에 부합되게 적법하게 이루어졌다면 정정의 대상이 될 수 없는 것이었음이 명백하므로, 다수의견의 견해는 호적법 제120조에 대한 문리해석이나 입법취지 등과는 관계없이, 객관적으로 명백한 호적법 제120조의 규정내용에 일부 내용을 추가 · 제거 또는 변경하는 것과 동일한 효과를 가져 오는 것으로서 정당한 유추해석의 한계를 벗어나는 것이다.

사람이 출생신고 당시에 어떠한 성을 가지고 있었는지 여부를 확인하는 호적정정과는 달리, 출생신고 이후의 사정변경을 이유로 하여 다른 성으로의 실질적 변경을 허용하는 문제는 새로운 신분관계의 창설 내지 변경과 이에 따른 법률관계의 변동을 수반하므로 성의 변경이 허용되는지 여부 및 그 요건과 절차는 호적법이 아닌 다른 법률에서 합목적적인 고려에 따라 상세하게 정하여야 하고, 그 요건과 절차 등에 따라 성 변경의 효력이 발생된 경우에 비로소 이를 대외적으로 확인하고 공시하는 취지에서 신고절차를 거쳐 호적에 기재되어야 한다. 이와 달리, 성의 변경의 요건이나 절차 등에 관한 근거 법률이 전혀 없는 상태에서 단순히 호적정정절차를 통하여 성의 변경을 허용한다는 것은 신분관계를 공시하는 기능만이 부여된 호적제도 본래의 목적과 기능을 크게 벗어나는 것이다. 한편, 다수의견과 같이 해석을 하는 것이 과연 새로운 사회현상으로 대두된 성전환증에 관한 문제의 해결이나 그와 같은 문제로 고통받는 당사자들의 구제를 위하여 적절하고, 효과적인 것이라고 볼 수도 없다. 현 단계에서 법원으로서는 이 사건과 같은 사안에서 당사자의 성을 적절한 기준에 따라서 변경할 수 있는 법적·제도적인 보완이 절실하다는 점을 충분히 지적하면서, 현행 호적법 제120조의 호적정정의 방법으로는 이 문제를 해결할 수 없다는 점을 선언하고, 국민의 대의기관인 국회가 사회적 여론을 수렴하여 구체적인 요건과 절차, 효과 등을 담은 입법조치를 하기를 강력히 촉구함으로써 당사자들에게 근본적이고 효과적인 구제가 가능한 여건을 조성하는 데에 일조하는 것이 더욱 중요하다. 결론적으로 성전환자에 대하여 호적법 제120조의 호적정정절차에 따라 호적상 성별란을 정정하는 것은 허용될 수 없다.

[다수의견에 대한 대법관 김지형의 보충의견] 합헌적 법률해석이라는 법리에 비추어 볼 때 성전환자에게 출생 당시 확인되어 신고된 성이 출생 후 그 개인의 성적 귀속감의 발현에 따른 일련의 과정을 거쳐 최종적으로 사회통념상 확인된 성과 부합하지 않는다고 인정할 수 있다면 그와 같이 확인된 성에 맞추어 성별을 바꾸는 것은 호적법 제120조가 말하는 '정정'의 개념에

포함된다고 풀이하는 것이 옳다고 본다. 성전환자에 대하여 출생 당시에는 달리 정신적 · 사회적 성 결정 요소를 확인할 수 없어 생물학적 요소만에 의하여 출생시 신고된 성이 그의 성인 것으로 알고 있었으나, 성장한 후 일정 시점에서 사회통념상 인정되는 성은 출생시 신고된 성과 반대의 성인 것으로 사후에 비로소 확인될 수밖에 없다는 점에 성전환자에게 특유한 문제가 존재하고 이를 해결하기 위하여 호적정정의 필요성이 제기되는 것이다. 성전환자의 성별 정정에 관한 절차적 규정을 입법적으로 신설하는 것이 이상적이지만, 아직까지 어떠한 형태로든 그에 관한 가시적인 입법조치를 예상하기 힘든 현재의 시점에서는 입법 공백에 따른 위헌적인 상황이 계속되는 것보다는 법원이 구체적 · 개별적 사안의 심리를 거쳐 성전환자로 확인된 사람에 대해서는 호적법상 정정의 의미에 대한 헌법합치적 법률해석을 통하여 성별 정정을 허용하는 사법적 구제수단의 길을 터놓는 것이 미흡하나마 성전환자의 고통을 덜어 줄 수 있는 최선의 선택이다.

(4) 호적상 여성으로 등재되어 있으나, 성장기부터 여성에 대한 불일치감과 남성으로의 귀속감을 나타내면서 성인이 된 후에는 오랜 기간 동안 남성으로서 살다가 성전환수술을 받아 남성의 외부 성기와 신체 외관을 갖춘 사람이 호적정정 및 개명 신청을 한 사안에서, 사회통념상 남성으로 평가될 수 있는 성전환자에 해당함이 명백하므로 호적정정 및 개명을 허가할 여지가 충분히 있다고 보아, 성전환자에 대한 호적정정을 허용할 근거가 없다는 등의 이유로 이를 불허한 원심결정을 파기한 사례.

[관련조문] 호적법(폐기 전) 제15조 제4호, 제49조 제2항, 제120조

3. 판례의 이해와 쟁점

(1) 폐지된 호적법 제120조(현행 가족관계의 등록 등에 관한 법률)에서 규정하는 호

적정정사유는 무엇인가?

(3) 대상결정이 성전환수술을 받은 사람의 호적을 정정하여 준 이유는 무엇인가?

(4) 종래의 대법원판결은 성전환받은 사람의 호적정정을 불허하였다, 그 이유는 무엇인가? 대상결정에서 종래의 견해를 번복한 이유는 무엇인가?

(5) 신청 당시의 호적법(현행 가족관계의 등록 등에 관한 법률)에는 출생 당시의 성별란에 기재된 성을 수정하기 위한 절차가 있는가? 그렇다면 성전환자의 성별란을 정정할 수 있는 근거규정은 무엇인가?

(6) 다수의견의 요지는 무엇인가?

(7) 반대의견의 요지는 무엇인가?

(8) 다수의견에 대한 보충의견은 무엇인가?

(9) 대상결정의 의의는 무엇인가?

4. 이론탐구

(1) 관련조문(현행 가족관계의 등록 등에 관한 법률)을 읽고 이해하시오.

(2) 대법원이 제정한 "성전환자의 성별정정허가 신청사건 등 사무처리지침에 관한 가족관계등록예규 제256호"에 관해 토론하시오.

5. 심화학습

(1) 성전환자의 호적정정에 관한 외국의 입법례를 연구하고 의견을 나누시오.

(2) 성전환 수술을 받았으나 아직 호적이 정정되지 않은 사람은 강간죄의 피해자가 될 수 없다는 대법원 1996.6.11. 96도791 판결과 대상판결은 배치되

는지 검토하시오.

(3) 성전환자의 문제를 입법적으로 해결할 필요가 있는지 여부에 대하여 대상 결정의 다수의견 및 반대의견을 살펴보고 입법론을 연구하시오.

참고문헌

- 김중권, "성전환자의 성별정정허가신청사건 등 사무처리지침의 문제점," 법률신문 2006.9.25.
- 문유석, "성전환 수술을 받은 자의 성별," 인권과 정의, 2002.7.
- 민유숙, "성전환자에 대한 호적정정의 가부," 대법원판례해설 제60호, 2006년 상반기.
- 윤진수, "2006년도 주요 민법 관련 판례 회고," 서울대학교 법학 제48권 1호, 2007.
- 윤진수, "성전환 수술을 받은 사람의 호적정정," 가족법판례해설, 2009.
- 조희대, "남녀의 성전환은 현행법상 허용되는가," 법조 1997.5.
- 현소혜, "성전환자의 민사상 법적 지위," 가족법연구 16권 2호, 2002.

III. 개명허가의 요건

1. 사실관계

(1) 이 사건 신청인이 개명허가를 신청한 이유는 현재 호적상 이름인 0분회(0汖會)중 '汖'자가 통상 사용되는 한자가 아니어서 '본'자로 잘못 읽히거나 컴퓨터 등을 이용한 문서작성에 있어 어려움이 있고, '분회(會)'라는 이름이 여자 이름으로 착각되는 경우가 적지 않는 등 일상생활에 있어 많은 불편이 있다는 것이다.

(2) 호적공무원조차도 위 '汖'자를 '본'자로 잘못 알고 호적부상 신청인의 한글이름을 '○본회'로 잘못 등재하였다가 2002.4.17. 직권정정에 의해 이를 바로잡은 사실이 있다 한다.

(3) 제1심과 원심은 신청인의 신청을 기각하였으며. 대법원은 원심결정을 파기환송하였다(원심: 의정부지법 2005.2.4. 2004브11 결정).

| 대상판결 |

대법원 2005.11.16. 2005스26 결정(개명)

2. 결정요지

(1) 이름은 통상 부모에 의해서 일방적으로 결정되어지고 그 과정에서 이름의 주체인 본인의 의사가 개입될 여지가 없어 본인이 그 이름에 대하여 불만을 가지거나 그 이름으로 인하여 심각한 고통을 받은 경우도 있을 수 있는데 그런 경우에도 평생 그 이름을 가지고 살아갈 것을 강요하는 것은 정당화될 수도 없고 합리적이지도 아니한 점, 이름이 바뀐다고 하더라도 주민등록번호는 변경되지 않고 종전 그대로 존속하게 되므로 개인에 대한 혼동

으로 인하여 초래되는 법률관계의 불안정은 그리 크지 않으리라고 예상되는 점, 개인보다는 사회적 · 경제적 이해관계가 훨씬 더 크고 복잡하게 얽혀질 수 있는 법인, 그 중에서도 특히, 대규모 기업 등과 같은 상사법인에 있어서도 상호의 변경에 관하여는 관계 법령에서 특별한 제한을 두고 있지 아니할 뿐만 아니라, 실제로도 자유롭게 상호를 변경하는 경우가 적지 아니한 점, 개명으로 인하여 사회적 폐단이나 부작용이 발생할 수 있다는 점을 지나치게 강조하여 개명을 엄격하게 제한할 경우 헌법상의 개인의 인격권과 행복추구권을 침해하는 결과를 초래할 우려가 있는 점 등을 종합하여 보면, 개명을 허가할 만한 상당한 이유가 있다고 인정되고, 범죄를 기도 또는 은폐하거나 법령에 따른 각종 제한을 회피하려는 불순한 의도나 목적이 개입되어 있는 등 개명신청권의 남용으로 볼 수 있는 경우가 아니라면, 원칙적으로 개명을 허가함이 상당하다고 할 것이다.

(2) 이름 중에 사용된 글자가 통상 사용되는 한자가 아니어서 잘못 읽히거나 컴퓨터 등을 이용한 문서작성에 있어 어려움이 있고 성별(性別)이 착각되는 경우가 적지 않는 등 일상생활에 있어 많은 불편이 있어 개명을 허가할 만한 상당한 이유가 있다고 보여지고, 개명 신청인이 신용불량자로 등록되어 있더라도 법령상의 제한을 회피하기 위한 목적에서 개명신청을 하였다거나 다른 불순한 의도나 목적이 개입되어 있는 등 개명신청권의 남용에 해당한다고 볼 만한 사정도 찾아볼 수 없어 이를 이유로 개명을 불허할 수 없다고 한 사례.

[관련조문] 호적법(폐기 전) 제113조, 헌법 제10조

3. 판례의 이해와 쟁점

(1) 종래 개명이 용이하게 허가된 경우는 어떤 것이었는가?

(2) 대상결정이 개명허가의 기준으로 제시한 것은 무엇인가?

(3) 개명허가 신청사건 사무처리 지침(대법원 2005.12.23. 제정)을 검토하시오.

(4) 개명에 관한 종래의 호적법이나 현행 가족관계의 등록 등에 관한 법률에 개명허가의 기준을 규정하고 있는가?

(5) 개명허가에 관한 종래의 논의와 법원의 실무는 무엇이었는가?

(6) 성명권은 인격권의 내용으로 볼 수 있는가?

(7) 대상결정의 의의는 무엇인가?

4. 이론탐구

(1) 종래의 호적법 제113조와 현행 가족관계의 등록 등에 관한 법률 및 헌법 제10조를 읽고 개명허가의 기준을 제시할 필요성에 대해 검토하시오.

(2) 개명에 관한 외국의 입법례를 연구하시오.

5. 심화학습

(1) 개명을 용이하게 허가할 경우 신청권의 남용은 예상할 수 없는가?

(2) 대상결정은 개명을 불허하는 기준을 무엇이라 제시하고 있는가?

》》 참고문헌

- 김인겸, "개명허가의 기준," 대법원판례해설 2005년 하반기(통권 제58호).
- 양범석, "개명의 허가기준," 재판자료 제102집, 가정법원사건의 제문제(하), 2003.
- 윤진수, "개명허가의 요건," 가족법판례해설, 2009.
- 윤진수, "개명허가의 요건," 가족법연구 제21권 2호, 2007.
- 조상근, "개명에 관한 소고," 서울대 법학 제4집, 2000.

IV. 가사사건에 관한 소송에서 민사사건에 속하는 청구를 병합할 수 있는지 여부

1. 사실관계

(1) 원고(여자)와 피고(남자)간의 혼인관계는 더 이상 회복하기 힘들 정도로 파탄되었다.

(2) 대법원은 원 · 피고간의 혼인관계가 파탄에 이르게 된 책임은… (중략) … 유책배우자인 원고에게 있다고 판단한 원심판결은 정당하고, 혼인관계의 파탄에 대하여 주된 책임이 있는 원고의 이혼청구는 원칙적으로 허용될 수 없다는 이유로 원고의 이혼청구 등을 모두 배척한 원심판결이 정당하다고 하였다.

(3) 원고는 이혼 등 청구가 받아들여지지 않을 경우에 대비하여 예비적으로 부부간의 명의신탁약정 해지의 법리 또는 민법 제829조 제3항의 부부공유재산 분할규정이 혼인 전 부부재산약정이 없는 이 사건에도 유추 적용될 수 있음을 전제로 부동산 중 1/2지분에 관하여 명의신탁해지를 원인으로 소유권이전등기를 구하는 한편, 제2차적으로, 부부 공유재산인 위 부동산들을 경매에 부쳐 그 대금을 원고와 피고에게 2분의 1씩 분할할 것을 구하고 있다.

(4) 원심은 부부간의 명의신탁해지를 원인으로 한 이전등기청구나 부부재산약정의 목적물이 아닌 부부 공유재산의 분할청구는 모두 민사사건으로, 가사사건과는 병합하여 심판받을 수 없음을 이유로 원고의 위와 같은 예비적 청구 병합신청을 받아들이지 않았다. 대법원은 원심판결이 정당하다고 하여 원고의 상고를 기각하였다.[1] (원심: 서울고법 2004.6.22. 선고 2003르1700 판결)

1_ 이 판결의 사안은 유책배우자의 이혼청구에 관한 것임에도 보론으로 다루는 이유는 원고가 민사사건과 가사사건을 예비적으로 병합 신청한 데 대해 원심과 대법원은 유책배우자의 이혼청구와 더불어 민사와 가사사건 병합신청을 판단하였기 때문이다. 따라서 보론의 내용은 사실관계의 (3)과 판결요지 (2)가 핵심이며, 유책배우자의 이혼청구에 관하여 자세히는 '이혼' 참조.

| 대상판결 |

대법원 2006.1.13. 선고 2004므1378 판결(이혼 및 재산분할 등)

2. 판결요지

(1) 혼인생활의 파탄에 대하여 주된 책임이 있는 배우자는 원칙적으로 그 파탄을 사유로 하여 이혼을 청구할 수 없고, 다만 상대방도 그 파탄 이후 혼인을 계속할 의사가 없음이 객관적으로 명백함에도 오기나 보복적 감정에서 이혼에 응하지 아니하고 있을 뿐이라는 등의 특별한 사정이 있는 경우에만 예외적으로 유책배우자의 이혼청구권이 인정된다.

(2) 가사소송법 제2조 제1항 소정의 나류 가사소송사건과 마류 가사비송사건은 통상의 민사사건과는 다른 종류의 소송절차에 따르는 것이므로, 원칙적으로 위와 같은 가사사건에 관한 소송에서 통상의 민사사건에 속하는 청구를 병합할 수는 없다.

[관련조문] 민법 제840조(재판상 이혼원인)/가사소송법 제14조(관련사건의 병합)

3. 판례의 이해와 쟁점

(1) 원고가 이혼 및 재산분할청구와 더불어 명의신탁해지를 원인으로 한 소유권 이전등기절차의 이행 및 민법 제829조 제3항의 부부공유재산의 분할청구를 추가적 · 예비적으로 청구변경청구를 한 이유는 무엇 때문인가?

(2) 가사소송사건과 가사비송사건은 어떤 점에 차이가 있는가?

(3) 가사소송과 가시비송 및 민사사건은 어떤 차이가 있는가?

(4) 가사사건과 민사사건에 속하는 청구를 병합할 수 없는 이유는 무엇인가?

(5) 위 사안에서 가사소송에 해당하는 청구와 가사비송에 해당하는 청구는 무엇인가?

(6) 위 사안에서 민사사건에 해당하는 청구는 무엇인가?

(7) 이 판결의 의의는 무엇인가?

4. 이론탐구

(1) 유책배우자의 이혼청구가 인용되지 않는 이유는 무엇인가?

(2) 유책배우자의 재산분할청구는 인용될 것인가? 이 사건에서 원고의 재산분할청구가 인용되지 않은 이유는 무엇인가?

(3) 원고가 명의신탁해지로 인한 소유권이전등기절차이행을 청구한 이유와 배경은 무엇인가?

(4) 민법 제829조의 내용은 무엇인가? 혼인전의 남녀가 부부재산약정을 하지 않은 경우에 민법 제829조를 유추적용할 수 있는가?

5. 심화학습

(1) 유책배우자인 원고가 명의신탁법리를 동원하지 않고 가사소송사건이나 가사비송사건에서 혼인중 취득재산의 분할을 청구할 수 있는 방법이나 근거로는 무엇이 있는가?

(2) 혹은 부부재산약정이 없는 유책배우자인 원고가 제829조 제3항을 유추적용하여 공유재산분할을 청구하는 대신, 가사소송절차에서 혼인중 취득재산의 반환을 청구할 수 있는 방법은 무엇이 있는가?

(3) 유책배우자인 원고가 피고와 이혼할 수 있는 방법은 무엇인가?

(4) 이혼제도에 관하여 외국의 입법례와 우리 민법을 비교하시오.

참고문헌

- 김상용, "유책배우자의 이혼청구를 예외적으로 인용한 사례," 가족법판례허설, 2009.
- 박동섭, 주석 가사소송법, 박영사, 2004.
- 박진웅, "가사사건과 관련된 민사사건의 처리방법," 실무연구 X, 2005.7, 서울가정법원 법관 가사재판실무연구회.
- 이재성, "가사사건과 민사사건의 병합," 민사재판의 이론과 실제, 제1권, 1976.
- 이화숙, "이혼원인에 있어 유책주의와 파탄주의," 법학논총 제2호, 1995, 경원대학교 법학연구소.

V. 당사자가 임의로 처분할 수 없는 사항

1. 사실관계

(1) 소외 1 갑(生母)은 소외 2 을과 만나 가족 몰래 사귀다가 혼인을 전제로 간단한 예식을 치르고 정교관계를 계속하던 중 공동원고인 병과 정을 출산하였다.

(2) 을의 부모 등이 혼인을 반대하여 혼인신고를 미루어 오던 중 을은 증권투자 실패로 가출하였고, 그 사이에 갑은 을의 도장을 임의로 사용하여 혼인신고를 하여, 갑은 을의 처로, 병과 정은 을의 子로 등재되었다.

(3) 을의 母는 혼인무효확인심판을 청구하고, 갑은 을과 그 母를 상대로 원고들의 양육자로 자기를 지정하고 그들로 말미암아 을과 동거할 수 없게 되었으니 연대하여 위자료를 지급하라는 내용의 조정을 신청하였다.

(4) 그 후 혼인무효심판이 내려졌고 항소하였으나 기각판결을 받고 다시 상고하였는데 그 계속 중에 위 신청의 조정이 다음과 같이 성립하였다. 즉 갑과 을 사이의 관계를 해소하고, 원고들인 병, 정과 을 사이에는 친생자관계가 없음을 확인하며, 원고들에 대한 양육 기타 모든 책임을 갑이 부담하고, 갑은 앞으로 원고들과 관계되는 일체의 재판상 청구를 하지 않되, 을과 그 母는 장충동 소재의 대지와 건물을 양도하여 주고, 갑은 혼인무효확인청구사건에 대한 상고를 취하하기로 한다는 것이다. 이에 따라 상고가 취하되고 혼인무효판결이 확정되고 원고들인 병과 정은 혼인 외의 자가 되었다.

(5) 그 후 을은 피고 보조참가인인 무와 혼인하여 두 자녀를 두었고, 원고들을 상대로 인지무효확인청구를 하였다. 이에 대하여 갑은 원고들의 특별대리인의 지위에서 을을 상대로 원고들의 외조모를 원고들의 양육자로 지정하고 그 양육비를 지급하라는 내용의 심판을 청구하였다.

(6) 그리하여 인지무효확인의 심판이 선고되었고, 양육자 지정 등 청구사건에 대하여는, 원고들이 을의 친생자가 아님을 확인하고, 을은 원고들에게 3,500,000원을 지급하되, 원고들은 더 이상의 금원 청구를 하지 아니한다는

내용의 재판상 화해가 성립하였다. 그리고 인지무효확인심판이 확정됨에 따라 원고들은 을의 호적에서 제적되고 일가창립에 의하여 각각 호주로 되어 父란은 공란으로, 母를 갑으로 한 호적이 각 편제되었다.

(7) 위와 같이 재판상 화해가 성립된 후 갑은 다른 남자와 혼인하였고, 원고들에게서 손을 떼었다. 한편 을은 원고들에게 학비를 주어 유학을 보내기도 하고 그들의 결혼식에도 참석하기도 하는 등 실질적으로 원고들의 아버지로서의 역할을 수행하여 오다가 1994년 사망하였고 원고들은 1995년 이 사건 인지청구의 소를 제기하였다(피고는 검사).

(8) 원심은 "인지무효확인의 확정심판은 소외 2 스스로 원고들을 그의 친생자로 인정하여 출생신고를 한 바 없는데도 소외 1에 의해 그러한 행위를 한 것처럼 호적상 기재가 되어 있으니 그 출생신고에 의한 임의인지가 무효임을 확인한다는 것이 심판대상임이 명백하고, 따라서 그 기판력 역시 소외 2의 출생신고에 의한 임의인지가 무효라는 점에 한하여 발생할 뿐이며, 나아가 소외 2와 원고들 사이에 친생자관계가 존재하는지의 여부에 대하서까지 그 확정심판의 효력이 미치는 것은 아니므로, 그 확정심판의 효력은 원고들이 소외 2와의 사이에 친생자관계가 존재함을 전제로 하여 재판상 인지를 구하는 이 사건 청구에는 미치지 아니하고, 친생자관계의 존부확인과 같이 현행 가사소송법상의 가류 가사소송사건에 해당하는 청구는 성질상 당사자가 임의로 처분할 수 없는 사항을 대상으로 하는 것으로서 이에 관하여 조정이나 재판상 화해가 성립되더라도 효력이 있을 수 없으므로(대법원 1968.4.6. 선고 65다139, 140 판결 참조), 위의 조정이나 재판상 화해는 원고들과 소외 2 사이에 친생자관계가 없음을 확인한다는 점에 관한 한 그 효력이 없어 기판력이 생길 여지가 없고, 또 인지청구권은 포기할 수 없고, 포기하였다 하더라도 효력이 발생할 수 없는 것이므로(대법원 1987.1.20. 선고 85므70 판결 참조), 조정이나 재판상 화해로 인하여 원고들이 인지청구권을 포기하였다거나 실권하였다고 할 수 없으며, 따라서 이 사건 청구가 금반언의 원칙에 반한다거나 권리남용에 해당한다고도 할 수 없다"고 판단하여, 참가인들의 주장을 모두 배척하였다. 대법원은 원심의 판단을 받아들였다

(원심: 서울고법 1998.11.6. 선고 97르89 판결).

| 대상판결 |

대법원 1999.10.8. 선고 98므1698 판결

2. 판결요지

(1) 생부의 인지 없이 생모에 의해 임의로 생부의 친생자로 출생신고되었다는 것을 이유로 한 인지무효확인의 확정심판은 생부 스스로 자(子)를 그의 친생자로 인정하여 출생신고를 한 바 없는데도 생모에 의해 그러한 행위를 한 것처럼 호적상 기재가 되어 있으니 그 출생신고에 의한 임의인지가 무효임을 확인한다는 것이 심판대상임이 명백하고, 따라서 그 기판력 역시 생부의 출생신고에 의한 임의인지가 무효라는 점에 한하여 발생할 뿐이며, 나아가 생부와 자(子) 사이에 친생자관계가 존재하는지의 여부에 대해서까지 그 확정심판의 효력이 미치는 것은 아니므로, 그 확정심판의 효력은 자(子)와 생부 사이에 친생자관계가 존재함을 전제로 하여 재판상 인지를 구하는 청구에는 미치지 아니한다.

(2) 친생자관계의 존부확인과 같이 현행 가사소송법상의 가류 가사소송사건에 해당하는 청구는 성질상 당사자가 임의로 처분할 수 없는 사항을 대상으로 하는 것으로서 이에 관하여 조정이나 재판상 화해가 성립되더라도 효력이 있을 수 없다.[2)]

(3) 인지청구권은 포기할 수 없고, 포기하였다 하더라도 효력이 발생할 수 없다.

2_ 이 사안의 핵심내용은 인지무효확인판결이 확정되어도 인지청구의 소를 제기할 수 경우에 관한 것이다. 보론의 대상은 당사자가 임의로 처분할 수 없는 사항에 속하는 경우에는 조정이나 재판상 화해가 성립되더라도 효력이 없다는 판결에 국한한다. 그러므로 대상판결에서는 판결요지 (2)가 핵심내용이다.

[관련조문] 구(1998년)민사소송법 제202조 제1항, 가사소송법 제2조(가정법원의 관장사항) 제1항, 구(1998년)민사소송법 제206조, 가사소송법 제59조(조정의 성립) 제2항

3. 판례의 이해와 쟁점

(1) 생모에 의해 임의로 생부의 친생자로 출생신고되었다는 것을 이유로 한 인지무효확인의 확정심판의 기판력은 생부의 출생신고에 의한 임의인지가 무효라는 점에 한하여 발생할 뿐 생부와 자(子) 사이에 친생자관계가 존재하는지의 여부에 대해서까지 그 확정심판의 효력이 미치는 것은 아니라는 판시내용이 뜻하는 것은 구체적으로 무엇인가?

(2) 친생자관계존부확인의 소가 당사자가 임의로 처분할 수 없는 사항에 속하는 이유는 무엇인가?

(3) 인지청구의 소를 포기할 수 없는 권리로 해석하는 이유는 무엇인가?

(4) 조정이나 재판상화해가 성립되었다 해도 효력이 없다는 것은 구체적으로 무엇을 뜻하는가?

(5) 가사소송법상 가류 가사소송사건에 해당하는 청구는 어떤 것이 있는가? 그 공통점은 무엇인가? 당사자가 임의로 처분할 수 없는 사항의 의미는 구체적으로 무엇을 뜻하는가?

(6) 조정이나 재판상 화해가 성립되더라도 효력이 없다는 대상판결과 대법원판례의 취지와 이유는 무엇인가?

4. 이론탐구

(1) 인지의 의의와 인지의 방법은 무엇이 있는가?

(2) 인지무효의 소는 어떤 경우에 제기할 수 있는가?

(3) 인지를 취소할 수 있는 사유는 무엇인가?

5. 심화학습

(1) 인지에 대한 이의의 소와 인지무효는 어떤 점에서 다른가?

(2) 가사소송법에 의하면 어떤 경우가 당사자가 임의로 처분할 수 없는 사항에 해당한다고 볼 수 있는가?

》》 참고문헌

- 박동섭, 주석 가사소송법, 2004.
- 윤석찬, "인지무효확인 심판의 기판력과 인지청구권 포기," Jurist 413호, 2007.
- 최진섭, "인지무효확인심판이 확정되어도 인지청구의 소를 제기할 수 있는 경우," 인천법학논총 제3집, 인천대학교 법과대학 법학연구소.
- 최진섭, "인지무효확인심판의 기판력이 재판상 인지청구에 미치는지의 여부," 가족법판례해설, 2009.

VI. 양부모의 이혼과 양모자 관계의 소멸

1. 사실관계

(1) 소외 갑(남자)은 1954.경 소외 망 을(여자)과 결혼하였으나 혼인신고는 하지 않은 채 동거를 하였다.

(2) 갑과 을은 1961.9.28. 혼인신고를 하였으며, 그들 사이에 자식이 없자 병과 정 사이에서 출생한 피고(A)를 대락권자인 병과 정의 동의를 얻어 갑과 을 사이에 출생한 딸로 출생신고를 하였다.

(3) 피고는 갑과 을을 부모로 여기며 생활하였는데 피고(A)가 초등학교 3학년이 된 1966년경부터 갑과 을의 사이가 나빠져 서로 별거하기에 이르자 피고(A)는 생모인 정과 생활하였다.

(4) 을은 갑과 별거하다가 B를 알게 되어 B와 사이에 원고를 출산하였다.

(5) 을은 갑과 1971.9.15. 이혼신고를 하고 같은 해 12.23. B와 혼인신고를 하면서 원고를 그들의 자식으로 출생신고하였다.

(6) 을은 1999.2.20. 사망하였는데, 그간 피고(A)에 대하여 친생자관계에 있지 않다는 등 이의를 제기한 일은 없었다.

(7) 원고는 을이 사망한 이후 피고(A)가 여전히 호적상 을의 딸로 기재되어 있어 상속권을 주장할 염려가 있자 피고(A)와 을 사이에 친생자관계가 없음을 확인하는 이 사건 소를 제기하였다.

(8) 원심판결요지는 다음과 같다. 1) 이 사건 피고에 대한 출생신고의 경위 등에 의하면, 피고를 갑과 을의 친생자로 신고할 당시 피고의 친생부모로서 대락권자들인 병과 정의 입양승낙이 있었고, 갑에게 피고를 입양할 의사가 있었을 뿐 아니라 을에게도 피고를 입양하여 기르려는 의사가 있었다 할 것이고, 그 이후 실제적으로도 출생신고시부터 갑과 을이 이혼하기까지 그들 사이에 친자적인 공동생활관계가 지속되어 왔다 할 것이어서 갑과 을 및 피고 사이에는 입양의 실질적 요건이 구비되어 있었다 할 것이고, 피고에 대한 출생신고는 갑과 을이 피고와의 친생자관계를 창설할 의사로 한

것이라 할 것이므로, 위 출생신고는 비록 그 형식에 다소 잘못이 있다 하더라도 입양의 효력이 발생하여 피고와 을 사이에는 양모자관계가 성립되었다 할 것인데, 양모자 사이의 친생관계는 파양에 의하여 해소될 수 있는 점을 제외하고는 법률적으로 친생자관계와 똑같은 내용을 갖게 되므로 이 경우의 허위의 친생자출생신고는 법률상의 친자관계인 양친자관계를 공시하는 입양신고의 기능을 발휘하게 된다 할 것이고, 이와 같은 경우에는 그 양친자관계를 해소하여야 하는 등의 특단의 사정이 없는 한 그 호적기재를 말소하여 법률상 친자관계를 부정하게 되는 친생자관계의 부존재확인을 구할 이익이 없는 것으로서 부적법하다.

2) 입양으로 인한 친족관계의 소멸은 오직 입양의 취소나 파양으로 인하여만 종료한다 할 것이고, 양부모가 같은 호적에 있는지의 여부는 입양관계에 어떠한 영향을 미친다고 할 수 없다. 대법원은 원심의 판단을 받아들였다(원심:부산지법 2000.9.8. 선고 99르477 판결).

| 대상판결 |

대법원 2001.5.24. 선고 2000므1493 전원합의체 판결

2. 판결요지

(1) 당사자가 양친자관계를 창설할 의사로 친생자출생신고를 하고 거기에 입양의 실질적 요건이 모두 구비되어 있다면 그 형식에 다소 잘못이 있더라도 입양의 효력이 발생하고, 양친자관계는 파양에 의하여 해소될 수 있는 점을 제외하고는 법률적으로 친생자관계와 똑같은 내용을 갖게 되므로 이 경우의 허위의 친생자출생신고는 법률상의 친자관계인 양친자관계를 공시하는 입양신고의 기능을 발휘하게 되는 것이며, 이와 같은 경우 파양에 의하여 그 양친자관계를 해소할 필요가 있는 등 특별한 사정이 없는 한 그 호

적기재 자체를 말소하여 법률상 친자관계의 존재를 부인하게 하는 친생자관계부존재확인청구는 허용될 수 없는 것이다.

(2) 민법 제776조는 "입양으로 인한 친족관계는 입양의 취소 또는 파양으로 인하여 종료한다"라고 규정하고 있을 뿐 '양부모의 이혼'을 입양으로 인한 친족관계의 종료사유로 들고 있지 않고, 구관습시대에는 오로지 가계계승(家系繼承)을 위하여만 양자가 인정되었기 때문에 입양을 할 때 처는 전혀 입양당사자가 되지 못하였으므로 양부모가 이혼하여 양모가 부(夫)의 가(家)를 떠났을 때에는 입양당사자가 아니었던 양모와 양자의 친족관계가 소멸하는 것은 논리상 가능하였으나, 처를 부와 함께 입양당사자로 하는 현행 민법 아래에서는(1990.1.13. 개정 전 민법 제874조 제1항은 '처가 있는 자는 공동으로 함이 아니면 양자를 할 수 없고 양자가 되지 못한다"고 규정하였고, 개정 후 현행 민법 제874조 제1항은 "배우자 있는 자가 양자를 할 때에는 배우자와 공동으로 하여야 한다"고 규정하고 있다) 부부공동입양제가 되어 처도 부와 마찬가지로 입양당사자가 되기 때문에 양부모가 이혼하였다고 하여 양모를 양부와 다르게 취급하여 양모자관계만 소멸한다고 볼 수는 없는 것이다.

[관련조문] 민법 제138조(무효행위의 전환)/제865조(다른 사유를 원인으로 한 친생자관계존부확인의 소)/제878조(입양의 효력발생)/가사소송법 제2조 제1항 가(1) 제4호/ 민법 제776조(입양으로 인한 친족관계의 소멸)/제874조(부부의 공동입양) 제1항, 구 민법(1990.1.13. 법률 제4199호로 개정되기 전의 것) 제874조 제1항

3. 판례의 이해와 쟁점

(1) 양부모가 이혼하고 양모는 재혼하여 그 사이에 자녀가 있는 한편, 피고는 생모와 함께 살고 있는 이 사안에서 대상판결이 양모자관계를 부인하지 않은 법

적 근거는 무엇인가?

(2) 이 사안에 적용될 양자법 규정은 무엇인가?

(3) 대상판결이 전원합의체로 판결한 이유는 무엇인가? 변경된 종래의 판례는 무엇인가?

(4) 입양신고는 요식행위인가?

(5) 양자를 입양하면서 입양신고 대신에 출생신고를 한 경우의 효력에 대한 대법원의 판례는 무엇인가?

(6) 양부모가 이혼한 경우에도 양모자관계에는 양향을 미치지 않는다고 한 이유와 근거는 무엇인가?

(7) 구관습시대에 양부모가 이혼하면 양모자관계가 소멸한 것으로 본 이유는 무엇인가?

(8) 양친자관계를 부인하게 하는 법적 근거는 무엇인가?

(9) 대상판결의 의의는 무엇인가?

4. 이론탐구

(1) 구관습법시대로부터 입양법 규정은 언제 어떻게 개정되었는가?

(2) 친생자관계존부확인의 소와 재판상 파양은 어떻게 다른가?

(3) 종래의 판례가 양부모이혼으로 양부자관계와 달리 양모자관계를 부인한 이유는 무엇이었는가?

5. 심화학습

(1) 양부모가 이혼하여 양모가 양부의 家를 떠났을 경우에는 양부관계는 존

속하지만 양모관계는 소멸한다는 취지의 대법원 1979.9.11. 선고 79므35, 36 판결과 대상판결을 비교하고 어떤 점에서 판례변경을 하였는지 토론하시오.

(2) 허위의 친생자출생신고의 효력에 관한 대법원 1977.7.26. 선고 77다492 전원합의체 판결은 이 사건에 어떤 의미를 지니는가?

참고문헌

- 김용빈, "양부모가 이혼하여 양모가 양부의 家를 떠났을 경우, 양모자관계가 소멸하는지 여부," 21세기의 사법, 송민 최종영 대법원장 재임기념문집간행위원회, 2005.
- 문홍안, "양부모의 이혼과 양모자관계," 가족법판례해설, 2009.

| 제 5 장 |

상 속

제5장 상 속

|제1절| 상속비용

Ⅰ. 상속비용의 범위

1. 사실관계

(1) A는 1994.4.3. 사망하였으며, 남긴 재산은 ① X부동산, ② Y부동산, ③ A의 가정부이던 B에게 1987.5.7. 명의를 신탁해 둔 Z부동산, ④ 금 154,235,920원의 예금반환채권이다. A의 상속인으로는 미성년자인 갑과 을1, 을2, 을3, 을4 5명의 자녀가 있다. 을1은 1994.4.6.부터 4.16.까지 사이에 위 예금 전부를 단독으로 인출하였고, 1994.7.14.경 Z부동산을 C에게 대금 310,000,000원에 매도하였으며, 갑의 상속분 중 금 18,500,000원(1994.4.8. 금 1,500,000원, 같은 해 5.24. 금 1,000,000원, 같은 해 7.5. 금 5,000,000원, 같은 달 11. 금 11,000,000원)을 갑의 법정대리인인 D에게 지급하였다.

(2) 을1은 A의 사망을 전후하여 A의 간병비로 금 6,400,000원, 장례비용으로 금 5,000,000원, 묘지구입비로 금 4,120,000원, 을1, 을2, 을3, 을4의 조모와 생모의 생활보조금으로 금 9,800,000원, A의 가정부이던 B의 생계비로 금 8,400,000원, 상속재산조사를 위한 차량수선비로 금 850,000원, 상속재산

서류조사를 위한 을3 및 E의 지출경비로 금 2,200,000원, 상속재산처리 사무기기 구입비로 금 280,000원, 상속재산관리를 위한 소송비용으로 금 11,700,000원, 상속재산관리업무담당자인 F의 급료로 금 11,000,000원, 상속재산관리를 위한 세무상담비용으로 금 5,000,000원, 장례후 을1의 인사비용 등으로 금 1,700,000원, 접대비로 금 5,500,000원, 집수리 및 도배비로 금 440,000원을 지출하여 합계 금 72,390,000원을 지출하였다. 위의 비용은 상속인들이 각 상속분에 따라 부담하여야 할 금원이므로 갑의 부담부분인 금 14,478,000원(금 72,390,000원의 5분의 1)은 갑의 상속분에서 공제되어야 한다고 을1은 주장한다.

(3) 갑은 X, Y 부동산의 각 1/5지분과 금 92,847,184원{(금 154,235,920원 + 금 310,000,000원) × 1/5}의 지급을 을1, 을2, 을3, 을4에게 청구하였다. 원심은 을1이 주장한 갑의 부담부분인 금 14,478,000원에 대하여, 이를 인정할 증거가 부족하고 특히 A의 장례비와 묘지구입비는 A의 장례절차에서 들어온 부의금으로 지급한 사실을 인정하여 이를 받아들이지 않았고, 상속재산 X, Y부동산을 경매에 붙여 그 대금에서 경매비용을 공제한 나머지 금액을 갑과 을1, 을2, 을3, 을4에게 각 5분의 1의 비율로 분할하고, 을1은 갑에게 금 74,347,184원(92,847,184원－18,500,000원) 및 이에 대하여 갑이 구하는 바에 따라 지연손해금을 지급할 의무가 있다고 판시하였다. 이에 을1, 을2, 을3, 을4가 상고하였다(원심: 대구고등법원 1996.12.19. 선고 96나 2843 판결).

| 대상판결 |

대법원 1997.4.25. 선고 97다3996 판결

2. 판결요지

상속에 관한 비용은 상속재산 중에서 지급하는 것이고, 상속에 관한 비용이라 함은 상속재산의 관리 및 청산에 필요한 비용을 의미한다고 할 것인바, 장례비용은 피상속인이나 상속인의 사회적 지위와 그 지역의 풍속 등에 비추어 합리적인 금액 범위 내라면 이를 상속비용으로 보는 것이 옳고, 묘지구입비는 장례비용의 일부라고 볼 것이며, 상속재산의 관리 · 보존을 위한 소송비용도 상속에 관한 비용에 포함된다.

[관련조문] 민법 제998조의2(상속비용)

3. 판례의 이해와 쟁점

(1) A가 남긴 상속재산은 무엇인가?

(2) 상속인은 누구인가?

(3) 상속에 관한 비용은 어떻게 처리되어야 하는가?

(4) 상속재산은 각 상속인에게 얼마씩 귀속되는가?

(5) 장례비용, 상속재산 관리를 위한 소송비용이 상속에 관한 비용에 해당하는가?

4. 이론탐구

(1) 상속은 언제, 어디에서 개시되는가?

(2) '상속에 관한 비용은 상속재산 중에서 지급한다'는 것은 상속재산분할절차에서 어떤 실익이 있는가?

5. 심화학습

상속인이 한정승인을 하고 상속채무가 적극재산보다 많은 경우에도, 상속에 관한 비용은 상속재산 중에서 지급되는가? (대법원 2003.11.14. 선고 2003다30968 판결)

참고문헌

• 허부열, "상속의 한정승인에 있어서 상속재산이 없거나 그 상속재산이 상속채무의 변제에 부족한 경우 상속채무 전부에 대한 이행판결을 선고하여야 하는지 여부(적극)," 대법원판례해설 46호(2003년 하반기), 법원도서관, 2004.

| 제2절 | 상속회복청구권

Ⅰ. 상속회복청구권 행사의 상대방

1. 사실관계

(1) A는 X 임야에 대하여 1917.2.1. 그 명의로 사정을 받았고 1923.11.27. 사망하여 그 장남인 B가 위 임야를 단독상속하였다. 그 후 B가 1968.2.13. 사망하여 그 처인 C와 자녀들인 갑1, 갑2, 갑3, 갑4, 을, D가 공동상속하였다가, 위 C가 같은 해 10.16. 사망하여 그 자녀들인 갑1 외 5인이 다시 C의 몫을 공동상속하였다. 한편 위 D가 1997.1.13. 사망하여 그의 처인 갑5와 자녀인 갑6, 갑7, 갑8이 공동상속하였다. 그런데 X 임야는 1969.4.23.을 단독명의로 소유권보존등기가 경료되었다.

(2) 청구인들(갑1, 갑2, 갑3, 갑4, 갑5, 갑6, 갑7, 갑8)은 '을'을 상대로 상속분을 초과하는 등기부분은 무효라고 주장하며 각 상속분의 비율에 따라 진정한 등기명의의 회복을 원인으로 한 소유권이전등기절차를 이행하라는 소송을 제기하였으나(부산지방법원 98가합7691) 위 청구는 민법 제999조가 규정하는 상속회복의 소에 해당하여 제척기간이 경과하였다는 이유로 각하되었다.

(3) 이에 청구인들은 위 판결에 불복하여 항소하였으나 기각되었고(부산고등법원 99나4252), 상고하여 대법원에서 파기환송된 이후(2000다17605) 다시 항소기각되자(부산고등법원 2001나12164), 대법원 상고심 계속중 민법 제999조 제2항에 대하여 국민의 재산권 등을 침해한다는 이유로 위헌 여부의 심판제청신청(2002카기129)을 하였으며, 대법원은 2003.5.30. 상고를 기각함과 동시에 위헌법률심판제청신청을 기각하는 결정을 하였다. 이에 청구인들은 같은 해 6.11. 공동상속인을 참칭상속인에 포함시켜 단기의 제척기간을 적용하는 것은 헌법에 위반된다고 주장하며 민법 제999조 제2항에 대하여 이 사건 헌법소원심판청구를 하였다.

| 대상판결 |

헌법재판소 2006.2.23. 2003헌바38 결정

2. 결정요지

공동상속인을 참칭상속인의 범위에 포함시키는 경우 진정상속인은 단기의 제척기간을 적용받아 상속재산의 회복에 제한을 받게 된다. 반면 상속회복청구의 상대인 참칭상속인의 범위를 축소하게 되면 진정한 상속권자가 아닌 자로부터 상속재산을 취득한 제3자가 보호받지 못하게 되는 경우가 발생할 수 있다. 이와 같이 참칭상속인의 범위를 정함에 따라 진정상속인과 제3자의 이익 중 하나는 반드시 제한되게 되므로 어느 한쪽을 선택하여 그 이익을 보호하는 것은 불가피한 측면이 있다. 공동상속인이라 하여도 자신의 상속분을 넘는 부분에 대하여 권리를 주장하고 있다면 그 부분에 관하여는 본질적으로 보통의 참칭상속인과 다를 것이 없다. 또한 전혀 무권리자인 참칭상속인이 상속회복청구권의 단기 제척기간에 의한 이익을 받는 점에 비추어 적어도 일부의 권리를 가지고 있는 공동상속인이 그러한 이익을 받는 것을 크게 불합리하다고 할 수는 없다. 따라서 상속회복청구권에 대하여 단기의 제척기간을 규정하고 있는 민법 제999조 제2항을 적용함에 있어 공동상속인을 참칭상속인의 범위에 포함시키는 것이 진정상속인의 재산권 및 재판청구권을 침해하지 않는다.

〈재판관 송인준의 위헌의견〉

민법 제999조 제2항에 의한 제척기간은 너무 단기간이어서 미성년자인 진정상속인의 이익을 사실상 보호할 수 없다. 특히 진정한 상속인이 유아 또는 어린 소년이고 가까운 친인척에 의하여 상속재산의 침해가 발생한 경우, 이들이 성년이 된 이후 상속재산을 회복하려 하여도 제척기간 도과로 이미 구제받을 길이 없게 되는 사례가 허다한 것이 분명하므로 그 불합리성은 크다고 아니할 수 없다. 물론 민법상의 후견제도 등이 존재하여 미성년기간 중에 어느 정도 미성년자인 진정상속인의 이익을 보호할 수 있는 길이 열려 있기는 하나 이들이 독자적으로 권리보호를 호소하기에는 너무 어리고 많은 경우 참칭상속인과 후견인간의 밀접한 친인척관계 탓에 사실상 제척기간 내에 상속재산의 회복이 쉽게 이루어질 수 없다.

[관련조문] 민법 제999조(상속회복청구권)

3. 판례의 이해와 쟁점

(1) X 임야의 진정한 상속인은 누구인가?

(2) 을은 진정상속인인가, 참칭상속인인가?

(3) 진정상속인의 이익은, 을이 참칭상속인에 포함될 경우와 포함되지 않을 경우 중 어느 경우에 더 보호되는가?

(4) 공동상속인을 참칭상속인에 포함시키는 것이 헌법에 위반하는가?

4. 이론탐구

(1) '참칭상속인'의 의미를 설명하라.

(2) 다른 상속인의 상속분을 침해하는 공동상속인은 참칭상속인에 해당하는가?

(3) 진정상속인은 참칭상속인으로부터 상속재산을 양수한 제3자에 대하여 상속회복청구권을 행사할 수 있는가, 권리행사가 가능하다면 그 논거는 무엇인가?

(4) '상속회복청구의 상대방 범위'와 '진정상속인 보호'의 관계이 대하여 논하라.

5. 심화학습

(1) 상속개시 후 공동상속인 중 1인이 다른 공동상속인에게 자신의 상속지분을 중간생략등기 방식으로 명의신탁하였다가 그 명의신탁이 「부동산 실권리자명의 등기에 관한 법률」이 정한 유예기간의 도과로 무효가 되었음을 이유로 명의수탁자를 상대로 상속지분의 반환을 구하는 경우, 상속회복청구에 해당하는가? (대법원 2009.2.12. 선고 2007다76726 판결)

(2) 아무 근거 없이 피상속인의 호적에 호주상속신고를 한 것으로 기재되어 있으나, 상속재산인 미등기 부동산에 관하여 등기를 마치거나 점유한 적이 없고 호적상으로도 피상속인의 법정상속인에 해당할 여지가 없는 자가 참칭상속인에 해당하는가? (대법원 1998.3.27. 선고 96다37398 판결)

(3) 진정상속인이 주장하는 피상속인과는 다른 피상속인으로부터 상속받았음을 이유로 「부동산소유권이전등기 등에 관한 특별조치법」에 의한 상속등기를 경료한 자에 대한 소유권이전등기말소청구가 상속회복청구의 소에 해당하는가? (대법원 1998.4.10. 선고 97다54345 판결)

(4) 피상속인의 생전에 그로부터 토지를 매수한 사실이 없는데도 등기서류를 위조하여 그 앞으로 소유권이전등기를 경료하였음을 이유로 그로부터 토지를 전전매수한 제3자를 상대로 진정 명의의 회복을 원인으로 한 소유권이전등기절차의 이행을 구하는 경우, 상속회복청구의 소에 해당하는가? (대법원 1998.10.27. 선고 97다38176 판결)

(5) 피상속인의 생전에 당해 토지를 매수한 사실이 없음에도 그런 사유가 있음을 이유로 「임야소유권이전등기 등에 관한 특별조치법」에 의한 이전등기를 경료한 경우, 상속회복청구의 소에 해당하는가? (대법원 1982.1.26. 선

고 81다851 판결)

참고문헌

- 김대원, "공동상속인을 상대로 한 상속재산에 관한 등기말소청구의 소가 상속회복청구의 소에 해당하는지 여부와 상속회복청구권의 제척기간," 대법원판례해설 51호(2004년 하반기), 법원도서관, 2005.
- 이종오, "상속회복청구의 소와 참칭상속인," 대법원판례해설 23호(95년 상반기), 법원도서관, 1995.
- 이회규, "참칭상속인의 범위와 진정상속인의 보호," 중앙법학 5집 3호, 중앙법학회, 2003.
- 장창국, "상속회복청구권에 관한 판례의 검토 : 참칭상속인의 요건을 중심으로," 재판실무 3집, 창원지방법원, 2005.
- 최원준, "상속회복청구권에 있어서의 참칭상속인의 의미," 법학연구 14집 2호, 경상대학교 법학연구소, 2006.

II. 상속회복청구권의 권리행사 기간

1. 사실관계

(1) X 토지는 A의 소유였는데, A가 1978.12.1. 사망하자 B(처), 을1(장남), C(차남), 갑1(장녀), 갑2(차녀)가 공동상속하였다. 그런데 B와 을1은 X 토지의 각 2분의 1 지분에 관하여 1995.6.19. 재산상속(1978.12.1.)을 원인으로 한 소유권이전등기를 마쳤고, 을1은 다시 자신의 지분을 아들인 을2에게 2004.12.4. 증여(2004.11.30.)를 원인으로 한 소유권이전등기를 경료해 주었다.

(2) 청구인 갑1과 갑2는 대전지방법원에 을1과 을2를 상대로 소유권이전등기 말소 등을 구하는 소송을 제기하였는데(대전지방법원 2005가단58073), 위 법원은 이 사건 소가 상속권의 침해행위가 있은 날부터 10년이 경과된 2005.11.23. 제기되었다는 이유로 소각하 판결을 선고하였다. 청구인은 위 판결에 불복하여 대전지방법원에 항소를 제기하였으나(대전지방법원 2006나13368), 위 법원은 항소기각판결을 선고하였고, 이에 청구인은 다시 대법원에 상고한 후(대법원 2007다57244) 그 소송 계속 중 민법 제999조가 헌법에 위반된다고 주장하면서 위헌법률심판제청신청을 하였으나(2007카기159) 기각되자 이 사건 헌법소원심판을 청구하였다.

| 대상판결 |

헌법재판소 2009.9.24. 2008헌바2 결정

2. 결정요지

가. 이 사건 법률조항의 입법연혁

1990.1.13. 법률 제4199호로 개정되기 전의 민법 제999조는 상속회복청구권에 대해, 호주상속회복의 소에 대해 규정하고 있던 민법 제982조를 준용하고 있었는데, 민법 제982조 제2항은 "호주상속회복청구권은 그 침해를 안 날로부터 3년, 상속이 개시된 날로부터 10년을 경과하면 소멸한다"고 규정하고 있었으므로, 상속재산에 관한 상속회복청구권 역시 그 침해를 안 날로부터 3년, 상속이 개시된 날로부터 10년을 경과하면 소멸하도록 되어 있었다. 이후 민법 제999조는 1990.1.13. 법률 제4199호로 개정되면서 민법 제982조를 준용하지 않고 직접 상속회복청구권에 대해 규정하였는데, 제1항에서 "상속권이 참칭상속권자로 인하여 침해된 때에는 상속권자 또는 그 법정대리인은 상속회복의 소를 제기할 수 있다"고 규정한 후 제2항에서 "제1항의 상속회복청구권은 그 침해를 안 날부터 3년, 상속이 개시된 날부터 10년을 경과하면 소멸된다"고 규정하여 개정 전 민법 제982조를 준용하던 것과 동일한 내용을 규정했다.

그런데 "상속이 개시된 날부터 10년"이 경과하면 상속회복청구권이 소멸하는 것으로 규정한 부분에 대해, 헌법재판소가 재산권, 사적 자치권, 재판청구권 등을 침해하고 평등원칙에 위반된다며 2001.7.19. 헌재 99헌바9 등 결정으로 위헌을 선언하자(판례집 13-2, 1, 7-12), 2002.1.14. 법률 제6591호로 민법 제999조 제2항이 개정되어 "상속이 개시된 날"이 아닌 "상속권의 침해행위가 있은 날"부터 10년이 경과하면 상속회복청구권이 소멸하는 것으로 규정하게 되었는바, 그와 같이 개정된 조항이 이 사건 법률조항이다.

나. 이 사건 법률조항과 관련된 헌법재판소의 선례

헌법재판소는 2008.7.31. 2006헌바110 결정(공보 142, 1064)에서 이 사건 법률조항이 헌법에 위반되지 않는다고 판단하였는데, 그 판시 이유의 요지는 다음과 같다.

(1) "상속권의 침해행위가 있는 날부터 10년" 부분

헌법재판소는 2002.11.28. 2002헌마134 결정에서, 이 사건 법률조항 중 "상속권의 침해행위가 있은 날부터 10년" 부분이 헌법에 위반되지 않는다고 판단하였는데, 그 이유의 요지는 다음과 같다.

「이 사건 조항은 종전 규정상의 "상속개시일로부터 10년"을 "침해행위가 있은 날부터 10년"이라고 규정하여 종전보다 상속회복청구권자에게 유리하게 기간을 규정하였다. 그 연장된 범위는 침해행위가 있은 날이 상속개시일로부터 멀수록 늘어나며, 침해행위가 상속개시일로부터 10년이 된 때에 발생한다면 이 사건 조항에 의한 기간은 종전보다 10년이 길어진 것이고, 만일 침해행위가 상속개시일로부터 10년 후에 발생하면 종전보다 10년 이상의 기간이 늘어난 것이 된다. …… 일반적으로 상속제도나 상속권의 구체적 내용은 입법자가 입법정책적으로 결정할 사항으로서 원칙적으로 입법형성의 자유에 속한다. 비록 이 사건 조항의 기간은 다른 나라의 입법례에 비하면 여전히 짧은 것이라 할 수 있지만, 종전 규정보다도 상당히 연장된 것인 점을 감안하면 이 사건 조항이 입법재량의 범위를 일탈한 것으로서 종전 규정과 똑같은 위헌성이 있다고 단정할 수 없다. …… 그렇다면 이 사건 조항이 재산권이나 평등권을 침해한 것이라고 할 수 없고, 달리 다른 헌법상의 기본권을 침해하였다고 볼 사정이 없다.」

(2) "그 침해를 안 날부터 3년" 부분

헌법재판소는 이 사건 법률조항 중 "그 침해를 안 날부터 3년" 부분에 대해 직접적으로 판단한 바는 없으나, 2004.4.29. 2003헌바5 결정에서 구민법(1990.1.13. 법률 제4199호로 개정되기 전의 것) 제999조에 의해 준용되는 제982조 제2항 중 "그 침해를 안 날로부터 3년" 부분이 헌법에 위반되지 않는다고 함으로써, 이 사건 법률조항 중 "그 침해를 안 날부터 3년" 부분과 동일한 내용의 규정에 대해 합헌으로 판단한 바 있는데, 그 이유의 요지는 다음과 같다.

「상속권 역시 재산권의 일종이므로 상속제도나 상속권의 내용은 입법자가

입법정책적으로 결정하여야 할 사항으로서 원칙적으로 입법자의 입법형성의 자유에 속한다고 할 것이다. 또한, 일정한 권리의 행사기간을 제척기간으로 규정할 것인지, 소멸시효로 규정할 것인지, 나아가 행사기간의 기산점과 기간을 어느 정도로 할 것인지의 문제도 진정한 상속인의 이익과 상속관계의 불안정한 법률상태를 제거함으로써 거래 안전을 도모하고자 하는 이익을 어떻게 조화시킬 것인가의 문제로서 입법자의 재량사항이라 할 것이다. …… 상속회복청구권은 로마법 이래 인정되어 온 제도로서 앞서 본 바와 같이 대륙법계 국가들 대부분이 인정하고 있는데, 우리 민법이 위와 같이 로마법으로부터 유래한 상속회복청구제도와 그 단기 행사기간을 받아들여 구민법 제999조가 구민법 제982조를 준용하는 형식으로 규정한 것은 이러한 필요에 응한 것으로서 그 정당성과 합리성을 인정할 수 있다. 다만, 위와 같은 상속회복청구권의 행사기간 자체가 지나치게 단기간이거나 기산점을 불합리하게 책정하여 그 권리행사를 현저히 곤란하게 하거나 사실상 불가능하게 한다면 그것은 권리의 본질을 침해하는 것이 되어 허용할 수 없을 것이나, 이 사건 법률조항이 그 침해행위를 안 날로부터 3년으로 정하여 행사기간을 규정하고 있고, 대법원은 상속권의 침해를 안 날이라고 함은 자기가 진정상속인임을 알고 또 자기가 상속에서 제외된 사실을 안 때라고 해석하고 있어(대법원 1981.2.10. 선고 79다2052 판결) 그 기산점이 불합리하게 책정되었다고 할 수 없으며, 상속으로 인한 재산권의 이전이 법률상 당연히 포괄적으로 이루어진다는 법률적 특성과 이에 따른 선의의 제3자 보호의 필요성을 감안할 때 위 3년이라는 기간은 상속인이 자신의 상속재산을 회복하기 위하여 권리를 행사하기에 충분한 기간이라고 보일 뿐만 아니라, 현행법상 인정되는 다른 소멸시효 및 제척기간 관련 규정이 정하고 있는 권리행사기간과 비교하여 보더라도 그 권리행사에 상당한 기간이라고 보이므로 …… 위 법률조항은 헌법 제37조 제2항에서 정하는 기본권 제한의 한계 내의 정당한 입법권의 행사로서 과잉금지원칙에 위배되지 아니하므로, 상속인의 재산권, 사적 자치권, 재판청구권을 침해하는 것이 아니다. …… 따라서 이것은 평등의 원칙을 침해하는 것이 아니다.」

(3) 위에서 본 바와 같이, 이 사건 법률조항 중 "상속권의 침해행위가 있은 날부터 10년" 부분에 대해서는 이미 합헌 결정이 있었고, "그 침해를 안 날부터 3년" 부분에 대해서는 동일한 내용을 규정하고 있던 구민법 조항에 대한 합헌 결정이 있었는바, 위 결정들에서의 판단과 달리 판단하여야 할 새로운 사정변경이 있는 것으로 보이지 않는다. 따라서 헌법재판소가 위 결정들에서 이미 밝힌 이유들에 따라, 이 사건 법률조항은 상속인의 재산권을 침해하거나 평등원칙에 위반되지 않으며, 이 사건 법률조항은 상속권 자체를 부인하는 것이 아니라 상속회복청구권의 행사기간만을 제한하는 것이므로 자유시장경제질서에 위반되는 것으로 볼 수도 없다.

[관련조문] 민법 제999조(상속회복청구권) (2002.1.14. 2항 개정)

3. 판례의 이해와 쟁점

(1) 진정상속인 갑1과 갑2의 상속권에 대한 침해행위가 있은 날은 언제인가?

(2) 을1과 을2에 대한 소유권이전등기말소청구권이 인용되지 않은 이유는 무엇인가?

(3) 상속회복청구권의 행사기간은 '갑1'과 '갑2'의 소유권 행사를 제한하는가?

(4) 상속회복청구권의 행사기간을 상속권의 침해를 안 날부터 3년, 상속권의 침해행위가 있은 날부터 10년으로 제한하고 있는 민법 제999조 제2항이 상속인의 재산권이나 평등권 등을 침해하여 헌법에 위반되는가?

4. 이론탐구

(1) 상속회복청구권의 행사기간을 제한한 이유는 무엇인가?

(2) 행사기간 규정은 진정상속인 보호와 어떠한 관계가 있는가?

(3) 상속회복청구에 해당하는 경우, 각 상속재산에 대하여 소유권에 기한 반환청구권을 다시 행사할 수 있는가?

5. 심화학습

(1) 제3자가 참칭상속인으로부터 상속재산에 관한 권리를 취득하는 등의 새로운 침해행위가 최초 침해행위시로부터 10년이 경과한 후에 이루어진 경우, 제3자를 상대로 그 등기의 말소 등을 구할 수 있는가? (대법원 2006.9.8. 선고 2006다26694 판결)

(2) 상속재산분할심판 사건에서 공동상속인 일부의 소송대리권이 흠결된 채 화해조서 또는 조정조서가 작성되고 그에 기하여 공동상속인 중 1인 명의로 소유권이전등기가 경료된 경우, '상속권의 침해를 안 날'의 기산점은 언제로 보아야 하는가? (대법원 2007.10.25. 선고 2007다36223 판결)

(3) 제정민법이 시행되기 전에 존재하던 "상속회복청구권은 상속이 개시된 날부터 20년이 경과하면 소멸한다"는 관습에 관습법으로의 효력을 인정할 수 있는가? (대법원 2003.7.24. 선고 2001다48781 전원합의체 판결)

(4) 제사용 재산(민법 제1008조의 3)에 관한 권리의 회복을 청구하는 경우에도 상속회복청구권의 제척기간이 적용되는가? (대법원 2006.7.27. 선고 2005다45452 판결)

(5) 상속개시 후의 인지 또는 재판의 확정에 의하여 공동상속인이 된 자가 그 상속분에 상당한 가액의 지급을 청구할 경우(민법 제1014조)에도 상속회복청구권의 제척기간이 적용되는가? (대법원 1993.8.24. 선고 93다12 판결)

참고문헌

- 문흥안, “상속회복청구권의 행사기간,” 가족법연구 제15권 제2호, 한국가족법학회, 2001.
- 윤진수, “상속회복청구권의 제척기간 규정의 위헌성,” 가족법 판례해설, 세창출판사, 2009, 388-397면.
- 이현재, “상속회복청구권에 있어서 진정상속인의 보호방안에 관한 연구,” 법학논총 28집 2호, 전남대학교 법률행정연구소, 2008.
- 이화숙, “상속회복청구권의 시효에 관한 관습법의 효력,” 가족법연구 18권 1호, 한국가족법학회, 2004.
- 최창열, “상속회복청구권과 물권적 청구권의 관계에 관한 고찰,” 가족법연구 13호, 한국가족법학회, 1999.

|제3절| 상속순위와 상속분

Ⅰ. 상속인의 범위

1. 사실관계

(1) A는 1991.6.19. 을 생명보험회사와 사이에 연금보험계약을 체결하면서 본인 사망시의 보험수익자를 그 상속인으로 정하였다. 미혼이었던 A는 1994.12.24. 사망하였으며, 유족으로는 A와 아버지는 다르고 어머니가 같은 형제자매 갑1과 갑2가 있었다. 갑1과 갑2는 A의 상속인으로서 을에 대하여 보험금을 청구하였다.

(2) 원심이 갑1과 갑2의 청구를 인용함에 따라 을이 상고하였다(원심: 서울지방법원 1995.12.15. 선고 95나43012 판결).

| 대상판결 |

대법원 1997.11.28. 선고 96다5421 판결

2. 판결요지

민법 제1000조 제1항 제3호 소정의 '피상속인의 형제자매'라 함은, 민법 개정시 친족의 범위에서 부계와 모계의 차별을 없애고, 상속의 순위나 상속분에 관하여도 남녀 간 또는 부계와 모계 간의 차별을 없앤 점 등에 비추어 볼 때, 부계 및 모계의 형제자매를 모두 포함하는 것으로 해석하는 것이 상당하다.

[관련조문] 민법 제1000조(상속의 순위) (1990.1.13. 개정)/제1003조(배우자의 상속순위) 제1항

3. 판례의 이해와 쟁점

(1) 부계혈족과 모계혈족은 상속순위에서 차이가 있는가?

(2) 이성동복의 형제자매도 '피상속인의 형제자매'로서 상속인에 해당하는가?

4. 이론탐구

(1) 혈족상속인의 상속순위를 설명하라.

(2) 현행법상 외조부와 형제자매 중 누가 선순위 상속인인가?

(3) 사실혼 배우자는 상속인에 해당하는가?

(4) 계친자, 계형제자매 간에는 상속권이 인정되는가?

(5) 상속인의 법정상속분율은 얼마인가?

5. 심화학습

(1) 입양 간 친생자가 사망한 경우 친부모는 직계존속으로서 다른 자에게 입양 간 친생자의 상속인이 되는가? (대법원 1995.1.20. 94마535 결정)

(2) 중혼배우자도 상속권이 인정되는가? (대법원 1987.10.13. 선고 86누1565 판결)

(3) 이혼소송 계속중 배우자 일방이 사망하면, 생존배우자는 상속인이 되는가? (대법원 1993.5.27. 선고 92므143 판결)

참고문헌

- 김은아, "상속인으로서 배우자의 범위에 대한 검토," 법학연구 32집, 한국법학회, 2008.
- 이경희, "상속법의 문제점과 개선방안," 현대법의 이론과 실제(금낭 김철수교수 화갑 기념 논문집), 박영사, 1993.
- 이은정, "법정상속인에 대한 재검토," 가족법연구 18권 2호, 한국가족법학회, 2004.

II. 대습상속

1. 사실관계

(1) A는 처 'B'와의 사이에 딸 'C', 아들 'D'를 두었다. 딸(C)은 '을'과 혼인하여 그 사이에 외손녀 'E', 외손자 'F'를 두었고, 아들(D)은 'G'와의 사이에 손녀 'H'를 두었다. 사위 '을'을 제외한 가족 모두는 1997.8.6. 탑승 중이던 항공기의 추락 사고로 모두 사망하였고, A(피상속인)의 유족으로는 사위 을과 7명의 형제자매(갑1, 갑2, 갑3, 갑4, 갑5, 갑6, 갑7)가 있었다.

을은 A의 소유이던 X 토지를 1997.11.8. 상속을 원인으로 소유권이전등기를 경료하였으며, A의 형제자매들(갑1, 갑2, 갑3, 갑4, 갑5, 갑6, 갑7)은 X 토지에 대한 소유권이전등기말소를 청구하였다.

(2) 원심이 A의 형제자매들의 청구를 기각함에 따라 A의 형제자매들이 상고하였다(원심: 서울고등법원 1999.2.11. 선고 98나21825 판결).

| 대상판결 |

대법원 2001.3.9. 선고 99다13157 판결

2. 판결요지

(1) ① 우리나라에서는 전통적으로 오랫동안 며느리의 대습상속이 인정되어 왔고, 1958.2.22. 제정된 민법에서도 며느리의 대습상속을 인정하였으며, 1990.1.13. 개정된 민법에서 며느리에게만 대습상속을 인정하는 것은 남녀평등·부부평등에 반한다는 것을 근거로 하여 사위에게도 대습상속을 인정하는 것으로 개정한 점, ② 헌법 제11조 제1항이 누구든지 성별에 의하여 정치적·경제적·사회적·문화적 생활의 모든 영역에 있어서 차별을 받지

아니한다고 규정하고 있고, 헌법 제36조 제1항이 혼인과 가족생활은 양성의 평등을 기초로 성립되고 유지되어야 하며 국가는 이를 보장한다고 규정하고 있는 점, ③ 현대 사회에서 딸이나 사위가 친정 부모 내지 장인장모를 봉양, 간호하거나 경제적으로 지원하는 경우가 드물지 아니한 점, ④ 배우자의 대습상속은 혈족상속과 배우자상속이 충돌하는 부분인데 이와 관련한 상속순위와 상속분은 입법자가 입법정책적으로 결정할 사항으로서 원칙적으로 입법자의 입법형성의 재량에 속한다고 할 것인 점, ⑤ 상속순위와 상속분은 그 나라 고유의 전통과 문화에 따라 결정될 사항이지 다른 나라의 입법례에 크게 좌우될 것은 아닌 점, ⑥ 피상속인의 방계혈족에 불과한 피상속인의 형제자매가 피상속인의 재산을 상속받을 것을 기대하는 지위는 피상속인의 직계혈족의 그러한 지위만큼 입법적으로 보호하여야 할 당위성이 강하지 않은 점 등을 종합하여 볼 때, 외국에서 사위의 대습상속권을 인정한 입법례를 찾기 어렵고, 피상속인의 사위가 피상속인의 형제자매보다 우선하여 단독으로 대습상속하는 것이 반드시 공평한 것인지 의문을 가져볼 수는 있다 하더라도, 이를 이유로 곧바로 피상속인의 사위가 피상속인의 형제자매보다 우선하여 단독으로 대습상속할 수 있음이 규정된 민법 제1003조 제2항이 입법형성의 재량의 범위를 일탈하여 행복추구권이나 재산권보장 등에 관한 헌법규정에 위배되는 것이라고 할 수 없다.

(2) 원래 대습상속제도는 대습자의 상속에 대한 기대를 보호함으로써 공평을 꾀하고 생존 배우자의 생계를 보장하여 주려는 것이고, 또한 동시사망 추정규정도 자연과학적으로 엄밀한 의미의 동시사망은 상상하기 어려운 것이나 사망의 선후를 입증할 수 없는 경우 동시에 사망한 것으로 다루는 것이 결과에 있어 가장 공평하고 합리적이라는 데에 그 입법취지가 있는 것인바, 상속인이 될 직계비속이나 형제자매(피대습자)의 직계비속 또는 배우자(대습자)는 피대습자가 상속개시 전에 사망한 경우에는 대습상속을 하고, 피대습자가 상속개시 후에 사망한 경우에는 피대습자를 거쳐 피상속인의 재산을 본위상속을 하므로 두 경우 모두 상속을 하는데, 만일 피대습자

가 피상속인의 사망, 즉 상속개시와 동시에 사망한 것으로 추정되는 경우에만 그 직계비속 또는 배우자가 본위상속과 대습상속의 어느 쪽도 하지 못하게 된다면 동시사망 추정 이외의 경우에 비하여 현저히 불공평하고 불합리한 것이라 할 것이고, 이는 앞서 본 대습상속제도 및 동시사망 추정규정의 입법취지에도 반하는 것이므로, 민법 제1001조의 '상속인이 될 직계비속이 상속개시 전에 사망한 경우'에는 '상속인이 될 직계비속이 상속개시와 동시에 사망한 것으로 추정되는 경우'도 포함하는 것으로 합목적적으로 해석함이 상당하다.

(3) 피상속인의 자녀가 상속개시 전에 전부 사망한 경우 피상속인의 손자녀는 본위상속이 아니라 대습상속을 한다.

[관련조문] 민법 제1001조(대습상속)/제1003조(배우자의 상속순위) 제2항(1990.1.13. 개정)

3. 판례의 이해와 쟁점

(1) 을은 누구에 갈음하여 갑의 재산을 상속하는가?

(2) 을이 피상속인의 형제자매보다 우선하여 단독으로 대습상속하는 것은 위헌인가?

(3) 동시사망으로 추정되는 경우도 대습상속은 인정되는가?

(4) 혈족이 아닌 피상속인의 사위는 단독으로 대습상속인이 될 수 있는가?

4. 이론탐구

(1) 상속결격자는 피대습자가 되는가?

(2) 상속을 포기한 상속인은 피대습자가 되는가?

(3) 대습상속인의 법정상속분율은 얼마인가?

(4) 피상속인의 자녀가 상속개시 전에 전부 사망한 경우 피상속인의 손자녀의 상속은 본위상속인가, 대습상속인가?

(5) 재대습상속은 인정되는가?

5. 심화학습

(1) 구민법(1990.1.13. 법률 제4199호로 개정되기 전의 것) 시행 당시 계모의 모(母)가 사망한 경우, 그 전에 계모가 이미 사망하였다면 전처의 출생자가 계모의 순위에 갈음하여 대습상속을 하는가? (대법원 2009.10.15. 선고 2009다42321 판결)

(2) 피대습자의 배우자가 대습상속의 상속개시 전에 사망하거나 결격자가 된 경우, 그 배우자에게 다시 피대습자로서의 지위가 인정되는가? (대법원 1999.7.9. 선고 98다64318,64325 판결)

참고문헌

- 신영호, "피대습자의 배우자의 대습상속," 「가족법의 변동요인과 현상」 창간호, 세창출판사, 1998.
- 안영하, "피대습자의 배우자의 대습상속에 관한 입법론적 검토," 성균관법학 18권 1호, 성균관대학교 비교법연구소, 2006.
- 이승우, "대습상속 소고," 아세아여성법학 7호, 아세아여성법학연구소, 2004.
- 정긍식, "배우자의 대습상속권," 민사판례연구 25권, 박영사, 2003.

III. 상속결격

1. 사실관계

(1) A는 1960.5.27.생으로 1989.8.16. 을 통운주식회사의 불법행위로 사망하였다. A의 부 갑1, 모 갑2, 처 B(호주상속인)는 상속인으로, 금 78,524,584원의 배상청구권(A의 일실수입 중 을이 부담하여야 할 금 73,524,584원과 위자료 금 5,000,000원의 합계)을 그 법정상속분에 따라 B가 금 39,262,292원(78,524,584원×2/4), 갑1, 갑2가 각각 금 19,631,146원(78,524,584원×1/4)씩을 승계취득하였다.

(2) B는 A가 사망하자 그와의 사이에서 잉태한 태아를 출산할 경우 결손가정에서 키우기 어려우리라는 우려와 A의 사망으로 인한 정신적 충격 및 신체적 쇠약 때문에 고민하여 오다가 1989.9.18. 낙태수술을 받아 그 다음날 임신 약 5개월의 태아를 낙태하였다. 이에 갑1과 갑2는, B의 낙태행위는 고의로 상속의 동순위에 있는 자를 살해한 자에 해당하므로 B는 상속결격자가 되어 A의 재산을 상속할 수 없고 을에 대한 A의 배상청구권은 갑1과 갑2에게 상속되어야 한다고 주장하였다.

(3) 이에 대하여 원심은 "낙태를 하면 민법 제1004조 제1호에 해당하는 경우가 있을 수 있지만, 상속결격제도의 중심적 의의는 개인법적 재산취득질서의 파괴 또는 이를 위태롭게 하는 데에 대한 민사적 제재라고 보아야 할 것이고, 그러한 이상 상속결격자라고 하기 위하여는 민법 제1004조 소정의 범죄를 범한 자의 고의 안에는 적어도 그 범행으로 말미암아 상속에 유리하게 된다는 인식도 함께 있을 것을 필요로 할 것인바, ① 위 B가 A와의 사이에서 잉태한 태아를 낙태하기는 하였지만, 이 범행은 위 태아를 출산할 경우 결손가정에서 키우기 어려우리라는 우려와 남편의 사망으로 인한 정신적 충격 및 신체적 쇠약으로 고민 끝에 이루어진 사실이 인정되고, ② 또한 위 B가 낙태를 하지 아니하였다 하더라도 B는 호주상속을 할 태아와 공동상속인이 되어 그 상속분은 1/2이 되고, 낙태한 경우에도 갑 1, 갑 2와 공

동상속인이 되어 그 상속분은 역시 1/2이 되므로, 그가 낙태죄를 범한 이유는, 그 범행으로 말미암아 자신이 재산상속에 유리하게 된다는 인식 없이, 오로지 장차 태어날 아기의 장래에 대한 우려 등에 기인하였으므로, 동인은 상속결격자에 해당한다고 할 수 없다"는 이유로, 이를 배척하였다. 이에 갑1과 갑2가 상고하였다(원심: 광주고법 1991.11.29. 선고 90나6889,6896 판결).

| 대상판결 |

대법원 1992.5.22. 선고 92다2127 판결

2. 판결요지

가. 태아가 호주상속의 선순위 또는 재산상속의 선순위나 동순위에 있는 경우에 그를 낙태하면 구민법(1990.1.13. 법률 제4199호로 개정되기 전의 것) 제992조 제1호 및 제1004조 제1호 소정의 상속결격사유에 해당한다.

나. 위 "가"항의 규정들 소정의 상속결격사유로서 '살해의 고의' 이외에 '상속에 유리하다는 인식'을 필요로 하는지 여부에 관하여는, (1) 우선 같은 법 제992조 제1호 및 제1004조 제1호는 그 규정에 정한 자를 고의로 살해하면 상속결격자에 해당한다고만 규정하고 있을 뿐, 더 나아가 '상속에 유리하다는 인식'이 있어야 한다고까지는 규정하고 있지 아니하고, (2) 위 법은 "피상속인 또는 호주상속의 선순위자"(제992조 제1호)와 "피상속인 또는 재산상속의 선순위나 동순위에 있는 자"(제1004조 제1호) 이외에 "직계존속"도 피해자에 포함하고 있고, 위 "직계존속"은 가해자보다도 상속순위가 후순위일 경우가 있는바, 같은 법이 굳이 동인을 살해한 경우에도 그 가해자를 상속결격자에 해당한다고 규정한 이유는, 상속결격요건으로서 "살해의 고의" 이외에 '상속에 유리하다는 인식'을 요구하지 아니한다는 데에 있다고 해석할 수밖에 없으며, (3) 같은 법 제992조 제2호 및 이를 준용하

는 제1004조 제2호는 "고의로 직계존속, 피상속인과 그 배우자에게 상해를 가하여 사망에 이르게 한 자"도 상속결격자로 규정하고 있는데, 이 경우에는 '상해의 고의'만 있으면 되고, 이 '고의'에 '상속에 유리하다는 인식'이 필요 없음은 당연하므로, 이 규정들의 취지에 비추어 보아도 그 각 제1호의 요건으로서 '살해의 고의' 이외에 '상속에 유리하다는 인식'은 필요로 하지 아니한다고 할 것이다.

[관련조문] 민법 제1004조(상속인의 결격사유) (1990.1.13. 개정, 2005.3.31. 개정)/
제1009조(법정상속분) (1977.12.31. 개정, 1990.1.13. 개정)

3. 판례의 이해와 쟁점

(1) A와 B 사이의 자가 있을 경우, A의 상속인과 그 법정상속분은?
(2) A와 B 사이의 자가 없을 경우, A의 상속인과 그 법정상속분은?
(3) 부 사망 후 그의 태아를 낙태한 처가 상속결격자에 해당하는가?
(4) 상속결격사유로서 '살해의 고의' 이외에 '상속에 유리하다는 인식'을 필요로 하는가?

4. 이론탐구

(1) 상속결격제도의 입법취지는 무엇인가?
(2) 상속결격 사유는 규정의 문언 그대로 해석하여야 하는가?
(3) 피상속인이 상속결격자를 용서하여 결격효과를 소멸시킬 수 있는가?

5. 심화학습

(1) 공동상속인들 사이에 그 내용이 널리 알려진 유언서에 관하여 피상속인이 사망한 지 6개월이 경과한 시점에서 비로소 그 존재를 주장한 경우, '유언서의 은닉'으로 상속결격에 해당하는가? (대법원 1998.6.12. 선고 97다38510 판결)

참고문헌

- 양창수, "상속결격제도 일반 : 우리나라와 프랑스의 경우," 『민법연구』 제5권, 박영사, 1999.
- 오종근, "상속결격사유 – 낙태의 경우," 가족법연구 제7호, 한국가족법학회, 1993.
- 이성룡, "1. 호주상속의 선순위 또는 재산상속의 선순위나 동순위에 있는 태아를 낙태한 경우 구민법(1990.1.13 법률 제4199호로 개정되기 전의 것) 제992조 제1호 및 제1004조 제1호 소정의 상속결격사유에 해당하는지 여부 2. 상속결격자에 관한 위 구민법 제992조 제1호, 제1004조 제1호 소정의 '고의'에 '상속에 유리하다는 인식'도 필요한지 여부," 대법원판례해설 (92년 상반기) 제17호, 법원도서관, 1992.
- 황경웅, "상속결격의 제반문제," 가족법연구 제20권 2호, 한국가족법학회, 2006.

IV. 특별수익자의 상속분

1. 사실관계

(1) A는 D(1979.2.17. 사망)와 혼인하여 그 사이에 장남 B, 2남 을, 3남 C를 출산하였으며, 1971.경부터 E와 부첩관계를 맺고 1974.8.23. 갑을 낳았다. 1988.12.7. 사망한 A는, 사망당시 X 부동산의 가액(금 456,411,000원)을 포함하여 적극재산으로 합계 금 598,749,200원, 소극재산으로 제세공과금채무, 사업용부채, X 부동산에 관한 근저당채무(금 104,924,963원), 차용금채무 등 합계 금 270,821,705원을 남겼다.

X 부동산은 B, 을, C, 갑이 공동상속하였으며, 상속 후 C가 다른 상속인들과 협의하여 X 부동산에 대하여만은 사실상 상속포기를 하기로 약정함에 따라 1989. 5. 18. 위 부동산 중 B가 3/7지분, 갑, 을이 2/7지분에 관하여 상속을 원인으로 한 소유권이전등기를 마쳤으며, 다시 갑 소유 명의의 위 지분에 관하여 1990.12.23. 을 앞으로 매매를 원인으로 한 소유권이전등기를 마쳤다.

한편, A는 사망하기 전인 1988.6.1. 갑 앞으로 장래 그의 교육비 등에 사용하도록 대비하기 위하여 Y투자신탁주식회사에 액면 금 5,000만원짜리 장기공사채 2구좌 합계 금 1억원을 예탁하여 두었다.

(2) 갑은 X 부동산 중 2/7 지분은 갑이 상속받은 것인데, B가 전혀 대리권 없이 을 앞으로 위와 같이 소유권이전등기를 마친 것이므로 이는 원인없는 무효의 등기로서 을에게 소유권이전등기 말소를 청구하였다.

(3) 이에 대하여 원심은, A가 사망 당시 가지고 있던 위 금 327,927,495원 상당의 상속재산 가액(598,749,200원 - 270,821,705원)과 A가 갑에게 생전증여한 금 1억원을 합한 금 427,927,495원이 A의 공동상속인들이 상속받게 될 총 상속재산가액이 되고, 갑의 법정상속분율은 2/9가 되므로, 이를 기초하여 갑의 상속분을 계산하면 금 95,094,998원(427,927,495 × 2/9)이 됨이 분명하고 따라서 갑은 이미 A로부터 그의 생전에 금 1억원을 증여받음으로써 자

신의 상속분보다 많은 이익을 얻은 특별수익자에 해당하므로, 결국 갑은 민법 제1008조의 정한 바에 따라 X 부동산에 관하여 더 이상 상속할 권리가 없다고 보아 갑의 청구를 이유 없다고 배척하였다. 이에 갑이 상고하였다(원심: 대구고등법원 1994.2. 17. 선고 92나2234 판결).

| 대상판결 |

대법원 1995.3.10. 선고 94다16571 판결

2. 판결요지

(1) 민법 제1008조에서 "공동상속인 중에 피상속인으로부터 재산의 증여 또는 유증을 받은 자가 있는 경우에 그 수증재산이 자기의 상속분에 달하지 못한 때에는 그 부족한 부분의 한도에서 상속분이 있다"고 규정하고 있는바, 이는 공동상속인 중에 피상속인으로부터 재산의 증여 또는 유증을 받은 특별수익자가 있는 경우에 공동상속인들 사이의 공평을 기하기 위하여 그 수증재산을 상속분의 선급으로 다루어 구체적인 상속분을 산정함에 있어 이를 참작하도록 하려는 데 그 취지가 있다.

(2) 공동상속인 중에 특별수익자가 있는 경우의 구체적인 상속분의 산정을 위하여는, 피상속인이 상속개시 당시에 가지고 있던 재산의 가액에 생전 증여의 가액을 가산한 후, 이 가액에 각 공동상속인별로 법정상속분율을 곱하여 산출된 상속분의 가액으로부터 특별수익자의 수증재산인 증여 또는 유증의 가액을 공제하는 계산방법에 의하여 할 것이고, 여기서 이러한 계산의 기초가 되는 "피상속인이 상속개시 당시에 가지고 있던 재산의 가액"은 상속재산 가운데 적극재산의 전액을 가리키는 것으로 보아야 옳다. 그렇지 않고 이를 상속의 대상이 되는 적극재산으로부터 소극재산, 즉 피상속인이 부담하고 있던 상속채무를 공제한 차액에 해당되는 순재산액이라

고 파악하게 되면, 자기의 법정상속분을 초과하여 특별이익을 얻은 초과특별수익자는 상속채무를 전혀 부담하지 않게 되어 다른 공동상속인에 대하여 심히 균형을 잃게 되는 부당한 결과에 이르기 때문에 상속인들은 상속의 대상이 되는 적극재산에 증여재산을 합한 가액을 상속분에 따라 상속하고, 소극재산도 그 비율대로 상속한다고 보아야 할 것이다.

[관련조문] 민법 제1008조(특별수익자의 상속분)

3. 판례의 이해와 쟁점

(1) A의 상속인은 누구이며, 각 상속인의 상속분율은 얼마인가?

(2) 갑은 특별수익자인가?

(3) 갑의 구체적 상속분은 얼마인가?

(4) 갑은 을에 대하여 자신의 2/7지분 전부에 대하여 소유권이전등기 말소를 청구할 수 있는가?

(5) 갑은 상속채무를 얼마나 승계하는가?

(6) 공동상속인 중에 특별수익자가 있는 경우의 상속분의 산정방법은 무엇인가?

4. 이론탐구

(1) 생전 증여가 특별수익에 해당하는지 여부의 판단 방법은 무엇인가?

(2) 자기의 상속분을 넘는 초과특별수익도 구체적 상속분 산정시 계산상 반환하여야 하는가?

5. 심화학습

(1) 상속인의 직계비속, 배우자, 직계존속 등에게 이루어진 증여와 유증을 상속분 산정에서 특별수익으로 고려할 수 있는가? (대법원 2007.8.28. 2006스3, 4 결정)

(2) 처에게 증여한 재산이 애정을 바탕으로 배려한 것이라고 인정된다면 특별수익재산에 해당하지 않는가? (서울가정법원 1985.8.19. 선고 83드6029 판결)

(3) 공동상속인 중에 특별수익자가 있는 경우, 구체적 상속분 산정을 위한 상속재산, 특별수익재산의 평가시점은 언제인가? (대법원 1997.3.21. 96스62 결정)

》 참고문헌

- 권은민, "상속분, 특별수익, 기여분," 상속법의 제문제(재판자료 78집), 법원행정처, 1998.
- 윤진수, "상속재산분할에 있어서 초과특별수익의 취급," 가족법연구 12호, 한국가족법학회, 1998.
- 이은정, "특별수익의 반환법리에 관한 연구," 고려대학교 대학원 박사학위논문, 1996.
- 이은정, "특별수익자의 상속분 산정방법", 가족법 판례해설, 세창출판사, 2009 426-430면.

V. 상속분의 양수

1. 사실관계

(1) X 임야(29,980㎡)는 A의 소유였는데, A가 1991.6.12. 사망하자 그 자식들인 갑, C, D, E, F, G, B가 X 임야를 각 1/7 지분씩 공동상속하였다.
B는 C, E, G로부터 그들의 각 1/7 지분에 관한 매도권한을 위임받아 2002.11.24. 을1, 을2에게 X 임야 중 16,529㎡를 특정하여 이를 매도하면서, 매도인은 계약일로부터 12개월 내에 매매부동산에 관한 분필등기 및 상속등기를 마치고, 매수인은 공유물분할등기가 완료되었을 때 잔금을 지급하며, 매매잔금의 지급은 분필등기 및 상속등기가 마쳐진 후 10일 내에 소유권이전서류 일체의 교부와 동시에 공동매수인들이 연대하여 부담하기로 약정하였다.

(2) 한편, A의 상속인들은 X 임야에 관하여 상속을 원인으로 하여 2003.5.17. 각 1/7 지분에 대하여 지분소유권이전등기를 마쳤고, 을1은 매매를 원인으로 하여 같은 법원에서 2003.5.17. C와 E의 각 지분에 대한 지분소유권이전등기를 마쳤으며, 을2는 매매를 원인으로 하여 같은 법원에서 같은 날 G와 B의 각 지분에 대한 지분소유권이전등기를 마쳤다.

(3) 갑은 을1과 을2에 대하여 상속분 양수권을 행사하여 각 2/7 지분에 관하여 지분소유권이전등기를 청구하였다. 제1심은 이를 인용하였으며(춘천지방법원 2004.11.12. 선고 2003가단8353 판결), 제2심은 이를 기각하였다. 이에 갑은 상고하였다(원심: 춘천지방법원 2005.12.16. 선고2004나3912 판결).

| 대상판결 |

대법원 2006.3.24. 선고 2006다2179 판결

2. 판결요지

민법 제1011조 제1항에서 말하는 '상속분의 양도'란 상속재산분할 전에 적극재산과 소극재산을 모두 포함한 상속재산 전부에 관하여 공동상속인이 가지는 포괄적 상속분, 즉 상속인 지위의 양도를 의미하므로, 상속재산을 구성하는 개개의 물건 또는 권리에 대한 개개의 물권적 양도는 이에 해당하지 아니한다.

[관련조문] 민법 제1011조(공동상속분의 양수)

3. 판례의 이해와 쟁점

(1) B가, X 임야에 관한 상속등기 이전에 상속인 C, E, G가 소유하게 될 것이라고 예상되는 부분을 특정하여 을1, 을2와 매매계약을 체결한 것은 상속분의 양도인가? 상속지분의 양도인가?

(2) 상속인 B, C, E, G가 각 상속지분대로 등기를 한 후, B 등이 을1, 을2에게 X 임야 중 그들의 각 지분에 관하여 매매를 원인으로 한 지분소유권이전등기를 한 것은 상속분의 양도인가? 상속지분의 처분인가?

(3) 공동상속인 중 일부 상속인의 상속지분을 양도한 것이 '상속분'의 양도에 해당하는가?

4. 이론탐구

(1) 민법 제1011조의 입법취지는 무엇인가?

(2) 양수권의 행사에 의하여 제3자로부터 양수된 상속분은 누구에게 귀속되는가?

5. 심화학습

상속분의 일부양도가 허용되는가? (平成17年11月10日 東京高裁判決 平成 17年(行コ) 第140호)

참고문헌

- 김주수, "주석민법[상속 (1)] 제2판," 2005, 391-394면.
- 이은정, "상속의 효력 규정의 정비를 위한 검토 : 민법 제1005조에서 제1018조," 가족법연구 제18권 1호, 한국가족법학회, 2004.

VI. 기여분

1. 사실관계

(1) 갑은 어머니 A의 4녀 중 둘째 딸로서, 결혼 전은 물론 1965.3.경 B와 혼인한 이후에도 계속 부모를 모시고 지냈으며 아버지 C가 1967.8.20. 사망한 후에는 홀로된 어머니 A, 미혼인 을2, 을3과 함께 생활하였다. 특히 갑의 남편 B가 독자적으로 사업을 경영하기에 이른 1974.1.경부터는 A 나이가 61세를 넘어 육체적으로 노약해졌으므로 갑 소유의 주택에서 모시고 생활하면서 A의 유일한 수입원인 임대주택의 수리 등 관리를 계속하였고 1977.7.경 막내딸인 을3을 끝으로 딸들이 모두 혼인 분가한 이후에도 A를 계속 부양하여 그의 가사를 도맡아 하면서 C의 제사를 계속 모셔왔고, A가 81세 되는 1993.8.경부터 병환으로 입원 치료를 받거나 집에서 요양하는 동안 치료비를 선납하고 간호를 계속하는 등으로 전체 부양기간을 통하여 노무의 제공 또는 재산상의 급여를 하여 왔다. A는 1994.1.26. 사망하였으며, 갑이 A로부터 금 6,200만원을 증여받았다.

(2) 갑은 자매 을1, 을2, 을3을 상대로 법원에 기여분 결정을 청구하였다.

(3) 원심은 A가 억척스럽게 재산을 관리 증식하여 왔음에도 예금만 약간 늘어났을 뿐 그 명의로 부동산을 새로이 취득한 바 없음에 반하여 갑 부부는 무일푼으로 결혼생활을 시작하였음에도 A와 함께 사는 동안 많은 부동산을 취득한 점에 비추어 보면, 이 사건 상속재산의 취득과 유지에 있어 갑이 딸로서 통상 기대되는 정도를 넘어 특별히 기여한 경우에 해당한다고는 볼 수 없다 하여 갑의 기여분 결정 청구를 받아들이지 아니하였다. 이에 갑이 상고하였다(원심: 서울고등법원 1997.2.18. 선고 96르2910, 2927, 96브30 판결).

| 대상판결 |

대법원 1998.12.8. 97스12 결정

2. 결정요지

민법이 친족 사이의 부양에 관하여 그 당사자의 신분관계에 따라 달리 규정하고, 피상속인을 특별히 부양한 자를 기여분을 인정받을 수 있는 자에 포함시키는 제1008조의2 규정을 신설함과 아울러 재산상속인이 동시에 호주상속을 할 경우에 그 고유의 상속분의 5할을 가산하도록 한 규정(1990.1.13. 법률 제4199호로 개정되기 전의 제1009조 제1항 단서)을 삭제한 취지에 비추어 볼 때, 성년(成年)인 자(子)가 부양의무의 존부나 그 순위에 구애됨이 없이 스스로 장기간 그 부모와 동거하면서 생계유지의 수준을 넘는 부양자 자신과 같은 생활수준을 유지하는 부양을 한 경우에는 부양의 시기 · 방법 및 정도의 면에서 각기 특별한 부양이 된다고 보아 각 공동상속인 간의 공평을 도모한다는 측면에서 그 부모의 상속재산에 대하여 기여분을 인정함이 상당하다.

[관련조문] 민법 제1008조의 2(기여분)

3. 판례의 이해와 쟁점

(1) A의 상속인은 누구인가?

(2) 갑이 A로부터 증여받은 6,200만원은 특별수익에 해당하는가?

(3) A에 대한 갑의 행위는 특별한 부양에 해당하는가?

(4) 갑의 A에 대한 특별한 부양을 인정하는 데 있어서 위 6,200만원의 증여는 어떠한 영향을 미치는가?

(5) 성년인 자(子)가 장기간 부모와 동거하면서 생계유지의 수준을 넘는 부양자 자신과 같은 생활수준을 유지하는 부양을 한 경우, 민법 제1008조의2 소정의 특별 부양자에 해당하는가?

4. 이론탐구

(1) 기여분제도의 입법취지는 무엇인가?

(2) 상속인 모두가 상속재산에 특별한 기여를 한 경우, 각 상속인에 대하여 모두 기여분을 인정하여야 하는가?

(3) 사실상의 배우자, 상속인의 배우자, 포괄수증자 등은 기여분을 청구할 수 있는가?

(4) 기여상속인과 특별수익자가 병존할 경우, 각 상속인의 구체적 상속분은 어떻게 산정하는가?

5. 심화학습

(1) 처가 남편을 간병하고, 사업을 하여 소득을 얻은 것이 언제나 특별한 기여에 해당하는가? (대법원 1996.7.10. 95스30 결정)

(2) 상속재산분할청구 없이 유류분반환청구가 있다는 사유만으로 기여분결정청구가 허용되는가? (대법원 1999.8.24. 99스28 결정)

(3) 상속재산분할 심판사건이 재항고심에 계속 중인 때에 비로소 이루어진 기여분 결정청구는 적법한가? (대법원 2008.5.7. 2008즈기1 결정)

⋙ 참고문헌

• 안영하, "기여분과 대습상속인의 상속분,"「성균관법학」제20권 제2호, 성균관대학교 비교법연구소, 2008.

• 이승우, "기여분에 관한 연구," 성균관대학교 대학원 박사학위논문, 1994.

• 이은정, "기여분," 가족법 판례 해설, 세창출판사, 2009, 436-439면.
• 조해섭, "특별부양과 기여분, 특별수익," 대법원 판례해설 31호(98년 하반기), 법원도서관, 1999.
• 최행식, "기여분의 주체와 요건에 관한 제문제," 가족법 연구 7호, 한국가족법학회, 1993.

|제4절| 상속의 효과

Ⅰ. 상속재산의 공유

1. 사실관계

(1) X 토지와 그 위의 Y건물과 Z건물은 A의 소유였는데, A가 2000.4.29. 사망하여 아들들인 갑1, 갑2, 을 앞으로 각 1/3지분에 관하여 상속을 원인으로 하는 각 소유권이전등기가 경료되었다.

한편 을은 상속개시 전부터 Y와 Z건물에 거주하면서 그 건물 전부를 점유하고 있고 X 토지는 그 부지로 사용되고 있다. 이 건물들에 대한 2000.4.29.부터 2004.6.25.까지의 임료 상당액 합계는 10,159,000원이고, 2004.6.25. 현재의 월 임료 상당액은 230,000원이다.

(2) 갑1과 갑2는 을에 대하여 X 토지와 Y, Z건물 중 갑1, 갑2의 공유지분에 해당하는 부분의 부당이득 반환을 청구하였다.

(3) 원심은, 을은 Y, Z 건물의 점유 · 사용으로 인한 이득 중 갑1, 갑2의 공유지분에 해당하는 부분은 부당이득으로서 원고들에게 반환할 의무가 있다고 판단하면서도, X 토지 부분에 관하여는 특별한 사정이 없는 한 건물의 공유자 중 일부만이 그 건물을 점유하고 있는 경우라도 그 건물의 부지는 건물의 소유를 위하여 공유자 전원이 공동으로 이를 점유하고 있는 것으로 볼 것이어서 X 토지를 을이 단독으로 점유하고 있다고 할 수 없다는 이유로 그 부분에 관한 갑1과 갑2의 부당이득반환청구를 배척하였다. 이에 갑1과 갑2, 을은 각각 상고하였다(원심: 수원지법 2006.6.23. 선고 2005나746, 791 판결).

| 대상판결 |

대법원 2006.11.24. 선고 2006다49307, 49314 판결

2. 판결요지

(1) 공유물의 구체적인 사용 · 수익의 방법에 관하여 공유자들 사이에 지분의 과반수의 합의 없이 공유자 중 1인이 이를 배타적으로 점유 · 사용하고 있는 경우, 다른 공유자에 대하여 그 지분에 상응하는 부당이득을 취하고 있다.

(2) 공동상속인 중의 1인이 상속재산인 건물에 거주함으로써 상속재산인 그 건물 부지를 사용 · 수익하고 있는 경우, 그 사용 · 수익이 공유지분 과반수의 결의에 기한 것이라는 등의 특별한 사정이 없다면, 위 공동상속인은 건물뿐만 아니라 토지에 관하여도 다른 공동상속인의 공유지분에 해당하는 부분을 부당이득으로서 반환하여야 한다.

[관련조문] 민법 제1006조(공동상속과 재산의 공유), 제1007조(공동상속인의 권리의무의 승계), 제263조(공유지분의 처분과 공유물의 사용, 수익), 제265조(공유물의 보존, 관리), 제741조(부당이득의 내용)

3. 판례의 이해와 쟁점

(1) 상속재산 X 토지와 그 위의 Y 건물에 대한 권리는 누가 얼마씩 승계하는가?

(2) X 토지와 그 위의 Y 건물의 점유, 사용은 어떻게 결정하여야 하는가?

(3) X 토지 부분에 관하여는 특별한 사정이 없는 한 상속인 중 을만이 그 건물을 점유하고 있는 경우라도 그 건물의 부지는 건물의 소유를 위하여 갑1, 갑2, 을이 공동으로 이를 점유하고 있는 것으로 볼 수 있는가?

(4) 공동상속의 경우, 상속재산 분할 전 상속재산에 대한 구체적인 사용 · 수익의 방법은 누가 어떻게 결정하여야 하는가?

4. 이론탐구

(1) 상속재산의 공유는 물권법상 통상의 공유와 그 성질이 동일한가?

(2) 공동상속의 경우, 분할 전 상속재산의 보존, 관리, 처분행위는 각각 어떻게 결정하여야 하는가?

5. 심화학습

(1) 금전채무가 공동상속된 경우, 상속재산 분할의 대상이 될 수 있는가? (대법원 1997.6.24. 선고 97다8809 판결)

(2) 공동상속인 중 1인이 상속부동산에 대하여 단독으로 등기를 경료한 경우 다른 공동상속인 중 1인이 그 공동상속인들의 공유지분 전부에 대하여 그 등기말소절차의 이행을 구할 수 있는가? (대법원 1988.2.23. 선고 87다카961 판결)

(3) 택지개발예정지구 내의 이주자택지 공급대상자가 사망하여 공동상속인들이 이주자택지에 관한 공급계약을 체결할 수 있는 청약권을 공동상속한 경우, 청약권은 어떻게 행사할 수 있는가? (대법원 2003.12.26. 선고 2003다11738 판결)

(4) 공동상속재산 지분에 대한 등기말소와 그 지분권 존재확인 청구소송이 필수적 공동소송인가? (대법원 1965.5.18. 선고 65다279 판결)

참고문헌

- 김숙자, "공동상속재산의 소유와 관리," 사회과학논총 7집, 명지대학교 사회과학연구소, 1992.
- 신영호, "공동상속재산의 관리," 현대가족법과 가족정책 : 야송김주수교수화갑기념, 삼영사, 1988.
- 이은정, "공동상속재산의 관리," 가족법 판례해설, 세창출판사, 2009, 416-420면.
- 최복규, "택지개발예정지구 내의 이주자택지 공급대상자 확정에 의하여 발행한 구체적인 수분양권에 기하여 이주자택지에 관한 공급계약을 체결할 수 있는 청약권을 공동상속한 경우 그 행사방법," 대법원판례해설 47호(2003 하반기), 법원도서관, 2004.

II. 무권대리와 상속

1. 사실관계

(1) 갑은, 농지개혁법에 의하여 X, Y 부동산을 각 분배받아 그 대금을 상환하여 오던 아들 A가 6 · 25전쟁때 의용군으로 참전하여 그 생사가 분명하지 않게 되자 1958.11.20. A를 대신하여 그 대금의 상환을 완료하고 1963.6.18. A 명의로 X, Y 부동산에 대하여 소유권이전등기를 경료하였다. 갑은 인천지방법원에 A에 대한 실종선고를 청구하여 1977.12.20. 위 법원으로부터 같은 달 10. 자로 그 실종기간이 만료되었다는 내용의 실종선고를 받음으로써 A의 단독 상속인이 되었다.

(2) 그런데 갑은 위 실종기간만료 전인 1964.9.12.에 가정형편이 어렵자 A의 대리인인 것처럼 A의 인장을 사용하여 X 부동산을 B에게, Y 부동산을 C에게 각 매도하였다. 을1은 X 부동산을 B로부터, 을2는 Y 부동산을 C로부터 각 매수하여 「부동산소유권이전등기 등에 관한 특별조치법」에 의하여 A 명의로부터 직접 을1과 을2 명의로 각 소유권이전등기를 마쳤다.

(3) 갑은 을1, 을2 사이의 위 각 매매계약이 A로부터 처분권한을 부여받지 못한 갑의 무권대리행위에 기한 것이어서 무효이고, 그 무효인 매매계약에 터잡아 경료된 을1, 을2 명의의 위 각 소유권이전등기 역시 원인무효의 등기이므로 을1, 을2에게 위 각 소유권이전등기의 말소와 위 각 부동산의 점유로 인한 임료 상당의 부당이득금의 반환을 청구하였다.

(4) 원심은 갑의 청구를 기각하였으며 이에 갑이 상고하였다(원심: 서울고법 1994.3.24. 선고 93나32813 판결).

| 대상판결 |

대법원 1994.9.27. 선고 94다20617 판결

2. 판결요지

갑이 대리권 없이 을 소유 부동산을 병에게 매도하여 「부동산소유권이전등기 등에 관한 특별조치법」에 의하여 소유권이전등기를 마쳐주었다면 그 매매계약은 무효이고 이에 터잡은 이전등기 역시 무효가 되나, 갑은 을의 무권대리인으로서 민법 제135조 제1항의 규정에 의하여 매수인인 병에게 부동산에 대한 소유권이전등기를 이행할 의무가 있으므로 그러한 지위에 있는 갑이 을로부터 부동산을 상속받아 그 소유자가 되어 소유권이전등기이행의무를 이행하는 것이 가능하게 된 시점에서 자신이 소유자라고 하여 자신으로부터 부동산을 전전매수한 정에게 원래 자신의 매매행위가 무권대리행위여서 무효였다는 이유로 정앞으로 경료된 소유권이전등기가 무효의 등기라고 주장하여 그 등기의 말소를 청구하거나 부동산의 점유로 인한 부당이득금의 반환을 구하는 것은 금반언의 원칙이나 신의성실의 원칙에 반하여 허용될 수 없다.

[관련조문] 민법 제1005조(상속과 포괄적 권리의무의 승계)/제130조(무권대리), 제135조(무권대리인의 상대방에 대한 책임)

3. 판례의 이해와 쟁점

(1) X, Y 부동산을 매도한 갑의 행위는 효력이 있는가?

(2) X, Y 부동산을 처분한 것에 대하여 A의 추인을 얻지 못한 경우, 갑은 매수인에 대하여 어떠한 책임을 져야 하는가?

(3) 갑이 A를 상속한 경우, A의 추인거절권을 행사할 수 있는가?

(4) 대리권한 없이 타인의 부동산을 매도한 자가 그 부동산을 상속한 후 소유자의 지위에서 자신의 대리행위가 무권대리로 무효임을 주장하여 등기말소 등을 구하는 것이 금반언원칙이나 신의칙상 허용될 수 있는가?

4. 이론탐구

(1) 상속인에게 포괄적 권리의무의 승계를 규정하고 있는 민법 제1005조는 입법형성의 한계를 일탈하거나 기본권제한의 입법한계를 벗어난 것으로서 헌법에 위반되는가?

(2) 상속에서 제외되는 '일신에 전속한 권리의무'는 무엇인가?

(3) 본인의 지위, 대리인의 지위는 상속되는가?

(4) 본인이 무권대리인을 상속한 경우, 추인거절권을 행사할 수 있는가?

5. 심화학습

(1) 갑이 을 소유의 부동산을 병에게 처분한 후 사망하고 을이 갑의 지위를 상속한 경우, 을은 병에게 위 처분계약에 따른 이행의무를 부담하는가? (대법원 2001.9.25. 선고 99다19698 판결)

참고문헌

- 김성숙, "무권대리와 상속," 법학논총 7집, 숭실대학교 법학연구소, 1994.
- 어인의, "무권대리의 추인과 상속," 고시계 41권 10호(476호), 1996.
- 이은정, "무권대리와 상속," 가족법 판례해설, 세창출판사, 2009, 410-415면.
- 제철웅, "상속이 무권대리 또는 무권리자의 처분행위에 미치는 효력," 현대민사법연구(일헌 최병욱 교수 정년기념), 법문사, 2002.

III. 상속에 의한 점유의 승계

1. 사실관계

(1) X 임야(3,590평)는 1937.3.7. 갑의 아버지 A 명의로 소유권이전등기가 경료되었다가 1961.5.2. 매매를 원인으로 하여 을 명의로 소유권이전등기가 경료되었다. X 토지는 1985. 4. 4. X1 임야 3,469평(11,468㎡)와 X2 임야 121평으로 분할되었는데, 위 X1임야는 1992.11.2. X1-1 임야 7,880㎡, X1-2 임야 1,983㎡, X1-3 임야 1,230㎡, X1-4 임야 214㎡, X1-5 전 161㎡로 각 분할되었다. A는 을 명의의 소유권이전등기가 경료된 이후에도 X1-3과 X1-5를 논으로 경작하여 왔고, A가 1970.5.29. 사망한 이후에는 상속인인 갑이 이 토지 부분을 논으로 경작하여 왔다.

(2) 갑은 을에 대하여 점유취득시효 완성에 기한 소유권이전등기를 청구하였다.

(3) 원심은, 갑은 아버지 A를 승계하여 X1-3과 X1-5를 소유의 의사로 평온·공연하게 점유한 것으로 추정되므로, 을 명의의 소유권이전등기가 경료된 1961.5.2.경부터 20년이 경과한 1981.5.2. X1-3과 X1-5에 관한 점유취득시효가 완성되었다고 판단하였다. 이에 을이 상고하였다(원심: 울산지법 2004.4.29. 선고 2004나223 판결).

| 대상판결 |

대법원 2004.9.24. 선고 2004다27273 판결

2. 판결요지

상속에 의하여 점유권을 취득한 경우에는 상속인이 새로운 권원에 의하여

자기 고유의 점유를 시작하지 않는 한 피상속인의 점유를 떠나 자기만의 점유를 주장할 수 없고, 선대의 점유가 타주점유인 경우 선대로부터 상속에 의하여 점유를 승계한 자의 점유도 그 성질 내지 태양을 달리하는 것이 아니어서 특단의 사정이 없는 한 그 점유가 자주점유로 될 수 없고, 그 점유가 자주점유가 되기 위하여는 점유자가 소유자에 대하여 소유의 의사가 있는 것을 표시하거나 새로운 권원에 의하여 다시 소유의 의사로써 점유를 시작하여야 한다.

[관련조문] 민법 제1005조(상속과 포괄적 권리의무의 승계), 제193조(상속으로 인한 점유권의 이전), 제197조(점유의 태양)

3. 판례의 이해와 쟁점

(1) 갑은 A의 사망 후 X1-3과 X1-5에 대한 A의 점유권을 승계하는가?

(2) A가 X 토지를 을에게 매도한 이후에도 X1-3과 X1-5를 계속 점유하였다면 이들 토지에대한 점유태양은 무엇인가?

(3) 갑이 X1-3과 X1-5를 A로부터 상속한 후 소유의 의사로 선의, 평온, 공연하게 점유한 경우 자주점유가 되는가?

(4) 상속에 의한 점유 승계의 경우, 상속인이 피상속인의 점유 태양을 그대로 승계하는가?

4. 이론탐구

상속을 점유의 새로운 권원으로 볼 수는 없는가?

5. 심화학습

(1) 점유자가 그 명의로 소유권등기를 하거나 점유 부동산을 관리하면서 부과되는 각종 세금을 납부한 경우, 새로운 권원에 의하여 다시 소유의 의사로 점유하게 되었다거나 소유의 의사가 있음을 표시하였다고 볼 수 있는가? (대법원 1996.6.28. 선고 94다50595, 50601 판결)

(2) 공동상속인 중 1인이 상속 부동산 전부를 점유하고 있는 경우, 자신의 상속지분을 초과하는 부분에 대한 점유의 성질은 무엇인가? (대법원 2008.9.25. 선고 2008다31485판결)

참고문헌

- 이병준, "상속에 의한 점유의 승계와 상속인의 독자적인 점유," JURIST plus 410호 : 로스쿨(물권법), 청림출판, 2006.
- 이윤승, "상속에 의하여 점유권을 취득한 자가 피상속인의 점유를 떠나 자기만의 점유를 주장할 수 있는지 여부," 「대법원판례해설」 제18호(92년 하반기), 법원도서관, 1993.
- 한웅길, "점유권을 상속한 자의 독자적인 점유주장의 여부," 가족법 판례 해설, 세창출판사, 2009, 398 - 404면 참조.
- 허만, "상속과 점유의 승계," 민사재판의 제문제 7권, 한국사법행정학회, 1993.

IV. 보증인 지위의 승계

1. 사실관계

(1) 갑 은행은 1992.10.30. 주식회사 X와의 사이에, X가 발행하는 제1차 사채의 원리금(원금 20억 원, 이자 780,000,000원) 지급을 보증(보증기간 1992.부터 1995.까지)하기로 하는 내용의 사채지급보증약정을 체결하였다. 그 보증에 기하여 X는 원금 규모 20억 원 상당의 상환기일 3년의 무기명식 제1차 사채를 발행하였다. X의 실질적 경영자인 A는 1992.11.6. 갑과의 사이에, X가 갑에 대하여 현재 및 장래에 부담하는, 어음대출, 어음할인, 당좌대출, 지급보증(사채보증 포함) 등을 포함하여, 여신거래에 관한 모든 채무에 관하여, 보증한도 및 보증기간을 따로 정하지 아니하고(단, 보증약정일로부터 3년이 경과한 때에는 보증인은 서면에 의하여 보증약정을 해지할 수 있다) 그 연대보증 책임을 지기로 하는 근보증약정을 체결하였다. 그 후 A는 1994.10.5. 갑과의 사이에 보증한도 및 보증기간을 전과 마찬가지로 따로 정하지 아니한 동일한 내용의 근보증약정을 다시 체결하였다(해지규정은 위와 동일함).
또한 갑은 1994.11.14.경 X와의 사이에 어음할인거래약정(이하 제1회 어음할인거래약정이라 한다)을 체결하고, 이에 따라 X에게 어음할인 방식으로 금원을 대출하여 왔다. 그러던 중, A는 1995.1.31. 사망하였고, 그 처 을1과 자 을2, 을3이 A의 상속인이 되었다.

(2) 그 후 X는 1차 발행한 사채의 상환기일이 도래함에 그 상환 및 운영자금의 마련을 위하여 2차 사채를 발행하기로 하고, 1995.10.31. 갑과 사이에 X가 위 제1차 사채의 상환자금 20억 원에 운영자금 10억 원을 합하여 30억 원을 권면총액으로 하여 발행하는 제2차 사채(이자율 11%)의 원리금(원금 30억 원, 이자 990,000,000원) 지급을 갑이 보증(보증기간 1995.10.31.부터 1998.10.31.까지)하기로 하는 내용의 사채지급보증약정을 체결하고, 2차 사채를 발행하여 위 1차 발행한 사채금액을 모두 변제하였다. 또, 갑은 X와 체결한 위 어음할인거래약정 역시 1995.경 이를 갱신하였다가 최종적으로

1996.8.3.경 당좌대출 한도액 5억 원, 어음할인 한도액 25억 원 합계 30억원을 한도로 하는 여신거래약정을 체결하고 이에 기하여 어음할인거래를 계속하여 왔다.

X는 1997.11.경 부도가 발생하였고, 그동안 X가 갑에게 지급하지 못한 채무액은 위 제2회 사채지급보증약정에 따라 발생한 구상채무 3,247,500,000원이 존재하고, 위 어음할인거래에 따른 대출금채무는 위 A의 사망 이후에 발생한 것으로서 678,209,052원이 존재하여 채무금 합계 3,925,709,052원에 이르렀다.

(3) 갑은 A의 보증인의 지위를 승계한 을1과 을2, 을3에 대하여 X의 미지급채무를 청구하였다. 원심은, 이 사건 보증약정상의 보증한도액에 대하여 다툼이 없는 사실이라고 보고, 이 사건 보증약정과 같이 보증한도액이 정해진 계속적 보증계약의 경우에는 계약 당시 보증인의 책임 범위를 예측하는 것이 가능하므로 보증인이 사망하였다 하더라도 보증계약이 당연히 종료하는 것은 아니고 특별한 사정이 없는 한 상속인들이 보증인의 지위를 승계한다고 보아야 할 것이므로 A의 사망으로 인하여 그 상속인인 을1과 을2, 을3은 이 사건 보증약정에 따른 A의 보증인 지위를 승계하고, X의 미지급채무 합계 금 3,925,709,052원은 그 채무의 성질 및 액수의 면에서 이 사건 보증약정상의 피보증채무의 범위에 포함되므로, 을1과 을2, 을3은 X의 보증인으로서 갑에게 위 미지급 채무를 각자의 상속분 비율에 따라 지급할 의무가 있다고 판단하였다. 이에 을1과 을2, 을3은 상고하였다(원심: 서울지법 2000.7.4. 선고 99나81098 판결).

| 대상판결 |

대법원 2001.6.12. 선고 2000다47187 판결

2. 판결요지

원심은 이 사건 보증약정상의 보증한도액의 산출근거와 위 보증한도액이 이 사건 근보증서에 기입된 경위 등을 자세히 심리하여 A와의 사이에서 보증한도액이 결정된 바 있는지의 여부에 관하여 사실을 확정하고, 그에 따라 이 사건 보증의 보증인 지위 및 보증채무의 상속 여부를 판단하였어야 함에도 이에 이르지 아니하고 보증한도액을 다툼 없는 사실로 보고 이와 같이 보증한도액을 정한 계속적 보증계약에 있어서는 보증인의 지위가 상속되었다고 본 것은 자백의 성립에 관한 법리를 오해하여 심리를 다하지 아니하였거나 체증법칙을 위배하여 사실을 오인함으로써 판결 결과에 영향을 미친 위법이 있다고 할 것이다.

보증한도액이 정해진 계속적 보증계약의 경우 보증인이 사망하였다 하더라도 보증계약이 당연히 종료되는 것은 아니고 특별한 사정이 없는 한 상속인들이 보증인의 지위를 승계한다고 보아야 할 것이나, 보증기간과 보증한도액의 정함이 없는 계속적 보증계약의 보증인이 사망한 경우에는 보증인이 사망하면 보증인의 지위가 상속인에게 상속된다고 할 수 없고, 다만 기왕에 발생된 보증채무만이 상속된다고 할 것이다.

[관련조문] 민법 제1005조(상속과 포괄적 권리의무의 승계)

3. 판례의 이해와 쟁점

(1) A가 갑은행과 체결한 계약은 무엇인가?

(2) A가 체결한 계약은 그 기간과 한도액이 정하여져 있는가?

(3) A의 계약상의 지위를 상속인 을1과 을2 및 을3이 승계하는가?

(4) 보증기간과 보증한도액의 정함이 없는 계속적 보증계약의 보증인 지위가 상속인에게 승계되는가?

4. 이론탐구

(1) 채무도 상속되는가?

(2) '보증인의 지위'의 상속과 관련하여 일신전속성 여부는 어떠한 관점에서 판단하여야 하는가?

5. 심화학습

신원보증법에 의한 신원보증인이 사망하기 전에 이미 발생한 신원보증 계약에 인한 보증채무는 상속인에게 승계되는가? (대법원 1972.2.29. 선고 71다2747 판결)

⋙ 참고문헌

- 김운호, "채무상속," 상속법의 제문제(재판자료 제78집), 1998.
- 박순성, "채무의 상속," 민사판례연구 25권, 박영사, 2003.
- 이은정, "계속적 보증채무와 상속," 가족법 판례해설, 세창출판사, 2009, 421-425면.
- 최수정, "계속적 보증채무의 상속," 가족법 연구 제14호, 2000.

V. 제사용 재산의 승계

1. 사실관계

(1) 을1은 망 A(2001.3.8. 사망)의 3남인 망 B(1998.1.17. 사망)의 배우자이고, 을2, 을3은 망 B의 자녀들이며, 갑은 망 A의 차남이다. 을1, 을2, 을3과 갑은 망 A의 소유이던 X 임야와 Y 토지 등을 법정상속분에 따라 공동상속하였다.

(2) 갑은, X 임야와 Y 토지는 민법 제1008조의3 소정의 금양임야 내지 묘토이고 자신이 망 A의 호주의 지위를 승계하면서 선조에 대한 제사를 주재하게 되었으므로 위 조항에 따라 X 임야와 Y 토지를 단독으로 승계하였다고 주장하면서, 을1, 을2, 을3을 상대로 X 임야와 Y 토지에 관한 을1, 을2, 을3 명의의 지분소유권이전등기의 말소등기절차 이행청구 등의 소를 제기하였고, 법원은 청구의 일부를 인용하는 판결을 선고하였다(서울지방법원 2003.11.7. 선고 2002가합24527 판결).

(3) 이에 을1, 을2, 을3는 위 판결에 항소하면서(서울고등법원 2004.12.15. 선고 2003나82138 판결), 그 항소심 계속중 상속재산에서 일정 범위의 재산을 '제사를 주재하는 자'에게 단독으로 승계하도록 규정한 민법 제1008조의3이 헌법에 위반된다는 이유로 위헌법률심판제청신청을 하였고, 서울고등법원이 위 위헌제청신청과 을1, 을2, 을3의 항소를 모두 기각하자 2005.2.2. 이 사건 헌법소원심판을 청구하였다.

| 대상판결 |

[1] 헌법재판소 2008.2.28. 선고 2005헌바7 결정

[2] 대법원 2008.3.13. 선고 2005다5614 판결

2. 결정요지

(1) 제사용 재산의 승계제도는 제사용 재산을 유지, 보존함으로써 조상숭배와 제사봉행이라는 우리의 전통을 보존할 뿐만 아니라 제사용 재산에 관한 권리관계를 명확히 함으로써 '법적 안정성'이라는 공익도 도모하고자 하는 것으로서 그 입법 목적이 정당한 점, 제사용 재산을 승계하는 제사주재자는 '호주'나 '종손'이 아니라 '실제로 제사를 주재하는 자'로서 원칙적으로 공동상속인들의 협의에 따라 정해지고, 공동상속인들의 협의에 의하여 종손 이외의 차남이나 여자 상속인을 제사주재자로 할 수도 있으며 다수의 상속인들이 공동으로 제사를 주재하는 것도 가능한 점, 제사주재자에게 실제로 승계되는 제사용 재산의 범위를 제사봉행을 위하여 필요한 범위로 제한할 수 있도록 하고 있는 점 등에 비추어 보면, 이 사건 법률조항은 입법목적을 위한 수단의 적정성 내지 피해의 최소성, 그 입법에 의하여 보호하려는 공공의 필요와 침해되는 기본권 사이의 균형성을 모두 갖추고 있으므로, 이 사건 법률조항의 입법자가 상속권의 내용에 관한 입법형성권을 자의적으로 행사하였다거나, 이 사건 법률조항이 헌법상 보장된 재산권을 과도하게 침해하여 헌법 제37조 제2항에서 정한 기본권제한의 입법한계를 벗어난 것이라고는 할 수 없다.

(2) 이 사건 법률조항은 일정 범위의 제사용 재산이 '제사주재자'에게 승계된다고만 규정하고 있을 뿐, 상속인들 중 특정인에게 제사주재자의 지위를 인정하고 있지는 아니하므로, 본질적으로 상속인들 사이에 어떠한 차별대우를 하고 있다고 할 수 없다. 한편 상속인들 사이에 제사주재자의 선정 협의가 이루어지지 아니하는 경우에 종손이 제사용 재산을 단독으로 승계하게 됨으로써 종손인 상속인과 종손이 아닌 여자 상속인 내지 다른 상속인들을 차별하는 결과가 생긴다고 하더라도, 이러한 차별대우는 이 사건 법률조항에 따른 것이 아니라 상속인들 사이의 협의의 불성립이라는 우연적인 것에 의하여 초래된 것일 뿐이라고 보아야 할 것이고, 또한 이러한 차별은 조상숭배와 제사봉행이라는 '전통의 보존'과 제사용 재산을 둘러싼 법

적 분쟁에 있어서 권리관계의 기준을 정하여 '법적 안정성'을 도모하기 위한 것으로서 합리적인 이유가 있다고 할 것이므로, 이 사건 법률조항이 청구인들의 평등권을 침해한다고도 볼 수 없다.

[관련조문] 민법 제1008조의 3(분묘등의 승계)

3. 판례의 이해와 쟁점

(1) A의 상속인은 누구인가?

(2) 일반 상속재산에서 제외되는 '제사용 재산'은 무엇인가?

(3) '제사용 재산'은 누가 승계하는가?

(4) 상속재산에서 일정 범위의 재산을 '제사를 주재하는 자'에게 단독으로 승계하도록 규정한 민법 제1008조의3은 헌법에 위반하는가?

4. 이론탐구

(1) 제사상속이 인정되지 않는 현행 법체계상 '민법 제1008조의 3'은 어떤 의미가 있는가?

(2) 민법 제1008조의 3에 규정된 '제사용 재산'의 범위는 적정한가?

5. 심화학습

(1) 제사용 재산에 관한 권리의 회복을 청구하는 경우, 민법 제999조 제2항의

제척기간이 적용되는가? (대법원 2006.7.27. 선고 2005다45452 판결)

(2) '묘토인 농지'의 의미 및 '묘토인 농지'를 제사주재자로서 단독 승계하였음을 주장하는 자가 증명하여야 할 사항은 무엇인가? (대법원 2006.7.27. 선고 2005다45452 판결)

(3) 금양임야 등 제사용 재산은 상속세과세가액에 산입되는가? (대법원 1997.11.28. 선고 97누5961 판결)

⟫ 참고문헌

- 김상훈, "제사용재산의 승계에 관한 연구," 고려대학교 대학원 박사학위논문, 2008.
- 민유숙, "민법 제1008조의3에 의한 금양임야의 의미와 그 승계," 대법원판례해설 49호(2004년 상반기), 법원도서관, 2004.
- 박병호, "민법상의 제사용재산의 승계," 『가족법논집』, 진원, 1996.
- 신영호, "제사용재산의 상속," 『가족법학논총』(박병호교수 환갑기념논문집), 1991.
- 이경희, "제사용재산의 승계원리에 관한 한일비교연구," 아세아여성법학 6호, 아세아여성법학연구소, 2003.

VI. 제사주재자의 결정

1. 사실관계

(1) 망 A는 1947.7.26. B와 혼인하여 장남인 갑(1949.6.15. 출생)을 비롯하여, D(1961.4.30. 사망하였다), E, F, G, H, I의 3남 4녀를 두었다. 그러던 중, A는 1961. 이후 B와 별거하고, C와 동거하면서, C와의 사이에 을1, 을2, 을3의 1남 2녀를 두었다. A는 C와 동거한 이후 B와의 사이에서 둔 자녀들과의 왕래, 양육 등이 이루어지지 않았다.

(2) A가 2006.1.8. 사망하자, 을1, 을2, 을3은 A의 유체를 묘지사용권을 분양받은 X 재단의 분묘 내에 매장하였다. A는 생전에 위 분묘에 대장되기를 희망하였다.

(3) 갑은 을1, 을2, 을3에 대하여 분묘 내에 매장된 망 A의 유체 인도를 청구하였다. 1심은, 을1, 을2, 을3은 갑에게 망 A의 유체를 인도하라고 판시하였고(서울중앙지방법원 2006.6.20. 선고 2006가합17992 판결) 을1, 을2, 을3의 항소가 기각되자 을1, 을2, 을3은 상고하였다(원심: 서울고등법원 2007.4.10. 선고 2006나63268 판결).

| 대상판결 |

대법원 2008.11.20. 선고 2007다27670 전원합의체 판결

2. 판결요지

(1) [다수의견] 제사주재자는 우선적으로 망인의 공동상속인들 사이의 협의에 의해 정하되, 협의가 이루어지지 않는 경우에는 제사주재자의 지위를 유지할 수 없는 특별한 사정이 있지 않은 한 망인의 장남(장남이 이미 사망한 경우

에는 장남의 아들, 즉 장손자)이 제사주재자가 되고, 공동상속인들 중 아들이 없는 경우에는 망인의 장녀가 제사주재자가 된다.

[대법관 박시환, 대법관 전수안의 반대의견]

제사주재자는 우선 공동상속인들의 협의에 의해 정하되, 협의가 이루어지지 않는 경우에는 다수결에 의해 정하는 것이 타당하다.

[대법관 김영란, 대법관 김지형의 반대의견]

민법 제1008조의3에 정한 제사주재자라 함은 조리에 비추어 제사용 재산을 승계받아 제사를 주재하기에 가장 적합한 공동상속인을 의미하는데, 공동상속인 중 누가 제사주재자로 가장 적합한 것인가를 판단함에 있어서 공동상속인들 사이에 협의가 이루어지지 아니하여 제사주재자의 지위에 관한 분쟁이 발생한 경우에는 민법 제1008조의3의 문언적 해석과 그 입법 취지에 충실하면서도 인격의 존엄과 남녀의 평등을 기본으로 하고 가정평화와 친족상조의 미풍양속을 유지 · 향상한다고 하는 가사에 관한 소송의 이념 및 다양한 관련 요소를 종합적으로 고려하여 개별 사건에서 당사자들의 주장의 당부를 심리 · 판단하여 결정하여야 한다.

(2) [다수의견] (가) 사람의 유체 · 유골은 매장 · 관리 · 제사 · 공양의 대상이 될 수 있는 유체물로서, 분묘에 안치되어 있는 선조의 유체 · 유골은 민법 제1008조의3 소정의 제사용 재산인 분묘와 함께 그 제사주재자에게 승계되고, 피상속인 자신의 유체 · 유골 역시 위 제사용 재산에 준하여 그 제사주재자에게 승계된다.

(나) 피상속인이 생전행위 또는 유언으로 자신의 유체 · 유골을 처분하거나 매장장소를 지정한 경우에, 선량한 풍속 기타 사회질서에 반하지 않는 이상 그 의사는 존중되어야 하고 이는 제사주재자로서도 마찬가지이지만, 피상속인의 의사를 존중해야 하는 의무는 도의적인 것에 그치고, 제사주재자가 무조건 이에 구속되어야 하는 법률적 의무까지 부담한다고 볼 수는 없다.

[대법관 박시환, 대법관 전수안의 반대의견]

피상속인의 유체 · 유골은 제사용 재산인 분묘와 함께 제사주재자가 이를 승계한다고 본 다수의견에는 찬성한다. 그러나 제사주재자가 피상속인의 유체 · 유골에 대한 관리 · 처분권을 가지고 있다고 하여 정당한 사유 없이 피상속인의 의사에 반하여 유체 · 유골을 처분하거나 매장장소를 변경하는 것까지 허용된다고 볼 수는 없다.

[대법관 안대희, 대법관 양창수의 반대의견]

(가) 장례의 방식이 다양화하여 분묘 없는 장례가 빈번하게 되고 또한 매장 또는 분묘개설을 강행할 근거가 없는 이상, 유체의 귀속은 분묘의 귀속과 분리하여 처리되어야 한다.

(나) 망인이 자신의 장례 기타 유체를 그 본래적 성질에 좇아 처리하는 것에 관하여 생전에 종국적인 의사를 명확하게 표명한 경우에는, 그 의사는 법적으로도 존중되어야 하며 일정한 법적 효력을 가진다고 함이 타당하다. 나아가 망인의 의사대로 이미 장례나 분묘개설 기타 유체의 처리가 행하여진 경우에는, 다른 특별한 사정이 없는 한 유체의 소유자라고 하더라도 그 소유권에 기하여 그 분묘를 파헤쳐 유체를 자신에게 인도할 것을 청구할 수 없다.

(3) 어떤 경우에 제사주재자의 지위를 유지할 수 없는 특별한 사정이 있다고 볼 것인지에 관하여는, 제사제도가 관습에 바탕을 둔 것이므로 관습을 고려하되, 여기에서의 관습은 과거의 관습이 아니라 사회의 변화에 따라 새롭게 형성되어 계속되고 있는 현재의 관습을 말하므로 우리 사회를 지배하는 기본적 이념이나 사회질서의 변화와 그에 따라 새롭게 형성되는 관습을 고려해야 할 것인바, 중대한 질병, 심한 낭비와 방탕한 생활, 장기간의 외국 거주, 생계가 곤란할 정도의 심각한 경제적 궁핍, 평소 부모를 학대하거나 심한 모욕 또는 위해를 가하는 행위, 선조의 분묘에 대한 수호 · 관리를 하지 않거나 제사를 거부하는 행위, 합리적인 이유 없이 부모의 유지(遺志) 내지 유훈(遺訓)에 현저히 반하는 행위 등으로 인하여 정상적으로 제사를 주재할 의사나 능력이 없다고 인정되는 경우가 이에 해당하는 것으로 봄이 상당하다.

[관련조문] 민법 제1008조의 3(분묘등의 승계), 제98조(물건의 정의)

3. 판례의 이해와 쟁점

(1) A의 유체는 권리의 객체인 물건인가?

(2) A의 유체는 누구에게 귀속되는가?

(3) A의 제사를 주재하는 자는 누구인가?

(4) A가 생전에 X 재단 분묘에 매장되기를 희망하였다는 '피상속인의 의사'는 유체 승계권자의 권리행사에 영향을 미치는가?

(5) 피상속인과 생전에 40여년이라는 장기간 동안 서로 왕래가 없었다는 것이 제사주재자의 결정에 영향을 미치는가?

4. 이론탐구

제사용 재산을 승계하는 제사주재자는 상속인이어야 하는가?

5. 심화학습

피상속인의 사망 당시 그 소유인 토지에 분묘가 설치되어 있지 아니하다가 피상속인의 사망 후 상속재산인 토지에 피상속인의 분묘를 설치한 경우, 그 분묘기지면적에 해당하는 토지 부분의 소유권은 누구에게 귀속되는가? (대법원 2008.10.27. 2006스140 결정)

참고문헌

- 김영란, "상속세법 제8조의2 제2항 제2호의 '민법 제1008조의3에 규정하는 재산'의 하나인 금양임야의 의미와 그 승계,"「대법원판례해설」제22호(95년 상반기), 법원도서관, 1995.
- 송경근, "제사주재자의 결정방법과 망인 자신의 유체 · 유골(遺體 · 遺骨)에 관한 처분행위의 효력 및 사자(死者)의 인격권," 대법원판례해설 77호(2008 하반기), 2009.
- 이은정, "제사용 재산의 귀속 주체," 가족법 판례해설, 세창출판사, 2009, 440-445면.
- 정긍식, "제사용 재산의 귀속주체,"「민사판례연구」제21권, 박영사, 2000.

|제5절| 상속의 승인과 포기

Ⅰ. 상속승인 및 포기의 신고 기간

1. 사실관계

(1) 청구인(대법원 재항고 사건)들은 피상속인이 사망한 날부터 3개월 후에 피상속인의 채무가 많은 것을 알고 상속포기신고를 하였는데, 이들은 피상속인의 사망한 날에 그 사망사실은 알았으나 그 날 상속재산(적극재산과 소극재산)이 얼마인지는 알지 못하였으므로 '상속개시 있음을 안 날부터 3개월'은 상속재산이 있는 것(채무 있는 사실)을 안 날(예컨대 상속인이 채권자인 은행으로부터 피상속인의 채무이행 청구 통지서를 받은 날)로부터 3개월을 기산하여야 한다고 주장하였다.

(2) 원심은 청구인들이 피상속인이 사망한 날에 그 사망사실과 자신들이 상속인이 되었음을 알았다고 볼 것이라고 사실인정을 한 다음 그로부터 3월이 경과한 후에 신고한 이 사건 상속포기신고는 부적법하다고 판단하였다(원심: 대구지방법원 1990.12.26. 90브33 결정).

| 대상판결 |

대법원 1991.6.11. 91스1 결정

2. 결정요지

민법 제1019조 제1항 소정의 "상속개시 있음을 안 날"이라 함은 상속개시의 원인이 되는 사실의 발생을 앎으로써 자기가 상속인이 되었음을 안 날을 말하는 것이므로, 상속재산 또는 상속채무의 존재를 알아야만 위 숙려기간이 진행되는 것은 아니라고 할 것이다.

[참고조문] 민법 제1019조(승인, 포기의 기간) 제1항

3. 결정례의 이해와 쟁점

(1) 민법 제1019조 제1항 소정의 "상속개시 있음을 안 날"이라 함은 상속인이 상속개시의 원인이 되는 피상속인의 사망 사실의 발생을 안 날부터 기산할 수 있는가?

(2) 상속인 자신이 상속인이 되었음을 안 날의 의미는 피상속인이 사망한 것을 안 날을 의미하는가? 아니면 상속재산 또는 상속채무의 존재까지 안 날을 의미하는 것인가?

4. 이론탐구

(1) 민법 제1019조 제1항 소정의 "상속개시 있음을 안 날"의 의미는 무엇인가?

(2) 상속개시의 의미는?

(3) 상속포기신고의 의미는?

5. 심화학습

(1) 상속포기란 무엇인가?

(2) 상속재산에서 적극재산과 소극재산은? 채무초과란?

참고문헌

- 윤진수, "상속채무를 뒤늦게 발견한 상속인의 보호," 법학 38권 3 · 4호(105호) (1997.12), 서울대학교 법학연구소.
- 이상원, "상속포기와 한정승인에 있어 신고기간(고려기간)의 기산점," 재판자료 102집 (2003.12) : 가정법원사건의 제문제(下), 법원행정처.
- 이승우, "법정단순승인에 관한 소고," 가족법연구 11호(1997.12) : 칠송김주수선생 고희기념, 부록 수록, 한국가족법학회.
- 이화숙, "채무초과 상속재산에 대한 채권자의 권리와 상속인보호," 비교사법 4권 1호(통권6호) (1997.6), 한국비교사법학회.

II. 상속등기의 채권자대위 및 법정단순승인

1. 사실관계

(1) 상속인이 단순승인, 한정승인 또는 포기를 할 수 있는 기간(상속개시를 안 날부터 3개월) 내에, 상속인 이외에 타인(상속인의 채권자)이 상속인의 의사에 반하여 상속인을 대위하여 상속등기신청에 의하여 상속등기를 하였다.

(2) 원심결정은, 상속인이 한정승인 또는 포기를 할 수 있는 기간 내에 상속인 이외에 타인(상속인의 채권자)의 상속의 대위 등기신청에 의하여 상속등기를 하게 하는 것은, 상속인 자신이 상속의 한정승인 또는 포기할 수 있는 권리가 유보된 기간중에 본인의 의사에 반하여 상속등기를 강요하는 결과가 되어 개인의 의사를 존중하는 근대법의 정신에 위배된다고 하여, 채권자의 대위권행사에 의한 상속등기의 효과를 인정하지 않았다(원심: 제1심 서울민사지법, 제2심 서울민사지법 1963.7.26. 선고 62카354).

| 대상결정 |

대법원 1964.4.3. 63마54 결정

2. 결정요지

상속인 자신이 한정승인 또는 포기를 할 수 있는 기간 내에 상속등기를 한 때에는 상속의 단순승인으로 인정된 경우가 있을 것이나 상속등기가 상속재산에 대한 처분행위라고 볼 수 없으니만큼 채권자가 상속인을 대위하여 상속등기를 하였다 하여 단순승인의 효력을 발생시킬 수 없고, 상속인의 한정승인 또는 포기할 수 있는 권한에는 아무런 영향도 미치는 것이 아니므로 채권자의 대위권행사에 의한 상속등기를 거부할 수 없다.

[참조조문] 민법 제997조(상속개시의 원인)/제1005조(상속과 포괄적 권리의무의 승계)/제1019조(승인, 포기의 기간)

3. 판례의 이해와 쟁점

(1) 상속인 자신이 한정승인 또는 포기를 할 수 있는 기간 내에 상속등기를 한 때에는 상속의 단순승인으로 인정되는가?

(2) 대상결정에서는 상속인 본인이 상속등기를 한 경우는 단순승인으로 볼 수도 있다는 간접적 의견을 보이고 있다. 이에 대한 학생 자신의 의견은? 상속인이 아니라 상속인의 채권자가 채권자대위권에 의하여 상속등기를 하는 경우에 단순승인으로 인정되는가? 대상결정에서는 상속인을 대위하여 상속인의 채권자가 상속등기를 하였다고 하여 단순승인의 효력을 발생시킬 수 없다고 하고 있다. 이에 대한 학생 자신의 의견은?

(3) 상속등기는 상속재산에 대한 처분행위라고 볼 수 있는가? 대상결정에서는 상속등기는 상속재산에 대한 처분행위라고 볼 수 없다고 하고 있다. 학생 자신의 의견은?

(4) 채권자가 상속인을 대위하여, 상속인이 한정승인 또는 상속포기를 할 수 있는 법정기간 내에 상속등기를 한 경우, 상속인은 그 법정기간 내에 한정승인 또는 상속포기를 할 수 있는가? 대상결정에서는 상속인은 그 법정기간 내에 한정승인 또는 상속포기를 할 수 있다고 하고 있다. 이에 대한 학생 자신의 의견은?

(5) 상속인의 채권자가 대위권행사에 의한 상속등기를 한 경우 이 상속등기는 인정되는가? 대법원의 대상판결은 이러한 상속등기를 인정하고 있다. 그 이유에서 대법원은, 채권자의 대위권행사를 허용함으로 인하여 상속인의 한정승인 또는 포기할 수 있는 권한에는 아무런 영향도 미치는 것이 아니며, 따라서 채

권자의 대위권행사에 의한 상속등기를 거부할 이유가 없다고 하면서 이를 거부한 원심을 비판하고 있다. 이에 대한 학생 자신의 의견은?

4. 이론탐구

(1) 상속등기를 채권자대위로 할 수 있는가?

(2) 상속등기를 하면 법정단순승인이 인정되는가?

5. 심화학습

(1) 법정단순승인이란?

(2) 채권자대위권이란?

(3) 상속재산의 처분행위란?

참고문헌

- 강봉석, "채권자대위권에 있어서 채권보전의 필요성," 민사판례연구 24권(2002.1), 박영사.
- 박강회, "채권자대위권제도와 채무자의 무자력," 민사법연구 9집(2001.12), 대한민사법학회.
- 송홍섭, "대위등기," 재판자료 43집(1988.12) : 등기에 관한 제문제(상), 법원행정처.
- 최문기, "채권자대위권에 관한 판례분석," 상사법의 기본문제 : 해암이범찬교수 화갑기념(1993.5), 삼영사.
- 한봉희, "채권자대위권," 사법행정 31권 9호(1990.9), 한국사법행정학회.

III. 법정단순승인

1. 사실관계

청구외 ○○상사 주식회사는 1985.6.11. 청구외 주식회사 ○○은행과 지급보증약정을 체결하면서, 위 ○○은행이 제3자에게 위 ○○상사의 채무를 대위하여 이행하면 ○○상사가 ○○은행에 그 이행금액 및 지연손해금을 상환하기로 약정하였다. 청구외 ○○○(피상속인)은 같은 날 위 약정에 따라 ○○상사가 ○○은행에 대하여 부담하는 채무를 연대하여 보증하였다. ○○상사는 같은 해 9.12. ○○은행의 지급보증서를 담보로 청구외 ○○투자금융 주식회사로부터 10억원을 대출받았으나 변제기가 지나도록 그 원리금을 변제하지 못하였다. ○○은행은 같은 해 10.10. ○○투자금융 주식회사에 대출원리금을 대위변제한 후, ○○상사와 ○○○ 등을 상대로 서울민사지방법원에 소를 제기하여 1986.6.11. ○○상사와 ○○○ 등은 연대하여 ○○은행에 8억 5천만원 및 그 지연손해금을 지급하라는 내용의 판결(96가합1688)을 선고받았고, 위 판결은 그 무렵 확정되었다.

○○○(피상속인)은 1995.5.2. 사망하였고, 제청신청인 A, B, C, D는 ○○○의 자녀들이다. ○○은행은 소멸시효를 중단시키기 위하여 서울지방법원에 제청신청인들을 상대로 구상금 등의 지급을 구하는 소송(96가단133744)을 제기하였는데, 그 소송계속 중 제청신청인들은 민법 제1026조 제2호(1958.2.22. 법률 제471호, 이하 '이 사건 법률조항'이라 한다)가 재판의 전제가 된다고 하여 위 법원에 위헌여부심판의 제청을 신청하였고, 위 법원은 이를 받아들여 이 사건 법률조항에 대하여 위헌여부의 심판을 제청하였다(96카4823).

| 대상헌재결정 |

헌법재판소 1998.8.27. 96헌가22, 97헌가2 · 3 · 9, 96헌바81, 98헌바24 · 25(병합) 전원재판부 결정

2. 헌재결정요지

(1) 상속인이 귀책사유 없이 상속채무가 적극재산을 초과하는 사실을 알지 못하여 상속개시 있음을 안 날로부터 3월 내에 한정승인 또는 포기를 하지 못한 경우에도 단순승인을 한 것으로 보는 민법 제1026조 제2호는 기본권 제한의 입법한계를 일탈한 것으로 재산권을 보장한 헌법 제23조 제1항, 사적 자치권을 보장한 헌법 제10조 제1항에 위반된다.

(2) 1) 민법 제1026조 제2호에 대하여 단순위헌결정을 하여 당장 그 효력을 상실시킬 경우에는 상속인이 상속개시 있음을 안 날로부터 3월 내에 한정승인이나 포기를 하지 아니한 때에 상속으로 인한 법률관계를 확정할 수 있는 법률근거가 없어지는 법적 공백상태가 예상된다.

2) 그리고 위헌적인 규정을 합헌적으로 조정하는 임무는 원칙적으로 입법자의 형성재량에 속하는 사항이라고 할 것인데, 위 법률조항의 위헌성을 어떤 방법으로 제거하여 새로운 입법을 할 것인가에 관하여는 여러 가지 방안이 있을 수 있고, 그 중에서 어떤 방안을 채택할 것인가는 입법자가 우리의 상속제도, 상속인과 상속채권자 등 이해관계인들의 이익, 법적 안정성 등 여러 가지 사정을 고려하여 입법정책적으로 결정할 사항이므로, 위 법률조항에 대하여 헌법불합치 결정을 선고한다.

[재판관 조승형의 반대의견] 다수의견이 취하는 헌법불합치 결정은 헌법 제111조 제1항 제1호 및 제5호, 헌법재판소법 제45조, 제47조 제2항의 명문규정에 반하며, 헌법재판소 결정의 소급효를 원칙적으로 인정하고 있는 독일의 법제와 원칙적으로 장래효를 인정하고 있는 우리의 법제를 혼동하여 독일의 판례를 무비판적으로 잘못 수용한 것이므로 반대하고, 이 사건의 경우는 단순위헌결정을 하여야 한다.

[참조조문] 헌법 제10조, 제23조 제1항, 민법(1990.1.13. 법률 제4199호로 개정된 것) 제1005조, 제1019조 제1항

3. 판례의 이해와 쟁점

(1) 우리 민법의 상속제도

1) (2002.1.14. 개정전) 민법의 상속 승인 및 포기제도에서, 상속인은 자기의 의사에 의하여 상속의 효과를 확정하거나 부인할 수 있는 선택의 자유를 주고 있는가?

위 헌재 결정은, 민법은 상속인은 상속개시된 때로부터 피상속인의 재산에 관한 포괄적 권리의무를 승계한다(민법 제1005조 본문)고 규정하여 상속인이 피상속인의 사망과 동시에 당연히 피상속인의 재산에 관한 모든 권리의무를 포괄적으로 승계하는 것을 원칙으로 하는 한편, 상속인은 상속개시 있음을 안 날로부터 3월 내에 단순승인이나 한정승인 또는 포기를 할 수 있고, 상속인은 승인 또는 포기를 하기 전에 상속재산을 조사할 수 있다(민법 제1019조 제1, 2항)고 규정하여, 상속인의 의사에 의하여 상속의 효과를 확정하거나 부인할 수 있는 선택의 자유를 주고 있다고 하고 있다. 이에 대한 학생 자신의 의견은?

2) 상속인이 상속재산을 당연히 포괄승계하는 것을 원칙으로 하면서도 상속인이 3월의 기간(이하 '고려기간'이라 한다) 내에 상속을 승인하거나 포기할 수 있도록 한 근본이유는?

위 헌재 결정은, 상속재산 중 소극재산(의무)이 적극재산(권리)을 초과하는 경우에 소극재산이 당연히 상속인에게 승계된다면 그것은 상속인의 의사와 관계없이 상속인에게 재산상 손해를 입히는 것일 뿐만 아니라 적극재산이 많은 경우에도 상속인이 원하지 않는 경우에는 상속인의 의사에 반하여 상속을 강제할 수 없는 것이므로, 상속인이 상속재산상태 특히 적극재산과 소극재산을 조사한 다음 그 결과를 토대로 하여 제한 없이 피상속인의 권리의무를 승계하는 단순승인을 할 것인지, 취득할 재산의 한도에서 피상속인의 채무와 유증을 변제할 것을 조건으로 상속을 승인하는 한정승인을 할 것인지, 또는 상속을 포기할 것인지를 상속인의 의사에 의하여 결정할 수 있도록 하기 위한 것이라고 하고 있다. 이에 대한 학생 자신의 의견은?

3) 이 사건 조항은 상속인을 위한 것인가? 상속채권자를 위한 것인가?

위 헌재 결정은, 적극재산의 상속은 상속인을 위한 것이고, 소극재산의 상속은 상속채권자의 이익을 보호하기 위한 것이라고 하고 있다. 이에 대한 학생 자신의 의견은?

4) 피상속인의 사망 당시에 아무런 재산이 없는 것으로 상속인이 믿고 있는 경우 한정승인이나 포기를 하지 않는 것이 일반적인가?

위 헌재 결정은, 법률전문가가 아닌 일반인으로서는 대부분 상속의 한정승인이나 포기에 관한 민법규정을 알지 못하므로, 피상속인의 사망 당시에 아무런 재산이 없는 것으로 믿고 있으면서도 혹시 나중에 의외로 발견될지도 모를 채무에 대비하여 한정승인이나 포기의 신고를 하도록 기대하기는 어렵다고 하고 있다. 이에 대한 학생 자신의 의견은?

5) 위 헌재 결정은, 피상속인의 소극재산이 적극재산보다 많은 경우에 상속인의 의사는 단순승인이 아니라 한정승인 내지 포기로 해석하여야 하고, 상속채권자는 피상속인을 신뢰하여 그의 일반재산을 담보로 보고서 그와 거래한 것이지, 그의 사망후 상속인이 채무를 승계할 것을 기대하고서 거래한 것은 아닐 것이라고 하고 있다. 이에 대한 학생의 의견은?

6) 위 헌재 결정은, 상속채권자의 보호는 피상속인이 남긴 재산의 범위 안에서 채권회수를 보장하는 것으로 충분하고, 나아가 상속인의 고유재산으로 상속채권자에 대한 피상속인의 채무를 갚도록 하는 것은 부당한 희생의 대가로 명분 없는 이익을 보장하는 것이라고 하면서, 이 사건 법률조항은 채무자 본인의 의사나 그의 귀책사유 없이는 그에게 채무를 부담시킬 수 없다는 근대사법의 원칙에 비추어 보면 불합리하고 부당하다고 하고 있다. 그렇다면 현행 민법에서 이 사건 조항은 삭제되어야 하고, 상

속재산이 채무초과가 되는 경우에는 법정으로 '한정승인'을 인정하는 것이 타당하지는 않은가?

7) 위 헌재 결정은 고려기간의 기산일인 '상속개시 있음을 안 날'에 관하여, 상속인이 피상속인의 사망 당시 상속재산 중 채무가 없다고 믿고서 한정승인이나 포기의 신고를 하지 아니한 채 고려기간을 도과한 경우, 그 후 비로소 채무의 존재가 밝혀지더라도 피상속인의 채무를 모두 부담하게 된다면, 이는 스스로의 잘못이 없는 상속인에게 매우 가혹하고 부당하다고 하고 있다. 이에 대한 학생 자신의 의견은?

(2) 이 사건 법률조항과 기본권제한

1) 헌법상 재산권에 관하여 사적 자치의 원칙과 과실책임의 원칙이 인정되는가? 헌법상 재산권의 제한은?

위 헌재 결정은, 헌법 제119조 제1항은 사유재산제도와 사적 자치의 원칙 및 과실책임의 원칙을 기초로 하는 자유시장경제질서를 기본으로 하고 있음을 선언하고, 헌법 제23조 제1항은 국민의 재산권을, 헌법 제10조는 국민의 행복추구권과 여기서 파생된 일반적 행동자유권 및 사적 자치권을 보장하는 한편, 헌법 제37조 제2항은 기본권을 제한하는 입법을 함에 있어서 지켜야 할 한계를 규정하고 있다고 하고 있다. (2004.1.14. 개정전) 민법 제1026조 제2호와 관련하여 이에 대한 학생 자신의 의견은?

2) 이 사건 법률조항(고려기간의 기산점인 '상속개시 있음을 안 날' 규정)은 헌법의 기본원리인 사적 자치의 원칙과 과실책임의 원칙에 대한 예외적 규정으로서 헌법상 보장된 상속인의 재산권과 사적 자치권 등을 제한하고 있다고 할 수 있는가?

위 헌재 결정은, 고려기간의 기산점인 '상속개시 있음을 안 날'의 의미를 해석하면, 상속인이 아무런 귀책사유 없이 상속재산 중 소극재산이 적극재산을 초과하는 사실을 알지 못하여 고려기간 내에 한정승인이나 포기를 하지 아니한 경우에도 이 사건 법률조항에 의하여 상속인이 단순승인을 한 것으로 보아 상속인의 의사와 관계없이 무조건 피상속인의 채무를 전부 부담하게 된다는 점에서, 이 사건 법률조항은 헌법의 기본원리인 사적 자치의 원칙과 과실책임의 원칙에 대한 예외적 규정으로서 헌법상 보장된 상속인의 재산권과 사적 자치권 등을 제한하고 있다고 할 수 있다고 하고 있다. 이에 대한 학생 자신의 의견은?

(3) 이 사건 법률조항의 위헌성

1) 입법자가 상속제도와 상속권의 내용을 정함에 있어서 입법형성권을 자의적으로 행사하여 헌법 제37조 제2항이 규정하는 기본권제한의 입법한계를 일탈하는 경우에는 그 법률조항은 헌법에 위반되는가?

위 헌재 결정은, 헌법 제37조 제2항은 국민의 자유와 권리는 국가안전보장 · 질서유지 또는 공공복리를 위하여 필요한 경우에 한하여 법률로써 제한할 수 있으며, 그 경우에도 자유와 권리의 본질적인 내용을 침해할 수 없다고 규정하여 국가가 국민의 기본권을 제한하는 내용의 입법을 함에 있어서 준수하여야 할 기본원칙을 천명하고 있다고 하고 있다. 또 위 결정은, 기본권을 제한하는 입법을 함에 있어서는 입법목적의 정당성과 그 목적달성을 위한 방법의 적정성, 피해의 최소성, 그리고 그 입법에 의해 보호하려는 공공의 필요와 침해되는 기본권 사이의 균형성을 모두 갖추어야 하며, 이를 준수하지 않은 법률 내지 법률조항은 기본권제한의 입법한계를 벗어난 것으로서 헌법에 위반된다고 하고 있다.

따라서 위 헌재 결정은, 상속인이 귀책사유 없이 상속채무가 적극재산을 초과하는 사실을 알지 못하여 고려기간 내에 한정승인이나 포기를 하지 못한 경우에도 이 사건 법률조항이 상속인으로 하여금 피상속인의 채무를 전부 부담하게 하여 상속채권자만을 보호한 것은 입법목적달성에 필요한 정도 이상으로 상속인의 기본권을 제한한 것으로서 기본권제한의 입법한계인 피해의 최소성, 공공필요와 침해되는 상속인의 기본권 사이의 균형성을 갖추었다고 볼 수 없다고 하고 있다. 위 헌재 결정에 대한 학생 자신의 의견은?

2) 이 사건 법률조항이 상속인이 고려기간 내에 한정승인 또는 포기를 하지 아니한 때에는 그 이유여하를 불문하고 일률적으로 단순승인을 한 것은 위헌인가? 상속인이 귀책사유 없이 상속채무가 적극재산을 초과하는 사실을 알지 못하여 고려기간 내에 한정승인 또는 포기를 하지 못한 경우에도 이 사건 법률조항이 단순승인을 한 것으로 본 것은 기본권제한의 입법한계를 일탈한 것으로 재산권을 보장한 헌법 제23조 제1항, 사적 자치권을 보장한 헌법 제10조 제1항 등에 위반되는가?

위 헌재 결정은, 이 사건 법률조항은 개인의 경제상의 자유와 창의를 무시하여 헌법 제119조 제1항이 보장하는 경제질서의 기본원리에 위반되고, 상속인에게 그 의사나 귀책사유 없이도 피상속인의 채무를 변제하게 하여 헌법 제23조 제1항이 규정한 재산권을 침해하며, 상속인에게 다른 채무자와 달리 자신의 의사에 반하여 커다란 고통을 받도록 강요함으로써 헌법 제10조의 행복추구권 및 헌법 제11조 제1항의 평등권을 침해하고, 헌법 제37조 제2항이 규정한 과잉금지의 원칙에 위반된다고 하고 있다. 이에 대한 학생 자신의 의견은?

4. 이론탐구

(1) 2002.1.14. 개정전 민법 제1026조 제2호의 문제점은?

(2) 위 헌재결정 이후 민법 제1026조와 아울러 제1019조의 개정 내용은?

(3) 법정단순승인이란?

5. 심화학습

(1) 고려기간의 기산점인 '상속인이 상속개시 있음을 안 날'의 의미는 상속인 자신이 상속인이 되었음을 안 날을 말하는가? 상속재산의 유무를 안 날을 뜻하는 것인가?

대법원은 고려기간의 기산점인 '상속인이 상속개시 있음을 안 날'의 의미를 상속인이 상속개시의 원인이 된 사실의 발생(피상속인의 사망)을 알고 이로써 자기가 상속인이 되었음을 안 날을 말하고 상속재산의 유무를 안 날을 뜻하는 것이 아니라고 해석하고 있다(대법원 1969.4.22. 선고, 69다232 판결 ; 대법원 1991.6.11. 91스1 결정 등). 이에 대한 학생 자신의 의견은?

(2) 2002.1.14. 민법 개정이후 민법 제1019조 제3항에 문제점은 없는가? 민법 제1019조 제3항은 한정승인은 인정하고 있으나, 상속포기는 인정하지 않고 있다. 이에 대한 학생 자신의 의견은?

참고문헌

- 윤진수, "상속의 단순승인 의제규정에 대한 헌법불합치 결정의 소급효가 미치는 범위," 가족법연구 16권 2호(2002.12) (18호), 한국가족법학회.
- 이경희, 韓國家族法上の主要爭點及び課題 : この論文は2001年7月2日 日本廣島辯護士會館で開催された廣島家族法硏究會で發表した原稿を修正補完したこと, 새울법학 5권 2호(2002.2), 대전대학교 법문화연구소.
- 임성권, "상속의 한정승인에 관한 연구," 가족법연구 15권 2호(2001.12) : 영산 박병호 선생 고희기념, 한국가족법학회.
- 전경근, "상속의 승인과 포기," 가족법연구 18권 1호(2004.3), 한국가족법학회.
- 최진섭, "특별한정승인제도에 관한 연구," 가족법연구 17권 1호(2003.9) : 남송 한봉희 교수 고희기념, 한국가족법학회.

IV. 민법 제1026조 제3호에 정한 '상속재산의 부정소비'의 의미

1. 사실관계

(1) 소외 망 김◯◯의 상속인인 피고(선정당사자) 및 그 선정자들은[이하 피고(선정당사자)와 선정자들을 합하여 '피고 등'이라 한다] 김◯◯이 사망한 1999.7.25.로부터 3개월 이내인 1999.9.21. 김◯◯ 소유의 이 사건 부동산들을 상속재산으로 기재하여 한정승인 신고를 하였고, 1999.11.18. 그 신고가 수리되었다.

(2) 피고 등은 2000.1.18. 및 2000.1.19.자로 이 사건 부동산들에 대하여 선정자 강◯◯ 앞으로 위 김◯◯의 사망일인 1999.7.25.자 협의분할에 의한 상속을 원인으로 하는 소유권이전등기를 마쳤다.

(3) 이 사건 부동산들 중 그 지목이 제방과 하천인 2필지 토지를 제외한 나머지 부동산들에 관하여는 강제경매 또는 임의경매절차가 개시·진행되었으나, 그 낙찰대금이 김◯◯이 사망하기 전에 그 부동산들에 설정되어 있던 선순위 근저당권자의 채권금액에 훨씬 미치지 못하였고, 이 사건 부동산들 중 지목이 제방과 하천인 2필지 토지들에 관하여도 강제경매개시결정이 있었으나 제방 및 하천이라는 이유로 그 결정이 취소되었다.

(4) 원심은 피고 등의 이 사건 협의분할에 기한 소유권이전등기가 상속재산의 부정소비에 해당한다는 원고의 주장을 배척하였다(원심: 대전고법 2004.8.25. 선고 2003나9177 판결).

| 대상판결 |

대법원 2004.12.9. 선고 2004다52095 판결

2. 판결요지

상속부동산에 대하여 이미 상당한 금액의 근저당권이 설정되어 있어서 일반 상속채권자들에게는 강제집행을 통하여 배당될 금액이 전혀 없거나 그 지목이 하천 및 제방이어서 강제집행의 실익이 없는 것이라면, 상속인들이 한정승인의 신고 후에 그 중 1인에게만 상속부동산에 대하여 협의분할에 의한 소유권이전등기를 하였다고 하더라도, 이를 상속재산의 부정소비에 해당한다고 할 수 없다.

[참조조문] 민법 제1026조(법정단순승인) 제3호

3. 판례의 이해와 쟁점

(1) 상속이 있기 전에 이미 상당한 금액의 근저당권이 설정되어 있어서 배당될 금액이 전혀 없는 경우에, 상속인 앞으로 소유권이전등기를 한 것이 '상속재산의 부정소비'에 해당되는가?

위 대법원 판결은, 이 사건 부동산들에 관하여 상속이 있기 전에 이미 상당한 금액의 근저당권이 설정되어 있어서 위 협의분할에 기한 소유권이전등기를 하지 않았더라도 어차피 원고 등 다른 상속채권자들에게는 강제집행을 통하여 배당될 금액이 전혀 없어서 실익이 없는 것이라면, 선정자 강○○ 앞으로만 위 소유권이전등기를 한 것이 실질적으로 상속채권자들의 강제집행 등을 통한 권리행사에 어떤 불이익을 주거나 위 선정자 강○○나 일부의 특정 상속채권자 등이 부당한 이득을 얻는 것도 아니어서, 이를 두고 정당한 이유 없이 상속재산을 써서 없앰으로써 그 재산적 가치를 상실시킨 때에 해당한다고 보기 어렵다 할 것이라고 하고 있다. 이에 대한 학생 자신의 의견은?

4. 이론탐구

(1) 민법 제1026조 제3호 소정의 '상속재산의 부정소비'라 함은?

위 대법원 판결은 정당한 이유 없이 상속재산을 써서 없앰으로써 그 재산적 가치를 상실시키는 행위를 의미한다고 하고 있다. 위 대법원판결의 사례와 연결하여 설명해 보라.

5. 심화학습

(1) 법정단순승인 사유인 민법 제1026조 제3호 소정의 '고의로 재산목록에 기입하지 아니한 때'라는 것은?

[사 례] 피고들은 소외 망 정○○이 사망한 후 정○○이 가지고 있던 소외 ○○생명보험 주식회사에 대한 보험계약 해약환급금 8,793,540원을 수령하여 이를 망인의 장례비용에 충당하였다. 피고들은 한정승인 신고시 이 해약환급금을 상속재산의 목록에 기재하지 아니하였다(대법원 2003.11.14. 선고 2003다30968 판결).

위 사례에서 대법원은, 피고들이 상속재산인 해약환급금을 정○○의 장례비용으로 지출한 것은 합리적인 범위 내의 금액으로서 정당하여, 해약환급금은 상속에 관한 비용으로 모두 지출되어 남지 않게 되었다 할 것이므로, 피고들이 한정승인 신고시 해약환급금을 상속재산의 목록에 기재하지 아니하였다 하여 상속재산을 은닉하여 상속채권자를 사해할 의사로써 기입하지 아니한 것이라고 볼 수는 없다고 하고 있다.

대법원은, 민법 제1026조 제3호 소정의 '고의로 재산목록에 기입하지 아니한 때'라는 것은 한정승인을 함에 있어 상속재산을 은닉하여 상속채권자를 사해할 의사로써 상속재산을 재산목록에 기입하지 않는 것을 의미한다고 하고 있다. 이에 대한 학생 자신의 의견은?

참고문헌

- 윤진수, "2006년도 주요 민법 관련 판례 회고," 법학 48권 1호(142호), 2007, 서울대학교 법학연구소.
- 이광만, "한정승인 또는 포기 후에 한 상속재산의 처분행위가 법정단순승인 사유에 해당하기 위한 요건," 대법원판례해설 49호(2004 상반기) (2004.12), 법원도서관.
- 허부열, "상속의 한정승인에 있어서 상속재산이 없거나 그 상속재산이 상속채무의 변제에 부족한 경우 상속채무 전부에 대한 이행판결을 선고하여야 하는지 여부(적극)," 대법원판례해설 46호(2003 하반기) (2004.7), 법원도서관.

V. 한정승인

1. 사실관계

(1) 등기부등본, 제적등본, (구)호적등본, 매매계약서, 영수증의 각 기재, 증인의 증언 등을 보면, 소외 망 김○○은 1990.10.11. 원고에게 이 사건 부동산을 금 30,500,000원에 매도한 사실, 위 소외인 망 김○○은 1991.4.1. 처인 소외 이○○와 함께 사망하여 자녀들인 피고들이 위 김○○의 재산을 공동으로 상속하였다.

(2) 원고는 피고(상속인)들에 대하여 피상속인 김○○의 채무를 승계하였음을 이유로 이 사건 부동산에 대한 각 상속지분에 관하여 매매를 원인으로 하는 소유권이전등기절차의 이행을 구하였다. 이에 피고들은 위 망인이 금 2,000,000,000원 상당의 채무를 부담한 채 사망하여 피고들은 대전지방법원 천안지원에 이 사건 부동산을 포함한 위 김○○의 재산에 대하여 한정승인신고를 하여 수리되었고, 피고들이 한정승인을 한 재산은 1,000,000,000원 상당에 불과하므로 원고의 청구에 응할 수 없다고 항변하였다(원심: 대전지방법원 천안지원 91가단1628 판결).

| 대상판결 |

대전지법 1991.12.4. 선고 91나4674 판결

2. 판결요지

상속인이 재산상속에 관하여 한정승인을 하였다고 하더라도 그의 책임이 상속재산의 범위 내에 한정될 뿐이고 그 상속채무 자체가 축소된다거나 소멸하는 것은 아니므로, 피상속인이 부동산을 매도하고 매수인에게 그 소유권이전등기를 경료하여 주지 않은 채 사망한 후 상속인이 한정승인을 한 경우에도 매수인과 다른 상속채권자들 간의 관계는 별론으로 하고 상속인의 매수인에 대한 소유권이전등기의무는 소멸되지 아니한다.

[참조조문] 민법 제1028조(한정승인의 효과)

3. 판례의 이해와 쟁점

(1) 피상속인이 사망전 매매계약을 체결하였고, 피상속인 사망 후 상속인들이 상속에 관한 한정승인신고를 하고 수리된 시점에서 피상속인의 등기이전의무가 아직 이행되지 못하고 있었다면, 상속인들은 한정승인 신고 이후에도 등기이전을 해주어야 할 의무가 있는가? 한정승인은 상속채무를 제한하는 것인가 아니면 책임만 한정하는 것인가?

위 대전지법 판결은, 재산상속에 관하여 한정승인을 하였다고 하더라도 상속인들의 책임이 상속재산의 범위 내에 한정될 뿐이고 그 상속채무 자체가 축소된다거나 소멸하는 것은 아니라고 할 것이므로, 추후 문제될 원고와 다른 상속 피고들이 한정승인을 이유로 원고의 소유권이전등기청구를 거부할 수는 없다고 하고 있다. 그러므로 피고들 3인은 원고에게 이 사건 부동산의 각 3분의 1지분에 관하여 1990.10.11. 매매를 원인으로 하는 각 지분소유권이전등기절차를 이행할 의무가 있다고 하고 있다. 이에 대한 학생 자신의 의견은?

4. 이론탐구

(1) 한정승인과 피상속인의 등기이전의무

(2) 한정승인과 책임의 제한

5. 심화학습

(1) 이행판결에서 책임의 범위(한정승인의 존재와 효력)가 당연히 소송물에 포함되는가?

채권자가 피상속인의 금전채무를 상속한 상속인을 상대로 그 상속채무의 이행을 구하여 제기한 소송에서 채무자가 한정승인 사실을 주장하지 않으면 한정승인의 존재와 효력이 소송물에 포함되는가? (대법원 2006.10.13. 선고 2006다23138 판결)

대법원은, 상속채무이행판결의 주문에 상속재산으로 책임을 제한하는 취지를 기재하려면, 책임제한사유인 한정승인의 존재 및 효력이 심리대상이 되는지 여부의 문제가 전제로서 해결되어야 한다고 하고 있다. 일반적으로 상속채무이행소송의 소송물은 상속채무의 존재 및 범위인데, 여기에 더하여 한정승인의 존재와 효력, 즉 책임의 범위도 소송물에 포함되는지가 문제되는데, 채권자가 피상속인의 금전채무를 상속한 상속인을 상대로 그 상속채무의 이행을 구하여 제기한 소송에서 채무자가 한정승인 사실을 주장하지 않으면, 책임의 범위는 현실적인 심판대상으로 등장하지 아니하여 주문에서는 물론 이유에서도 판단되지 않는 것이므로 그에 관하여는 기판력이 미치지 않는다고 하고 있다. 이러한 입장은 타당한가? 이에 대한 학생 자신의 의견은?

VI. 민법 제1019조 제3항의 특별한정승인

1. 사실관계

(1) 소외인(피상속인)은 사망 전에 주식회사 ○○인터컴이 ○○은행에 대하여 부담하는 모든 채무를 연대보증하였는데, ○○은행이 1998.9.29. 원고에게 이 사건 대출원리금 채권을 양도하고 이를 소외인에게 통지하였다. 소외인(피상속인)은 1999.11.20. 유족으로 자녀들인 김○○와 피고(선정당사자) 및 선정자 1, 선정자 2, 선정자 3, 선정자 4(이하 피고와 선정자들을 '피고 등'이라 한다)을 남기고 사망하였고, 원고가 위 소외인의 사망 사실을 알지 못하여 2002.1.12. 위 소외인을 피고로 삼아 이 사건 소를 제기하였다가 원고가 소외인의 사망사실을 알게 되어 2002.4.17. 피고 등을 당사자로 한 청구취지 정정신청서 및 당사자표시정정신청서를 제출하였다.

(2) 이에 피고 등은 2002.5.29. 서울가정법원에 상속한정승인을 신고하였고 2002.8.1. 위 법원에 의하여 한정승인신고가 수리되었다.

(3) 이 사건 소제기 전에 피고 등에 대한 원고로부터의 이행최고 등은 없었고, 피고 등은 이 사건 소장부본 등을 송달받은 2002.4.27. 내지 2002.5.4.경에야 비로소 소외인의 원고에 대한 연대보증채무의 존재 및 이로 인하여 상속채무가 상속재산을 초과한다는 사실을 알았다.

(4) 원심은, 이 사건 소제기 전에 피고 등에 대한 원고로부터의 이행최고 등이 없었던 점에 비추어 피고 등은 이 사건 소장부본 등을 송달받은 2002.4.27. 내지 2002.5.4.경에야 비로소 소외인의 원고에 대한 연대보증채무의 존재 및 이로 인하여 상속채무가 상속재산을 초과한다는 사실을 알게 되었다고 봄이 상당하고, 관련 당사자들의 관계 및 사건의 경위에 비추어 피고 등이 상속채무가 상속재산을 초과하는 사실을 고려기간 내에 알지 못한 데에 중대한 과실이 있다고 볼 수 없으며, 이로부터 3개월 내인 2002.5.29. 서울가정법원에 상속한정승인을 신고하여 그 신고가 수리되었으므로, 피고 등의 위 한정승인은 적법하다고 판단하였다(원심: 서울고법 2004.9.7. 선고 2003나40479 판결).

| 대상판결 |

대법원 2005.4.14. 선고 2004다56912 판결

2. 판결요지

(1) 상속인의 자기 결정 내지 자기 책임이 없음에도 단순승인으로 의제하는 것은 상속인의 사적 자치권과 재산권을 침해하는 것이므로 상속채권자의 신뢰이익을 침해하지 않는 범위 내에서 가급적 그러한 위헌적 요소를 배제하도록 민법 부칙 등의 규정을 해석하여야 할 것인바,

(2) 민법의 개정이 이루어지면서 민법 부칙의 경과규정이 설치된 경위 내지 의도, 개정 민법 시행 이전에 상속채무 초과 사실을 안 상속인을 개정 민법 부칙 제3항이 구제하고 있는 점과 대비하여 보면, 개정 민법 시행 이후에 상속채무 초과 사실을 안 상속인을 구제하지 않는 것은 평등의 원칙에 위배되는 것인 점,

(3) 개정 민법 부칙 제1항이 "이 법은 공포한 날로부터 시행한다"라고 규정하고 있기는 하지만, 상속인이 중대한 과실 없이 상속채무 초과 사실을 알게 된 것이 개정 민법 시행 후일 경우에는 그 상속개시가 개정 민법 시행 전에 있었다고 하더라도 개정 민법 시행 후에 제1019조 제3항의 특별한정승인의 요건을 갖춘 것으로 볼 수 있는 점,

(4) 개정 민법 부칙 제2항의 경과규정이 개정 민법의 소급효를 제한하고는 있지만, 상속인이 상속개시 있음을 안 날이 1998.5.27. 이후인 경우에는 헌법재판소의 1998.8.27.자 헌법불합치결정에 따라 종전의 민법 제1026조 제2호의 규정에 의한 단순승인의 효력 자체가 발생하지 아니한 것이어서, 종전의 규정에 의하여 생긴 효력에 영향을 미치지 아니한다고 한 개정 민법 부칙 제2항의 경과규정이 적용될 여지는 없는 점 등에 비추어 볼 때,

(5) 상속인이 1998.5.27. 이후 상속개시 있음을 알게 되었음에도 개정 민법 시

행 이후에야 중대한 과실 없이 상속채무 초과 사실을 알게 된 경우에는 개정 민법 제1019조 제3항의 규정에 따라 3개월 내에 한정승인을 할 수 있다고 해석함이 상당하다.

[참조조문] 민법 제1019조(승인, 포기의 기간) 제3항/제1026조(법정단순승인) 제2호/부칙(2002.1.14.) 제1항, 제2항, 제3항

3. 판례의 이해와 쟁점

(1) 헌법재판소 1998.8.27.자 96헌가22 등 사건에서 위 조항어 대한 헌법불합치 결정이 선고된 후 2002.1.14.자로 관련 조항이 어떻게 개정되었는가?

개정 전 민법(2002.1.14. 법률 제6591호로 개정되기 전의 것) 제1026조 제2호는, 상속인이 상속개시 있음을 안 날로부터 3월 내에 한정승인 또는 포기를 하지 아니한 때에는 상속인이 단순승인을 한 것으로 본다는 취지로 규정하고 있었는데, 헌법재판소 1998.8.27.자 96헌가22 등 사건에서 위 조항에 대한 헌법불합치 결정이 선고된 후 2002.1.14.자로 관련 조항이 개정되었다. 민법 제1026조 제2호의 문구는 그대로 있으나, 민법 제1019조 제3항이 신설됨으로써 개정되었다. 이 개정으로 법정단순승인의 문제는 모두 해결되었다고 볼 수 있는가? 이에 대한 학생 자신의 의견은?

(2) 2002.1.14. 개정으로 신설된 민법 제1019조 제3항의 내용은? 개정법의 공포시기는?

상속인이 상속채무가 상속재산을 초과하는 사실을 중대한 과실 없이 민법 제1019조 제1항의 기간(상속개시 있음을 안 날로부터 3개월) 나에 알지 못하고 단순승인(민법 제1026조 제1호 및 제2호의 규정에 의하여 단순승인한 것으로 보는 경우를 포함)을 한 경우에는 그 사실을 안 날부터 3개월 내에 한정승인을 할 수 있다

고 규정하고, 그 부칙 제1항은 "이 법은 공포한 날(2002.1.14)부터 시행한다"고 하고 있다. 공포시기와 관련하여 위 사건에서의 문제점은?

(3) 2002.1.14. 개정된 민법의 부칙 제2항 및 부칙 제3항(2005.12.29. 부칙 제3항은 개정되었음)의 내용은?

2002.1.14. 개정된 민법 부칙 제2항은 "이 법은 종전의 규정에 의하여 생긴 효력에 영향을 미치지 아니한다"라고 규정하고 있으며, 부칙 제3항은 "1998.5.27.부터 이 법 시행 전까지 상속개시가 있음을 안 자 중 상속채무가 상속재산을 초과하는 사실을 중대한 과실 없이 민법 제1019조 제1항의 기간 내에 알지 못하다가 이 법 시행 전에 그 사실을 알고도 한정승인신고를 하지 아니한 자는 이 법 시행일부터 3개월 내에 제1019조 제3항의 개정규정에 의한 한정승인을 할 수 있다"라고 규정하고 있다. 이 내용과 위 사건에서의 문제점은?

(4) 상속인이 1998.5.27. 이후 상속개시 있음을 알게 되었음에도 개정 민법 시행 이후에야 중대한 과실 없이 상속채무 초과 사실을 알게 된 경우에는 개정 민법 제1019조 제3항의 규정에 따라 3개월 내에 한정승인을 할 수 있다고 할 수 있는가?

위 대법원 판결은, (2002.1.14)개정 민법 부칙 제1항이 "이 법은 공포한 날로부터 시행한다"라고 규정하고 있기는 하지만, 상속인이 중대한 과실 없이 상속채무 초과 사실을 알게 된 것이 개정 민법 시행 후일 경우에는 그 상속개시가 개정 민법 시행 전에 있었다고 하더라도 개정 민법 시행 후에 제1019조 제3항의 특별한정승인의 요건을 갖춘 것으로 볼 수 있다고 하고, 개정 민법 부칙 제2항의 경과규정이 개정 민법의 소급효를 제한하고는 있지만, 상속인이 상속개시 있음을 안 날이 1998.5.27. 이후인 경우에는 위 1998.8.27.자의 헌법불합치결정에 따라 종전의 민법 제1026조 제2호의 규정에 의한 단순승인의 효력 자체가 발생하지 아니한 것이어서, 종전의 규정에 의하여 생긴 효력에 영향을 미치지 아니한다고 한 개정 민법 부칙 제2항의 경과규정이 적용될 여지는 없는 점 등에 비추어 볼 때, 상속인이 1998.5.27. 이후 상속개시 있음을 알게 되었음에도 개정 민법 시행 이후에야 중대한 과실 없이 상속채무 초과 사실을 알게 된 경우에는 개정 민법 제1019조 제3항의 규정에 따라 3개월 내에 한정승인을 할 수 있다고 해석함이 상당하다고 하고 있다. 이 판결에 대하여 반론을 제기해 보라.

(5) 2002.1.14. 개정된 민법의 부칙 제3항은 2005.12.29. 부칙 제4항으로 개정되었다. 개정전 내용의 문제점을 논해 보라.

위 대법원 판결은, 개정 민법 시행일 이후에 상속채무의 초과 사실을 안 사람은 위에서 본 바와 같이 그와 같은 구제규정이 없어도 개정 민법 제1019조 제3항에 의하여 당연히 상속채무의 초과 사실을 안 날로부터 3개월 내에 특별한정승인을 할 수 있는 것이므로, 그와 같은 사람들이 개정 민법 부칙 제3항에 포함되지 않는다는 이유로 특별한정승인을 할 자격을 상실하였다고 해석할 것은 아니라고 하고 있다. 이 판결에 찬성한다면 그 이유를 들어 보라.

(6) 2002.1.14. 개정된 민법 제1019조 제3항의 한정승인이 인정되는 시간적 범위는?

위 대법원 판결은, 2002.1.14. 개정 민법 시행 이후 상속채무 초과 사실을 알게 된 상속인은, 비록 개정 민법 시행 전에 이미 단순승인의 효력이 발생한 경우까지도, 상속채무 초과 사실을 안 날로부터 3개월 내에 특별한정승인을 할 수 있는 것처럼 원심이 설시한 것은 "이 법은 종전의 규정에 의하여 생긴 효력에 영향을 미치지 아니한다"고 규정한 개정 민법 부칙 제2항에 반하는 해석이므로 다소 부적절한 면이 없지 아니하지만, 상속이 1998.5.27. 이후 2002.1.14. 개정 민법 시행 전에 개시된 경우 상속인이 개정 민법 시행일 이후 그 상속채무의 초과 사실을 알았을 때에도, 개정 민법 제1019조 제3항에 의하여 그 상속채무의 초과 사실을 안 날로부터 3개월 내에 특별한정승인을 할 수 있다고 판단한 결론에 있어서는 정당하다 할 것이라고 하고 있다. 이에 대한 학생 자신의 의견는?

(7) 민법 제1019조 제3항에서의 한정승인이 인정되기 위한 '중대한 과실이 없어야 한다'는 요건은?

위 사건에서 대법원 판결은, 상속인이 상속채무가 상속재산을 초과하는 사실을 고려기간 내에 알지 못한 데에 중대한 과실이 있다고 볼 수 없으며, 이로부터 3개월 내에 가정법원에 상속한정승인을 신고하여 그 신고가 수리되었다면 상속인의 특별한정승인은 인정되어야 한다고 하고 있다. 이에 대한 학생 자신의 의견은?

4. 이론탐구

(1) 민법 제1019조 제3항의 한정승인의 요건은?

(2) 민법 제1019조 제3항 규정과 2002.1.14. 민법 부칙 제3항 및 2005.12.29. 신설된 민법 부칙 제4항의 내용은?

(3) 위 부칙 제4항이 신설된 이유는? 이와 관련된 헌법재판소 결정내용은? (헌재 2004.1.29. 2002헌가22 결정 등 참조)

5. 심화학습

(1) 헌재결정 등 시기, 2002.1.14. 민법 개정 시기 및 고려기간 3개월의 도과의 관계를 논하라.

(2) 위의 사례에서와 같은 경우 상속포기를 할 수 있는가?

(3) 민법 제1019조 제3항에서의 한정승인 부인 : 고려기간 도과에 대한 중과실이 있는 경우는?

[사 례] 피상속인이 사망전 암으로 장기간 치료를 받으면서도 치료비를 내지 못하고 사망하였고, 상속인 중 1인이 피상속인 생전에 대리인으로 소송을

수행하면서 피상속인의 자산 없음을 주장한 적이 있었다.

이 경우 대법원 판결에서는 상속채무초과사실을 알지 못한 데 대하여 중과실이 인정되었다(대법원 2003.9.26. 선고 2003다30517 판결). 이에 대한 학생 자신의 의견은?

(4) 민법 제1019조 제3항에서의 한정승인 요건 중, 상속채무를 조사하지 않은 경우에 중과실이 인정되는가?

[사 례] 원고는 망인의 사망 사실 및 자기가 상속인이 되었다는 사실은 알고 있었으나, 망인의 사망 후 자발적으로 망인의 상속채무 등은 조사하지 아니하였다.

대법원은, 중대한 과실의 의미에 관하여 "중대한 과실 없이 알지 못한다 함은 상속인이 조금만 주의를 기울였다면 상속채무가 상속재산을 초과한다는 사실을 알 수 있었음에도 이를 게을리함으로써 그러한 사실을 알지 못한 것을 의미한다"고 판시하고 있고, 또한 원고가 망인의 사망 후 자발적으로 망인의 상속채무 등을 조사하지 아니하였다 하여 중대한 과실이 있다고 할 수 없다고 하고 있다(대법원 2004.3.12. 선고 2003다58768 판결). 이에 대한 학생 자신의 의견은?

참고문헌

- 김상환, "상속인이 1998.5.27. 이후 개정 민법 시행 이전에 상속개시 있음을 알게 되었음에도 개정 민법 시행 이후에야 중대한 과실 없이 상속채무 초과사실을 알게 된 경우, 그 사실을 안 날로부터 3개월 내에 한정승인을 할 수 있는지 여부(적극)," 대법원판례해설 57호(2005 하반기) (2006.7), 법원도서관.
- 이희배, "호주제의 헌법불합치결정과 개정가족법 개관," 가사조정 8호(2006.2), 서울가정법원 조정위원회.
- 전경근, "특별한정승인의 기간," 가족법 판례해설, 2009.2, 세창출판사.

VII. 상속포기

1. 사실관계

(1) 원고에 대해 구상금채무를 지고 있던 망 소외 1이 1997.1.4. 사망하자 그 제1순위 상속인인 처와 소외 2외 4인의 자녀들 전원이 적법한 기간 내에 상속포기신고를 하여 1997.2.21. 그 신고가 수리되었고, 이로 인해 망인의 손자녀들로서 그 다음의 상속순위에 있던 피고들과 제1심 피고 1, 제1심 피고 2가 상속인이 되었다.

피고들은 2002.11.7. 서울가정법원 2002느단7298호로 상속포기신고를 하였고 위 신고는 2003.4.3. 수리되었다. 위 상속포기신고 당시 피고 1, 피고 2를 제외한 나머지 피고들은 미성년자였고 피고 1, 피고 2는 혼인 전으로 그 부모와 주소를 같이 하고 있었다.

(2) 원심은, 특별한 사정이 없는 한 위 소외 1의 손자녀들인 피고들은 직접 또는 법정대리인인 그들의 부모를 통해 그 무렵(제1순위 상속인들의 상속포기신고가 수리된 무렵) 이미 상속개시가 있음을 알았다고 보아야 할 것이므로 피고들이 한 2002.11.7.자 위 상속포기신고는 그 기간을 도과한 것으로서 적법한 상속포기로서의 효력이 발생하지 않는다고 판단하여 이에 관한 피고들의 항변을 배척하였다(원심: 서울고법 2003.7.9. 선고 2003나7083 판결).

| 대상판결 |

대법원 2005.7.22. 선고 2003다43681 판결

2. 판결요지

(1) ~ (2) - 생략 -

(3) 선순위 상속인으로서 피상속인의 처와 자녀들이 모두 적법하게 상속을 포기한 경우에는 피상속인의 손(孫) 등 그 다음의 상속순위에 있는 사람이 상속인이 되는 것이나, 이러한 법리는 상속의 순위에 관한 민법 제1000조 제1항 제1호(1순위 상속인으로 규정된 '피상속인의 직계비속'에는 피상속인의 자녀뿐 아니라 피상속인의 손자녀까지 포함된다)와 상속포기의 효과에 관한 민법 제1042조 내지 제1044조의 규정들을 모두 종합적으로 해석함으로써 비로소 도출되는 것이지 이에 관한 명시적 규정이 존재하는 것은 아니다. 일반인의 입장에서 피상속인의 처와 자녀가 상속을 포기한 경우 피상속인의 손자녀가 이로써 자신들이 상속인이 되었다는 사실까지 안다는 것은 오히려 이례에 속한다고 할 것이고, 따라서 이와 같은 과정에 의해 피상속인의 손자녀가 상속인이 된 경우에는 상속인이 상속개시의 원인사실을 아는 것만으로 자신이 상속인이 된 사실을 알기 어려운 특별한 사정이 있다.

[참조조문] 민법 제1000조(상속의 순위) 제1항 제1호, 제2항/제1019조(승인, 포기의 기간) 제1항/제1042조(포기의 소급효)/제1043조(포기한 상속재산의 귀속)/제1044조(포기한 상속재산의 관리계속의무)

3. 판례의 이해와 쟁점

(1) 상속포기가 있는 경우 그 후순위 상속인들은 '상속개시 있음을 안 날'을 확정함에 있어 상속개시의 원인사실뿐 아니라 그로써 자신이 상속인이 된 사실을 안 날이 기산점이 되는가?

위 대법원 판결은, 여기서 상속개시 있음을 안 날이라 함은 상속개시의 원인이 되는 사실의 발생을 알고 이로써 자기가 상속인이 되었음을 안 날을 말한다고 할 것인바(대법원 1969.4.22. 선고 69다232 판결), 피상속인의 사망으로 인하여 상속이 개시되고 상속의 순위나 자격을 인식함에 별다른 어려움이 없는 통상적인 상속의 경우에는 상속인이 상속개시의 원인사실을 앎으로써 그가 상속인이 된 사실까지도 알았다고 보는 것이 합리적이라고 하고 있다(대법원 1984.8.23. 84스17-24 결정, 1986.4.22. 86스10 결정, 1988.8.25. 88스10, 11, 12, 13 결정 등 참조). 대법원 판결은, 그러나 종국적으로 상속인이 누구인지를 가리는 과정에 사실상 또는 법률상의 어려운 문제가 있어 상속개시의 원인사실을 아는 것만으로는 바로 자신의 상속인이 된 사실까지 알기 어려운 특별한 사정이 존재하는 경우도 있으므로, 이러한 때에는 법원으로서는 '상속개시 있음을 안 날'을 확정함에 있어 상속개시의 원인사실뿐 아니라 더 나아가 그로써 자신이 상속인이 된 사실을 안 날이 언제인지까지도 심리, 규명하여야 한다고 하고 있다. 이에 대한 학생 자신의 의견은?

(2) 일반인의 입장에서 피상속인의 처와 자녀가 상속을 포기한 경우 피상속인의 손자녀가 이로써 자신들이 상속인이 되었다는 사실까지 안다고 할 수 있는가?

위 대법원 판결은, 선순위 상속인으로서 피상속인의 처와 자녀들이 모두 적법하게 상속을 포기한 경우에는 피상속인의 손(孫) 등 그 다음의 상속순위에 있는 사람이 상속인이 되는 것이나(대법원 1995.4.7. 선고 94다11835 판결, 1995.9.26. 선고 95다27769 판결 등 참조), 일반인의 입장에서 피상속인의 처와 자녀가 상속을 포기한 경우 피상속인의 손자녀가 이로써 자신들이 상속인이 되었다는 사실까지 안다는 것은 오히려 이례에 속한다고 할 것이라고 하고 있다. 따라서 대법원은 이와 같은 과정에 의해 위 사건의 피고들이 상속인이 된 이 사건에 있어서는 상속인이 상속개시의 원인사실을 아는 것만으로 자신이 상속인이 된 사실을 알기 어려운 특별한 사정이 있다고 보는 것이 상당하다고 하고 있다. 이에 대한 학생 자신의 의견은?

4. 이론탐구

(1) 상속인인 피상속인의 처와 자녀들이 상속포기를 한 경우 피상속인의 손자녀들이 상속포기를 할 수 있는가?

(2) 할 수 있다면 그 고려기간의 기산점은 상속개시의 시점인가 아니면 선순의 상속인이 포기한 것을 알게 되어 자기가 상속인이 된 것을 알게 된 시점인가?

5. 심화학습

(1) [사 례] 채무자인 피상속인의 제1순위 상속인인 자들 전원이 상속을 포기한 경우, 손자녀들이 상속을 포기하지 않았다. 이 경우 손자녀들의 상속은 본위상속인가 대위상습인가? (대법원 1995.9.26. 95다27769 판결 더여금)

대법원 판결은, 채무자인 피상속인의 제1순위 상속인인 자들 전원이 상속을 포기한 경우, 차순위인 손자녀들이 본위상속인으로서 그 채무를 상속한다고 하고 있다. 이에 대한 학생 자신의 의견은?

》》 참고문헌

- 정상규, "새로운 가사사건 관리방식의 일 적용례," 재판자료. 제112집 : 전문분야 법관연수자료집[하], 2007, 법원도서관.
- 최성경, "상속법상의 법률행위와 채권자취소권 : 상속의 승인 · 포기와 포괄적 유증의 승인 · 포기를 중심으로," 법조 56권 9호(통권612호) (2007.9), 법조협회.
- 최성경, "상속포기와 고려기간의 기산점," 법조 55권 12호(통권603호) (2006.12), 법조협회.

VIII. 상속포기와 재산목록 누락

1. 사실관계

(1) 상속인들은 피상속인의 상속재산이 채무초과가 되어 상속포기를 하였다. 상속인들은 상속포기를 하면서 상속포기서에 상속재산의 목록을 첨부하였는데, 일부 재산이 누락되었다.

(2) 원심은 이 사건 상속포기서에 첨부된 재산목록의 첨부 취지를 예시적인 것이라고 해석한 후 위 목록에서 누락된 이 사건 부동산에도 상속포기의 효력이 미친다는 취지로 판시하였다(원심: 창원지방법원 1995.5.12. 선고 94나6806 판결).

| 대상판결 |

대법원 1995.11.14. 선고 95다27554 판결

2. 판결요지

상속의 포기는 상속인이 법원에 대하여 하는 단독의 의사표시로서 포괄적·무조건적으로 하여야 하므로, 상속포기는 재산목록을 첨부하거나 특정할 필요가 없다고 할 것이고, 상속포기서에 상속재산의 목록을 첨부했다 하더라도 그 목록에 기재된 부동산 및 누락된 부동산의 수효 등과 제반 사정에 비추어 상속재산을 참고 자료로 예시한 것에 불과하다고 보여지는 이상, 포기 당시 첨부된 재산목록에 포함되어 있지 않은 재산의 경우에도 상속포기의 효력은 미친다.

[참조조문] 민법 제1041조(포기의 방식), 제1042조(포기의 소급효)

3. 판례의 이해와 쟁점

(1) 포기 당시 첨부된 재산목록에 일부 재산이 포함되어 있지 않았다 하더라도 상속포기의 효력은 그 재산에 미친다고 보아야 할 것인가?

위 대법원 판결은, 상속포기서에 상속재산의 목록을 첨부했다 하더라도 그 목록에 기재된 부동산 및 누락된 부동산의 수효 등과 제반 사정에 비추어 상속재산을 참고 자료로 예시한 것에 불과하다고 하고 있다. 여기에서 예시의 의미는 무엇인가?

(2) 위 판결은 포기 당시 첨부된 재산목록에 이 사건 재산이 포함되어 있지 않았다 하더라도 상속포기의 효력은 이 사건 재산에 미친다고 보아야 할 것이라고 하고 있다. 이에 대한 학생 자신의 의견은?

4. 이론탐구 및 심화학습

(1) 공동상속인들 사이에서는 1인이 고유의 상속분을 초과하여 상속재산 전부를 취득하고 나머지 상속인들은 이를 전혀 취득하지 않기로 하는 내용의 상속포기신고가 고려기간 도과 후에 행해진 것이라면, 이로써 상속재산에 관한 협의분할이 이루어진 것으로 볼 수 있는가? (대법원 1996.3.26. 95다45545, 45552, 45569 판결)

대법원 판결은, 상속재산을 공동상속인 1인에게 상속시킬 방편으로 나머지 상속인들이 한 상속포기 신고가 민법 제1019조 제1항 소정의 기간을 경과한 후에 신고된 것이어서 상속포기로서의 효력이 없다고 하더라도, 이 경우 상속재산에 관한 협의분할이 이루어진 것으로 보아야 한다고 하고 있다. 이에 대한 학생 자신의 의견은?

(2) 공동재산상속인인 소외 2가, 공동상속인이면서 미성년자인 원고, 소외 3, 4의 친권자로서 소외 2 자신의 재산상속을 포기함과 동시에 위 3인을 대리하여 피고를 위하여 재산상속을 포기한 행위는 친권자인 소외 2와 원고 사이에 혹은 원고와 다른 미성년자인 소외 3, 4사이에 이해상반되는 행위라고도 할 수 있는가? (대법원 1989.9.12. 선고 88다카28044 판결)

대법원 판결은, 이해상반행위의 당사자는 그 일방이 친권에 복종하는 미성년자이어야 할 뿐만 아니라 상대방 역시 그 친권에 복종하는 미성년자일 경우이어야 하고, 이때에는 친권자가 미성년자 쌍방을 대리할 수는 없는 것이므로 그 어느 미성년자를 위하여 특별대리인을 선임하여야 한다는 것이지, 성년이 되어 친권자의 친권에 복종하지 아니하는 자와 친권에 복종하는 미성년자인 자 사이에 이해상반이 되는 경우가 있다 하여도 친권자는 미성년자를 위한 법정대리인으로서 그 고유의 권리를 행사할 수 있을 것이므로 그러한 친권자의 법률행위는 이해상반행위에 해당한다 할 수 없다(대법원 1976.3.9. 선고 75다2340 판결 참조) 할 것이라고 하고 있다. 그리고 원고의 친권자이고 공동재산상속인인 소외 2가 공동상속인이고 미성년자인 원고, 소외 3, 4의 친권자로서 소외 2 자신의 재산상속을 포기함과 동시에 위 3인을 대리하여 피고를 위하여 재산상속을 포기한 행위는 친권자인 소외 2와 원고 사이에 혹은 원고와 다른 미성년자인 소외 3, 4사이에 이해상반되는 행위라고도 할 수 없다고 하고 있다. 이에 대한 학생 자신의 의견은?

(3) 상속을 포기한 재산상속인들을 상대로 그들이 재산상속하였음을 전제로 경매신청을 할 수 있는가? (서울지법 1993.7.14. 93타경23863 결정)

위 하급심 결정은, 재산상속인들이 상속을 포기하면 피상속인의 채권자에 대한 채무를 상속하지 아니하기 때문에 그 채권자에 대하여 채무를 부담하지 아니할 뿐만 아니라 피상속인의 소유이던 재산에 대한 소유자도 아니므로 상속을 포기한 재산상속인들을 상대로 그들이 재산상속하였음을 전제로 경매신청을 하는 것은 부적법하다고 하고 있다. 이에 대한 학생 자신의 의견은?

IX. 상속포기가 채권자취소권의 대상이 되는지 여부

1. 사실관계

(1) 원고(◯◯보증보험 주식회사)는 소외 2 주식회사와 사이에 3건의 보증보험계약을 체결하였으며, 소외 2 주식회사의 대표이사였던 소외 1은 위 각 보증보험계약에 기한 소외 2 주식회사의 원고에 대한 채무를 연대보증하였다.

(2) 소외 2 주식회사의 위 피보험자들에 대한 채무불이행에 의해 보험사고가 발생하였으므로, 원고가 피보험자들에게 다음과 같이 보험금을 지급한 후, 일부 보험금 원금이 환입되었고, 지연손해금이 발생하여, 원고는 소외 2 주식회사와 소외 1에 대하여 구상금채권을 취득하였다.

(3) 이 사건 부동산은 소외 4(소외 1의 처) 소유였는데, 소외 4는 2005.2.1. 사망하였고, 당시 상속인으로는 소외 1, 자녀들인 피고들 및 소외 5가 있었다.

(4) 소외 1은 2005.4.18. 서울가정법원에 상속포기 신고를 하여 2005.5.3. 수리되었다.

(5) 피고들은 2006.1.26. 이 사건 부동산 중 각 1/2 지분에 관하여 2006.1.25. 협의분할로 인한 상속을 원인으로 한 지분이전등기를 마친 후, 2006.4.26. 이 사건 부동산에 대한 각 지분을 소외 6에게 매도하고, 2006.6.14. 각 지분이전등기를 마쳤다.

(6) 원고는 이 사건 부동산에 대한 피고들의 각 지분 중 각 3/18 지분에 관하여, 피고들과 소외 1 사이에 2005.4.18. 체결한 상속포기는 각 31,666,665원의 한도 내에서 이를 취소하라는 청구를 하였다.

| 대상판결 |

서울중앙지법 2008.10.10. 선고 2007가단433075 판결

2. 판결요지

상속인인 채무자가 상속포기를 한 경우 채무자는 애당초 상속재산을 취득한 바 없으므로 소극적으로 총재산의 증가를 방해한 것에 불과하고, 또한 상속포기나 승인과 같은 신분법상의 법률행위는 그 성질상 일신전속적 권리로서 타인의 의사에 의하여 강요할 수 없는데, 만일 상속포기가 채권자취소권의 대상이 된다면 이는 상속인에게 상속승인을 강요하는 것과 같은 부당한 결과가 되므로 상속포기는 사해행위취소의 대상이 되지 않는다.

[참조조문] 민법 제406조(채권자취소권) 제1항/제1019조(승인, 포기의 기간) 제1항/제1042조(포기의 소급효)

3. 판례의 이해와 쟁점

(1) 원고는, 소외 1의 이 사건 상속포기 의사표시는 채무초과 상태에서 원고 등 채권자를 해함을 알고 재산권을 목적으로 한 법률행위를 한 것으로서 사해행위취소의 대상이 되므로, 피고들의 이 사건 부동산에 대한 각 지분 중 각 3/18 지분에 관하여, 피고들과 소외 1 사이에 2005.4.18. 체결한 상속포기는 각 31,666,665원의 한도 내에서 이를 취소하라고 하였다. 이에 대한 학생 자신의 의견은?

(2) 위 하급심 판결은, 채권자취소권의 대상이 되는 법률행위에는 단독행위도 포함된다 할 것이나, 이는 적극적으로 채무자의 총재산의 감소를 초래하는 것을 필요로 하고(대법원 1982.5.25. 선고 80다1403 판결), 소극적으로 채무자의 총재산의 증가를 방해하는 것에 지나지 않는 것은 포함되지 않는다고 하고 있다. 그렇다면 상속포기는 총재산의 감소를 초래하는 것인가?

(3) 상속포기나 승인과 같은 신분법상의 법률행위는 그 성질상 일신전속적 권리

인가? 일신전속권이라면 채권자취소권의 대상이 될 수 없는가?

위 하급심 판결은, 상속포기나 승인과 같은 신분법상의 법률행위는 그 성질상 일신전속적 권리로서 타인의 의사에 의하여 강요될 수 없는데, 만일 상속포기가 채권자취소권의 대상으로 된다면 이는 상속인에 대하여 상속승인을 강요하는 것과 같은 결과가 되어 부당하다 할 것이므로, 이와 같은 견지에서도 상속포기는 채권자취소권의 대상이 되지 않는다고 봄이 타당하다고 하고 있다. 이에 대한 학생 자신의 의견은?

4. 이론탐구

(1) 상속포기와 채권자취소권
(2) 단순승인과 채권자취소권

5. 심화학습

(1) 상속재산분할협의가 채권자취소권의 대상이 되는가?

위 하급심 판결은 채무초과 상태에 있는 채무자가 상속재산의 분할협의를 하면서 상속재산에 관한 권리를 포기함으로써 결과적으로 일반 채권자에 대한 공동담보가 감소되었다면, 이는 적극적으로 채무자의 총재산의 감소를 초래하는 행위로서 사해행위취소의 대상이 되지만(대법원 2001.2.9. 선고 2000다51797 판결), 위 상속포기의 경우에는 채무자는 애당초 상속재산을 취득한 바 없으므로 소극적으로 총재산의 증가를 방해한 것에 불과하고, 따라서 상속포기는 사해행위취소의 대상으로 되지 않는다고 하고 있다.

이에 대한 학생 자신의 의견은?

(2) 상속재산분할협의에 대한 채권자취소권과 이혼시 재산분할협의에 대한 채권자취소권과는 어떤 차이가 있는가? 아니면 이론상 동일한가?

참고문헌

• 배경숙 · 최금숙, 친족상속법강의, 2006, 제일법규.

X. 상속포기로 인한 보험금청구권과 손해배상의무의 혼동

1. 사실관계

(1) 김○○(피해자의 母)는 2002.2.12. 15:05경 그 소유 승용차를 운전하여 광주 북구 화암동 도로를 진행하다가 전방주시를 소홀히 하여 도로 노견의 가로등 원격점멸기를 충격한 사고를 일으켰고 이로 인하여 위 승용차에 동승하고 있던 이○○이 그 무렵 사망하였는데, 위 이○○은 김○○와 피고(피해자의 父 : 반소원고, 이하 '피고'라 한다) 사이의 미혼의 아들이다. 원고(○○화재해상보험주식회사 : 반소피고, 이하 '원고'라 한다)는 2001.9.4.경 위 김○○와 사이에서 위 승용차를 피보험차량으로, 보험기간을 같은 날부터 2002.9.4.까지로 하여, 보험기간 내에 피보험자가 위 피보험자동차의 운행으로 인하여 남을 죽게 하거나 다치게 하여 자동차손해배상보장법(이하 '자배법'이라 한다) 등에 의한 손해배상책임을 짐으로써 입은 손해를 자배법 시행령 제3조에서 정한 한도 내에서 보상하기로 하는 내용의 책임보험계약을 체결하였다. 김○○는 이○○으로부터의 상속에 대하여 상속개시 후 3개월 이내인 2002.3.29. 상속포기신고를 하여, 2002.4.1. 위 신고를 수리한다는 심판이 이루어졌다.

(2) 피고(피해자의 父)가 반소청구로서, 이 사건 사고의 피해자인 이○○이 자배법 제9조 제1항에 따라 원고에 대하여 취득한 책임보험금 직접청구권은 이○○이 사망함으로써 김○○와 피고에게 상속되었으나 김○○가 상속을 포기함으로써 피고가 단독으로 재산상속인이 되었으므로 그 직접청구권의 행사로서 구 자배법시행령(2002.8.14. 대통령령 제17711호로 개정되기 전의 것) 제3조 제1항 제1호에 따른 책임보험금의 한도액인 금 80,000,000원의 지급을 구한다고 주장하였다.

(3) 원심은, 자배법 제9조 제1항에 의한 피해자의 보험자에 대한 직접청구권이 수반되는 경우에는 그 직접청구권의 전제가 되는 자배법 제3조에 의한 피해자의 운행자에 대한 손해배상청구권은 비록 위 손해배상청구권과 손

해배상의무가 상속에 의하여 동일인에게 귀속되더라도 혼동에 의하여 소멸되지 않지만, 가해자가 피해자의 상속인이 되는 등 특별한 경우에는 혼동으로 소멸한다고 할 것이므로, 이 사건에서 원고에 대한 직접청구권의 전제가 되는 망인의 김○○에 대한 손해배상청구권 중 가해자인 김○○가 상속받은 부분은 상속개시 당시 김○○가 망인에 대하여 이 사건 사고로 인하여 부담하게 된 손해배상의무와 혼동으로 이미 소멸하였다고 할 것이어서, 그 이후에 이루어진 김○○의 상속포기는 그 목적물이 없는 것으로서 효력이 없고 그렇지 않더라도 위 상속포기는 가해자인 김○○가 원고(○○화재해상보험주식회사)에 대한 직접청구권 중 자신의 상속분이 혼동에 의하여 소멸하는 것을 회피하기 위하여 한 것이므로 신의칙에도 반하여 역시 효력이 없다고 판단하여, 피고의 반소청구 중 위 김○○의 상속포기로 인하여 그녀의 상속지분이 귀속된 1/2 지분에 관한 부분을 배척하였다(원심: 광주고법 2003.6.27. 선고 2003나2092, 2108 판결).

| 대상판결 |

대법원 2005.1.14. 선고 2003다38573, 38580 판결

2. 판결요지

(1) 자동차손해배상보장법 제9조 제1항에 의한 피해자의 보험자에 대한 직접청구권이 수반되는 경우에는 그 직접청구권의 전제가 되는 자동차손해배상보장법 제3조에 의한 피해자의 운행자에 대한 손해배상청구권은 비록 위 손해배상청구권과 손해배상의무가 상속에 의하여 동일인에게 귀속되더라도 혼동에 의하여 소멸되지 않고 이러한 법리는 자동차손해배상보장법 제3조에 의한 손해배상의무자가 피해자를 상속한 경우에도 동일하지만, 예외적으로 가해자(위 사례에서는 피해자의 母)가 피해자의 상속인이 되는 등 특

별한 경우에 한하여 손해배상청구권과 손해배상의무가 혼동으로 소멸하고 그 결과 피해자의 보험자에 대한 직접청구권도 소멸한다.

(2) 상속포기는 자기를 위하여 개시된 상속의 효력을 상속개시시로 소급하여 확정적으로 소멸시키는 제도로서, 피해자의 사망으로 상속이 개시되어 가해자가 피해자의 자신에 대한 손해배상청구권을 상속함으로써 그 손해배상청구권과 이를 전제로 하는 자동차손해배상보장법 제9조 제1항에 의한 보험자에 대한 직접청구권이 소멸하였다고 할지라도, 가해자가 적법하게 상속을 포기하면 그 소급효로 인하여 위 손해배상청구권과 직접청구권은 소급하여 소멸하지 않았던 것으로 되어 다른 상속인에게 귀속되고, 그 결과 '가해자가 피해자의 상속인이 되는 등 특별한 경우'에 해당하지 않게 되므로 위 손해배상청구권과 이를 전제로 하는 직접청구권은 소멸하지 않는다.

(3) 상속포기를 하지 아니하였더라면 혼동으로 소멸하였을 개별적인 권리가 상속포기로 인하여 소멸하지 않게 되었더라도 그 상속포기가 신의칙에 반하여 무효라고 할 수 없다.

[참조조문] 자동차손해배상보장법 제3조/제9조 제1항/민법 제507조/제1019조 제1항 , 제1042조/민법 제2조

3. 판례의 이해와 쟁점

(1) 위 대법원 판결은, 자배법 제9조 제1항에 의한 피해자의 보험자에 대한 직접청구권이 수반되는 경우에는 그 직접청구권의 전제가 되는 자배법 제3조에 의한 피해자의 운행자에 대한 손해배상청구권은 비록 위 손해배상청구권과 손해배상의무가 상속에 의하여 동일인에게 귀속되더라도 혼동에 의하여 소멸되지 않고 이러한 법리는 자배법 제3조에 의한 손해배상의무자가 피해자를 상속한 경우에도 동일하다고 하고 있다. 이에 대한 학생 자신의 의견은?

(2) 그러나 위 대법원 판결은, 예외적으로 가해자가 피해자의 상속인이 되는 등 특별한 경우에 한하여 손해배상청구권과 손해배상의무가 혼동으로 소멸하고 그 결과 피해자의 보험자에 대한 직접청구권도 소멸한다고 하고 있다. 이에 대한 학생 자신의 의견은?

(3) 위 대법원 판결은, 상속포기는 자기를 위하여 개시된 상속의 효력을 상속개시 시로 소급하여 확정적으로 소멸시키는 제도로서(민법 제1019조 제1항, 제1042조 등) 피해자의 사망으로 상속이 개시되어 가해자가 피해자의 자신에 대한 손해배상청구권을 상속함으로써 위의 법리에 따라 그 손해배상청구권과 이를 전제로 하는 직접청구권이 소멸하였다고 할지라도, 가해자가 적법하게 상속을 포기하면 그 소급효로 인하여 위 손해배상청구권과 직접청구권은 소급하여 소멸하지 않았던 것으로 되어 다른 상속인에게 귀속되고, 그 결과 위에서 본 '가해자가 피해자의 상속인이 되는 등 특별한 경우'에 해당하지 않게 되므로 위 손해배상청구권과 이를 전제로 하는 직접청구권은 소멸하지 않는다고 할 것이라고 하고 있다. 이에 대한 학생 자신의 의견은?

(4) 위 대법원 판결은, 만약 상속포기를 하지 아니하였더라면 혼동으로 소멸하였을 개별적인 권리가 소멸하지 않는 효과가 발생하였더라도, 이는 상속포기로 인한 부수적 결과에 불과한 것이어서 이를 이유로 신의칙 등 일반조항을 들어 전체적인 상속포기의 효력을 부정하는 것은 상당하지 않다고 하면서, 나아가 이 사건에서 김○○의 상속포기로 인하여 그녀의 상속지분은 피고(김○○의 남편)에게 귀속되었는데, 피고는 원래의 공동상속인 중 하나로서 피해자의 아버지이기 때문에 피고에게 책임보험에 의한 혜택을 부여하여 보호할 사회적 필요성을 부정하기 어렵다는 점 등에 비추어 볼 때 이 사건에서 상속포기가 신의칙에 반하여 무효라고 할 수도 없다고 하고 있다. 이에 대한 학생 자신의 의견은?

4. 이론탐구 및 심화학습

(1) 상속과 혼동

(2) 상속포기와 혼동

참고문헌

- 김운호, "자동차손해배상청구소송과 자동차책임보험," 재판자료 제112집 : 전문분야 법관 연수 자료집, 법원도서관, 2007.
- 양승규, "가해자의 상속포기와 자동차사고 피해자의 손해배상청구권의 귀속," 손해보험 455호(2006.10), 대한손해보험협회.
- 오시영, "손해배상청구권을 중심으로 한 혼동과 상속포기의 우열," 판례연구 19집(1)(2005.9), 서울지방변호사회.

제 6 장

유 언

제6장 유 언

|제1절| 유언 일반

Ⅰ. 유언에 의한 양자의 지정

1. 사실관계

(1) A는 1950.4.27. 사망하였으나 생전에 유언으로 甲(원고)을 양자로 할 것을 지정하였다.

(2) 그 유언이 유언자의 아버지되는 B 또는 그의 처 C에 의하여 집행되지 아니한 채 그들이 사망하였고, 차순위의 유언집행자에 의하여도 甲을 양자로 하는 유언의 내용이 집행되지 못하였다.

(3) 남은 유족인 乙1(공동피고)의 신청에 의하여 乙1, 乙2, 乙3(모두 공동피고)을 사후양자선정을 위한 친족회원으로 선정하고 이들 친족회가 乙4(공동피고)를 사후양자로 선정결의하여 입양신고를 마쳤다. 이에 유언에 의하여 이미 사후양자로 지정되었다고 주장하는 甲은 乙1 외 2인으로 구성된 친족회에 의한 사후양자의 선정은 위법으로 무효라고 주장하며, 오히려 乙1 외 2인에 대하여 자신을 양자로 선정하여 입양신고 절차를 이행하라고 청구하였다.

(4) 원심은 그러한 乙1 외 2인에 의한 사후양자선정이 무효라는 甲의 주장을

받아들이지 않고, 또한 갑의 사후양자 인정을 위한 유언의 집행청구는 부당한 청구로 판단하였으나, 원고는 이에 불복하여 상고하였다(원심: 서울고법 1963.5.26. 선고 62나1197 판결).

| 대상판결 |

대법원 1963.10.26. 선고 63다462 판결

2. 판결요지

사후양자로 선정하기 위하여 소집된 친족회원에게 자기를 양자로 선정하여 입양신고 절차를 이행하라고 소구함은 강제이행을 청구할 수 없는 것을 청구하는 것이므로 부당하다.

[관련조문] 민법 제867조(사후양자)(1990.1.13. 삭제), 제868조(사후양자 선정권자의 순위, 1990. 1.13. 삭제), 제1073조(유언의 효력발생시기), 제1093조(유언집행자의 지정), 제1095조(지정유언집행자가 없는 경우)

3. 판례의 이해와 쟁점

(1) A의 유언에 의하여 양자로 지정된 자는 누구인가?

(2) A의 유언을 집행하여야 할 자는 누구인가?

(3) 유언에 의하여 사후양자로 지정된 자가 양자가 되기 위하여 필요한 절차는 무엇인가?

(4) 유언에 의하여 양자로 지정된 자는 누구를 상대로 어떠한 절차를 통하여 양자가 될 수 있는가?

(5) 사후양자가 법률상 양자의 지위를 갖게 되면 어떠한 법적 권리를 가지는가?

(6) 유언에 의하여 양자가 지정된 경우에 입양의 효력이 완성되기 위한 절차는 무엇인가?

(7) 사후양자 선정과 입양의 신고가 친족회원들의 의무인가?

4. 이론탐구

(1) 유언에 의하여 사후양자의 지정이 현행법상 허용이 되는가?

(2) 유언에 의하여 법적 효력이 발생할 수 있는 사항은 어떠한 것이 있는가?

5. 심화학습

(1) 유언에 의하여 사후인지된 경우에 인지의 효력이 발생하기 위한 절차는 어떤 것인가?

(2) 유언에 친생부인된 경우에는 유언의 집행은 어떻게 되는가?

⟫⟫ 참고문헌

• 송홍섭, "구관습법상 사후양자의 유산상속권," 대법원판례해설 16호(1992.10).

II. 공정증서 유언에서 증인의 결격사유

1. 사실관계

(1) A가 공증증서에 의하여 유언을 함에 있어 자신의 친족인 B를 증인으로 참여하도록 요청하였고, 이에 공증인은 B와 C를 증인으로 하여 유언장을 작성하였다.

(2) 이 유언장에 의하여 부동산 X에 대한 상속등기가 경료된 후 A의 며느리인 乙에게 소유권이 이전되었다.

(3) A의 부인인 甲은 증인결격사유를 문제삼아 유언장의 효력을 부인하고 부동산 소유권이전등기의 말소를 청구하였다.

(4) 원심은 증인이 촉탁자와 친족이라고 할지라도 촉탁자가 증인을 참여시킬 것을 청구한 경우에는 하자가 치유된다는 공증인법 제33조 제3항의 단서를 적용하여 유언의 효력을 인정하였고, 甲의 청구를 기각하였다(원심: 대구지방법원 1991.11.8. 선고 91나5646 판결).

| 대상판결 |

대법원 1992.3.10. 선고 91다45509 판결

2. 판결요지

민법 제1072조는 제1항에서 일반적으로 유언에 참여하는 증인이 될 수 없는 자를 열거하는 외에, 제2항에서 공정증서에 의한 유언의 경우에는 공증인법에 의한 참여인 결격자는 증인이 되지 못한다고 따로이 규정하고 있는바, 한편 공증인법 제33조 제3항은 본문에서 공증시 참여인이 될 수 없는 자의 하나로 공증촉탁인의 친족을 들면서도 단서에서 '공증촉탁인이 공증에 참여시킬 것을 청구한 경우'에는 예외적으로 같은 법 제33조 제3항 본문 규정의 적용이 배제됨을 규정하고 있어, 결국 공증참여자가 유언자와 친족의 관계에 있다 하더라도 유언자의 청구에 의할 경우에는 공증인법에 의한 공증참여인 결격자가 아니라고 보아야 할 것이다.

[관련조문] 민법 제1072조(증인의 결격사유) 제2항/공증인법 제29조(참여인의 참여)/공증인법 제33조(통역인, 참여인의 선정과 자격) 제3항

3. 판례의 이해와 쟁점

(1) A는 어떠한 형식의 유언을 하였는가?

(2) A가 유언을 할 때 상태는 어떠하였는가?

(3) A가 유언을 함에 있어 증인은 누가 참여하였는가?

(4) A의 유언은 어떠한 형식의 유언이며, 유효한가?

(5) A의 유언의 내용은 무엇인가?

(6) 공정증서에 의한 유언의 경우 유언자의 친족이 증인으로 참여한 경우 유언이 유효한가?

4. 이론탐구

(1) 유언능력이 없는 경우는 언제인가?

(2) 공정증서에 의하여 유언을 할 경우 증인의 결격사유에는 어떠한 것이 있는가?

(3) 무효인 상속등기에 기한 권리의 이전은 어떤 효력을 갖는가?

5. 심화학습

(1) 유언공정증서를 작성할 당시 반혼수상태인 유언자가 유언공정증서의 취지를듣고 고개만 끄덕인 경우, 그 유언은 무효라고 한 사례(대법원 1996.4.23. 선고 95다34514 판결: 14-4 사례 참조).

(2) 유언집행자는 증인결격자에 해당한다고 볼 수 없다는 사례(대법원 1999.11.26. 선고 97다57733 판결: 14-11 사례 참조).

》》 참고문헌

• 안창환, "공정증서에 의한 유언의 방식," 재판자료 2집(2005.9), 창원지방법원.

|제2절| 유언의 방식

Ⅰ. 자필증서 유언과 검인 개봉절차

1. 사실관계

(1) A는 1994년 7월 후처인 B, 자식들인 甲(원고), 乙(피고), C, D, E, F, G 8인의 상속인을 두고 사망하였다.

(2) A는 생전인 1989년 3월 재산분할에 대한 유서를 작성하였다. 유서는 한글과 한자를 혼용하여 종서로서 전문 4장 분량이었고, 그 마지막 말미에 '서기 1989.3.12.' '서울에서' 부 A' '7형제앞'을 종서로서 넉줄로 자서하는 외에 사인을 한 후 그 이름과 사인의 좌우에 무인을 하였다. 그리고 그 유서 전체를 2부 복사한 뒤 원본과 복사본 각 전문 4장의 연결부분에 자신의 무인으로 간인을 하고, 그 복사본에도 그 마지막 장의 뒷면에 자신의 주소를 자필로 기재한 뒤 이를 각각 봉함하였다. 그 후 원본은 자신이 보관하고, 복사본 2통은 甲과 장녀 C에게 보관시켰다.

(3) 그 다음해(1990년) 5월 A는 乙과 C, D, E 등 자식들 앞에서 유서의 내용을 공개하였고, 그 해(1990년) 12월 B와 재혼을 앞두고 유서의 원본도 장녀인 C에게 맡겼다.

(4) A는 부동산 X(토지)를 취득하여 등기명의를 乙 앞으로 명의신탁하였으나, 위 유언증서 제1항에 의하면 해당 토지의 2/3 지분은 甲에게 특정유증하였으므로, 甲은 유언에 기하여 乙에 대하여 지분의 반환을 청구하였으나, 乙은 유언증서의 무효를 주장하였다.

(5) 원심은 유언증서 제1항에 의하여 부동산 X의 2/3 지분이 甲에게 특정유증되었다는 점을 인정하였을 뿐만 아니라, 乙이 명의신탁에 의하여 부동산 X의 소유자로 등기된 이상 그 점유 권원의 성질상 자주점유라고 할 수 없다는 이유로 한 乙의 등기부취득시효 주장도 배척하여 甲의 청구를 인용하였다. 乙은 이에 불복하여 상고하였다[원심: 광주고법 1997.7.11. 선고 (제주)95나728 판결].

| 대상판결 |

대법원 1998.5.29. 선고 97다38503 판결

2. 판결요지

(1) 자필증서에 의한 유언은 유언자가 그 전문과 연월일, 주소, 성명을 자서(自書)하고 날인하여야 하는바(민법 제1066조 제1항), 유언자의 주소는 반드시 유언 전문과 동일한 지편에 기재하여야 하는 것은 아니고, 유언증서로서 일체성이 인정되는 이상 그 전문을 담은 봉투에 기재하더라도 무방하며, 그 날인은 무인에 의한 경우에도 유효하고, 유언증서에 문자의 삽입, 삭제 또는 변경을 함에는 유언자가 이를 자서하고 날인하여야 하나(민법 제1066조 제2항), 증서의 기재 자체로 보아 명백한 오기를 정정함에 지나지 아니하는 경우에는 그 정정 부분에 날인을 하지 않았다고 하더라도 그 효력에는 영향이 없다.

(2) 민법 제1091조 제1항에 규정된 유언증서에 대한 법원의 검인은 유언의 방식에 관한 사실을 조사함으로써 위조 · 변조를 방지하고 그 보존을 확실히 하기 위한 절차에 불과할 뿐 유언증서의 효력 여부를 심판하는 절차가 아니고, 민법 제1092조는 봉인된 유언증서를 검인하는 경우 그 개봉 절차를 규정한 데 불과하므로, 적법한 유언증서는 유언자의 사망에 의하여 곧바로 그 효력이 발생하고 검인이나 개봉 절차의 유무에 의하여 그 효력에 영향을 받지 않는다.

(3) 망인이 유언증서를 작성한 후 재혼하였다거나, 유언증서에서 유증하기로 한 일부 재산을 처분한 사실이 있다고 하여 다른 재산에 관한 유언을 철회한 것으로 볼 수 없다.

[관련조문] 민법 제1066조(자필증서에 의한 유언) 제1091조(유언증서, 녹음의 검인) 제1항, 제1092조(유언증서의 개봉), 제1109조(유언의 저촉)

3. 판례의 이해와 쟁점

(1) 갑과 을이 다투는 대상물 내지 권리는 무엇인가?

(2) 갑이 주장하는 권리의 근거는 무엇인가?

(3) 을이 갑의 권리주장을 배척하기 위한 전제조건은 무엇인가?

(4) 유언이 효력을 가지기 위하여 충족시켜야 할 요건은 무엇이 있는가?

(5) 비밀증서에 의한 유언으로서 효력을 가질 수 있는가? 없다면 그 이유는 무엇인가?

(6) 유언집행을 위한 검인절차로 상속인들은 어떠한 절차를 거쳐야 하는가?

(7) 검인 개봉과 유언의 효력은 어떠한 연관관계가 있는가?

(8) 유언후 재혼한 경우에 유언의 효력에 영향이 미치는가?

(9) 유언에서 유증하기로 한 재산을 일부 처분한 경우에 다른 재산에 대한 유언의 효력에도 영향이 미치는가?

(10) 자필증서유언 작성시 전문과 주소가 다른 지면에 있는 경우에 자필증서 유언의 효력

(11) 인감이나 실인이 아닌 무인으로 날인한 경우에 자필증서의 효력

(12) 자필증서 유언에서 명백한 오기를 정정함에 지나지 않는 경우에 정정부분에 날인이 없는 경우 내용 변경의 효력

4. 이론탐구

(1) 자필증서유언의 유효요건은 무엇인가?

(2) 자필증서 유언에서 주소란 어떤 정도의 구체성을 가져야 하는가? '서울에서'라는 표현은 주소에 해당되는가?

(3) 원본이 제대로 작성된 경우에 복사본만 존재할 경우에도 유언이 존재하는 것

으로 인정될 수 있는가?

(4) 자필증서 유언의 내용이 철회되기 위하여는 어떤 요건이 충족되어야 하는가?

(5) 비밀증서 유언의 형식은 자필증서와 어떻게 구분되는가?

5. 심화학습

(1) 자필증서 방식의 유언을 함에 있어, 유언자의 주소의 기재와 날인이 흠결되어 있고 문자의 삽입, 삭제 또는 변경을 한 곳에 유언자의 자서와 날인이 흠결되어 있어, 민법이 정한 방식을 따르지 아니한 경우에도 유언서에 대한 검인청구를 법원이 거절할 수 없다고 한 사례(대법원 1980.11.19. 80스23 결정)

참고문헌

- 김명희, "자필증서 유언방식에 관한 제문제," 가족법연구 17권 2호(2003.12), 259-298면.
- 이화숙 외, 가족법판례해설 509면 이하.

II. 공정증서에 의한 유언의 효력

1. 사실관계

(1) A는 1987년 9월 기관지 절제수술 후 인공호흡 중이어서 말을 할 수 없어 몸짓, 표정, 입모양으로 의사표현하거나, 차트판 종이와 필기도구를 이용하여 자신의 의사를 표현하였다. 1989년 10월 이후 상태가 몹시 악화되었고, 같은 해 12월에 반혼수상태에 빠지자 처인 乙1(공동피고)의 의뢰에 의하여 공증인 N이 A가 입원중이던 병실에서 W1, W2를 증인으로 참여시킨 가운데 N의 직원 M이 A에게 미리 작성된 유언증서의 초안의 취지대로 유증하겠느냐고 묻자 A는 고개를 끄덕거렸고, 이에 그의 침대를 반쯤 일으킨 상태에서 乙1이 A의 팔목을 잡아 유언증서의 유언자란에 서명하게 하였다. 유언의 내용은 乙1과 장남 乙2(공동피고)에게 임야 X의 각 1/2 지분을, 乙2에게 A가 설립하여 30년 동안 경영하던 Y 주식회사의 주권 전부를 유증한다는 것이었다.

(2) A는 내연관계에 있는 B와 사이에 아들 甲(원고)이 있었는데, 甲은 위 공정증서에 의한 유언의 무효를 주장하며 乙1과 乙2를 상대로 임야 및 주권 중 甲의 법정상속분에 해당하는 부분을 반환할 것을 주장하며 상속에 기한 소유권이전등기의 말소 등을 청구하였다.

(3) 원심은 이 사건 유언이 민법 제1068조의 방식에 위배된 것으로 무효로 판단하고 甲의 청구를 인용하였고 乙1 등은 상고하였다(원심: 서울고법 1995.6.9. 선고 94나486 판결).

| 대상판결 |

대법원 1996.4.23. 선고 95다34514 판결

2. 판결요지

(1) 유언공정증서를 작성할 당시에 유언자가 반혼수상태였으며, 유언공정증서의 취지가 낭독된 후에도 그에 대하여 전혀 응답하는 말을 하지 아니한 채 고개만 끄덕였다면, 유언공정증서를 작성할 당시에 유언자에게는 의사능력이 없었으며 그 공정증서에 의한 유언은 유언자가 유언의 취지를 구수(口授)하고 이에 기하여 공정증서가 작성된 것으로 볼 수 없어서, 민법 제1068조가 정하는 공정증서에 의한 유언의 방식에 위배되어 무효라고 판단된다.

[관련조문] 민법 제1065조(유언의 보통방식), 제1068조(공정증서에 의한 유언)

3. 판례의 이해와 쟁점

(1) A가 유언을 할 때 A의 정신상태는 어떠한 상황이었다고 판단이 되는가?

(2) 반혼수상태로 의심될 때 유언을 할 수 있는가? 이 경우 유언이 유효하기 위하여 어떤 조건이 추가로 요구되는가?

(3) 유언의 내용이 유언자의 진의와 일치한다고 생각하는가? 그렇다면 그러한 점이 인정될 수 있는 요소는 어디에서 찾을 수 있는가?

(4) 사실혼관계에서 출생한 아들이 상속인이 되기 위하여 어떤 절차를 거쳐야 하는가?

(5) 유언이 유효하다고 하더라도 혼인외의 자가 있음에도 불구하고 법률상 처와 그의 아들에게만 유산이 상속되도록 유언한 경우 그 혼외자들은 아무런 권리를 가지지 않는가?

(6) 공증인이 유언자의 의사에 따라 유언의 취지를 작성하고 그 서면에 따라 유언자에게 질문을 하여 유언자의 진의를 확인한 다음 유언자에게 필기된 서면을

낭독하여 준 경우에 공정증서에 의한 유언의 효력

(7) 의학적으로 반혼수상태에 있는 유언자의 유언의 효력

4. 이론탐구

(1) 공정증서에 의한 유언이 유효하기 위한 요건은 무엇인가?

(2) 공정증서에 의한 유언이 이루어질 때, 상속인과 같은 이해당사자가 배석하는 것이 유언제도의 본지와 일치하는가?

(3) 상속인 중 일부가 유언자가 자신에게 유리하도록 유언을 하게끔 유도하였다면 상속결격사유에 해당되는가? 어느 정도의 압력 내지 영향력이 있어야 상속결격사유에 해당될 수 있는가?

5. 심화학습

(1) 공정증서에 의한 유언이 구수된 것이 아니어서 무효라고 한 사례(대법원 1980.12.23. 선고 80므18 판결)

(2) 공증업무를 취급하는 변호사가 반혼수상태로 병원에 입원중인 유언자에게 유언취지를 묻자 유언자가 고개를 끄덕거린 것만으로 민법 제1068조 소정의 공정증서가 작성된 것이라고 볼 수 없으므로 그 유언은 무효라고 한 사례(대법원 1993.6.8. 선고 92다8750 판결)

(3) 공정증서에 기재된 내용과 같은 유언의 구수가 있었는지에 관하여 강력한 의심이 들 뿐만 아니라, 유언의 구수가 있었다고 하더라도 '공증인이 유언자의 구술을 필기해서 이를 유언자와 증인에게 낭독할 것'과 '유언자와 증

인이 공증인의 필기가 정확함을 승인할 것'이라는 요건을 갖추지 못하였고, '유언자가 서명 또는 기명날인할 것'이라는 요건도 갖추지 못하여 민법 제1068조 소정의 '공정증서에 의한 유언'의 방식에 위배되었다는 이유로 공정증서에 의한 유언을 무효라고 한 사례(대법원 2002.10.25. 선고 2000다21802 판결)

참고문헌

- 안창환, "공정증서에 의한 유언의 방식," 재판실무 2집(2005), 창원지방법원.
- 이화숙 외, 가족법판례해설 516면 이하.

III. 유언자와 공증인이 사전에 내용에 대한 합의가 있는 공정증서에 의한 유언

1. 사실관계

(1) A와 乙1(공동피고)은 부부로서 이들 사이에는 甲(원고)과 乙2, 乙3(공동피고)의 자녀가 있었다. 2004년 1월 A는 법무법인 N 공증사무실을 찾아가 부동산 X를 자식인 甲에게 유증하기 위한 상담을 하였고, 공정증서 방식의 유언장을 작성하기로 하였다. 변호사 N1이 미리 유언장을 작성해 두었다가 그 다음날 A의 집을 방문하여 증인 두 사람(W1, W2)이 참석한 가운데 A에게 유증할 재산이 어떤 것인지 물어서 대답을 들은 후 개별적인 지번별로 A에게 하나씩 불러준 후 맞는지 확인하고 유언공증증서의 내용을 읽어준 후 A가 이의없다고 하자 서명날인하도록 하여 A와 증인들의 자필서명을 받았다.

(2) A는 유언장을 작성한 지 8개월후(2004년 9월) 사망하였고, 乙1, 乙2 들은 부동산 X에 대하여 乙1 명의로 3/11, 甲 및 乙2, 乙3으로 각 2/11 지분에 대하여 상속을 원인으로 한 소유권이전등기를 경료하였다.

(3) 甲은 위 공정증서유언장에 기하여 乙1, 乙2, 乙3을 상대로 소유권이전등기절차 이행청구소송을 제기하였고, 乙1과 乙2, 乙3은 유언자에 의한 유언내용의 구수가 없었으므로 무효라고 주장하였다.

(4) 원심은 공증변호사가 유언자 A와 상의하여 미리 작성하여 온 공정증서의 내용에 따라 유언자에게 등기부에 기재된 지번과 평수 등을 하나 하나 불러주고 유증의사가 맞는지를 확인하였으며, 공증변호사는 유언자 A에게 유언공증증서의 내용을 읽어주고 이의가 없는지를 확인한 후 유언자 A와 증인 W1, W2의 자필서명을 받았으므로 공정증서에 의한 유언은 유효하다고 판단하고 甲의 청구를 받아들였다(원심: 서울고법 2007.7.4. 선고 2006나21295, 21301 판결).

| 대상판결 |

대법원 2007.10.25. 선고 2007다51550, 51567 판결

2. 판결요지

(1) 민법 제1065조 내지 제1070조가 유언의 방식을 엄격하게 규정한 것은 유언자의 진의를 명확히 하고 그로 인한 법적 분쟁과 혼란을 예방하기 위한 것이므로, 법정된 요건과 방식에 어긋난 유언은 그것이 유언자의 진정한 의사에 합치하더라도 무효이다.

(2) 민법 제1068조 소정의 '공정증서에 의한 유언'에서 '유언취지의 구수'라고 함은 말로써 유언의 내용을 상대방에게 전달하는 것을 뜻하는 것이므로 이를 엄격하게 제한하여 해석하여야 하지만, 공증인이 유언자의 의사에 따라 유언의 취지를 작성하고 그 서면에 따라 유언자에게 질문을 하여 유언자의 진의를 확인한 다음 유언자에게 필기된 서면을 낭독하여 주었고, 유언자가 유언의 취지를 정확히 이해할 의사식별능력이 있고 유언의 내용이나 유언경위로 보아 유언 자체가 유언자의 진정한 의사에 기한 것으로 인정할 수 있는 경우에는, 위와 같은 '유언취지의 구수' 요건을 갖추었다고 보아야 한다.

(3) 공증 변호사가 미리 작성하여 온 공정증서에 따라, 의식이 명료하고 언어소통에 지장이 없는 유언자에게 질문하여 유증의사를 확인하고 그 증서의 내용을 읽어주어 이의 여부도 확인한 다음 자필서명을 받은 경우, 위 공정증서에 의한 유언은 민법 제1068조에서 정한 요건을 모두 갖추었다.

[관련조문] 민법 제1068조(공정증서에 의한 유언)

3. 판례의 이해와 쟁점

(1) 甲이 피고 乙1 외2인(乙2, 乙3)에 대하여 주장하는 권리의 내용은 무엇인가?

(2) 甲의 주장의 근거는 무엇인가?

(3) 유언자가 공증사무실을 방문하여 유언장의 내용을 상의하였을 때, 증인이 배석하고 있었는가?

(4) 공증변호사가 유언자의 집을 방문하여, 작성된 유언장의 내용을 확인하는 과정에서 어떠한 방식으로 진행되었는가?

(5) 유언장 내용의 확인시 문답식과 유사한 형태로 이루어졌다면 공증인에 의하여 유도된 답변을 유언자가 한 것으로 볼 수 있는가? 아니면 유언장의 내용은 유언자의 진의가 반영된 것인가?

(6) 공정증서에 의한 유언에서 유언자에 의한 유언의 구수의 의미, 즉 유언자가 공증변호사 사무실을 방문하여 사전에 유언장 작성내용을 상의한 후 미리 유언장을 작성한 다음 유언자의 집에서 증인들 앞에서 그 내용을 확인하는 절차를 거친 경우에 민법 제1068조 소정의 유언자에 의한 유언의 구수에 해당되는지 여부

4. 이론탐구

(1) 공정증서에 의한 유언의 유효요건

(2) 유언자의 능동적 의사표현 방법으로서 구수의 의미와 내용

(3) 유언의 요식성의 완화와 한계

5. 심화학습

(앞의 사례 참조)

참고문헌

- 이화숙 외, 가족법판례해설 524면 이하.

IV. 구수증서에 의한 유언

1. 사실관계

(1) A는 1997.11. 위암종양제거수술을 받았으나, 증세가 악화되어 동년 12월 재입원하여 치료를 받던 중 1998년 1월 사망하였다. 유족으로는 배우자 B와 사이에 2남 2녀의 4자녀와 전처와의 사이에 선사망한 아들 C의 자녀인 甲1, 甲2의 손자가 있었다.

(2) 병세가 악화되어 가던 중 사망 이틀 전에 병실에서 변호사 L이 입회하고 증인 W1, W2의 참여하에 구수증서에 의한 유언을 하였으나, 유언서가 작성될 당시에 A는 사리판단을 할 정도로 의식이 뚜렷하지 못하였을 뿐만 아니라 자신의 의사를 명백하게 표현할 만큼 자유롭게 언어를 구사하지도 못하는 상태에서 변호사들 중 한 사람이 그 쪽지의 내용에 따라 유언서에 들어갈 내용을 불러주면 망인은 고개를 끄덕이거나 "음", "어" 하는 정도의 말을 하는 방식으로 전(全)재산을 배우자인 B가 상속한다는 내용의 유언을 하였다.

(3) 대습상속인인 甲1, 甲2(공동원고)는 유언집행자로 지정된 乙을 상대로 유언의 무효를 주장하는 소를 제기하였고, 이에 원심은 유언시 A의 상태가 사리분별을 못할 정도는 아니었고, 입회변호사의 질문에 간단하게나마 답변한 이상 유언의 취지를 구수한 것으로 볼 수 있으며, A의 이름 다음에 타인의 도움을 받아 서명한 이상 유효한 유언이라고 판단하여 甲의 청구를 기각하였고, 甲은 이에 불복하여 상고하였다(원심: 대전고법 2005.9.7. 선고 2004나3602 판결).

| 대상판결 |

대법원 2006.3.9. 선고 2005다57899 판결

2. 판결요지

(1) 민법 제1065조 내지 제1070조가 유언의 방식을 엄격하게 규정한 것은 유언자의 진의를 명확히 하고 그로 인한 법적 분쟁과 혼란을 예방하기 위한 것이므로, 법정된 요건과 방식에 어긋난 유언은 그것이 유언자의 진정한 의사에 합치하더라도 무효라고 하지 않을 수 없다.

(2) 민법 제1070조 소정의 '구수증서에 의한 유언'은 유언자가 2인 이상의 증인의 참여로 그 1인에게 유언의 취지를 구수하고 그 구수를 받은 자가 이를 필기낭독하여 유언자와 증인이 그 정확함을 승인한 후 각자 서명 또는 기명날인하여야 하는 것인바, 여기서 '유언취지의 구수'라 함은 말로써 유언의 내용을 상대방에게 전달하는 것을 뜻하는 것이므로, 증인이 제3자에 의하여 미리 작성된, 유언의 취지가 적혀 있는 서면에 따라 유언자에게 질문을 하고 유언자가 동작이나 간략한 답변으로 긍정하는 방식은, 유언 당시 유언자의 의사능력이나 유언에 이르게 된 경위 등에 비추어 그 서면이 유언자의 진의에 따라 작성되었음이 분명하다고 인정되는 등의 특별한 사정이 없는 한 민법 제1070조 소정의 유언취지의 구수에 해당한다고 볼 수 없다.

(3) 유언 당시에 자신의 의사를 제대로 말로 표현할 수 없는 유언자가 유언취지의 확인을 구하는 변호사의 질문에 대하여 고개를 끄덕이거나 "음", "어"라고 말한 것만으로는 민법 제1070조가 정한 유언의 취지를 구수한 것으로 볼 수 없다.

[관련조문] 민법 제1070조(구수증서에 의한 유언)

3. 판례의 이해와 쟁점

(1) A가 유언을 할 때 A의 건강상태는 어떠하였는가?

(2) A가 구수한 내용이 무엇인가?

(3) A가 유언의 내용으로 '구수'한 문구는 어떠한 것인가?

(4) 문답식으로 대답하는 것을 '구수한' 것으로 볼 수 있는가? 없다면 또는 있다면 이유는 무엇인가?

(5) 상속인이 유언사항으로 제시한 내용을 증인 내지 참관인이 질문을 통하여 유도하는 방식의 유언이 구수증서로서 효력을 가질 수 있는가?

(6) 구수증서 유언의 방식은 어떠한 경우에 인정될 수 있는가?

(7) 문답식 방식으로 작성된 구수증서의 효력

4. 이론탐구

(1) 구수증서 유언방식의 보충성과 한계

(2) 구수증서에서 증인 및 필기자의 역할

5. 심화학습

(1) 민법 제1070조 제1항이 구수증서에 의한 유언은 질병 기타 급박한 사유로 인하여 민법 제1066조 내지 제1069조 소정의 자필증서, 녹음, 공정증서 및 비밀증서의 방식에 의하여 할 수 없는 경우에 허용되는 것으로 규정하고 있는 이상, 유언자가 질병 기타 급박한 사유에 있는지 여부를 판단함에 있어서는 유언자의 진의를 존중하기 위하여 유언자의 주관적 입장을 고려할 필요가 있을지 모르지만, 자필증서, 녹음, 공정증서 및 비밀증서의 방식에 의한 유언이 객관적으로 가능한 경우까지 구수증서에 의한 유언을 허용하여야 하는 것은 아니라는 사례(대법원 1999.9.3. 선고 98다17800 판결)

참고문헌

- 이화숙 외, 가족법판례해설 530면 이하.
- 홍승연, "구수증서에 의한 유언에 있어서 유언취지의 구수," 대법원판례해설 60호(2006.12).

|제3절| 유언의 철회

Ⅰ. 유언철회의 요건

1. 사실관계

(1) A는 1994년 7월 후처인 B, 자식들은 장남 乙(피고), 5남 甲(원고)을 비롯한 C, D, E, F, G의 7형제로 8인의 상속인을 두고 사망하였다.

(2) A는 생전인 1989년 3월 재산분할에 대한 유서를 작성하였다. 유서는 한글과 한자를 혼용하여 종서로서 전문 4장 분량이었고, 그 마지막 말미에 '서기 1989.3.12.' '서울에서 부 A' '7형제앞'을 종서로서 넉줄로 자서하는 외에 사인을 한 후 그 이름과 사인의 좌우에 무인을 하였다. 그리고 그 유서 전체를 2부 복사한 뒤 원본과 복사본 각 전문 4장의 연결부분에 자신의 무인으로 간인을 하고, 그 복사본에도 그 마지막 장의 뒷면에 자신의 주소를 자필로 기재한 뒤 위 3통의 유서를 각기 다른 봉투에 넣고, 그 중 2개는 봉투의 앞면에는 '유서(遺書)'라고 한자로 기재하고, 봉투 뒷면에는 자신의 주소인 '○○시 ○○동 558의 1'을 자필로 3개의 봉투에 모두 기재한 다음 이를 각각 봉함하였다. 그 후 원본은 자신이 보관하고, 복사본 2통은 甲(원고)과 장녀 C에게 보관시켰다. 그 다음해(1990년) 5월 A는 乙과 C, D, E 등 자식들 앞에서 유서의 내용을 공개하였고, 그 해(1990년) 12월 B와 재혼을 앞두고 유서의 원본도 장녀인 C에게 맡겼다.

(3) 유언의 내용은 제1항에서 ○○여객운송주식회사의 주식 70%를 乙몫으로 하였고, 제4항에서 ○○교통 주식 70%와 ○○여행사 주식 등을 4남 F몫으로, 제5항에서 이사건 Y 회사 주식 전부를 甲몫으로 분배한다고 하였고 제7항에서 자신의 재산 중 유언서에 기재가 되어 있지 않은 것은 현재 관리하고 있는 자식의 몫으로 한다는 것이었다.

(4) 위 유언서가 작성된 후 A가 사망할 때까지는 A명의의 ○○여객운송주식회사의 주식 4,410주가 처분되는 등 A의 재산상태에 다소 변동이 있었으

나, 그 외에는 위 유언서에 기재된 재산에 관하여 큰 변화가 없었다.

(5) 유언서에서 甲에게 특정유증된 Y 회사 주식에 대하여 A 사망 후에, 乙과 다른 공동상속인들이 상속재산분할에 대한 합의가 있었다는 등의 이유로 자신들의 명의로 명의개서를 하였으나, 甲은 이러한 명의개서행위는 무효이고 전체 주식이 甲 자신의 소유임을 주장하고 이를 확인하는 소를 제기하였다.

(6) 원심은 유언의 철회가 있었다는 명백한 증거가 없음을 이유로 甲(원고)의 청구를 인용한 1심 판결에 불복한 乙의 항소를 기각하였으며, 이에 불복하여 乙은 상고하였다[원심: 광주고법 1997.7.11. 선고 (제주)95나650 판결].

| 대상판결 |

대법원 1998.6.12. 선고 97다38510 판결

2. 판결요지

(1) 민사소송법 제263조 단서가 규정하는 유일한 증거라 함은 당사자가 입증책임이 있는 사항에 관한 유일한 증거를 말하는 것인바, 유언의 존재 및 내용이 입증사항인 이상 유서에 대한 필적과 무인의 감정은 반증에 불과하여 유일한 증거에 해당하지 않는다.

(2) 민법 제1066조에서 규정하는 자필증서에 의한 유언은 유언자가 그 전문과 연월일, 주소 및 성명을 자서(自書)하는 것이 절대적 요건이므로 전자복사기를 이용하여 작성한 복사본은 이에 해당하지 아니하나, 주소를 쓴 자리가 반드시 유언 전문 및 성명이 기재된 지편이어야 하는 것은 아니고 유언서의 일부로 볼 수 있는 이상 그 전문을 담은 봉투에 기재하더라도 무방하며, 날인은 인장 대신에 무인에 의한 경우에도 유효하다.

(3) 자필증서에 의한 유언에 있어서 그 증서에 문자의 삽입, 삭제 또는 변경

을 함에는 민법 제1066조 제2항의 규정에 따라 유언자가 이를 자서하고 날인하여야 하나, 자필증서 중 증서의 기재 자체에 의하더라도 명백한 오기를 정정한 것에 지나지 않는다면 설령 그 수정 방식이 위 법조항에 위배된다고 할지라도 유언자의 의사를 용이하게 확인할 수 있으므로 이러한 방식의 위배는 유언의 효력에 영향을 미치지 아니한다.

(4) 민법 제1091조에서 규정하고 있는 유언증서에 대한 법원의 검인은 유언증서의 형식 · 태양 등 유언의 방식에 관한 모든 사실을 조사 · 확인하고 그 위조 · 변조를 방지하며, 또한 보존을 확실히 하기 위한 일종의 검증절차 내지는 증거보전절차로서, 유언이 유언자의 진의에 의한 것인지 여부나 적법한지 여부를 심사하는 것이 아님은 물론 직접 유언의 유효 여부를 판단하는 심판이 아니고, 또한 민법 제1092조에서 규정하는 유언증서의 개봉절차는 봉인된 유언증서의 검인에는 반드시 개봉이 필요하므로 그에 관한 절차를 규정한 데에 지나지 아니하므로, 적법한 유언은 이러한 검인이나 개봉절차를 거치지 않더라도 유언자의 사망에 의하여 곧바로 그 효력이 생기는 것이며, 검인이나 개봉절차의 유무에 의하여 유언의 효력이 영향을 받지 아니한다.

(5) 상속인의 결격사유의 하나로 규정하고 있는 민법 제1004조 제5호 소정의 '상속에 관한 유언서를 은닉한 자'라 함은 유언서의 소재를 불명하게 하여 그 발견을 방해하는 일체의 행위를 한 자를 의미하는 것이므로, 단지 공동상속인들 사이에 그 내용이 널리 알려진 유언서에 관하여 피상속인이 사망한 지 6개월이 경과한 시점에서 비로소 그 존재를 주장하였다고 하여 이를 두고 유언서의 은닉에 해당한다고 볼 수 없다.

(6) 유언 후의 생전행위가 유언과 저촉되는 경우에는 민법 제1109조에 의하여 그 저촉된 부분의 전(前)유언은 이를 철회한 것으로 보지만, 이러한 생전행위를 철회권을 가진 유언자 자신이 할 때 비로소 철회 의제 여부가 문제될 뿐이고 타인이 유언자의 명의를 이용하여 임의로 유언의 목적인 특정재산에 관하여 처분행위를 하더라도 유언 철회로서의 효력은 발생하지 아

니하며, 또한 여기서 말하는 '저촉'이라 함은 전의 유언을 실효시키지 않고서는 유언 후의 생전행위가 유효로 될 수 없음을 가리키되 법률상 또는 물리적인 집행불능만을 뜻하는 것이 아니라 후의 행위가 전의 유언과 양립될 수 없는 취지로 행하여졌음이 명백하면 족하다고 할 것이고, 이러한 저촉 여부 및 그 범위를 결정함에 있어서는 전후 사정을 합리적으로 살펴 유언자의 의사가 유언의 일부라도 철회하려는 의사인지 아니면 그 전부를 불가분적으로 철회하려는 의사인지 여부를 실질적으로 집행이 불가능하게 된 유언 부분과 관련시켜 신중하게 판단하여야 한다.

(7) 유류분반환청구권은 민법 제1117조 전문에 의하여 유류분권리자가 상속의 개시와 반환하여야 할 증여 또는 유증을 한 사실을 안 때로부터 1년 이내에 행사하지 않으면 시효에 의하여 소멸하는바, 피상속인의 생전에 유언의 존재를 알고 있었던 유류분권리자가 재판과정에서 여러 가지 이유를 들어 유서가 무효라고 주장하였으나 그 주장들이 한결같이 사실상 또는 법률상의 근거 없이 피상속인의 유언을 부인하려는 구실로밖에 보이지 아니하는 한편 유류분권리자가 유언이 무효임을 확신하였다는 특별한 사정을 엿볼 수 없는 경우, 피상속인이 사망한 다음날부터 유류분권리자의 유류분반환청구권의 단기소멸시효가 진행된다고 한 사례.

[관련조문] 민법 제1004조(상속인의 결격사유) 제1066조(자필증서에 의한 유언), 제1091조(유언증서, 녹음의 검인), 제1092조(유언증서의 개봉), 제1109조(유언의 저촉) 제1117조(유류분반환청구권의 소멸시효)

3. 판례의 이해와 쟁점

(1) 갑과 을이 다투는 권리의 대상물이 무엇인가?

(2) 을이 다툼이 되는 권리의 외관을 가지게 된 것은 어떠한 절차를 거쳐서 이루

어졌는가?

(3) 갑이 자신에게 권리가 있다고 주장하는 근거가 무엇인가?

(4) 갑에게 권리를 부여한 유언의 효력에 변화가 있었는가? 효력에 변화가 생기려면 구체적으로 어떠한 요건이 충족되어야 하는가?

(5) 갑은 유언을 은닉하였는가?

(6) 자필증서에 의한 유언의 요건

(7) 유언자의 주소를 유언 전문이 담긴 봉투에 기재하고 무인의 방법으로 날인한 자필유언증서의 효력

(8) 자필유언증서의 문자수정방식 및 명백한 오기를 정정하면서 위 방식을 위배한 자필유언증서의 효력

(9) 민법 제1091조, 제1092조 소정의 검인 · 개봉절차를 거치지 아니한 유언증서의 효력

(10) 민법 제1004조 제5호 소정의 '상속에 관한 유언서를 은닉한 자'의 의미

(11) 유언 후의 생전행위가 유언과 저촉되어 그 저촉된 부분의 전(前) 유언이 철회된 것으로 보기 위한 요건과 그 저촉 여부 및 범위에 관한 판단 기준

4. 이론탐구

(1) 유언철회의 요건과 효과

(2) 유언 검인 개봉절차와 유언증서의 효력과의 연관성

5. 심화학습

(1) 망인이 유언증서를 작성한 후 재혼하였다거나, 유언증서에서 유증하기로

한 일부 재산을 처분한 사실이 있다고 하여 다른 재산에 관한 유언을 철회한 것으로 볼 수 없다는 사례(대법원 1998.5.29. 선고 97다38503 판결)

참고문헌

• 이화숙 외, 가족법판례해설 538면 이하.

|제4절| 유언의 효력

Ⅰ. 유언증서의 멸실 · 분실로 인한 유언의 실효 여부

1. 사실관계

(1) A는 사망하기 전인 1978년 5월과 1979년 3월 두 차례에 걸쳐 이 사건 부동산 X에 관한 수분양계약상의 권리를 처인 B에게 6/30, 자녀들에 대하여는 乙(피고)에게 10/30, 甲1(공동원고) 4/30, 甲2, 甲3, 甲4(공동원고) 그리고 C, D에게 각 2/30의 각 비율로 분배하되 부동산 X의 수분양명의인이자 장남인 乙에게 어머니 B가 생존하고 있는 동안에는 그와 우선 상의하고 그 사망후에는 나머지 상속인들과 의논하여 적당한 때에 이를 팔아서 유언상속분에 따라 분배하도록 유언하였고, 1984년 7월 사망하였다. A가 사망한 후인 1989년 7월 부동산 X에 관하여 乙 명의로 소유권이전등기가 경료되었고 그 후 어머니 B도 사망하였다.

(2) 그 유언서는 유언자에 의하여 파훼 혹은 훼손이 됨이 없이 유언자 사망후에도 처인 B에 의하여 보관되어 오다가 분실되었다.

(3) 어머니 사망후에 나머지 형제 甲1 외 3인은 을 명의로 된 부동산 X에 관한 명의신탁계약을 해지하고 상속분에 따른 소유권이전등기절차이행을 구하였으나, 乙은 소장부본을 수령한 이후에 해당 부동산을 K에게 시세보다 매우 저렴한 가격으로 매각하였다.

(4) 원심은 원고 甲1 외 3인에게 乙이 부동산의 매각대금을 상속분에 상응하여 분배하여야 하고, 유언집행자로서 선량한 관리자의 주의의무에 위반되게 부동산을 부당하게 염가로 처분하여 상속인들에게 입힌 손해를 배상할 책임이 있다는 판결을 하였고, 이에 乙은 상고하였다(원심: 서울고법 1996.4.19. 선고 95나35083 판결).

| 대상판결 |

대법원 1996.9.20. 선고 96다21119 판결

2. 판결요지

유언자가 유언을 철회한 것으로 볼 수 없는 이상, 유언증서가 그 성립 후에 멸실되거나 분실되었다는 사유만으로 유언이 실효되는 것은 아니고 이해관계인은 유언증서의 내용을 입증하여 유언의 유효를 주장할 수 있다.

[관련조문] 민법 제1073조(유언의 효력발생시기), 제1108조(유언의 철회), 제1110조(파훼로 인한 유언의 철회)

3. 판례의 이해와 쟁점

(1) 을이 가진 계쟁 부동산 X에 대한 권리는 무엇인가?

(2) 갑1 외 3인과 을이 다투는 대상물은 무엇인가?

(3) 어머니 B가 별도의 유언 없이 사망한 경우 어머니 몫은 어떻게 분배되어야 하는가?

(4) 유언서가 존재하지 않는다면, 위 부동산(혹은 부동산의 매각대금)은 어떻게 분배되어야 하는가?

(5) 유언증서의 멸실 · 분실로 인한 유언의 실효 여부

4. 이론탐구

(1) 유언증서가 분실 내지 멸실된 경우에 유언의 내용을 확인하는 방법

(2) 유언집행자의 선관주의 의무

(3) 상속재산의 분할방법

5. 심화학습

(1) 유언의 철회방법은 어떤 것이 있는가?

(2) 유언의 분실과 은닉은 어떠한 차이가 있는가?

|제5절| 유 증

Ⅰ. 포괄적 유증

1. 사실관계

(1) A는 자식과 배우자가 없는 한의사로서 1988.9.15. 자신이 소유한 부동산과 예금채권, 동산 등을 B라는 기구에 유증하고 C재단법인의 설립의사를 도모하였다가 그와 관련된 유증의사를 1989.11.2.에 철회하였다.

(2) 그 사이에 1988.11.24.에서 1989.1.23. 사이에 자신이 희망하는 대학의 설립을 乙(피고)이 맡아서 도모하겠다는 약속을 믿고 수차례 각종 부동산을 D학원에 기부하기로 하고, 학원 명의로 등기를 한 후 이를 처분할 경우에 필요한 감독기관의 승인문제와 비업무용 부동산의 취득으로 인한 취득세의 중과세 문제 등을 이유로 부동산들을 乙 및 乙의 처 E1 내지는 D학원과 관련된 E2 외 여러 명에서 소유권이전등기를 경료하였다. 그 후에 증여의사를 번복하고 D학원과 乙 등을 상대로 법원에 증여 의사표시의 취소 및 증여계약의 해제 등을 주장하면서 해당 부동산에 관하여 乙 앞으로 마친 소유권이전등기의 말소등기를 구하는 소송을 제기하였다.

(3) 1990.6.29. F1과 F2 등을 회원으로 하고 그 중 F1을 이사장으로 하는 甲학회를 설립하고 1991.3.13. D학원에 기부한 일부 재산을 甲학회에 유증하고 유언집행자로 G를 지정한 유언공정증서를 작성한 후, 1991.8.15. 사망하였다. A가 사망한 이후에 A가 乙과 D학원을 상대로 제기한 소송은 G가 소송을 수계하였으나, 제1심에서 D학원에 대하여는 소유권이전등기가 증여에 의하여 적법하게 이루어졌다는 이유로 패소하고, 乙 등에 대하여는 승소하였으나, 1993.7.7. 항소심에서 乙 등에 대하여도 소유권이전등기가 A의 승낙에 의하여 이루어졌다는 이유로 패소판결을 선고받았으며, 그 판결은 1993.12.10. 대법원의 상고기각판결로 확정되었다.

(4) 甲학회는 A의 포괄유증자로서 A의 권리의무를 포괄적으로 승계하였고,

해당 부동산에 대한 소유권이전등기는 A가 乙에게 편의상 마쳐둔 명의신탁에 의한 등기라고 할 것인데, 「부동산실권리자명의등기에 관한 법률」에 따라 명의신탁자인 A가 유예기간 내에 실명등기를 하지 아니함으로써 명의신탁 약정 및 그에 따라 행하여진 이 사건 이전등기는 모두 무효가 되었으므로, 乙은 주위적으로 현재의 소유권자인 甲학회에 이 사건 부동산에 관하여 진정한 등기명의의 회복을 원인으로 한 소유권이전등기절차를 이행할 의무가 있고, 예비적으로 甲학회에 1991.8.15. 유증을 원인으로 한 소유권이전등기절차를 이행할 의무가 있다고 주장하여 소를 제기하였고, 원심은 그러한 甲의 주장을 인정하지 않았고, 패소한 甲은 상고하였다(원심: 서울고법 2000.11.30. 선고 98나52515 판결).

| 대상판결 |

대법원 2003.5.27. 선고 2000다73445 판결

2. 판결요지

(1) 유증이 포괄적 유증인가 특정유증인가는 유언에 사용한 문언 및 그 외 제반 사정을 종합적으로 고려하여 탐구된 유언자의 의사에 따라 결정되어야 하고, 통상은 상속재산에 대한 비율의 의미로 유증이 된 경우는 포괄적 유증, 그렇지 않은 경우는 특정유증이라고 할 수 있지만, 유언공정증서 등에 유증한 재산이 개별적으로 표시되었다는 사실만으로는 특정유증이라고 단정할 수는 없고 상속재산이 모두 얼마나 되는지를 심리하여 다른 재산이 없다고 인정되는 경우에는 이를 포괄적 유증이라고 볼 수도 있다.

(2) 포괄적 유증을 받은 자는 민법 제187조에 의하여 법률상 당연히 유증받은 부동산의 소유권을 취득하게 되나, 특정유증을 받은 자는 유증의무자에게 유증을 이행할 것을 청구할 수 있는 채권을 취득할 뿐이므로, 특정유증을

받은 자는 유증받은 부동산의 소유권자가 아니어서 직접 진정한 등기명의의 회복을 원인으로 한 소유권이전등기를 구할 수 없다.

[관련조문] 민법 제1078조(포괄적 수증자의 권리의무), 제1087조(상속재산에 속하지 아니한 권리의 유증)

3. 판례의 이해와 쟁점

(1) A가 생전에 누구에게 재산을 기부하였는가? 왜 기부하였는가?

(2) 증여받은 을은 증여의 동기에 해당되는 약속을 이행하였는가?

(3) 을의 협력을 충분히 받지 못할 것으로 예상한 A가 취한 행위는 무엇인가?

(4) 甲학회의 설립이유와 취지는 무엇인가?

(5) A의 甲학회에 대한 유증은 어떠한 형태로 이루어졌는가?

(6) A의 甲학회에 대한 유증의 효력은 어떠한가? 甲학회는 어떤 지위를 가지는가?

(7) 유언집행자 G의 권리의무는 무엇이며, 실제로 G는 어떤 과제를 수행하였는가?

(8) 甲학회가 乙 및 D학원에 가지는 권리는 무엇인가?

(9) 포괄적 유증과 특정유증의 구별 기준

(10) 특정유증을 받은 자의 법적 지위 및 그가 유증받은 부동산에 대하여 직접 진정한 등기명의의 회복을 원인으로 한 소유권이전등기청구권을 행사할 수 있는지 여부

4. 이론탐구

(1) 유증의 형식

(2) 포괄적 유증의 형식과 효력

(3) 특정유증의 형식과 효력

5. 심화학습

(1) 유증한 재산이 개별적으로 표시되었다는 사실만으로는 특정유증이라고 단정할 수 없다고 본 사례(대법원 1978.12.13. 선고 78다1816 판결).

참고문헌

- 김재호, "포괄적유증," 재판자료 78집(1998.6).
- 최병조, "포괄적 유증의 효과," 민사판례연구 9호(1987.2).

II. 유증과 사인증여

1. 사실관계

(1) A는 B로부터 1955년 1월 토지를 매수하고, 대금은 지급하였으나, 소유권 이전등기를 경료하지 못하고 경작해오다가, 이를 조카인 C와 사인증여계약을 맺은 후, 1960.9. 상속인 없이 사망하였고, 조카 C도 그 땅을 경작하다가 1989.12. 사망하였고, 상속인으로 처 甲1과 甲2(공동원고)가 있었다.

(2) 한편 B도 사망하여 처 乙과 자식들이 있었으나, 공동상속인 간의 합의에 의하여 乙 명의로 소유권이전등기를 하였다.

(3) 甲1, 甲2는 피고를 상대로 A와 B 사이에 체결된 매매계약을 근거로 소유권 이전등기 청구를 하였고, 乙은 갑1 등이 권원 없이 점유한 자에 대한 임료 상당의 손해배상과 토지의 인도를 청구하는 반소를 제기하였다.

(4) 원심은 甲1 등의 청구를 인용하였고, 乙은 포괄적 사인증여에 대하여 포괄적 유증에 관한 규정을 준용하는 것은 부당하다는 이유로 상고하였다(원심: 서울민사지법 1994.6.22. 선고 92나35645, 35652 판결).

| 대상판결 |

대법원 1996.4.12. 선고 94다37714, 37721 판결

2. 판결요지

(1) 민법 제562조는 사인증여에 관하여는 유증에 관한 규정을 준용하도록 규정하고 있지만, 유증의 방식에 관한 민법 제1065조 내지 제1072조는 그것이 단독행위임을 전제로 하는 것이어서 계약인 사인증여에는 적용되지 아니한다.

(2) 민법 제562조가 사인증여에 관하여 유증에 관한 규정을 준용하도록 규정하고 있다고 하여, 이를 근거로 포괄적 유증을 받은 자는 상속인과 동일한 권리의무가 있다고 규정하고 있는 민법 제1078조가 포괄적 사인증여에도 준용된다고 해석하면 포괄적 사인증여에도 상속과 같은 효과가 발생하게 된다. 그러나 포괄적 사인증여는 낙성 · 불요식의 증여계약의 일종이고, 포괄적 유증은 엄격한 방식을 요하는 단독행위이며, 방식을 위배한 포괄적 유증은 대부분 포괄적 사인증여로 보여질 것인바, 포괄적 사인증여에 민법 제1078조가 준용된다면 양자의 효과는 같게 되므로, 결과적으로 포괄적 유증에 엄격한 방식을 요하는 요식행위로 규정한 조항들은 무의미하게 된다. 따라서 민법 제1078조가 포괄적 사인증여에 준용된다고 하는 것은 사인증여의 성질에 반하므로 준용되지 아니한다고 해석함이 상당하다.

[관련조문] 민법 제562조(사인증여), 제1078조(포괄적 수증자의 권리의무)

3. 판례의 이해와 쟁점

(1) 갑1 등이 소유권을 주장하는 근거는 무엇인가?

(2) 갑1 등은 매매계약상의 지위를 승계할 수 있는가? 어떠한 요건이 충족되어야 승계할 수 있는가?

(3) 을이 갑1 등의 권리를 부인하는 근거는 무엇인가?

(4) 을의 주장을 극복하기 위하여 갑1 등은 어떠한 요소를 갖추어야 하는가?

(5) 왜 사인증여계약에 유증의 규정을 준용함에 있어 제한이 있을 수 있는가?

(6) 유증의 방식에 관한 민법 제1065조 내지 제1072조가 사인증여에 준용되는지 여부

(7) 포괄유증의 효력에 관한 민법 제1078조가 포괄적 사인증여에도 준용되는지 여부

4. 이론탐구

(1) 사인증여의 형식과 효력

(2) 포괄적 사인증여와 특정적 사인증여

(3) 사인증여계약과 유증의 구분

(4) 유증규정의 사인증여계약에의 준용과 한계

(5) 포괄적 사인증여와 포괄적 유증의 구분

5. 심화학습

(1) 유류분권리자가 소멸시효기간의 경과 이전에 사인증여가 무효라고 주장하면서 이를 전제로 수증자에게 수증자가 보관중인 망인 명의의 예금통장 및 인장의 교부와 망인 소유의 금원 중 수증자가 임의로 소비한 금액의 반환을 구하였다 하더라도, 이러한 주장이나 청구 자체에 그와 반대로 위 사인증여가 유효임을 전제로 그로써 자신의 유류분이 침해되었음을 이유로 하는 유류분반환의 청구가 포함되어 있다고 보기는 어렵다고 한 사례(대법원 2001.9.14. 선고 2000다66430, 66447 판결)

⟫⟫ 참고문헌

- 이희경, "포괄적 사인증여에 포괄유증의 효력에 관한 민법 제1078호가 적용되는지 여부," 대법원판례해설 제25호(1996).
- 최금숙, "사인증여에 관한 고찰," 법학논집(이화여대) 9권 1호(2004.9).

|제6절| 유언의 집행

Ⅰ. 유언집행자의 당사자 적격과 증인결격자

1. 사실관계

(1) A는 1991년 5월 초순경 자신의 죽음이 임박하였음을 직감하고 유언서 초안을 완성한 다음, 이를 유언공정증서로 작성하기로 하고 T종합법률사무소 소속 변호사 L1에게 유언서 초안을 교부하고 유언공정증서의 작성을 의뢰했다. A는 1991.5.8. 11:00경 변호사 L1과 공정증서 작성시 증인으로 참석하기로 한 변호사 甲(원고) 및 변호사 L2를 병실로 불러 유언의 취지를 구술하는 한편, 甲을 유언집행자로 지정하였으며, 변호사 L1은 미리 작성해 온 유언공정증서의 내용을 항목대로 낭독해 주어 위 유언공정증서가 위 A가 한 유언과 일치하는지 여부를 확인하고, A는 유언자로서, 甲 및 변호사 L2는 증인으로서 유언공정증서의 원본, 정본, 등본에 각각 자필로 서명날인함으로써 유언공정증서를 작성한 다음, 정본은 A에게, 등본은 유언집행자로 지정된 甲에게 각 교부했다.

(2) A는 1991.5.14. 폐암 증세의 악화로 인한 급성호흡부전으로 사망하였고, 상속인들로는 자녀들인 피고 乙2, 乙3, 乙4 및 소외 B(1심 공동피고). 이혼중이던 A의 전처 乙1은 乙2가 사망하기 하루 전날 A와 상의없이 제3자를 통하여 혼인신고를 하도록 하였다.

(3) 유언공정증서의 내용은, 부동산 중 X1은 乙2에게, X2 X3 부동산은 乙3에게, X4 부동산은 소외 B에게 각 유증하고, X5-X19 부동산에 관하여는 乙2에게 40/100, 乙3에게 30/100, 乙4에게 16/100, 소외 B에게 14/100의 지분을 각 유증하는 것이었다.

(4) 유언집행자 甲은 A 사망후 1991.5.24.경 乙2의 아파트에서 전처 乙1, 자녀들인 乙2~乙4 및 A의 형제들을 모이게 한 후, 유언공정증서의 내용을 알려주고, 乙1 등에게 미리 복사해 간 유언공정증서 사본을 교부했다.

(5) 乙1 등은 망인의 유언을 무시하고 상속을 원인으로 하여 각 부동산에 대해 乙1 앞으로 3/11지분에 관한, 乙2, 乙3, 乙4, B 앞으로 각 2/11지분에 관한 각 소유권이전등기를 경료해 버렸다.

(6) 유언집행자 甲은, 乙1 등 앞으로 경료된 상속등기는 유언의 내용과 달리 위 피고들이 임의로 경료한 것이므로 소유지분 중에서 각자 유증받은 지분을 초과하는 부분은 A의 유언 내용에 따른 정당한 수증자 앞으로 이전할 의무가 있다고 주장하였으나, 원심은 乙2, 乙3, 乙4들이 乙1을 상대로 상속회복청구권을 갖지만 이를 포기하였으므로, 상속인의 상속회복청구권 포기에도 불구하고 유언집행자가 독자적으로 상속을 침해하는 乙1 명의의 등기에 대해 말소를 구할 수 있다고 볼 아무런 근거도 없을 뿐만 아니라, 유언집행의 내용에 상속회복청구가 포함된다고 하더라도 상속인의 명시적인 의사에 반하여 상속회복청구를 할 수는 없으며 다만 소외 B의 상속분을 침해하는 乙1의 등기에 대해 말소를 구할 수 있다고 판결하였다. 이에 을1 등은 상고하였다(원심: 서울고법 1997.11.18. 선고 97나8405 판결).

| 대상판결 |

대법원 1999.11.26. 선고 97다57733 판결

2. 판결요지

(1) 유언의 집행을 위하여 지정 또는 선임된 유언집행자는 유증의 목적인 재산의 관리 기타 유언의 집행에 필요한 행위를 할 권리의무가 있으므로, 유언의 집행에 방해가 되는 유증 목적물에 경료된 상속등기 등의 말소청구소송 또는 유언을 집행하기 위한 유증 목적물에 관한 소유권이전등기 청구소송에 있어서 유언집행자는 이른바 법정소송담당으로서 원고적격을 가진다고 봄이 상당하다.

(2) 상속인들이 참칭상속인을 포함시킨 상속등기에 의해 이전받은 현재의 소유지분에 만족하고 참칭상속인에 대한 상속회복청구권을 포기한다는 취지의 주장을 한 경우, 특별한 사정이 없는 한 상속인들이 유증을 포기한 것이 아니라 오히려 유증을 승인하고 그로 인하여 취득하게 되는 상속인들의 권리 중 참칭상속인 명의로 등기된 부분에 대하여 소유권을 주장하지 않겠다는 취지로 해석된다고 본 사례.

(3) 공정증서에 의한 유언에 있어서는 2인 이상의 증인이 참여하여야 하는데, 유언에 참여할 수 없는 증인결격자의 하나로 민법 제1072조 제1항 제3호가 규정하고 있는 '유언에 의하여 이익을 받을 자'라 함은 유언자의 상속인으로 될 자 또는 유증을 받게 될 수증자 등을 말하는 것이므로, 유언집행자는 증인결격자에 해당한다고 볼 수 없다.

[관련조문] 민법 제1068조(공정증서에 의한 유언), 제1072조(증인의 결격사유), 제1074조(유증의 승인, 포기), 제1101조(유언집행자의 권리의무), 제1103조(유언집행자의 지위)

3. 판례의 이해와 쟁점

(1) A의 유언의 형식은 무엇인가?

(2) A의 유언은 유효한가?

(3) A의 유언이 무효가 되려면 어떤 요소가 결여되어야 하는가?

(4) 왜 을1은 참칭상속인인가?

(5) 유증 목적물 관련 소송에서의 유언집행자의 당사자 적격 유무

(6) 참칭상속인에 대한 상속회복청구권의 포기와 참칭상속인 명의로 등기된 부분에 대한 소유권의 포기

(7) 민법 제1072조 제1항 제3호 소정의 '유언에 의하여 이익을 받을 자' 의 의미 및 유언집행자가 이에 해당하는지 여부

4. 이론탐구

(1) 유언집행자의 지정과 선임

(2) 유언집행자의 권리의무

(3) 유언집행자의 임무해태로 인한 책임

(4) 유언집행자의 해임

(5) 증인결격사유와 유언집행자

제 7 장

유류분

Ⅰ. 유류분 산정의 기초가 되는 재산

1. 사실관계

(1) A는 자신의 소유하고 있던 부동산 X를 1991.6.1. 장남 甲1에게 2/3, 차남 甲2에게 1/3 증여하고 부동산 Y는 甲1에게 전부 증여하였으나, 소유권이전등기를 하지 않고 있다가 1994.9.14. 유언장 없이 사망하였다. A의 자식으로는 甲1, 甲2 이외에 딸인 乙1, 乙2, 乙3이 있었다.

(2) 甲1과 甲2는 딸들인 乙1 외 2인을 상대로 각자의 상속분의 비율에 따라 위 증여계약의 이행을 청구하였고, 원심은 해당 부동산이 모두 유류분 산정의 기초가 되는 재산에 포함된다고 판단하여 乙1 등의 유류분에 해당되는 부분에 대하여는 청구를 배척하였으나, 甲1 등은 아직 이행하지 아니한 증여계약의 목적물도 민법 제1113조의 증여재산에 포함된다는 이유로 상고하였다(원심: 대구고법 1996.1.18. 선고 95나5340 판결).

| 대상판결 |

대법원 1996.8.20. 선고 96다13682 판결

2. 판결요지

유류분 산정의 기초가 되는 재산의 범위에 관한 민법 제1113조 제1항에서의 '증여재산'이란 상속개시 전에 이미 증여계약이 이행되어 소유권이 수증자에게 이전된 재산을 가리키는 것이고, 아직 증여계약이 이행되지 아니하여 소유권이 피상속인에게 남아 있는 상태로 상속이 개시된 재산은 당연히 '피상속인의 상속개시시에 있어서 가진 재산'에 포함되는 것이므로, 수증자가 공동상속인이든 제3자이든 가리지 아니하고 모두 유류분 산정의 기초가 되는 재산을 구성한다.

[관련조문] 민법 제1008조(특별수익자의 상속분), 제1113조(유류분의 산정), 제1114조(산입될 증여)

3. 판례의 이해와 쟁점

(1) A는 유언을 남겼는가?

(2) A 사망시에 법정상속인으로 어떠한 가족이 생존하고 있었는가?

(3) A는 생전에 누구에게 어떤 재산을 증여하여는가? 증여계약은 이행이 되었는가?

(4) A의 증여행위로 유류분이 침해당한 자는 누구인가?

(5) A의 재산이 어떻게 분배되는 것이 정당한가?

(6) 유류분 산정시 산입될 '증여재산'에 아직 이행되지 아니한 증여계약의 목적물이 포함되는지 여부

4. 이론탐구

(1) 유류분액의 산정

(2) 유류분 산정의 대상재산

5. 심화학습

(1) 공동상속인 중에 피상속인으로부터 재산의 증여에 의하여 특별수익을 한 자가 있는 경우에는 증여는 상속개시 전의 1년 간에 행한 것인지 여부에 관계없이 유류분산정을 위한 기초재산에 산입된다는 사례(대법원 1995.6.30. 선고 93다11715 판결; 아래 15-3 사례 참조).

참고문헌

- 변동열, "유류분제도," 민사판례연구 제25권(2003.2).
- 이진만, "유류분의 산정," 민사판례연구 제19권(1997.2).

II. 유류분의 반환방법

1. 사실관계

(1) A는 생전에 乙1을 포함한 처, 자식과 며느리 손자 등 11명과 2개의 법인에게 주식과 현금을 증여한 후 1995.12.17. 유효한 유언장 없이 사망하였다. 甲은 A의 혼인외 출생자로서 A가 사망한 후 인지청구의 소를 제기하여 승소하여 공동상속인 지위를 취득한 후 乙1 외 9인(공동피고 10명)을 상대로 자신의 유류분에 해당하는 주식 및 현금의 반환을 청구하였다.

(2) 원심은 주식을 보유하고 있는 경우에는 주식을 반환하여야 하지만, 주식을 더 이상 보유하고 있지 못한 경우에는 상속개시시의 가액을 반환하여야 한다고 판시하였으나, 甲은 이에 불복하여 상고하였다(원심: 서울고법 2004.8.24. 선고 2003나50759 판결).

| 대상판결 |

대법원 2005.6.23. 선고 2004다51887 판결

2. 판결요지

(1) 우리 민법은 유류분제도를 인정하여 제1112조부터 제1118조까지 이에 관하여 규정하면서도 유류분의 반환방법에 관하여 별도의 규정을 두지 않고 있는바, 다만 제1115조 제1항이 '부족한 한도에서 그 재산의 반환을 청구할 수 있다'고 규정한 점 등에 비추어 반환의무자는 통상적으로 증여 또는 유증대상 재산 그 자체를 반환하면 될 것이나 위 원물반환이 불가능한 경우에는 그 가액 상당액을 반환할 수밖에 없다.

(2) 유류분반환범위는 상속개시 당시 피상속인의 순재산과 문제된 증여재산

을 합한 재산을 평가하여 그 재산액에 유류분청구권자의 유류분비율을 곱하여 얻은 유류분액을 기준으로 하는 것인바, 이와 같이 유류분액을 산정함에 있어 반환의무자가 증여받은 재산의 시가는 상속개시 당시를 기준으로 산정하여야 하고, 당해 반환의무자에 대하여 반환하여야 할 재산의 범위를 확정한 다음 그 원물반환이 불가능하여 가액반환을 명하는 경우에는 그 가액은 사실심 변론종결시를 기준으로 산정하여야 한다.

(3) 유류분으로 반환하여야 할 대상이 주식인 경우, 반환의무자가 피상속인으로부터 증여받은 주권 그 자체를 보유하고 있지 않다고 하더라도 그 대체물인 주식을 제3자로부터 취득하여 반환할 수 없다는 등의 특별한 사정이 없는 한 원물반환의무의 이행이 불가능한 것은 아니라고 한 사례.

(4) 주식병합의 효력이 발생하면 회사는 신주권을 발행하고(상법 제442조 제1항), 주주는 병합된 만큼 감소된 수의 신주권을 교부받게 되는바, 이에 따라 교환된 주권은 병합 전의 주식을 여전히 표창하면서 그와 동일성을 유지한다.

[관련조문] 민법 제1113조(유류분의 산정), 제1114조(산입될 증여), 제1115조(유류분의 보전)

3. 판례의 이해와 쟁점

(1) A 가 사망시까지 유언이 있었는가?

(2) A의 법정상속인은 몇 명이며 누구인가?

(3) 갑은 A와 어떤 친족관계에 있으며 어떻게 상속인이 되었는가?

(4) A의 상속재산을 법정상속분에 따라 분배할 경우 어떤 비율로 분할될 수 있는가?

(5) 갑의 유류분권이 침해된 내용은 어떻게 산정할 수 있는가?

(6) 유류분이 침해된 내용에서 주식의 경우에 시가 산정을 언제로 하여야 하고, 그 이유는 무엇인가?

(7) 어떠한 내용으로 유언을 할 경우에 유류분의 침해를 방지할 수 있는가?

(8) 유류분의 반환방법

(9) 유류분액의 산정에 있어서 증여재산의 시가 산정의 기준시기

(10) 원물반환이 불가능하여 가액반환을 명하는 경우, 그 가액 산정의 기준시기

(11) 유류분으로 반환하여야 할 대상이 주식인 경우, 원물반환의무의 불능사유

4. 이론탐구

(1) 유류분 반환청구권의 성격과 내용

(2) 유류분 반환방법과 범위

5. 심화학습

(1) 유류분 권리자가 유류분반환청구를 함에 있어 증여 또는 유증을 받은 다른 공동상속인이 수인일 때에는 민법이 정한 유류분 제도의 목적과 민법 제1115조 제2항의 취지에 비추어 다른 공동상속인들 중 각자 증여받은 재산 등의 가액이 자기 고유의 유류분액을 초과하는 상속인만을 상대로 하여 그 유류분액을 초과한 금액의 비율에 따라서 반환청구를 할 수 있다고 하여야 하고, 공동상속인과 공동상속인이 아닌 제3자가 있는 경우에는 그 제3자에게는 유류분이라는 것이 없으므로 공동상속인은 자기 고유의 유류분액을 초과한 금액을 기준으로 하여, 제3자는 그 수증가액을 기준으로 하여 각 그 금액의 비율에 따라 반환청구를 할 수 있다는 사례(대법원 1996.2.9. 선고 95다17885 판결).

(2) 유류분으로 반환하여야 할 대상이 주식인 경우, 반환의무자가 피상속인으로부터 증여받은 주권 그 자체를 보유하고 있지 않다고 하더라도 그 대체물인 주식을 제3자로부터 취득하여 반환할 수 없다는 등의 특별한 사정이 없는 한 원물반환의무의 이행이 불가능한 것은 아니라고 한 사례(대법원 2005.6.23. 선고 2004다51887 판결)

(3) 민법이 유류분의 반환방법에 관하여 별도의 규정을 두지 않고 있으나, 증여 또는 유증대상 재산 그 자체를 반환하는 것이 통상적인 반환방법이라고 할 것이므로, 유류분 권리자가 원물반환의 방법에 의하여 유류분 반환을 청구하고 그와 같은 원물반환이 가능하다면 달리 특별한 사정이 없는 이상 법원은 유류분 권리자가 청구하는 방법에 따라 원물반환을 명하여야 한다는 사례(대법원 2006.5.26. 선고 2005다71949 판결).

참고문헌

- 변동열, "유류분제도," 민사판례연구 제25권(2003.2).
- 이화숙 외, 가족법판례해설 553면 이하.

III. 공동상속인 간의 유류분 반환청구

1. 사실관계

(1) A는 1987.3.12. 남긴 재산 없이 사망하였는데, 장남 乙(피고)과 차남 B, 삼남 C, 그리고 장녀 甲(원고)을 자식으로 두고 있었다. A는 생존중에 1963.5. 경 B에게 부동산 X1, 1980.1.28. C에게 부동산 X2를, 1984.8.28. 乙에게 부동산 X3~X12, X17~X20을 증여하였고, 1986.3.12. 부동산 X13~X16을 증여하였다. 이에 甲은 乙을 상대로 유류분 반환청구의 소를 제기하였다.

(2) 원심은 甲의 주장을 받아들여 乙이 甲의 유류분에 해당되는 부동산의 각 1/8의 지분을 반환하라는 판결을 내렸으나, 乙이 이에 불복하고 상고하였다(원심: 인천지방법원 1993.1.15. 선고 92나282 판결).

| 대상판결 |

대법원 1995.6.30. 선고 93다11715 판결

2. 판결요지

(1) 유류분반환청구권의 행사는 재판상 또는 재판 외에서 상대방에 대한 의사표시의 방법으로 할 수 있고, 이 경우 그 의사표시는 침해를 받은 유증 또는 증여행위를 지정하여 이에 대한 반환청구의 의사를 표시하면 그것으로 족하고 그로 인하여 생긴 목적물의 소유권이전등기청구권이나 인도청구권 등을 행사하는 것과는 달리 그 목적물을 구체적으로 특정하여야 하는 것은 아니며, 민법 제1117조 소정의 소멸시효의 진행도 위 의사표시로 중단된다.

(2) 유류분권리자가 유류분반환청구를 하는 경우에 증여 또는 유증을 받은 다

른 공동상속인이 수인일 때에는, 민법이 정한 유류분 제도의 목적과 같은 법 제1115조 제2항의 규정취지에 비추어 유류분권리자는 그 다른 공동상속인들 중 증여 또는 유증을 받은 재산의 가액이 자기 고유의 유류분액을 초과하는 상속인을 상대로 하여 그 유류분액을 초과한 금액의 비율에 따라 반환청구를 할 수 있다고 보아야 한다.

(3) 공동상속인 중에 피상속인으로부터 재산의 증여에 의하여 특별수익을 한 자가 있는 경우에는 민법 제1114조의 규정은 그 적용이 배제되고, 따라서 그 증여는 상속개시 전의 1년 간에 행한 것인지 여부에 관계없이 유류분산정을 위한 기초재산에 산입된다.

[관련조문] 민법 제1008조(특별수익자의 상속분), 제1114조(산입될 증여), 제1115조(유류분의 보전), 제1117조(소멸시효)

3. 판례의 이해와 쟁점

(1) A는 사망전에 유효한 유언장을 작성하였는가?

(2) A의 법정상속인은 누구인가?

(3) A가 생전에 누구에게 어떤재산을 증여하였는가?

(4) A의 법정상속인들 사이에 법정상속분에 따라 재산이 분할된다면 어떤 결과가 나올 수 있는가?

(5) 갑의 유류분은 누구에 의하여 얼마나 침해되었는가?

(6) 갑의 유류분권은 어떠한 경우에 소멸되는가?

(7) 유류분반환청구권 행사의 방법 및 그로 인한 소멸시효의 중단

(8) 증여 또는 유증을 받은 다른 공동상속인이 수인인 경우, 유류분반환청구의 상대방 및 그 범위

(9) 공동상속인 사이의 유류분반환청구시 민법 제1114조의 적용이 배제되는지 여부

4. 이론탐구

(1) 유류분권의 내용

(2) 공동상속인 간의 유류분의 침해와 반환대상 재산

5. 심화학습

(1) 공동상속인과 공동상속인이 아닌 제3자가 있는 경우에는 그 제3자에게는 유류분이라는 것이 없으므로 공동상속인은 자기 고유의 유류분액을 초과한 금액을 기준으로 하여, 제3자는 그 수증가액을 기준으로 하여 각 그 금액의 비율에 따라 반환청구를 할 수 있다는 사례(대법원 1996.2.9. 선고 95다17885 판결 참조)

(2) 유류분반환청구권의 행사에 의하여 반환되어야 할 유증 또는 증여의 목적이 된 재산이 타인에게 양도된 경우 그 양수인이 양도 당시 유류분권리자를 해함을 안 때에는 양수인에 대하여도 그 재산의 반환을 청구할 수 있다는 사례(대법원 2002.4.26. 선고 2000다8878 판결 참조)

⟫ 참고문헌

• 이화숙 외, 가족법판례해설 568면 이하.

Ⅳ. 유류분반환청구권 소멸시효의 기산점

1. 사실관계

(1) A는 대장암수술을 받고 치료중인 2003.11.10. 자필유언서를 작성하고 이를 딸인 B에게 보관시켰다. 그 내용은 손자인 甲(원고)과 자신을 돌봐준 딸 B 두 사람에게 전재산인 부동산 X1, X2, X3를 유산상속한다는 것이었다. A는 2004.4.16. 사망하였고, 2004.6.30. 법원에서 열린 유언서 검인절차에는 甲과 B, 유언자의 아들인 乙1(공동피고)이 참석하였다.

(2) A가 남긴 부동산에 대하여 그 이후 乙1과 B 각 1/2 지분등기가 이루어진 후 乙1명의의 지분에 대하여 2004.9. 乙2(공동피고)를 권리자로 한 가등기 및 저당권이 설정되었다.

(3) 甲은 乙1에 대하여 해당 부동산의 1/2지분을 이전할 것과 乙2에 대하여 저당권 및 가등기를 말소할 것을 청구하였다. 원심은 유언이 유효하므로 해당 부동산에 대한 乙1의 지분등기와 그에 기한 乙2 명의의 저당권 및 가등기는 원인무효이므로 말소되어야 하고, 乙1은 유류분권자로서 각 부동산에 대한 각 1/8의 권리는 인정된다는 취지의 판결을 하였다. 甲과 乙1, 乙2는 이에 불복하여 상고하였다(원심: 서울고법 2006.6.14. 선고 2005나113562 판결).

| 대상판결 |

대법원 2006.11.10. 선고 2006다46346 판결

2. 판결요지

(1) 유류분권리자가 유류분반환청구를 함에 있어 증여 또는 유증을 받은 다른 공동상속인이 수인일 때에는 각자 증여 또는 유증을 받은 재산 등의 가액

이 자기 고유의 유류분액을 초과하는 상속인에 대하여 그 유류분액을 초과한 가액의 비율에 따라서 반환을 청구할 수 있고, 공동상속인과 공동상속인 아닌 제3자가 있는 경우에는 그 제3자에게는 유류분이 없으므로 공동상속인에 대하여는 자기 고유의 유류분액을 초과한 가액을 기준으로 하여, 제3자에 대하여는 그 증여 또는 유증받은 재산의 가액을 기준으로 하여 그 각 가액의 비율에 따라 반환청구를 할 수 있다.

(2) 민법 제1117조가 규정하는 유류분반환청구권의 단기소멸시효기간의 기산점인 '유류분권리자가 상속의 개시와 반환하여야 할 증여 또는 유증을 한 사실을 안 때'는 유류분권리자가 상속이 개시되었다는 사실과 증여 또는 유증이 있었다는 사실 및 그것이 반환하여야 할 것임을 안 때를 뜻한다.

(3) 해외에 거주하다가 피상속인의 사망사실을 뒤늦게 알게 된 상속인이 유증사실 등을 제대로 알 수 없는 상태에서 다른 공동상속인이 교부한 피상속인의 자필유언증서 사본을 보았다는 사정만으로는 자기의 유류분을 침해하는 유증이 있었음을 알았다고 볼 수 없고, 그 후 유언의 검인을 받으면서 자필유언증서의 원본을 확인한 시점에 그러한 유증이 있었음을 알았다고 본 사례.

[관련조문] 민법 제1113조(유류분의 산정) 제1항, 제1115조(유류분의 보전) 제2항, 민법 제1117조(소멸시효)

3. 판례의 이해와 쟁점

(1) A는 사망시에 유언을 남겼는가? 남겼다면 어떤 종류의 유언이었으며, 그 유언은 유효하게 성립되었는가?

(2) A의 유언의 내용은 무엇인가?

(3) A의 법정상속인은 누구인가?

(4) A의 유산은 어떻게 처리되었으며, 적법하게 상속이 이루어졌는가?

(5) 유언에 따라 유언이 집행된다면 어떻게 상속이 되어야 하는가?

(6) 유언에 따라 유산 상속이 이루어진다면 유류분의 침해가 생길 수 있는가?

(7) 유류분권은 언제 소멸되는가?

(8) 검인절차에서의 유언의 인식과 민법 제1117조상의 소멸시효의 기산점은 일치하는가? 또는 차이점이 있다면 그 근거는 무엇인가?

(9) 공동상속인 및 공동상속인이 아닌 제3자가 피상속인으로부터 각각 증여 또는 유증을 받은 경우, 각자의 유류분반환의무의 범위

(10) 유류분반환청구권의 단기소멸시효기간의 기산점인 민법 제1117조의 '유류분권리자가 상속의 개시와 반환하여야 할 증여 또는 유증을 한 사실을 안 때'의 의미

4. 이론탐구

(1) 유류분 침해시 상속인의 반환의무

(2) 유류분반환청구권의 단기소멸

5. 심화학습

(1) 유류분반환청구권의 행사는 재판상 또는 재판 외에서 상대방에 대한 의사표시의 방법으로 할 수 있고, 이 경우 그 의사표시는 침해를 받은 유증 또는 증여행위를 지정하여 이에 대한 반환청구의 의사를 표시하면 그것으로 족하고 그로 인하여 생긴 목적물의 소유권이전등기청구권이나 인도청구권 등을 행사하는 것과는 달리 그 목적물을 구체적으로 특정하여야 하는 것은

아니며, 민법 제1117조 소정의 소멸시효의 진행도 위 의사표시로 중단된다는 사례(대법원 1995.6.30. 선고 93다11715 판결/ 위 15-3사례 참조)

(2) 피상속인의 거의 전 재산이 증여되었고 유류분권리자가 위 사실을 인식하고 있는 경우에는, 무효의 주장에 관하여 일응 사실상 또는 법률상 근거가 있고 그 권리자가 위 무효를 믿고 있었기 때문에 유류분반환청구권을 행사하지 않았다는 점을 당연히 수긍할 수 있는 특별한 사정이 인정되지 않는 한, 위 증여가 반환될 수 있는 것임을 알고 있었다고 추인함이 상당하다는 사례(대법원 2001.9.14. 선고 2000다66430, 66447 판결)

판례색인

[대법원판례]

[저자 약력]

권대우

독일 본대학교 법학박사
한양대학교 법학전문대학원 교수
로스쿨 민법총칙(공저), 박영사, 2010
로스쿨강의교재 계약법(공저), 한국민사법학회 편, 2009

전경근

서울대학교 대학원 법학박사
아주대학교 법학전문대학원 교수
가족법 판례해설(공저), 세창출판사, 2009
"부부재산제 개정안에 관한 연구"
"상속의 승인과 포기"

문흥안

건국대학교 대학원 법학박사
건국대학교 법학전문대학원 교수
가족법 판례해설(공저), 세창출판사, 2009
로스쿨 민법총칙(공저), 청림출판, 2007
주석 민법(채권총칙 2), 한국사법행정학회, 2000

최금숙

이화여자대학교 대학원 법학박사
이화여자대학교 법학전문대학원 교수
가족법 판례해설(공저), 세창출판사, 2009
친족상속법 강의(공저), 제일법규, 2006
여성과 법률(공저), 박영사, 2002

이은정

고려대학교 대학원 법학박사
경북대학교 법학전문대학원 부교수
가족법 판례해설(공저), 세창출판사, 2009
"상속의 효력규정의 정비를 위한 검토"
"법정상속인에 대한 재검토"

최행식

원광대학교 대학원 법학박사
원광대학교 법학전문대학원 교수
친족법강의, 도서출판 어화, 2003
의료와 법, 도서출판 어화, 2007
객관식 민법 및 해설집(공저), 법문사, 2006

이화숙

연세대학교 대학원 법학박사
연세대학교 법학전문대학원 교수
가족법 판례해설(공저), 세창출판사, 2009
2005년 개정 가족법 해설 및 평가, 세창출판사, 2005
비교부부재산관계법, 세창출판사, 2000

홍춘의

전북대학교 대학원 법학박사
전북대학교 법학전문대학원 교수
"현대 프랑스 친자법과 친권법의 발전과 동향"
"후견제도개혁의 과제"
"프랑스법에 있어서 법정부부재산제"

⋙ 로스쿨 가족법

2010년 2월 20일 초판 인쇄
2010년 3월 2일 초판 발행

저 자 권대우 · 문홍안 · 이은정 · 이화숙
전경근 · 최금숙 · 최행식 · 홍춘의

발행인 이 방 원

발행처 세창출판사

서울 서대문구 냉천동 182 냉천빌딩 4층
전화: 723-8660 팩스: 720-4579
E-mail: sc1992@empal.com
Homepage: www.sechangpub.co.kr
신고번호: 제300-1998-3호

정가 30,000원

ISBN 978-89-8411-299-5 93360